COMENTARIOS BÍBLICOS CON APLICACIÓN

1 Y 2 TESALONICENSES

del texto bíblico
a una aplicación
contemporánea

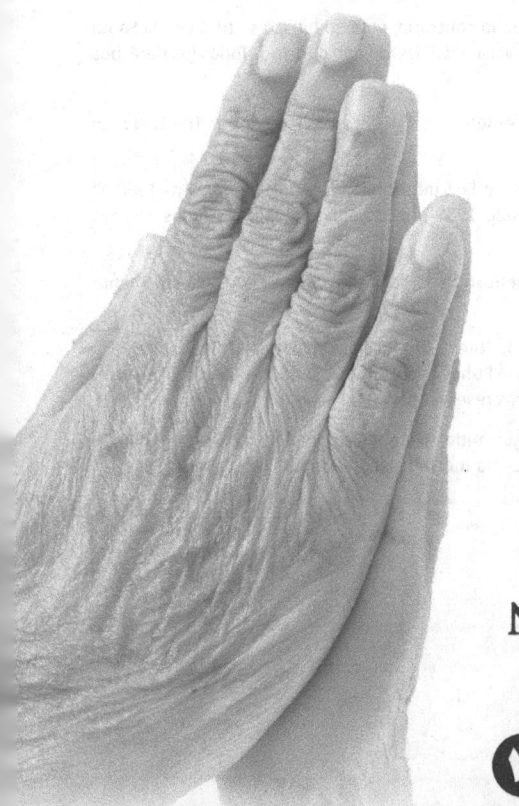

MICHAEL HOLMES

NVI

La misión de Editorial Vida es ser la compañía líder en satisfacer las necesidades de las personas, con recursos cuyo contenido glorifique al Señor Jesucristo y promueva principios bíblicos.

COMENTARIO BÍBLICO CON APLICACIÓN NVI: 1 y 2 DE TESALONICENSES
Editorial Vida – ©2015
Publicado en Nashville, Tennessee, Estados Unidos de América.

Este título también está disponible en formato electrónico

Originally published in the U.S.A. under the title:
The NIV Application Commentary: 1 and 2 Thessalonians
Copyright © 1998 by Michael W. Holmes
Published by permission of Zondervan, Grand Rapids, Michigan, 49530.
All rights reserved.

Editor de la serie: *Dr. Matt Williams*
Traducción: *Loida Viegas Fernández*
Edición: *Juan Carlos Martín Cobano*
Diseño interior: *José Luis López González*

Reservados todos los derechos. A menos que se indique lo contrario, el texto bíblico se tomó de la Santa Biblia, Nueva Versión Internacional® NVI © 1999 por Bíblica, Inc.® Usado con permiso. Todos los derechos reservados mundialmente.

Citas bíblicas marcadas «LBLA» son de La Biblia de las Americas®, © 1986, 1995, 1997 por The Lockman Foundation. Usada con permiso.

Citas bíblicas marcadas «RVR1960» han sido tomadas de la Santa Biblia, versión Reina-Valera 1960 © 1960 Sociedades Bíblicas en América Latina, © renovado 1988 por Sociedades Bíblicas Unidas. Usadas con permiso.

Reina-Valera 1960® es una marca registrada de la American Bible Society y puede ser usada solamente bajo licencia.

Citas bíblicas marcadas «NTV» son de la Santa Biblia, Nueva Traducción Viviente, © Tyndale House Foundation, 2010. Usadas con permiso de Tyndale House Publishers, Inc., 351 Executive Dr., Carol Stream, IL 60188, Estados Unidos de América. Todos los derechos reservados.

Esta publicación no podrá ser reproducida, grabada o transmitida de manera completa o parcial, en ningún formato o a través de ninguna forma electrónica, fotocopia u otro medio, excepto como citas breves, sin el consentimiento previo del publicador.

CATEGORÍA: Comentario bíblico / Nuevo Testamento

Contenido

4
Introducción a la serie CBA NVI

9
Prefacio del editor general

11
Prefacio del autor

13
Abreviaturas

15
Introducción

28
Bosquejo de 1 y 2 Tesalonicenses

31
Bibliografía comentada

36
Texto y comentario de 1 Tesalonicenses

219
Texto y comentario de 2 Tesalonicenses

Introducción a la serie CBA NVI

Los *Comentarios bíblicos con aplicación, serie NVI* son únicos. La mayoría de los comentarios bíblicos nos ayudan a recorrer el trecho que va desde el siglo XXI al siglo I. Nos permiten cruzar las barreras temporales, culturales, idiomáticas y geográficas que nos separan del mundo bíblico. Sin embargo, solo nos ofrecen un billete de ida al pasado y asumen que nosotros mismos podemos, de algún modo, hacer el viaje de regreso por nuestra cuenta. Una vez nos han explicado el *sentido original* de un libro o pasaje, estos comentarios nos brindan poca o ninguna ayuda para explorar su *significado contemporáneo*. La información que nos ofrecen es sin duda valiosa, pero la tarea ha quedado a medias.

Recientemente, algunos comentarios han incluido un poco de aplicación contemporánea como *una* de sus metas. No obstante, las aplicaciones son a menudo imprecisas o moralizadoras, y algunos volúmenes parecen más sermones escritos que comentarios.

La meta principal de los *Comentarios bíblicos con aplicación: serie NVI* es ayudarte con la tarea, difícil pero vital, de trasladar un mensaje antiguo a un contexto moderno. La serie no se centra en la aplicación solamente como un producto acabado, sino que te ayuda también a pensar detenidamente en el *proceso* por el que se pasa del sentido original de un pasaje a su significado contemporáneo. Son verdaderos comentarios, no exposiciones populares. Se trata de obras de referencia, no de literatura devocional.

El formato de la serie ha sido concebido para conseguir la meta propuesta. El tratamiento de cada pasaje se lleva a cabo en tres secciones: *Sentido Original, Construyendo Puentes,* y *Significado Contemporáneo*.

Sentido Original

Esta sección te ayuda a entender el significado del texto bíblico en su contexto del siglo I. En este apartado se tratan de manera concisa todos los elementos de la exégesis tradicional, a saber, el contexto histórico, literario y cultural del pasaje. Los autores analizan cuestiones relacionadas con la gramática, la sintaxis y el significado de las palabras bíblicas. Se esfuerzan asimismo en explorar las principales ideas del pasaje y el modo en que el autor bíblico desarrolla tales ideas.[1]

Tras leer esta sección, el lector entenderá los problemas, preguntas y preocupaciones de los *primeros receptores* y el modo en que el autor bíblico trató tales cuestiones. Esta comprensión es fundamental para cualquier aplicación legítima del texto en nuestros días.

Como indica el título, en esta sección se construye un puente entre el mundo de la Biblia y el de nuestros días, entre el contexto original y el moderno, analizando tanto los aspectos circunstanciales del texto como los intemporales.

La Palabra de Dios tiene un aspecto circunstancial. Los autores de la Escritura dirigieron sus palabras a situaciones, problemas y cuestiones específicas. Pablo advirtió a los gálatas sobre las consecuencias de circuncidarse y los peligros de intentar justificarse por la ley (Gá 5:2-5). El autor de Hebreos se esforzó en convencer a sus lectores de que Cristo es superior a Moisés, a los sacerdotes aarónicos y a los sacrificios veterotestamentarios. Juan instó a sus lectores a "someter a prueba a los profetas" de quienes enseñaban una forma de gnosticismo incipiente (1Jn 4:1-6). En cada uno de estos casos, la naturaleza circunstancial de la Escritura nos capacita para escuchar la Palabra de Dios en situaciones que fueron *concretas* y no abstractas.

No obstante, esta misma naturaleza circunstancial de la Escritura también crea problemas. Nuestras situaciones, dificultades y preguntas no siempre están relacionadas directamente con las que afrontaban los primeros receptores de la Biblia. Por tanto, la Palabra de Dios para ellos no siempre nos parece pertinente a nosotros. Por ejemplo, ¿cuándo fue la última vez que alguien te instó a circuncidarte, afirmando que era una parte necesaria de la justificación? ¿A cuántas personas de nuestros días les inquieta la cuestión de si Cristo es o no superior a los sacerdotes aarónicos? ¿Y hasta qué punto puede una "prueba" diseñada para detectar el gnosticismo incipiente ser de algún valor en una cultura moderna?

---

1. Obsérvese que cuando los autores tratan el sentido de alguna palabra en las lenguas bíblicas originales, en esta serie se utiliza el método general de transliteración en lugar del más técnico (el que utiliza los alfabetos griego y hebreo).

Afortunadamente, las Escrituras no son únicamente documentos circunstanciales, sino también *intemporales*. Del mismo modo que Dios habló a los primeros receptores, sigue hablándonos a nosotros a través de las páginas de la Escritura. Puesto que compartimos la común condición de humanos con las gentes de la Biblia, descubrimos una *dimensión universal* en los problemas a los que tenían que hacer frente y en las soluciones que Dios les dio. La naturaleza intemporal de la Escritura hace posible que nos hable con poder en cualquier momento histórico y en cualquier cultura.

Quienes dejan de reconocer que la Escritura tiene una dimensión circunstancial y otra intemporal se acarrean muchos problemas. Por ejemplo, los que se sienten apabullados por la naturaleza circunstancial de libros como Hebreos o Gálatas pueden soslayar su lectura por su aparente falta de sentido para nuestros días. Por otra parte, quienes están convencidos de la naturaleza intemporal de la Escritura, pero no consiguen percibir su aspecto circunstancial, pueden "disertar elocuentemente" sobre el sacerdocio de Melquisedec ante una congregación muerta de aburrimiento.

El propósito de esta sección es, por tanto, ayudarte a discernir lo intemporal (y lo que no lo es) en las páginas del Nuevo Testamento dirigidas a situaciones temporales. Por ejemplo, si la principal preocupación de Pablo no es la circuncisión (como se nos dice en Gá 5:6), ¿cuál es entonces? Si las exposiciones sobre el sacerdocio aarónico o sobre Melquisedec nos parecen hoy irrelevantes, ¿cuáles son los elementos de valor permanente en estos pasajes? Si en nuestros días los creyentes intentan "someter a prueba a los profetas" con una prueba diseñada para una herejía específica del siglo I, ¿existe alguna otra comprobación bíblica más apropiada para que podamos cumplir hoy este propósito?

No obstante, esta sección no solo descubre lo intemporal de un pasaje concreto, sino que también nos ayuda a ver *cómo* lo hace. El autor del comentario se esfuerza en tornar explícito lo que en el texto está implícito; toma un proceso normalmente intuitivo y lo explica de un modo lógico y ordenado. ¿Cómo sabemos que la circuncisión no es la principal preocupación de Pablo? ¿Qué claves del texto o del contexto nos ayudan a darnos cuenta de que la verdadera preocupación de Pablo se halla a un nivel más profundo?

Lógicamente, aquellos pasajes en que la distancia histórica entre nosotros y los primeros lectores es mayor requieren un tratamiento más extenso. Por el contrario, aquellos textos en que la distancia histórica es más reducida o casi inexistente demandan menos atención.

Una clarificación final. Puesto que esta sección prepara el camino para tratar el significado contemporáneo del pasaje, no siempre existe una distinción precisa o una clara división entre esta y la siguiente. No obstante, cuando ambos bloques se leen juntos, tendremos la fuerte sensación de haber pasado del mundo de la Biblia al de nuestros días.

Esta sección permite que el mensaje bíblico nos hable hoy con el mismo poder que cuando fue escrito. ¿Cómo podemos aplicar lo que hemos aprendido sobre Jerusalén, Éfeso o Corinto a nuestras necesidades contemporáneas en Los Ángeles, Lima o Barcelona? ¿Cómo podemos tomar un mensaje, que se expresó inicialmente en griego y arameo, y comunicarlo con claridad en nuestro idioma? ¿Cómo podemos tomar las eternas verdades que en su origen se plasmaron en un tiempo y una cultura distintos, y aplicarlos a las parecidas pero diferentes necesidades de nuestra cultura?

Para conseguir estas metas, la presente sección nos ayuda en varias cuestiones clave.

En primer lugar, nos permite identificar situaciones, problemas o preguntas contemporáneas verdaderamente comparables a las que la audiencia original hubo de hacer frente. Puesto que las situaciones de hoy rara vez son idénticas a las que se dieron en el siglo primero, hemos de buscar escenarios semejantes para que nuestras aplicaciones sean relevantes.

En segundo lugar, esta sección explora toda una serie de contextos en los que el pasaje en cuestión puede aplicarse en nuestro tiempo. Buscaremos aplicaciones personales, pero también nos veremos estimulados a pensar más allá de nuestra situación personal, considerando cuestiones que afectan a la sociedad y la cultura en general.

En tercer lugar, en esta sección tomaremos conciencia de los problemas o dificultades que pueden surgir en nuestro deseo de aplicar el pasaje. En caso de que existan varias maneras legítimas de aplicar un pasaje (cuestiones en las que no exista acuerdo entre los cristianos), el autor llamará nuestra atención al respecto y nos ayudará a analizar a fondo las implicaciones.

En la consecución de estas metas, los colaboradores de esta serie intentan evitar dos extremos. El primero, plantear aplicaciones tan específicas que el comentario se convierta rápidamente en un texto arcaico. El segundo, evitar un tratamiento tan general del sentido del pasaje que deje de conectar con la vida y cultura contemporáneas.

Por encima de todo, los colaboradores de esta serie han realizado un diligente esfuerzo para que sus observaciones no suenen a perorata moralizadora. Los *Comentarios bíblicos con aplicación: serie NVI* no pretenden ofrecerte materiales listos para ser utilizados en sermones, sino herramientas, ideas y reflexiones que te ayuden a comunicar la Palabra de Dios con poder. Si conseguimos ayudarte en esta meta se habrá cumplido el propósito de esta serie.

Los editores

Prefacio del editor general

Las dos Epístolas a los Tesalonicenses suelen recibir el nombre de cartas escatológicas de Pablo, aquellas que nos instruyen sobre lo que ocurrirá al final de los tiempos. Queremos saber, por ejemplo, cuándo volverá Cristo, quién resucitará, adónde iremos y cómo ocurrirá todo esto. Al parecer, los tesalonicenses sentían curiosidad por estas cosas, porque cada capítulo de la primera carta acaba con una referencia a la Segunda Venida. El capítulo 4 se centra en estas interrogantes.

No obstante, las respuestas de Pablo a estas preguntas parecen frustrantemente evasivas. Tranquiliza, pero no informa. Cristo volverá (4:15), pero no sabemos cuándo (5:1-3). Iremos a estar con el Señor (4:17), pero no sabemos adónde con exactitud. Existe una seguridad en ser creyentes, pero desconocemos con precisión qué diferencia habrá entre creyentes e inconversos. Pablo transmite esperanza, pero no satisface nuestra curiosidad. Tal vez sería más concreto decir que, con el fin de comunicar esperanza —verdadera esperanza—, Pablo debe evitar satisfacer nuestra curiosidad. ¿Sería, acaso, posible que unas respuestas demasiado específicas a unas preguntas para las que solo podemos conocer unas contestaciones parciales en realidad desalienten la esperanza y no hagan más que contribuir a una espiral de desesperación cuando descubramos nuestras limitaciones?

Vivimos en una era en la que los maravillosos logros científicos y tecnológicos nos condicionan a esperar mayor número de respuestas y más precisión a todo tipo de preguntas sobre la vida que llevamos, incluidas aquellas que normalmente se reservan a los filósofos y los religionistas. ¿Qué hay de malo en mi vida? ¿Cómo debería vivir? ¿Adónde desemboca todo esto? En algunos niveles, la ciencia y la tecnología han proporcionado interesantes respuestas a estas preguntas. Nuestra contestación consiste, pues, en confiar cada vez más en la sabiduría humana.

Vivimos, asimismo, en una era que se acerca rápidamente al final de un milenio. En tiempos como estos, las personas miran al cielo por tradición en busca de patrones de significado. Las expectativas de cambios catastróficos aumentan. Las ambigüedades del día a día parecen crecer en importancia y oscurecer la luz del sol. Los embaucadores de la vida cotidiana nos enredan una y otra vez, y a menudo nos refugiamos en historias increíbles, poemas y espiritualidades que parecen ser la norma sin sentido en lugar de la excepción. En resumen, vivimos en un siglo en el que la precisión técnica choca con una hambruna espiritual que solo el misterio puede satisfacer.

Como revela Michael Holmes con tanto acierto en su magistral comentario, nuestras tareas del presente son extraordinariamente paralelas a aquellas a las que se enfrentaba el apóstol Pablo cuando escribió estas dos cartas. El pueblo de Tesalónica estaba formado por cristianos perseguidos, en peligro de perder toda esperanza en esa fe que había encontrado hacía relativamente poco tiempo. Pablo había abandonado abruptamente la ciudad y sintió la necesidad de tranquilizar a esta nueva comunidad creyente. Quería darles esperanza. De hecho, una de las lecciones más importantes que podemos sacar de la lectura de este libro es la comprensión del qué hacer y qué no hacer cuando se trata de proporcionar esperanza.

La esperanza es un deseo humano común. Para tener sentido en la vida, debemos confiar en que delante de nosotros existe un futuro mejor. Necesitamos saber que hay una salida para nuestras dificultades humanas. Con todo, también es evidente que estamos gravemente limitados en lo que podemos saber acerca del futuro (*cf.* Ro 8:24). Y es en la interacción entre estas dos verdades —nuestro deseo de significado futuro y las limitaciones de lo que podemos saber— donde reside la esperanza. Para proporcionar esta última, debemos respetar ambas cosas. Si ignoramos nuestras limitaciones, empezamos a predecir el futuro y cometemos errores al hacerlo. La tentación a caer en cualquiera de estas dos equivocaciones es aún mayor porque nuestra cultura proporciona un mercado propicio para ellas. Se ha construido toda una industria en torno a la provisión de terapia para personas desesperadas. Y contamos con otra más que gira alrededor de la predicción del futuro: profecía, canalización de la energía y ocultismo. En cualquiera de estos casos, la verdadera esperanza se ha perdido.

Pablo se resiste a tratar solamente el peligro de la desesperación y a proporcionar respuestas que no podemos conocer en realidad. En vez de actuar así, nos señala a Jesucristo, cuya vida encarnó la desesperación y la limitación humanas, mostrándonos cómo la fe en la soberanía de Dios es nuestra única fuente de esperanza.

Terry C. Muck

Prefacio del autor

Escribir un comentario es, en muchos sentidos, un esfuerzo de colaboración. Me siento muy agradecido, por tanto, por esta oportunidad de reconocer a aquellos que me han ayudado mientras trabajaba en este volumen. De quienes han estudiado estas dos cartas he aprendido mucho más de lo que el formato de la serie me permite indicar; por ello, quisiera expresar en primer lugar mi aprecio a todos aquellos cuyos trabajos me han documentado y han iluminado el mío, aunque con frecuencia deban permanecer en el anonimato.

Me gustaría darle las gracias a Jay Barnes, rector del Bethel College, por su constante aliento y por concederme una reducción en las asignaturas de mi curso que ha facilitado la realización de este comentario, así como a los estudiantes de mis clases de Griego, Exégesis y del seminario de estudiantes de último grado en Bethel que estudiaron 1 Tesalonicenses conmigo a lo largo de los años. También quiero mostrar mi agradecimiento a Craig y Vicki Dahl: a Craig por alentarme a lo largo del proyecto y a Vicki por leer y comentar la versión en borrador. Sus numerosas y reflexivas observaciones y sus preguntas me ayudaron a aclarar en varios puntos lo que intentaba decir. Durante nuestros paseos, Molly, mi esposa, me ayudó a expresar pensamientos e ideas en varias fases de desarrollo. Tom Wagner, mi compañero de pesca, me escuchó pacientemente en las ocasiones en que di rienda suelta a algunas de mis frustraciones durante el proceso de escritura y me ayudó a distraer mi atención de ellas, guiándome a una acción excepcional: la captura de alguna robaleta o un lucio rayado.

Tengo una deuda especial de gratitud con mis amigos y mis hermanos creyentes de la Trinity Baptist Church, que este año celebra su 125 aniversario. A lo largo de los últimos cinco años han proporcionado oportunidades para una serie de lecciones y sermones sobre las cartas a los Tesalonicenses y su apoyo ha sido alentador. Deseo mencionar en particular las clases de Beta, Becomers y Sojourners por su debate entusiasta y sus comentarios, así como a la congregación por permitirme el privilegio de servir como pastor interino.

Terry Muck me ofreció estímulo constante y me ayudó a mantener los temas en perspectiva preguntándome casi con la misma frecuencia por la pesca como por el progreso del comentario. Mi compañero de clase desde los días de TEDS, Scot McKnight, ahora editor asociado de esta serie, leyó el borrador inicial del comentario y proporcionó valiosas sugerencias. La cuidadosa edición que Verlyn Verbrugge ha hecho del manuscrito lo convirtió en mejor comentario de lo que habría sido. Beverly Roberts Gaventa nos adelantó amablemente páginas sin editar aún de su propio comentario reciente sobre las cartas a los Tesalonicenses, y Jeffrey A. D. Weima me mantuvo informado de parte de su trabajo sobre Tesalonicenses. Jennifer Schmit, mi exayudante en la enseñanza, me ayudó a verificar las referencias. Juntos me han salvado de muchos patinazos y errores; la responsabilidad por los que puedan quedar (por mucho que desearía que fuera de otro modo) es, por supuesto, solo mía.

La última persona a la que deseo dar las gracias es mi colega John Herzog, presidente del Departamento de Estudios Bíblicos y Teológicos en Bethel. Aunque no ha tenido una aportación directa al comentario, ha jugado un papel crítico en su elaboración. Llegamos a Bethel durante el año escolar 1981–82, él el maestro veterano y yo el novato recién salido de la escuela superior. He de decir, por cierto, que él ha dirigido el departamento, aliviándonos al resto de nosotros de las preocupaciones administrativas, por ejemplo, y organizando sistemáticamente los programas y otras tareas de forma que nos permitiese cumplir nuestras responsabilidades de clases a ambos así como a perseguir otros intereses. John ha creado un entorno que ha alentado, estimulado y capacitado a su departamento para florecer dentro y fuera del aula. A modo de ejemplo, el suyo es el único departamento que ha ganado los tres premios de excelencia al cuerpo docente (por la enseñanza, el servicio y la erudición; este último en dos ocasiones); además, en la última década, seis de sus colegas de Biblia y teología han publicado ya (por mencionar tan solo un ámbito de actividad) diecisiete libros (y varios más están en camino). A su manera tranquila y modesta, aunque claramente efectiva, ha contribuido sustancialmente a mi propio éxito como maestro y erudito. Como prueba de mi gratitud y aprecio, me gustaría reconocer las contribuciones de John dedicándole a él este volumen.

Michael W. Holmes
Cuaresma, 1998

Abreviaturas

ABD	*The Anchor Bible Dictionary*
ACNT	Augsburg Commentary on the New Testament
BAGD	Bauer, Arndt, Gingrich, Danker, *A Greek-English Lexicon of the New Testament*
BDF	Blass, Debrunner, Funk, *A Greek Grammar of the New Testament*
BETL	Bibliotheca ephemeridum theologicarum lovaniensium
BLPH	Biblia La Palabra Hispanoamericana
BST	The Bible Speaks Today
CBA NVI	Comentarios bíblicos con aplicación, serie NVI
CBQ	*Catholic Biblical Quarterly*
CEV	Contemporary English Version
CT	*Christianity Today*
DHH	Dios Habla Hoy
DPL	*Dictionary of Paul and his Letters*
EDNT	Exegetical Dictionary of the New Testament
EKKNT	Evangelisch-katholischer Kommentar zum Neuen Testament
HNTC	Harper New Testamento Commentary
HTR	*Harvard Theological Review*
ICC	International Critical Commentary
JBL	*Journal of Biblical Literature*
JETS	*Journal of the Evangelical Theological Society*
JSNT	*Journal for the Study of the New Testament*
LBLA	La Biblia de Las Américas
LXX	Septuaginta (traducción griega del Antiguo Testamento)
NAC	New American Commentary
NCB	New Century Bible
NIBC	New International Biblical Commentary

NICNT	New International commentary on the New Testament
NIDNTT	*New International Dictionary of New Testament Theology*
NIGTC	New International Greek Testament Commentary
NIV	New International Version
NIVAC	NIV Application Commentary
NVI	Nueva Versión Internacional
NovT	*Novum Testamentum*
NRSV	New Revised Standard Version
NTS	*New Testament Studies*
NTV	Nueva Traducción Viviente
PDT	La Palabra de Dios para Todos
TCGNT	Bruce M. Metzger, *A Textual Commentary on the Greek New Testament*
TDNT	*Theological Dictionary of the New Testament*
TNTC	Tyndale New Testament Commentary
WBC	Word Biblical Commentary

Introducción

Cerca de la mitad del siglo I d.C., Pablo escribió un par de cartas a una congregación recién establecida de cristianos en la ciudad de Tesalónica. Las dos cartas que hoy llamamos 1 y 2 Tesalonicenses iban dirigidas, en su mayor parte, a nuevos conversos al cristianismo que habían crecido en un entorno cultural griego y, por tanto, estaban profundamente socializados en dicho entorno. Uno de los principales desafíos de Pablo consistía en la *resocialización*: ayudar a que estos creyentes aprendieran, entendieran y vivieran según el código social y ético diferente de los principios del cristianismo.

Lo que atribuía a esta tarea un carácter particularmente desafiante era que estas personas se enfrentaban también a una intensa persecución de la cultura que las rodeaba. Como resultado de su compromiso con Jesús, estaban experimentando un ostracismo y un aislamiento social a la vez que los ataques físicos de la sociedad de su entorno. Por si esto no fuera suficiente, la tarea de Pablo se veía más complicada por el alto grado de aprensión, malentendido y especulación sobre el regreso de Jesús. Los tesalonicenses sabían que Jesús había de volver, pero no estaban seguros de cuándo tendría lugar el suceso ni de lo que significaba para ellos. No sabiendo a qué atenerse, su malestar era mayor que su esperanza y se sentían más inquietos que fortalecidos con la idea de la venida de Jesús.

Los paralelos entre la situación del primer siglo de Pablo y los tiempos contemporáneos son difíciles de pasar por alto. El milenio que se acerca ha servido para elevar un interés ya intenso y la especulación sobre el regreso de Jesús; se diría que la creciente inundación de libros, programas de radio y televisión, y ahora también de páginas web, dedicados al tema no tiene fin. En un tono aún más sombrío, hasta los medios informativos seculares han notado, por fin, que los cristianos están experimentando una grave y a veces mortal persecución en más de ochenta países alrededor del mundo. Además, cualquiera que esté implicado en pastorear, enseñar o disciplinar a otros cristianos sabe que uno de los principales retos a los que se enfrentan hoy los creyentes de casi cualquier lugar es el de ayudar a que otros hermanos se liberen de las esposas de una mentalidad secular, egocéntrica y, a menudo, hedonista para que puedan empezar a pensar y a vivir basándose en una visión genuinamente cristiana de la realidad. Como Pablo, nos enfrentamos al desafío de la resocialización (o "discipulado", si se prefiere): de ayudar a que las personas sepan que existe una alternativa a la conducta social y ética contemporánea, y aprendan a vivir sistemáticamente ese estilo de vida alternativo.

Reconociendo que existen importantes paralelos entre aquel tiempo y la actualidad, ¿qué utilidad tienen exactamente para nosotros unas cartas escritas hace más de 1.900 años? Y, si son útiles (y yo estoy convencido de ello) ¿cómo y en qué lo son? Estas son algunas de las preguntas que trato en el siguiente comentario. Al buscar la relevancia contemporánea de estos antiguos documentos necesitamos empezar por entenderlos en su contexto y sus circunstancias originales.

La ciudad de Tesalónica

Tesalónica (en la actualidad Tessaloniki) era la mayor y más importante ciudad de Macedonia. Como capital de la provincia, gozaba de numerosos privilegios cívicos y comerciales, incluido el derecho a acuñar sus propias monedas. En el 42 a.C. se convirtió en una ciudad libre, gobernada por sus propios dirigentes locales, un grupo de cinco o seis hombres conocidos como "politarcas" (en la NVI "las autoridades"; véase Hch 17:6, 8). Estaba situada a unos 145 kilómetros al oeste de Filipos, sobre la Vía Egnatia, la gran carretera romana que conectaba Roma con sus provincias orientales, cerca de un buen puerto natural, a la cabeza del golfo Termaico. Las principales rutas comerciales de norte a sur también atravesaban Tesalónica, resaltando aún más su posición como rico centro comercial.

En lo religioso, Tesalónica tenía prácticamente algo para casi cada uno.[1] Como era de esperar en una ciudad griega, los cultos tradicionales griegos y las tradiciones filosóficas estaban bien representados, como ocurría con las diversas religiones mistéricas. Famosa por su temprana devoción al culto del emperador romano, la ciudad incluso acuñaba monedas que declaraban la divinidad de César. Se jactaba, asimismo, de un santuario a los dioses egipcios, entre los cuales destacaban Isis y Osiris. (Una inscripción que recogía la expansión del culto egipcio desde Tesalónica hasta otras ciudades griegas ofrece un interesante paralelo a

---

1. En la cuestión de la religión en Tesalónica, ver R. Jewett, *The Thessalonian Correspondence*, 126-33; K. P. Donfried, "The Cults of Thessalonica and the Thessalonian Correspondence", *NTS* 31 (1985): 336-56.

1Ts 1:8.) En contraste con Filipos (Hch 16:13), en Tesalónica había una comunidad judía lo suficientemente grande como para financiar una sinagoga (17:1). Existe asimismo evidencia arqueológica de la devoción local "al dios altísimo" y cultos locales como el de los Cabiros, que durante el siglo I d.C. se estaba convirtiendo en el culto principal de la ciudad. Finalmente, en todo esto vemos una tendencia sustancial hacia el sincretismo, una mezcla de tradiciones religiosas.

Los elementos clave de esta actividad religiosa estaban estrechamente asociados con las preocupaciones cívicas y políticas. En el mundo antiguo, la religión siempre estaba firmemente ligada a la política, porque los grupos sociales dominantes eran conscientes del medio eficaz que suponía para legitimar y mantener su poder y su preponderancia. En la ciudad de Tesalónica, los líderes fomentaban la devoción al culto imperial con el fin de solidificar las relaciones con Roma. Como consecuencia, cualquier ataque que se percibía contra el culto del emperador se consideraba una grave amenaza al bienestar económico y político de la ciudad. El culto local a los Cabiros estaba patrocinado por la rica aristocracia gobernante, no solo porque reforzaba la naturaleza jerárquica de la sociedad grecorromana a su favor, sino porque le proporcionaba a todos los ciudadanos un sentido compartido de identidad y unidad. Atacar el culto —mediante la proclamación de afirmaciones exclusivas de otra deidad, por ejemplo— era, pues, como arremeter contra la ciudad misma. En un ambiente como este, predicar el cristianismo era equivalente a la traición.

El cristianismo llega a Tesalónica

En el 49 d.C., no mucho tiempo después de que Pablo, Silas (Silvano, *cf.* nota de la NVI) y Timoteo abandonaran Filipos, donde habían tenido "aflicciones e insultos" (1Ts 2:2; *cf.* Hch 16:16-40), llegaron a Tesalónica. Allí se detuvieron, probablemente por la presencia de una numerosa comunidad judía y de su sinagoga. Durante los tres días de reposo siguientes, Pablo, en particular, compartió el mensaje cristiano en la sinagoga, procurando demostrar a partir de las Escrituras que Jesús era el Mesías anunciado que había muerto y resucitado de los muertos en beneficio de ellos. El apóstol logró persuadir a "algunos de los judíos" (tal vez a unos pocos solamente), así como a muchos "griegos que adoraban a Dios" (gentiles atraídos por el judaísmo que asistían asiduamente a los cultos de la sinagoga, pero que no habían llegado a la conversión completa), y "un buen número de mujeres prominentes" (Hch 17:2-4).

Aunque, al parecer, estos conversos de la sinagoga formaban el núcleo de la nueva congregación, un número sustancialmente mayor de conversos vino a la fe directamente desde el paganismo, ya que "se convirtieron a Dios dejando a los ídolos" (1Ts 1:9). El taller que Pablo estableció para poder mantenerse, y en el que —como él dice— trabajaba "día y noche" (2:9) habría sido un lugar clave de alcance (y, finalmente, también de discipulado). Las casas privadas de los conversos como Jasón también habrían proporcionado un lugar para la evangelización y la instrucción. Como resultado de esto nació una nueva congregación predominantemente gentil. Pablo, Silas y Timoteo se dedicaron a alentar e instruir a los recientes conversos en lo esencial de su nueva fe, llegando a apegarse profundamente a ellos durante el proceso (2:8-12).

Sin embargo, casi desde el principio, los que aceptaron el evangelio se encontraron con la oposición y la hostilidad de aquellos a los que la predicación de Pablo y sus compañeros no había convencido (1Ts 1:6; 2:14). Esto no es de extrañar. Por una parte, a la sinagoga le habría molestado la pérdida de algunos miembros a favor de un nuevo culto. Por otra, la conversión de mujeres destacadas de la comunidad atrajo inevitablemente la atención de los líderes civiles al culto; la proclamación de un emperador alternativo (Jesús como Rey mesiánico) debió de haberles sonado más que un tanto sedicioso.[2] Estos dos grupos hicieron, aparentemente, causa común contra los misioneros y sus conversos, y muy pronto empezaron las acusaciones civiles contra ellos.

Lucas describe el crítico episodio de Hechos 17:5-9.[3] Después de que algunas personas de mala reputación de la plaza pública (que la NVI

---

2. El reciente brote de reyertas, en el 49 d.C., entre judíos y cristianos en Roma, que llevaron al emperador Claudio a expulsar a los judíos (incluidos, por supuesto, los cristianos judíos) de la capital (véase Hch 18:2), pudo muy bien haber provocado que las autoridades tesalonicenses sospecharan más y estuvieran alerta a la posibilidad de problemas similares en su propia ciudad, y con mayor razón, ya que en ambos casos los instigadores de los disturbios eran visitantes de Oriente.
3. No queda claro cuánto tiempo después de la llegada de Pablo a Tesalónica tuvo lugar este suceso. El apóstol no indica en ningún momento, en 1 Tesalonicenses, cuánto tiempo permaneció en la ciudad antes de su expulsión. Lucas menciona el incidente inmediatamente después de describir cómo Pablo predicó en la sinagoga "tres sábados seguidos" (Hch 17:2); esto podría sugerir que ocurrió cerca del final del primer mes que pasó en la ciudad. Sin embargo, Lucas suele "telescopiar" con frecuencia su narración pasando por alto acontecimientos intermedios (compárese con su relato bastante breve

describe a todo color como "maleantes callejeros") hubieran sido instigadas para iniciar una revuelta, se las alentó a que buscaran a los misioneros visitantes y que los arrastraran ante las autoridades civiles. No pudiendo encontrar a Pablo y a Silas,[4] agarraron en su lugar a Jasón y algunos hermanos más (claramente miembros y defensores del nuevo movimiento, y tal vez sus líderes) y, básicamente, los acusaron de traición por su lealtad a Jesús. Los oficiales de la ciudad se ocuparon de la agitación resultante exigiendo a Jasón y a los demás que pagaran una fianza, que los hacía efectivamente responsables de cualquier problema más que causaran los misioneros.

Dado este giro en los acontecimientos, Pablo, Silas y Timoteo no tuvieron más elección que abandonar la ciudad. Que el apóstol se marchó en contra de su voluntad y antes de lo que pretendía es obvio en 1 Tesalonicenses 2:17, donde dice haber sido "separado" de sus nuevos amigos y hermanos creyentes. La repentina partida de los misioneros tuvo, sin duda, un impacto dramático y chocante en la congregación que, inesperadamente, se encontró sola y afrontando "persecuciones y sufrimientos" que pusieron a prueba su fe y su perseverancia con gran severidad (2Ts 1:4; *cf.* 1Ts 3:3).

El entorno y el motivo de 1 Tesalonicenses

Primera de Tesalonicenses 2:17–3:5 ofrece un vislumbre de la agitación emocional que Pablo y sus compañeros experimentaron tras su expulsión de Tesalónica. En la mente del apóstol, dos preocupaciones parecen haber sido las más importantes. (1) Se sentía profundamente intranquilo ante la posibilidad de que la joven congregación se derrumbara ante las hostiles presiones externas. Aun cuando les había advertido que dichas presiones llegarían (3:4), una cosa es lidiar con ellas en teoría y otra muy distinta enfrentarse a ellas en la realidad. Al parecer,

---

y episódico de Hch 18:1-18 sobre la visita inicial de Pablo a Corinto, que duró dieciocho meses). Por tanto, es posible que hubieran transcurrido uno o dos meses (o incluso tres o cuatro) entre los dos episodios narrados en 17:1-4 y 17:5-9. Una estancia de entre dos a cinco meses se correlacionaría adecuadamente con la impresión que da la descripción que Pablo hace en 1 Tesalonicenses de sus actividades durante ese periodo, y también con su comentario de que los filipenses contribuyeron a su manutención durante ese tiempo, quizá (aunque no necesariamente) en más de una ocasión (Fil 4:15-16).

4. 1 Tesalonicenses deja claro que Timoteo también estaba presente en ese tiempo. Que Lucas solo mencione a Pablo y a Silas puede indicar que las responsabilidades de Timoteo fueran más privadas y menos conocidas por la gente de afuera. De ser así, esto explicaría por qué él sí pudo regresar a Tesalónica cuando Pablo no podía hacerlo (1Ts 3:2).

Pablo no estaba seguro de que la nueva congregación hubiera recibido la suficiente instrucción para tratar con las dificultades y los retos que tenía ante ella, y admite sentir temor (3:5) de que esos nuevos conversos puedan ser convencidos de abandonar su compromiso con el cristianismo, barriendo así todo el tiempo y el esfuerzo que Silas y Timoteo habían invertido.

(2) A Pablo también le preocupaba que su conducta y la de sus compañeros pudiera malinterpretarse —o más probablemente, tergiversarse— de tal modo que se pudiera cuestionar la validez y la integridad del evangelio mismo. Los charlatanes religiosos y los fraudes abundaban en el mundo antiguo, y la forma en que Pablo y Silas se escurrieron para salir de la ciudad en mitad de la noche habría podido facilitar que los pusieran en el mismo saco como si fueran un par de artistas del fraude que solo pretendieran timar a las personas. De ahí a llegar a la conclusión de que su mensaje no era más veraz que ellos mismos había un pequeño paso y, por tanto, podrían rechazar el evangelio junto con ellos.

El primer impulso de los misioneros fue regresar a Tesalónica tan pronto como fuera posible. Lo intentaron —en el caso de Pablo una y otra vez (2:18)—, pero por razones que no se especifican (y que él atribuye a la obra de Satanás, 2:18) resultó imposible. Frustrado y angustiado al enterarse de lo que estaba ocurriendo en Tesalónica, Pablo decidió enviar a Timoteo de vuelta en su lugar como representante designado, con el fin de fortalecerlos y alentarlos (3:1-2). Lo hizo desde Atenas (donde había llegado procedente de Berea, Hch 17:10-15). Tras una breve estancia en Atenas (17:16-34), Pablo siguió hasta Corinto (llegando allí probablemente a finales del verano, 50 d.C.), donde en colaboración con Aquila y Priscila empezó a evangelizar aquella ciudad (18:1-4).

Fue mientras Pablo estaba en Corinto cuando Timoteo regresó con las buenas nuevas de Tesalónica: la congregación no solo se mantenía firme y fiel frente a la persecución, sino que seguía creciendo en fe y amor (3:6-7), hasta el punto de estarse convirtiendo en un modelo para los creyentes de toda Macedonia y Acaya (1:7). El alivio, el gozo y el estímulo que Pablo sintió al recibir estas buenas noticias es evidente a lo largo de 1 Tesalonicenses, una carta que, al parecer, escribió y envió a los cristianos de Tesalónica inmediatamente después de la llegada de Timoteo.

En la primera parte de esta carta (1:2-3:13) Pablo procuró alentar y fortalecer a los tesalonicenses, defender la integridad y la veracidad del mensaje del evangelio y afirmar y desarrollar su amistad con ellos como hermanos y hermanas. En la segunda parte (4:1–5:24) el apóstol intenta alentarlos e instruirlos con respecto a algunos asuntos específicos de la vida cristiana: la santidad, la ética sexual, las relaciones sociales, la muerte de los creyentes, el regreso de Jesús y el comportamiento congregacional. Esta elección de cuestiones refleja ciertamente algo de la valoración que Timoteo hizo de la situación en Tesalónica; también puede manifestar una o más de las preguntas suscitadas por los tesalonicenses mismos (nótese el "en cuanto" de 4:9 y 5:1, y la frase similar en 4:13) que Timoteo le transmitiría a Pablo (de forma verbal o por escrito).

El entorno y el motivo de 2 Tesalonicenses

En contraste con 1 Tesalonicenses, no sabemos casi nada de las circunstancias específicas que condujeron a la composición de 2 Tesalonicenses. Que fuese enviada por las mismas tres personas que 1 Tesalonicenses y que refleje tan estrechamente el lenguaje y la estructura de dicha carta sugiere firmemente que no se escribió mucho después de la primera epístola, aunque Pablo, Silas y Timoteo seguían aún en Corinto. Desconocemos cómo habrían informado a Pablo de los nuevos desarrollos en Tesalónica. Dada la ubicación de esta ciudad entre Filipos y Corinto, una posibilidad sería que alguien de la iglesia filipense, delegado para entregar una ofrenda a Pablo en Corinto (véase Fil 4:15-16), compartiera con él alguna información recabada al atravesar Tesalónica. Esto explicaría cómo Pablo se enteró de cosas suficientes sobre la situación como para escribir una carta (nótese 2Ts 3:11, «nos hemos enterado») y por qué, en algunos puntos, esta información parece un tanto vaga (p. ej. 2:2).

En realidad, de lo único que nos tenemos que ocupar es de los tres asuntos principales que Pablo trata en la carta: (1) la intensa persecución que la iglesia estaba experimentando (1:3-12); (2) el malentendido sobre el Día de Señor (2:1-12); y (3) la conducta perturbadora de algunos miembros de la congregación (3:6-15). Si estas cuestiones ofrecen pistas de las circunstancias de Tesalónica, se diría que (1) la persecución había estallado de nuevo o se había intensificado; (2) había surgido una nueva confusión sobre el regreso de Cristo, tal vez por influencia de una información presuntamente de Pablo (véase comentario de 2:2 para más detalles) o basada en una mala interpretación de su enseñanza; y (3) los esfuerzos iniciales del apóstol en 1 Tesalonicenses por tratar el asunto de la conducta perturbadora no tuvieron éxito y fueron, quizá, incluso provocativos. Esta segunda carta representa el esfuerzo de Pablo por ocuparse de estas cuestiones a la vez que seguía proporcionando el aliento y la instrucción tan evidentes en la primera epístola (véase esp. 2Ts 2:13–3:5; también 1:3-12).

Algunos asuntos técnicos

¿Quién escribió las cartas?

Tanto 1 como 2 Tesalonicenses no fueron enviadas en nombre de una sola persona, sino de tres: Pablo, Silas y Timoteo. El sistemático uso de pronombres en la primera persona del plural ("nosotros") a lo largo de ambas cartas deja claro que la inclusión de Silas y de Timoteo en el saludo no es una mera formalidad (contrástese con Filipenses, que incluye a Timoteo en el encabezado de la carta, pero usa la primera persona del singular desde ese punto en adelante). Los tres misioneros están juntos en el aliento, la instrucción y los mandamientos que se proporcionan a la congregación tesalonicense.[5]

Al mismo tiempo, el orden de los nombres y el uso ocasional de la primera persona del singular (1Ts 2:18; 3:5; 5:27; 2Ts 2:5; 3:17) revelan que Pablo fue, casi con toda seguridad, la persona que hizo el borrador o que dictó las cartas. Timoteo, que anteriormente había servido como representante del trío en Tesalónica (1Ts 3:2, 5), pudo haber sido quien entregara una o ambas epístolas. Es posible, aunque no podamos determinarlo, que Silas fuera quien escribió al dictado de Pablo.[6]

La pregunta de 1 Tesalonicenses 2:13-16

Aunque 1 Tesalonicenses se ha aceptado ampliamente como genuinamente paulina, no pocos eruditos han rechazado un trozo de ella, 2:13-16, por considerar que se trata de una interpolación posterior a la carta.[7] Entre los argumentos que se esgrimen en apoyo de esta opinión

---

5. De manera similar, E. J. Richard, *Thessalonians*, 40; ver BDF §460 (3), y *cf.* 2 Co 1:19, donde "predicamos" se refiere a "Silvano, Timoteo y yo [Pablo]". Ver también J. Murphy-O'Connor, *Paul the Letter-Writer: His World, His Options, His Skills* (Good News Studies 41; Collegeville, Minn.: liturgical Press, 1995), 19-20.
6. Para el debate sobre su posible influencia, ver E. Best, *Thessalonians*, 23-29; E. G. Selwyn, *The First Epistle of St. Peter*, 2ª ed. (Londres: Macmillan, 1947), 9-17.
7. Una declaración clásica en contra de 2:13-16 es la de B. A. Pearson, "1 Thessalonians 2:13-16: A Deutero-Pauline Interpolation", *HTR* 64 (1971): 79-94.

están los siguientes: (1) se dice que la condena de "los judíos" que aquí se expresa contradice la esperanzada actitud de Pablo en Romanos 11 en cuanto a la salvación del pueblo judío, (2) se opina que la referencia en el versículo 16 a un juicio pasado de los judíos es una alusión a la destrucción del templo de Jerusalén en el 70 d.C., mucho después de la fecha tradicional atribuida a esta carta; (3) los versículos 15-16 contienen un lenguaje tradicional antisemita corriente después del 70 d.C. y que no pudo haber sido utilizado por Pablo; (4) en términos de forma, el versículo 13 introduce una segunda sección de "agradecimiento", mientras que todas las demás cartas paulinas solo cuentan con una; (5) se afirma que la persecución de los cristianos por parte de los judíos (v. 14) no está demostrada en la época en que Pablo escribió la carta.

Ninguno de estos argumentos es convincente.[8] (1) Pablo no está hablando de todos los judíos, sino solamente de los implicados en la persecución a los cristianos (véase además el comentario más abajo). (2) Que Pablo tenga en mente aquí tan solo a una pequeña minoría del pueblo judío descarta la destrucción del templo como referente del versículo 16. (3) El lenguaje es ciertamente tradicional, pero sus raíces son más bien anteriores que posteriores, ya que se hace un estrecho eco de las enseñanzas y del lenguaje de Jesús. (4) Los argumentos basados en la forma son inconcluyentes, ya que los autores suelen variar a veces su patrón por razones circunstanciales. Gálatas, por ejemplo, cuya autenticidad es incuestionable, es la única carta paulina sin una apertura de agradecimiento. (5) La persecución cristiana por parte de los judíos se remonta a los inicios mismos de la iglesia, como la muerte de Esteban (Hch 7:57–8:1) y como indica el propio testimonio de Pablo (Gá 1:13, "la furia con la que perseguía [yo] a la iglesia de Dios, tratando de destruirla"; *cf.* Fil 3:6).

Además de basarse en argumentos poco convincentes, considerar 2:13-16 como una interpolación se enfrenta a dos importantes obstáculos. (1) No se ha ofrecido ninguna explicación persuasiva de por qué alguien insertaría este pasaje en un momento posterior en esta carta y en este lugar concreto. (2) Cada copia de 1 Tesalonicenses que se conoce contiene el pasaje en cuestión. Aunque esta ausencia de perturbación textual no demuestra que el pasaje sea auténtico, sí crea una

---

8. Para una exposición más detallada sobre el asunto, ver C. A. Wanamaker, *Thessalonians*, 29-31.

presunción relevante a su favor.⁹ En resumen, a falta de pruebas de lo contrario, el pasaje forma parte de la carta.

¿Es 2 Tesalonicenses una falsificación?

Aunque 1 Tesalonicenses se acepta prácticamente de forma universal como carta genuina de Pablo, no se puede decir lo mismo de 2 Tesalonicenses. En la actualidad,¹⁰ el balance de opinión erudita tiende hacia la postura de que la carta es una falsificación (el término educado es *pseudónima*, es decir, escrita por una persona, pero falsamente publicada como carta escrita por otra), redactada por alguien desconocido en algún momento posterior, entre cinco y cincuenta años después de la muerte de Pablo. Entre las razones para cuestionar la autenticidad de 2 Tesalonicenses están las siguientes: (1) se argumenta que su forma y su estructura son demasiado similares a la de 1 Tesalonicenses; (2) se opina que su vocabulario y su estilo son demasiado cercanos a los de 1 Tesalonicenses y demasiado distintos a los de otras cartas paulinas; (3) se afirma que 1 Tesalonicenses es cálida, amistosa y personal, mientras que 2 Tesalonicenses es fría, distante y formal; y (4) presuntamente, existen relevantes diferencias teológicas entre ambas cartas, sobre todo con respecto a la escatología.¹¹

Ninguno de estos argumentos es particularmente fuerte o convincente. En cuanto a (1) y (2), por ejemplo, si 2 Tesalonicenses es auténtica, estaríamos tratando con dos documentos escritos por el mismo autor con un breve intermedio. Bajo tales circunstancias, resulta difícil ver

---

9. Sobre este punto, ver M. W. Holmes, "Textual Criticism", *DPL,* 930 (sec. 5).
10. Antes de principios de 1970, aunque se cuestionaba 2 Tesalonicenses, se la aceptaba ampliamente como paulina, y cualquiera que desafiaba su autenticidad tenía que asumir la carga de demostrarlo. Sin embargo, desde la publicación en 1972 del influyente libro de W. Trilling, *Untersuchungen zum 2. Thessalonicherbrief* (Leipzig, 1972), el consenso de la opinión erudita ha cambiado claramente hasta el punto de que, en la actualidad, en los debates académicos, el trabajo de demostrar que la carta es genuina les toca a quienes están a favor de esta opinión. Lo curioso de este cambio de criterio es que no se ha ofrecido ninguna prueba nueva que justifique el rechazo de moda de 2 Tesalonicenses. Esto sugiere que el cambio de consenso es más un asunto de clima de opinión que de pruebas y argumentos.
11. Para tratamientos más detallados y extensos de esta cuestión, ver I. H. Marshall, *1 and 2 Thessalonians,* 28-45 (que presta una atención particular a los argumentos de Trilling); C. A. Wanamaker, *Thessalonians,* 17-28; E. Best, *Thessalonians,* 50-58; y R. Jewett, *Thessalonian Correspondence,* 3-18 (todos ellos aceptan la autenticidad de la carta). Para una breve historia de los estudios eruditos sobre la cuestión y un excelente resumen de los argumentos en contra de la autenticidad, ver Edgar M. Krentz, "Thessalonians, First and Second Epistles to the", *ABD,* 6.518-23.

cómo o sobre qué base se podría determinar que una es "demasiado" cercana a la otra para ser auténtica. Además, las diferencias señaladas en (2) son de valor cuestionable (todas las cartas paulinas difieren entre sí hasta cierto punto; ¿cómo se podría, pues, aseverar que la diferencia es "demasiado diferente"?). En cualquier caso, la afirmación sobre las diferencias entre 2 Tesalonicenses y las demás cartas paulinas demuestra demasiadas cosas, por cuanto no solo cuestiona la segunda epístola, sino también la primera. El elemento (3) es una opinión y no un argumento o una razón; la pregunta clave es: ¿por qué ambas cartas son diferentes? Solo descartando por adelantado las razones situacionales para las diferencias —el mismo tipo de diferencias situacionales que se reconocen y se aceptan al interpretar otras cartas paulinas— se podría convertir estas diferencias en un argumento a favor de su inautenticidad.[12] En cuanto a (4), Robert Jewett observa, muy acertadamente, que un mero "recital de diferencias en el énfasis teológico no trata las debilidades básicas de tales argumentos [...], muchos de los cuales, concernientes a las diferencias, eliminarían tanto a 1 Tesalonicenses como a 2 Tesalonicenses, y, además, discrepancias comparables a estas afloran cuando se comparan otras cartas paulinas auténticas".[13] En resumen, una serie de débiles argumentos no añade nada a un ejemplo persuasivo en contra de la autenticidad de 2 Tesalonicenses.

Aparte de lo inconcluyente de los argumentos en contra de 2 Tesalonicenses, la hipótesis de falsificación que se propone en la actualidad es del todo inútil para sugerir una situación históricamente creíble o una circunstancia que pueda explicar (1) por qué se habría escrito una carta falsa, (2) su relación con 1 Tesalonicenses, y (3) cómo llegó a aceptarse como parte del cuerpo paulino.[14] El marco de tiempo dentro del cual debió de haber ocurrido la falsificación, si es que hubo una, tuvo que ser bastante ajustado: antes de la muerte de Pablo a mediados de la década del 60 y la formación del corpus paulino a principios del siglo II. Cuanto más se acerca la fecha de la presunta falsificación a la época de Pablo, más difícil resulta explicar cómo ninguno de los que conocían al apóstol la rebatió. Cuanto más cerca se la sitúa de la formación del corpus, más complicado es expresar por qué se escribió una carta como esa (ya que las cuestiones escatológicas tratadas en 2 Tesalonicenses habían dejado de ser "temas candentes") y cómo consiguió meterse en la colección de

---

12. R. Jewett, *Thessalonian Correspondence*, 12.
13. *Ibíd.*, 16.
14. En este punto, ver I. H. Marshall, *1 and 2 Thessalonians*, 40-45.

cartas de Pablo. Resumiendo, la hipótesis de la falsificación crea tantos o más problemas de los que pretende resolver; esta no puede ser la característica de una teoría convincente.

En síntesis, tres consideraciones me llevan a aceptar la autenticidad de la carta. (1) Afirma ser una carta paulina auténtica. (2) No hay nada en el lenguaje, el estilo o la teología que requiera una conclusión diferente si se atribuye el peso adecuado al carácter situacional de todas las cartas paulinas. (3) Nadie ha sido capaz de ofrecer una explicación históricamente creíble del origen de la carta si de verdad se trata de una falsificación. Concluyo, por tanto, que 2 Tesalonicenses es una carta genuina de Pablo.

¿Se escribió primero 2 Tesalonicenses?

Se ha sugerido ocasionalmente que el orden histórico de las cartas tesalonicenses es el contrario al orden canónico.[15] Segunda de Tesalonicenses, se argumenta, fue en realidad la primera carta que Pablo escribió, y que Timoteo entregó durante la visita que se describe en 1 Tesalonicenses 3:1-6. Dado que el orden tradicional de las cartas paulinas se basa en su extensión descendente más que en la cronología, nada es inherentemente improbable en esta sugerencia.

Sin embargo, los argumentos que se ofrecen para apoyar esta proposición son poco convincentes, inconcluyentes o una cuestión de supuestos previos. Se afirma, por ejemplo, que la preocupación de Pablo por la autenticidad en 2 Tesalonicenses 3:17 ("Yo, Pablo, escribo este saludo de mi puño y letra. Ésta es la señal distintiva de todas mis cartas; así escribo yo") solo tendría sentido en una primera carta. No obstante, de ser así, entonces resulta extraño que ninguna de las demás cartas paulinas (la mayoría de las cuales son *primeras* cartas) haga una referencia semejante. En segundo lugar, y de forma más significativa, 3:17 implica la posibilidad de una carta falsa. Pero es que esto, a su vez, significa que existe una epístola genuina. En resumen, este versículo tiene mucho más sentido en una segunda carta que en una primera. Entre los ejemplos de argumentos inconcluyentes tenemos: (1) la observación de

---

15. De manera más reciente, C. A. Wanamaker (*Thessalonians*, 37-45), que estructura su comentario y basa su interpretación en la prioridad de 2 Tesalonicenses. Para un listado completo (discutible) de los diversos argumentos ofrecidos a favor de la sugerencia, ver E. Best, *Thessalonians*, 42-45; ver también R. Jewett, *Thessalonian Correspondence*, 24-30.

que, en 1:4-5, los tesalonicenses están experimentando persecuciones, mientras que en 1 Tesalonicenses se alude a la persecución como una experiencia pasada (podría haber estallado de nuevo tras un breve respiro); y (2) la afirmación de que las referencias en 1 Tesalonicenses a una instrucción previa (1Ts 4:1; 5:1) tengan que ser algo por escrito (puede ser también una instrucción oral).

En ausencia de cualquier prueba convincente que favorezca la prioridad de 2 Tesalonicenses sobre 1 Tesalonicenses, tres consideraciones me llevan a aceptar el orden tradicional. (1) Tiene mayor sentido que 2 Tesalonicenses 3:17 forme parte de una segunda carta y no de una primera, sobre todo a la luz de las referencias de una supuesta carta en 2:2 y 2:15. (2) La extensa descripción, en 1 Tesalonicenses 1:4-2:12, de la visita inicial a Tesalónica parece más adecuada como parte de una primera carta. (3) La enseñanza sobre el regreso de Cristo en 1 Tesalonicenses 5:1-11 y 2 Tesalonicenses 2:1-12 tiene mayor sentido si 1 Tesalonicenses es la carta más temprana.[16]

---

16. Ver F. F. Bruce, *1 & 2 Thessalonians*, xlii-xliii, para un tratamiento completo de este último punto.

Bosquejo de 1 y 2 Tesalonicenses

Bosquejo de 1 Tesalonicenses

I. Apertura de la carta (1:1)
II. Recuerdos y aliento con respecto al pasado (1:2–3:13)
   A. Agradecimiento de apertura (1:2-10) (enfoque en los tesalonicenses)
      1. Acción de gracias por los tesalonicenses (1:2-3)
      2. Los tesalonicenses y el evangelio (1:4-10)
   B. Actitudes apostólicas hacia los tesalonicenses estando presente (2:1-12) (enfoque en los misioneros)
      1. Responsabilidad apostólica ante Dios (2:1-4)
      2. Ministerio apostólico, cuidado y alimentación (2:5-12)
   C. Segundo agradecimiento (2:13-16) (enfoque en los tesalonicenses)
      1. Agradecimiento por los tesalonicenses (2:13)
      2. Los tesalonicenses y la persecución (2:14-16)
   D. Actitudes apostólicas hacia los tesalonicenses aun estando ausente (2:17–3:8) (enfoque en los misioneros)
      1. Preocupación apostólica (2:17-20)
      2. Acción apostólica (3:1-5)
      3. Alivio y gozo apostólicos (3:6-8)
   E. Tercer agradecimiento (3:9-13) (enfoque en los tesalonicenses)
      1. Agradecimiento por los tesalonicenses (3:9)
      2. Oración por los tesalonicenses (3:10-13)
III. Exhortación y aliento con respecto al futuro (4:1–5:22)
   A. Introducción general (4:1-2)
   B. Santidad y ética sexual (4:3-8)
   C. Amor mutuo (*philadelphia*) (4:9-12)
   D. Preguntas sobre la *parousia* de Jesús (4:13–5:11)

1. Preguntas sobre el destino de los creyentes fallecidos (4:13-18)
2. Preguntas sobre "tiempos y fechas" (5:1-11)
- E. Conducta congregacional (5:12-22)
  1. Responsabilidades congregacionales hacia los líderes (5:12-13)
  2. Responsabilidades congregacionales hacia los individuos (5:14-15)
  3. Responsabilidades congregacionales hacia Dios (5:16-18)
  4. Responsabilidades congregacionales hacia el Espíritu Santo (5:19-22)

IV. Cierre de la carta (5:23-28)
- A. Oración final (5:23-24)
- B. Peticiones finales y bendición (5:25-28)

Bosquejo de 2 Tesalonicenses

I. Apertura de la carta (1:1-2)

II. Acción de gracias y aliento frente a la persecución (1:3-12)
   A. Agradecimiento formal (1:3-4)
   B. Instrucción y aliento (1:5-10)
   C. Informe de oración (1:11-12)

III. La *parousia* de Jesús y el malvado (2:1-12)
   A. Introducción al tema y preocupación de Pablo (2:1-2)
   B. Instrucción y aliento (2:3-12)

IV. Transición (2:13–3:5)
   A. Acción de gracias (2:13-14)
   B. Exhortación (2:15)
   C. Oración (2:16-17)
   D. Petición de oración (3:1-2)
   E. Expresiones de confianza (3:3-4)
   F. Oración adicional (3:5)

V. El problema de la indisciplina (3:6-15)
   A. El mandamiento y el ejemplo apostólicos (3:6-10)
   B. Órdenes para los indisciplinados (3:11-12)
   C. Instrucciones para la congregación (3:13-15)

VI. Cierre de la carta (3:16-18)
   A. Bendición (3:16)
   B. Saludo personal (3:17)
   C. Segunda bendición (3:18)

Bibliografía comentada

Principales comentarios recientes

Best, Ernest. *A Commentary on the First and Second Epistles to the Thessalonians*. HNTC. Nueva York: Harper & Row, 1972; reed. Peabody, Mass.: Hendrickson, 1987. Un tratamiento destacado y profundo que, para casi todas las cuestiones, presenta y considera a fondo todas las opciones interpretativas.

Bruce, F. F. *1 & 2 Thessalonians*. WBC 45. Waco, Tex.: Word, 1982. Un excelente y exhaustivo tratamiento, de mediana extensión, del texto griego que refleja la penetrante erudición de Bruce, su amplio conocimiento de las demás cartas de Pablo y su meticulosidad y atención características a los detalles. Incluye un excurso sobre la figura del anticristo.

Elias, Jacob W. *1 & 2 Thessalonians*. Believers Church Bible Commentary. Scottdale, Pa., y Waterloo, Ont.: Herald, 1995. Una contribución sólida y responsable desde la perspectiva menonita, profundamente preocupada por la relevancia del texto para la iglesia de hoy.

Holtz, Traugott. *Der erste Brief an die Thessalonicher*. EKKNT 13. Zurich: Benziger, 1986. Este reciente comentario alemán forma parte de la influyente serie de comentarios *Evangelisch-katholischer*.

Marshall, I. Howard. *1 and 2 Thessalonians*. NCB. Grand Rapids: Eerdmans, y Londres: Marshall Morgan & Scott, 1983. Un comentario sólido y fiable de mediana extensión que da un trato especialmente detallado de cuestiones introductorias y críticas, incluida la atención extensiva a (y crítica de) la obra de W. Trilling.

Morris, Leon. *The First and Second Epistles to the Thessalonians*. Ed. rev. NICNT. Grand Rapids: Eeerdmans, 1991. Un comentario cauteloso y tradicional de moderada extensión producido por un cuidadoso expositor.

Richard, Earl J. *First and Second Thessalonians*. Sacra Pagina 11. Collegeville, Minn.: Liturgical Press, 1995. Un completo y exhaustivo comentario crítico que toma una línea nueva y, a menudo, independiente. Basado en el texto griego, pero con todos los términos griegos transliterados; fuerte en las cuestiones léxicas y gramaticales.

Rigaux, Béda. *Saint Paul: Les épîtres aux thessaloniciens.* Études bibliques. París: Gabalda, 1956. Sigue siendo uno de los mejores enfoques de las cartas.

Trilling, Wolfgang. *Der zweite Brief an die Thessalonicher.* EKKNT 14. Zurich: Benziger, y Neukirchen-Vluyn: Neukirchener Verlag, 1980. Un sólido comentario basado en los argumentos de Trilling contra la autenticidad de 2 Tesalonicenses (W. Trilling, *Untersuchungen zum zweiten Thessalonicherbrief* [Leipzig, 1972]; véase la Introducción, nota 10).

Wanamaker, Charles A. *The Epistles to the Thessalonians: A Commentary on the Greek Text.* NIGTC. Grand Rapids: Eerdmans, y Exeter: Paternoster, 1990. Un destacado y completo comentario del texto griego que presta una atención particular (y productiva) a los aspectos retóricos de las cartas. Escrito en un contexto sudafricano, demuestra sensibilidad con el contexto de la congregación tesalonicense como movimiento de una minoría perseguida y con los desafíos a los que Pablo se enfrentó cuando intentó "resocializar" a sus conversos en una cosmovisión genuinamente cristiana.

Principales comentarios más antiguos

Frame, James Everett. *A Critical and Exegetical Commentary on the Epistles of St. Paul to the Thessalonians.* ICC. Edimburgo: T. & T. Clark, 1912. Un enfoque a gran escala del texto griego, que sigue siendo útil por su estrecha atención a las cuestiones léxicas y especialmente gramaticales; se vale a menudo de los comentaristas patrísticos (citados en las lenguas originales) y proporciona un análisis con frecuencia exhaustivo de la erudición primitiva.

Lightfood, J. B. *Notes on Epistles of St. Paul From Unpublished Commentaries.* Londres y Nueva York: Macmillan, 1895, pp. 1-136. Un análisis relativamente breve, pero penetrante, del texto griego, que refleja el conocimiento enciclopédico que Lightfoot tiene del mundo antiguo; sus observaciones léxicas siguen justificando un estudio minucioso.

Milligan, George. *St. Paul's Epistles to the Thessalonians: The Greek Text with Introduction and Notes*. Londres: Macmillan, 1908. Sigue mereciendo la pena consultarlo sobre puntos de exégesis, aunque en algunos aspectos es extremadamente antiguo; la mayoría de sus mejores ideas han sido utilizadas por comentaristas posteriores.

Otros comentarios

Aus, Roger. "II Thessalonians", en *I-II Timothy, Titus, II Thessalonians*, de A. J. Hultgren y R. Aus. ACNT. Minneapolis: Augsburg, 1984 (pp. 191-221).

Calvino, Juan. *The Epistles of Paul the Apostle to the Romans and to the Thessalonians*. Trad. por R. Mackenzie. Grand Rapids: Eerdmans, 1961 [1540]. Un ejemplo clásico del reformador ginebrino en acción, sorprendentemente exegético para alguien más conocido por su teología. Relativamente breve; siempre merece la pena leerlo como suplemento a un enfoque completo.

Gaventa, Beverly Roberts. *First and Second Thessalonians*. Interpretation: A Bible Commentary for Teaching and Preaching. Louisville: John Knox, 1998. Un enfoque relativamente breve (133 pp.), nada técnico y siempre concienzudo de la carta, escrito con el pleno conocimiento de las dificultades implicadas en leer un documento antiguo a través de los ojos modernos. Los comentarios y sugerencias para la aplicación y la predicación son breves, pero sugerentes; particularmente notables son las "reflexiones" sobre la simbología maternal de Pablo y sobre la persistencia del mal.

Hendriksen, William. *I and II Thessalonians*. Grand Rapids: Baker, 1955. Detrás de su exposición teológica hay un trabajo exegético muy cualificado; ahora es un tanto antiguo; irregular en su cobertura de las cuestiones. En español, *1 y 2 Tesalonicenses*. Grand Rapids: Libros Desafío, 2000.

Hiebert, D. Edmond. *The Thessalonian Epistles. A Call to Readiness*. Chicago: Moody, 1971. Un extenso tratamiento desde la perspectiva pretribulacionalista.

Juel, Donald H. "I Thessalonians", en *Galatians, Philippians, Philemon, I Thessalonians*, por E. Krentz, J. Koenig, y D. H. Juel. ANCT. Minneapolis: Augsburg, 1985 (pp. 211-55). Gravemente obstaculizado por las restricciones de espacio impuestas por el formato de la serie, pero con observaciones reveladoras (ocasionalmente expresadas con una claridad epigramática) que hacen que merezca la pena consultarlo.

Martin, D. Michael. *1, 2 Thessalonians*. NAC 33. Nashville: Broadman & Holman, 1995. Competente, pero plano e irregular en su enfoque.

Morris, Leon. *The Epistles of Paul to the Thessalonians: An Introduction and Commentary*. Ed. rev. TNTC. Grand Rapids: Eerdmans, 1984. Una breve versión de su contribución en NICNT. En español, *Las Cartas a los Tesalonicenses: introducción y comentario*. Buenos Aires: Ediciones Certeza, 1976.

Stott, John R. W. *The Gospel and the End of Time: The Message of 1 and 2 Thessalonians*. BST. Downers Grove, Ill.: InterVarsity, 1991. Lo mejor de los enfoques no técnicos de las cartas de un maestro predicador evangélico que también es un excelente erudito, refleja su profundo compromiso tanto con las Escrituras como con la iglesia.

Thomas, Robert L. "1 Thessalonians" y "2 Thessalonians", en *The Expositor's Bible Commentary*, vol. 11. Ed. por F. E. Gaebelein. Grand Rapids: Zondervan, 1978 (pp. 227-337). Un breve enfoque basado en la NVI desde una perspectiva dispensacionalista.

Williams, David J. *1 and 2 Thessalonians*. NIBC. Peabody, Mass.: Hendrickson, 1992. Una breve aunque útil exposición que casi siempre trata las cuestiones interpretativas clave.

Estudios especiales

Collins, Raymond F., ed. *The Thessalonian Correspondence*. BETL 87. Leuven: Leuven Univ. Press y Peeters, 1990. Una amplia e importante colección de ensayos académicos en varias lenguas sobre casi todos los aspectos de Tesalonicenses.

Donfried, Karl P. "The Theology of 1 Thessalonians" y "The Theology of 2 Thessalonians", en *The Theology of the Shorter Pauline Letters,* de K. P. Donfried e I. H. Marshall. New Testament Theology. Cambridge: Cambridge Univ. Press, 1993 (pp. 1-113). Un tratamiento comprensivo de cada documento por separado.

Hock, Ronald F. *The Social Context of Paul's Ministry: Tentmaking and Apostleship.* Filadelfia. Fortress, 1980. Una interesante investigación del uso que Pablo hizo del taller como lugar para la evangelización y el discipulado a la luz de las actitudes grecorromanas hacia el trabajo y los filósofos itinerantes.

Jewett, Robert. *The Thessalonian Correspondence. Pauline Rhetoric and Millenarian Piety.* Foundations and Facets. Filadelfia: Fortress, 1986. Un estudio exhaustivo de cuestiones críticas asociadas con la correspondencia tesalonicense y una importante contribución al análisis retórico de las cartas. El uso que Jewett hace de la categoría sociológica moderna de "los movimientos milenarios" para interpretar la situación tesalonicense no llega a convencer.

Malherbe, Abraham J. *Paul and the Thessalonians: The Philosophical Tradition of Pastoral Care.* Filadelfia: Fortress, 1987. Un buen estudio sobre Pablo y su ministerio a la luz de los antiguos filósofos y sus métodos.

Plevnik, Joseph. *Paul and the Parousia: An Exegetical and Theological Investigation.* Peabody, Mass.: Hendrickson, 1997. Un reciente y profundo estudio que no solo analiza las cuestiones o los pasajes individuales, sino que acaba con una útil síntesis de la enseñanza de Pablo.

Trilling, Wolfgang. *Untersuchungen zum zweiten Thessalonicherbrief.* Leipzig: St. Benno, 1972. Una presentación ampliamente influyente del argumento para entender 2 Tesalonicenses como una carta pseudónima.

Weima, Jeffrey A. D. "'How You Must Walk to Please God': Holiness and Discipleship en 1 Thessalonians" en *Patterns of Discipleship in the New Testament,* ed. Richard N. Longenecker. Grand Rapids: Eerdmans, 1996 (pp. 98-119). Una contribución profunda a un tema importante en 1 Tesalonicenses.

1 Tesalonicenses 1:1

Pablo, Silvano y Timoteo,
a la iglesia de los tesalonicenses que está en Dios el Padre
y en el Señor Jesucristo:
Gracia y paz a ustedes.

Con respecto a la estructura de la carta, 1:1 forma una unidad estructural completa, la "apertura", y 1:2 comienza una nueva sección (la "acción de gracias"). Como cualquier apertura, identifica a los remitentes y destinatarios, y transmite una expresión de buena voluntad. De todas las aperturas de las cartas paulinas, esta es la más sencilla y más parecida a las de las cartas helenísticas contemporáneas (típicamente "A a B, saludos"; *cf.* Hch 15:23, "Los apóstoles y los ancianos, a nuestros hermanos gentiles en Antioquía, Siria y Cilicia: Saludos").[1]

Los remitentes. Por razones sobre las que solo podemos especular, 1 y 2 Tesalonicenses son las únicas cartas en las que Pablo no se identifica a sí mismo ni a sus colegas de manera alguna.[2] El nombre de la segunda persona es en realidad "Silvano" (*cf.* nota de la NVI), a quien Pablo menciona en otros lugares (2Co 1:19; 2Ts 1:1). Es la misma persona que el "Silas" que se cita en Hechos (véase Hch 15:22-40; 16:19-29; 17:4-15; 18:5) y, probablemente, en 1 Pedro 5:12.[3] Una de dos, o (como Pablo), tenía dos nombres, uno semita y otro en latín, o "Silvano" y "Silas" representan las formas en latín y griego, respectivamente, de un nombre semita.

---

1. Ver, además, P. T. O'Brien, "Letters, Letter Forms", *DPL*, 550-53; J. Murphy-O'Connor, *Paul the letter-Writer: His World, His Options, His Skills* (Collegeville, Minn.: Liturgical Press, 1995).
2. En otros lugares Pablo se autodescribe como "siervo" (Ro 1:1; Fil 1:1; Tit 1:1) o "apóstol" (Ro 1:1, 1Co 1:1; 2Co 1:1; Gá 1:1; Ef 1:1; Col 1:1; 1Ti 1:1; 2Ti 1:1; Tit 1:1), o "prisionero" (Fil 1). Cuando en las primeras líneas de apertura nombra a sus colegas (a Timoteo en 2 Corintios; Filipenses, Colosenses y Filemón, y a Sóstenes en 1 Corintios), los designa como "hermano" o "siervo".
3. Así Peter H. Davids, *The First Epistle of Peter* (Grand Rapids: Eerdmans, 1990), 198; J. Ramsey Michaels, *1 Peter* (Waco, Tex.: Word, 1988), xlvi-xlvii, 306-7; pero, tal como J. B. Lightfoot (*Notes on Epistles,* 7) observa, el nombre es demasiado común para tener certeza alguna.

Hechos presenta a Silas como profeta en Jerusalén en quien se delegó (junto con Judas Barsabás) entregar los resultados del Concilio de Jerusalén a la iglesia en Antioquía. Después de la separación de Bernabé y Pablo (Hch 15:36-39), este escogió a Silas como colaborador, y ambos viajaron por Galacia, Asia Menor, Macedonia y Grecia (el segundo viaje misionero de Pablo; *cf.* el análisis de 1Ts 2:6). Desempeñó un papel sustancial en el establecimiento de iglesias tanto en Tesalónica como en Corinto, como también lo hizo Timoteo, que se unió a Pablo y a Silas como miembro más joven del equipo, al principio de sus viajes (véase Hch 16:1-4). En 1 Tesalonicenses 3:2 se describe a Timoteo como "colaborador de Dios"; 1 Corintios 4:17 capta los propios sentimientos de Pablo hacia él ("mi amado hijo") y también Filipenses 2:22 ("ha servido conmigo en la obra del evangelio, como un hijo junto a su padre").

La conjunción de los tres nombres (algo que también ocurre en 2Ts 1:1), y el uso frecuente de la primera persona del plural ("nosotros") a lo largo de la carta indican que los tres son, por igual, los remitentes de la carta.[4] El orden de los nombres y el uso ocasional que Pablo hace de la primera persona del singular ("yo"; 2:18; 3:5; 5:27) indica que fue uno de los que compusieron realmente la carta. Timoteo, que ya había servido anteriormente de emisario de Pablo en Tesalónica (3:2, 5) pudo haber entregado esta carta. No queda claro que Silas tuviera algo que ver en su composición o en la escritura de la misma.[5]

Los receptores. Tras identificar a los remitentes, Pablo identifica a los receptores: "la iglesia de los tesalonicenses". En el término griego *ekklesia* (en el Nuevo Testamento traducido "iglesia" de forma rutinaria) podría designar, entre otras cosas, a una asamblea pública (Hch 19:32, 39) o una escuela filosófica, es decir, una reunión o un movimiento. De manera similar, en la LXX (Septuaginta, es decir, la traducción griega de la Biblia hebrea) *ekklesia* y *synagoge* ("sinagoga") designan ambos a Israel como asamblea reunida y como pueblo de Dios. Como *synagoge* se había convertido en el término estándar para las congregaciones locales judías, *ekklesia* era una elección obvia para designar al movimiento cristiano y distinguirlo del judaísmo. En el uso cristiano, *ekklesia*

---

4. De manera similar, E. J. Richard, *Thessalonians*, 40; ver BDF §460 (3); *cf.* 2Co 1:19, donde dice claramente: "a quien Silvano, Timoteo y yo predicamos". Ver también J. Murphy-O'Connor, *Paul the Letter-Writer*, 19-20.
5. Para un debate sobre esta posible influencia, ver E. Best, *Thessalonians*, 23-29; E. G. Selwyn, *The First Epistle of St. Peter*, 2ª ed. (Londres. Macmillan, 1947), 9-17.

podría indicar las casas-iglesias individuales (Ro 16:5), congregaciones locales (Ro 16:1), o el movimiento cristiano en conjunto (1Co 12:28; Col 1:18, 24). Aquí significa la congregación local de Tesalónica, como señala claramente la expresión "de los tesalonicenses". Esta frase indica, asimismo, la relación entre la congregación local y el pueblo de Dios en otros lugares: el concepto básico es la iglesia en su conjunto, de la cual los tesalonicenses son representantes locales.[6]

La asamblea local de los tesalonicenses se identifica, además, como "en Dios el Padre y en el Señor Jesucristo". El significado de la frase resulta difícil de determinar.[7] "En Dios" es tan raro en el corpus paulino como "en Cristo" es común,[8] y los intérpretes están divididos en cuanto a si se debe interpretar lo inusual a la luz de lo común o a la inversa. Con frecuencia, la frase "en Cristo" "conlleva una fuerza 'incorporativa' que alude a la participación de los creyentes en la vida resucitada de Cristo o a la membresía en su cuerpo".[9] Si este es el significado de esta frase aquí, entonces la expresión paralela "en Dios" debe entenderse de manera similar. Por otra parte, en vista de la falta de paralelos en otros lugares de las cartas de Pablo, algunos intérpretes entienden (en mi opinión, correctamente) que la preposición "en" indica un "medio" y no una "posición". Es decir, que designa a la comunidad que "ha sido creada" o "reunida" por Dios y Jesús.[10]

Comoquiera que se tome la frase, la estrecha vinculación de Dios y Jesús indica su unidad de propósito y de acción (*cf.* 2Co 5:18-21) sin la cual, y aparte de la cual, la *ekklesia* cristiana no existe. Más aún, la

---

6. Ver, además, J. Roloff, "ἐκκλησία", *EDNT*, 1.410-15; L. Coenen, "Church, Synagogue", *NIDNTT*, 1:291-307; P. T. O'Brien, "Church", *DPL*, 123-31.
7. Además, la ausencia del artículo delante de "en Dios el Padre y en el Señor Jesucristo" crea cierto grado de incertidumbre en cuanto a qué palabra o frase modifica esta declaración. El paralelo en 2:14 y el patrón de otras aperturas paulinas indican que modifica la frase que la precede. Asimismo, el uso de la preposición "en" (*en*) en lugar de "de" (*apo*) rebate que se tome con el saludo siguiente ("gracia y paz a ustedes").
8. Aparte de 1Ts 1:1 y 2Ts 1:1, "en Dios" solo figura otras cinco veces, ninguna de las cuales coincide con el uso que se le da aquí (Ro 2:17 y 5:11, jactarse en Dios; Ef 3:9 y Col 3:3, estar escondidos en Dios; 1Ts 2:2, valor en Dios), mientras que "en Cristo" aparece casi 170 veces.
9. F. F. Bruce, *1 and 2 Thessalonians*, 7; sobre "en Cristo" ver, además, B. Witherington III, "Christ", *DPL*, 98-99; C. F. D. Moule, *The Origin of Christology* (Cambridge: Cambridge Univ. Press, 1977), 54-69.
10. Así E. Best, *Thessalonians*, 62; E. J. Richard, *Thessalonians*, 41-42; para la opinion de que indica posición, ver J. E. Frame, *Thessalonians*, 69-70; C. F. D. Moule, *Origin*, 56; J. R. W. Stott, *The gospel and the End of Time*, 27-28.

fórmula cristológica completa "el Señor Jesucristo" trae a la mente aspectos clave de la obra salvífica de Dios en Cristo que ha dado a luz a la iglesia: el nombre "Jesús" hace hincapié en su muerte, el título "Cristo" enfatiza su resurrección y "Señor" expresa la profesión de fe del creyente en Jesús, el Cristo.[11]

A esto hay que añadir que es importante notar cómo *funciona* esta frase. Al enfatizar la base teológica y el enfoque cristológico de *ekklesia*, sirve para diferenciar con nitidez esta asamblea particular de cualquier otra (pagana o judía) con las que los recién convertidos tesalonicenses estaban familiarizados. La confesión monoteísta de "Dios el Padre"[12] implica un rechazo hacia sus antiguos dioses (*cf.* 1:9), mientras que el reconocimiento de Jesús como Mesías ("Cristo") y Señor distingue al movimiento cristiano del judaísmo (*cf.* 1:10).

El saludo. "Gracia y paz a ustedes" ocupa el lugar del simple "saludos" (*charein*) típico de una carta griega y es parecido a las salutaciones que se encontraban en las cartas judías (p. ej. 2 Mac. 1:1 tiene *charein* y "paz"; 2 Bar. 78:2 dice "misericordia y paz"). Pero el contenido teológico de los dos términos evocativos es más importante que los paralelos formales. Para Pablo, Dios es la fuente máxima de gracia (véase 2Ts 1:2, "de Dios el Padre y del Señor Jesucristo"), en la que se basan todas las acciones de Dios a favor de su pueblo. De hecho, la gracia no es tanto un atributo de Dios, ya que es su actividad redentora, visible en el ministerio, la muerte y la resurrección de Cristo. Por otra parte, la paz indica el resultado de la actividad salvífica de Dios, una relación restaurada con él (Ro 5:1; véase también 5:2-11). Aquí, queda clara la diferencia entre las definiciones cultural y bíblica de "paz": no solo la mera ausencia de conflicto, sino la presencia (y el disfrute) de unas relaciones plenas y armoniosas. En resumen, la frase "gracia y paz" (que funciona a la vez como afirmación y oración) trae a la mente la base y la consecuencia de la actividad salvífica de Dios, que halla su enfoque en Jesucristo.[13]

---

11. E. J. Richards, *Thessalonians*, 43.
12. La frase también aparece en 1Ts 1:3; 3:11, 13 (debatido en la sección Construyendo Puentes); 2Ts 1:1-2; 2:16.
13. Como observa J. B. Lightfoot, "χάρις [gracia] es la fuente de todas las bendiciones reales, εἰρήνη [paz] es su fin y su resultado" (*Notes on Epistles*, 8). Para "paz", ver además el análisis de 5:23 más abajo.

 Este versículo de apertura de 1 Tesalonicenses nos presenta, de inmediato, al menos tres desafíos interpretativos que suelen plantearse cuando se estudian y se aplican las Escrituras: (1) el asunto del precedente histórico; (2) la cuestión de los argumentos o las deducciones del silencio; y (3) el reto del lenguaje evocativo (con los potenciales obstáculos que lo acompañan y que provocan una interpretación exagerada u otra que se queda corta).

El asunto del precedente histórico. La cuestión del precedente histórico surge de la sistemática práctica paulina de trabajar como parte de un equipo (aquí ejemplificado por su deliberada mención de Silas y Timoteo en el encabezamiento y del papel relevante que jugaron en el establecimiento de la congregación tesalonicense), y de establecer equipos que ejercieran el liderazgo de las iglesias que él plantaba. A diferencia de los filósofos itinerantes de su tiempo (a los que Pablo contrastará consigo en 2:1-12), siempre que le era posible, él se hacía acompañar por otros.[14] También dejaba detrás de sí a equipos de líderes en las iglesias que él y sus colegas establecían (Hch 14:23; 20:17; Fil 1:1; 1Ts 5:12; 1Ti 4:14; 5:17). Además, aunque la evidencia en cuanto a la estructura de la iglesia en los tiempos del Nuevo Testamento es incompleta, también es, no obstante, sistemática: el equipo de liderazgo era el patrón básico. De modo que surge la pregunta: ¿es este modelo sistemático una mera cuestión de coincidencia, o es un aspecto importante del método de ministerio paulino que deberíamos seguir, y que podría incluso tener valor normativo para las iglesias actuales? En otras palabras, ¿no será también esta *descripción* de la forma de trabajar de Pablo, en cierto modo, una *propuesta* para nosotros?

En su excelente debate de la cuestión del precedente histórico, Gordon Fee y Douglas Stuart ofrecen directrices de gran utilidad.[15] Observan correctamente que, en general, *"a menos que las Escrituras nos digan explícitamente que debemos hacer algo que solo se narra o se describe,*

---

14. En su primer viaje siguió a su mentor, Bernabé, mientras que Silas y Timoteo estuvieron con él en su segundo viaje, y Timoteo y Erasto (ver Hch 19:22; 2Co1:1) lo acompañaron en el tercero.
15. Gordon D. Fee y Douglas Stuart, *How to Read the Bible for All Its Worth: A Guide to Understanding the Bible*, 2ª ed. (Grand Rapids: Zondervan, 1993), 78-112, esp. 105-12. Las citas siguientes son de las páginas 106 y 111; las cursivas pertenecen al original.

esto no funciona de un modo normativo". Reconocen, asimismo, que *"los precedentes bíblicos pueden considerarse, a veces, como patrones respetables, aunque no se entiendan como algo normativo".* En este caso en particular, yo argumentaría que la *regularidad* de la práctica de Pablo con respecto a un equipo de liderazgo —una sistematicidad que trascendió a las ciudades, las regiones y las culturas individuales, y, por tanto, no fue un tema de práctica meramente local— sugiere que el patrón ejemplificado aquí en 1 (y 2) Tesalonicenses merece la pena repetirse hoy, aunque pueda no ser normativo.

Deducciones del silencio. Se observó más arriba que en las aperturas de las cartas de Pablo, a excepción de 1 y 2 Tesalonicenses, se caracteriza a sí mismo como "siervo" o "apóstol" o "prisionero". En dos de las cartas (Romanos y Gálatas) en las que Pablo extiende sustancialmente la apertura de las misivas, los eruditos han descubierto que estas extensiones eran relevantes para la interpretación del significado y las circunstancias de estas dos epístolas. En la misma medida, ¿hay alguna relevancia en la *ausencia* de caracterización alguna aquí, en 1:1? Aunque, en ocasiones, el silencio es significativo (p. ej. en el relato de Sherlock Holmes en que la clave para resolver el misterio fue el sabueso que *no* ladró), como regla general, las conclusiones o los argumentos que se basan en el silencio son tan solo, en el mejor de los casos, de valor limitado. En este caso en particular (una de sus primeras cartas, en la que podría haber estado desarrollando lo que más tarde se convertiría en la forma de apertura característica de sus epístolas) es mejor no intentar encontrar algo relevante en lo que Pablo no dijo.

El reto del lenguaje evocativo. En una sección de apertura como esta, en especial, frases como "iglesia", "gracia", "paz" y "el Señor Jesucristo" suelen implicar mucho más de lo que declaran de forma explícita. Son términos que, para Pablo, eran profundamente evocadores, pero que no tienen por qué funcionar necesariamente así en la actualidad. A veces evocan poco o nada, porque el cambio de uso puede sugerir algo bastante diferente de lo que representaban para el apóstol (p. ej. "Jesucristo" llega a ser un insulto o "iglesia" la mera designación de un edificio). Aquí se pone de manifiesto el doble obstáculo de la sobre e infrainterpretación: ¿qué cantidad de contexto o qué ideas pretendía Pablo comunicar?

Por ejemplo, "gracia" —un concepto fundamental para el apóstol y un término que aparece un centenar de veces en el corpus paulino— solo se encuentra dos veces en 1 Tesalonicenses (1:1; 5:28). Es evidente que no es un tema relevante en esta carta. Con todo, en los dos lugares donde figura, "enmarca" todo el documento. Además, aparece aquí en estrecha conexión con otras frases (p. ej. "en Dios el Padre") que refuerzan el énfasis básico de "gracia" en el uso que Pablo le da.[16] Esto sugiere que la gracia es, en cierto modo, fundamental para todo el mensaje y que, por tanto, no debería ignorarse. El desafío de este ejemplo consiste, pues, en aclarar la naturaleza fundamental, lo que "se da por sentado", en la opinión de Pablo sobre términos como "gracia", sin restar la debida atención a los asuntos que trata en el curso de la carta.

En la sección Sentido Original traté, en aras de la claridad, cada término o frase por separado. Sin embargo, también es importante ver cómo encajan todas las piezas individuales en conjunto, sobre todo cuando se procura establecer el puente entre el significado y la aplicación. ¿Cuál es la principal impresión o énfasis primordial que Pablo intenta comunicar en su apertura con solo mencionar algunos términos o frases fundamentales? Sugiero que está haciendo hincapié, desde el principio mismo de su carta, en *la centralidad y la importancia de Dios en la vida de la iglesia*. Las expresiones que Pablo vincula ("gracia", "en Dios el Padre", "del Señor Jesucristo", "paz") nos recuerdan que la iglesia no tiene vida aparte de la obra salvífica de Dios en Cristo, obra arraigada en la gracia de Dios y que resulta en "paz" (es decir, una relación restaurada) con Dios, cuya manifestación es el don del Espíritu. En otras palabras, el evangelio de Pablo (véase 1:5), en respuesta al cual nació la congregación tesalonicense, es fundamentalmente de Dios y sobre él, y solo de forma secundaria para los seres humanos y acerca de ellos.

Que este énfasis *teo*lógico no es un rasgo incidental de su evangelio queda claro en la forma en que el apóstol lo desarrollará, posteriormente, de una forma más completa y explícita en Romanos. Allí aclara que el evangelio es fundamentalmente el "poder de *Dios* para salvación" (Ro 1:16); que aunque los seres humanos (que le han dado la espalda a Dios, adorando a la criatura en lugar de al Creador, 1:25) "todavía éramos pecadores" (y, por tanto, ni siquiera nos preocupaba si Dios existía), "*Dios* demuestra su amor por nosotros en [que] [...] Cristo murió por nosotros" (5:8); que Cristo murió porque "*Dios* lo ofreció como un sacrificio de expiación" (3:25), para "así demostrar su [de *Dios*] justicia

---

16. Para una excelente exposición sobre la gracia, ver Philip Yancey, *Gracia divina vs condena humana* (Miami, FL: Editorial Vida, 1998).

y que justifica a los que tienen fe en Jesús" (3:26; *cf.* 1:17). Lo que Pablo pormenoriza en Romanos lo da a entender aquí en la apertura de su carta a los tesalonicenses.

Significado Contemporáneo

Esta sección de apertura ofrece al menos tres temas para el debate. Uno de ellos, la "iglesia de los tesalonicenses", es el enfoque principal de la sección siguiente (1:2-10) y lo trataremos cuando lleguemos ahí. Los otros dos son el modelo paulino de equipo de liderazgo y la forma en que importantes términos y expresiones de la apertura enfatizan la centralidad de Dios para la vida de la iglesia.

Equipo de liderazgo. Si el patrón paulino del equipo de liderazgo merece realmente la pena repetirse hoy (aunque pueda no ser normativo), ¿cómo se debería aplicar? Desde una perspectiva, esta cuestión se puede entender como un asunto de la estructura de la iglesia. Sin embargo, es probable que esta no sea una línea productiva de planteamiento, porque la mayoría de nosotros ya tenemos compromisos sustanciales, como individuos y como denominaciones, con una u otra de las diversas formas de estructura eclesial que se han desarrollado a lo largo de los siglos, por toda una variedad de razones (históricas, teológicas y sociológicas). Además, aunque pudiéramos en cierto modo escurrirnos de estos compromisos y acordar empezar desde cero, en el Nuevo Testamento no existe un modelo definitivo para la estructura de la iglesia por el que guiarnos. Es posible que algún principio dirigiera nuestro pensamiento sobre el asunto (específicamente, la estructura debería suplir las necesidades de la congregación, y no al contrario), pero no existe un modelo definitivo como tal. Plantear esta cuestión como algo que tiene que ver con la estructura de la iglesia no es la manera más práctica de proceder.

En vez de ello, deberíamos comenzar pensando en el modelo paulino en términos de cómo contrasta con un rasgo común de muchas iglesias actuales, independientemente de su estructura particular. Cualquiera que sea su estructura formal (congregacional, presbiteriana, episcopal o monoepiscopal), muchas iglesias individuales están constituidas jerárquicamente, y lo típico es que concentren el poder y la autoridad en las manos de una sola persona. En este aspecto, son más parecidas a una estructura corporativa con una organización jerárquica en forma de pirámide, o a un modelo de mando militar, que a los modelos del Nuevo Testamento cuyas imágenes dominantes en cuanto al liderazgo son las de la familia y del servicio. Considera, por ejemplo, las numerosas iglesias actuales en las que el pastor titular funciona básicamente a modo de director ejecutivo, con personal y un comité de iglesia supeditado a él; o la frecuencia (¡y la rapidez!) con la que las últimas modas en la organización de negocios se infiltran en la iglesia; o hasta qué punto se introduce la jerga de negocios en nuestro pensamiento (p. ej. el "gerente" de una iglesia que se jactaba de convertir su ministerio de guardería en un "centro de beneficios").

Los peligros asociados a este modelo de liderazgo eclesial no son insustanciales. Tal como observa Gordon Fee: "... el liderazgo, sobre todo el más visible, puede ser un negocio tóxico [...]. El gran problema del liderazgo individual es su triple tendencia al orgullo de estar en primer plano, el amor a la autoridad y el no tener que rendir cuentas a nadie".[17] Este último punto es particularmente crítico a la vista de la importante tentación al fracaso moral (sexual o financiero, en especial), tentaciones a las que un preocupante número de pastores y líderes cristianos han sucumbido en los últimos años.

El equipo de liderazgo, que puede instituirse de manera informal dentro de las restricciones de cualquiera de las distintas estructuras formales, ofrece importantes ventajas a este respecto. El tener que responder ante los demás miembros de un equipo de liderazgo reduce las ocasiones de que un líder caiga en pecado. Además, hasta en los casos en los que se produzca el fallo moral relevante de un líder, la presencia de un equipo en lugar de un solo individuo en el liderazgo reduce las probabilidades de que esta falta destruya a la congregación.

Las ventajas de un equipo de liderazgo no son, sin embargo, algo meramente práctico. El conjunto de líderes nos recuerda que, en el Nuevo Testamento, el asunto crítico no es el cargo ni la estructura formal, sino la capacidad. En este sentido, es el mejor modelo de la idea que el Nuevo Testamento tiene sobre lo que es la iglesia. Como observa Klyne Snodgrass: "El cuerpo de Cristo no tiene dos clases de miembros —el clero y los laicos— ni dos conjuntos de expectativas. Todo el mundo tiene la misma tarea de edificar el cuerpo, aunque las responsabilidades

---

17. Gordon D. Fee, *Gospel and Spirit: Issues in New Testament Hermeneutics* (Peabody, Mass.: Hendrickson, 1991), 143.

varíen".[18] El equipo de liderazgo es una forma concreta de ser el modelo de esta idea para el resto de la congregación.

Un ejemplo contemporáneo de equipo de liderazgo es el de Willow Creek Community Church, a la que se suele asociar a menudo con el nombre de Bill Hybels. Sin embargo, desde el primer momento, esta congregación ha sido dirigida por un *equipo* de personas capacitadas que trabajan juntas para poner en marcha su visión de lo que debería ser una iglesia. Tampoco se limita este modelo paulino a las congregaciones. Cuando Billy Graham recibió su Medalla de Honor del Congreso, según dicen, lo primero que comentó al recibir el premio fue: "Este ha sido el esfuerzo de un equipo desde el primer momento" y procedió a nombrar a las personas que habían ministrado con él a lo largo de los años. Al acabar, afirmó: "Lo hicimos juntos". Es incuestionable que Graham ha sido bendecido con un don especial para la evangelización. Pero creo que sería el primero en reconocer que, sin el apoyo y el trabajo de todo un equipo de personas distintamente capacitadas, aunque igualmente dedicadas, su ministerio no habría sido el mismo. Los equipos de Willow Creek y Graham son poderosos ejemplos contemporáneos de algo que Pablo practicó y de lo que fue ejemplo para los tesalonicenses: el equipo de liderazgo en el ministerio.

La centralidad de Dios para la vida de la iglesia. En el transcurso de las dos últimas décadas ha ocurrido un cambio importante en la forma en que muchos cristianos estadounidenses ven a la iglesia. Ya no resulta raro, por ejemplo, encontrar un libro o a un orador que describa a los miembros de la iglesia como clientes, y a los potenciales conversos o miembros como proyectos, y al evangelio, las actividades y los programas como productos para su comercialización. Se confunde la adoración con el entretenimiento, ser buenos con sentirse bien, y la fidelidad con tener éxito o con "ser bendecidos". Se dice que la clave del crecimiento de la iglesia está en "suplir las necesidades de los clientes". Se predicen las tendencias; por ejemplo, cada vez serán más los que seleccionarán entre dos y cinco iglesias "para ser su *grupo* de iglesias locales", y "un fin de semana cualquiera decidirán a cuál de ellas asistir, según las necesidades propias que les parezcan más profundas".[19] Igualmente revelador es el lenguaje que utilizan las personas para explicar por qué han cambiado de iglesia ("mi antigua iglesia no estaba

---

18. Klyne Snodgrass, *Efesios*, CBA NVI (Miami: Vida, 2012), 224.
19. Georges Barna, *The Frog in the Kettle* (Ventura, Calif.: Regal Books, 1990), 142.

satisfaciendo mis necesidades") o para evaluar el culto del domingo por la mañana ("este culto me ha bendecido de verdad", u "hoy no me ha aportado nada"). Por decirlo de otra forma, cada vez consideramos más "la iglesia" en términos de lo que puede hacer por *nosotros*.

Este cambio en la forma en que muchos ven la iglesia —sin duda influenciado por el narcisismo (egocentrismo) y "la mentalidad consumista" de la cultura estadounidense contemporánea— es síntoma de un cambio cultural más profundo y a la larga. En el transcurso de un siglo aproximadamente, sustanciales segmentos de dicha cultura han ido pasando de una perspectiva centrada en Dios en la realidad a una centrada en el hombre. Es decir, ha habido un cambio desde la perspectiva teocéntrica o cosmovisión, en la que los seres humanos se consideraban la creación de Dios, a una cosmovisión antropocéntrica, en la que (bajo la influencia de las ideas de personas como Nietzsche y Freud) a "Dios" se le considera ampliamente como una proyección de la mente humana. En resumen, algo parecido a la antigua declaración de Protágoras, "el hombre es la medida de todas las cosas", se ha convertido en el principio fundamental de una cosmovisión secular contemporánea. Los debates sobre lo correcto y lo incorrecto, la ley y la moralidad, y el bien y el mal ya no se analizan con referencia a Dios, sino a los seres y a la sociedad humanos como punto de partida o criterio.[20]

Considerada desde esta perspectiva antropocéntrica, la "iglesia" se convierte en otra organización humana más, creada por seres humanos para suplir necesidades humanas. El estilo puede diferir del de otros grupos, pero no en sustancia: es sencillamente otra forma de organización social por la que los hombres procuran traer orden y estructura a sus vidas o satisfacer sus necesidades personales. No es de sorprender, pues, que muchos consideren la iglesia principalmente en términos de lo que puede hacer por ellos. No es más que otro ejemplo de las sutiles (y, por tanto, insidiosas) formas en las que la cultura estadounidense contemporánea se está infiltrando hoy en la iglesia.

En comparación con esta creciente tendencia tenemos este versículo de apertura de la carta de Pablo, con su resonante énfasis sobre Dios y Jesucristo. Nos recuerda que la iglesia, esté en Tesalónica o en cualquier otro lugar, está "en Dios el Padre y en el Señor Jesucristo". Ni siquiera existe y, desde luego, no tiene vida, separada de Dios y de su obra

---

20. Más sobre esta idea en Philip Yancey, "Nietzsche Was Right", *Books and Culture* 4 (enero/febrero 1998): 14-17.

salvífica en Cristo. Esto significa que la iglesia no es otra organización social más. Es nada más y nada menos que el pueblo de Dios, reunido por él para su adoración y su gloria, y con la comisión de difundir el evangelio, a saber, las buenas nuevas sobre Dios. Es Dios quien llama a los seres humanos para que le sigan, lo adoren y le sirvan, y no al revés. Dios no existe por la iglesia, sino que esta existe para su alabanza y su gloria. Pablo nos lo recuerda enfáticamente en la apertura de su carta. Tal como observa John R. W. Stott: "Lo que destaca de la visión de Pablo sobre la iglesia es que está centrada en Dios".[21]

Entender esta idea cambiará fundamentalmente la forma en que pensamos sobre la iglesia. Opinaremos sobre el culto de adoración, por ejemplo, cada vez menos en términos de lo que hace por nosotros y más como una oportunidad para que podamos glorificar, alabar y adorar a Dios. Consideraremos cada vez menos a la iglesia como medio de suplir nuestras necesidades y más como las ocasiones de servir a otros como discípulos y siervos de Jesucristo. Opinaremos menos que reunirnos con otros creyentes para adorar es una intrusión en nuestro fin de semana, y lo veremos más como oportunidad de declarar (por nuestra forma de pasar el tiempo) nuestra lealtad al único Dios verdadero. De esta manera, entendiendo y adoptando la visión teocéntrica de la iglesia en lugar de la antropocéntrica, podemos empezar a vivir lo que significa ser una iglesia que está de verdad "en Dios el Padre y en el Señor Jesucristo".

---

21. J. R. W. Stott, *The Gospel and the End of Time*, 32.

1 Tesalonicenses 1:2-10

Siempre damos gracias a Dios por todos ustedes cuando los mencionamos en nuestras oraciones. ³ Los recordamos constantemente delante de nuestro Dios y Padre a causa de la obra realizada por su fe, el trabajo motivado por su amor, y la constancia sostenida por su esperanza en nuestro Señor Jesucristo.

⁴ Hermanos amados de Dios, sabemos que él los ha escogido, ⁵ porque nuestro evangelio les llegó no sólo con palabras sino también con poder, es decir, con el Espíritu Santo y con profunda convicción. Como bien saben, estuvimos entre ustedes buscando su bien. ⁶ Ustedes se hicieron imitadores nuestros y del Señor cuando, a pesar de mucho sufrimiento, recibieron el mensaje con la alegría que infunde el Espíritu Santo. ⁷ De esta manera se constituyeron en ejemplo para todos los creyentes de Macedonia y de Acaya. ⁸ Partiendo de ustedes, el mensaje del Señor se ha proclamado no sólo en Macedonia y en Acaya sino en todo lugar; a tal punto se ha divulgado su fe en Dios que ya no es necesario que nosotros digamos nada. ⁹ Ellos mismos cuentan de lo bien que ustedes nos recibieron, y de cómo se convirtieron a Dios dejando los ídolos para servir al Dios vivo y verdadero, ¹⁰ y esperar del cielo a Jesús, su Hijo a quien resucitó, que nos libra del castigo venidero.

Sentido Original

Aunque todas las cartas de Pablo dirigidas a iglesias, a excepción de una (Gálatas), cuentan con una sección de acción de gracias/bendición, inmediatamente después de las primeras líneas de apertura, 1 Tesalonicenses es distinta en que las expresiones adicionales de agradecimiento figuran en 2:13 y 3:9. Además, existe una clara unidad estructural de 1:2–3:13. Estos dos puntos han llevado a algunos (desde una perspectiva epistolar) a considerar toda le sección como la "sección de acción de gracias" de la carta. Sin embargo, la presencia difícil de explicar de tanto material que no es de agradecimiento en 1:2–3:13 ha impulsado a otros a adoptar un análisis retórico de la carta (p. ej. a tomar 1:1-5 como el *exordium* o introducción, que presenta la acción de gracias como principal tema de la carta, y 1:6–3:10 como la sección *narratio*, que proporciona las razones del agradecimiento).[1] No obstante, ambos

---

1. R. Jewett, *The Thessalonian Correspondence*, 71-78; *cf.* C. A. Wanamaker, *Thessalonians*, 72-73, 90.

planteamientos enfatizan demasiado la forma y no lo suficiente el contenido real de lo que Pablo afirma. El cambio desde la "acción de gracias" a hablar directamente con los receptores en 2:1 ("bien saben") marca claramente 1:2-10 como una unidad distinta que funciona como sección principal de "acción de gracias" de la carta.

Sin embargo, dar las gracias no es lo único que está ocurriendo aquí. En el transcurso de su oración, Pablo explica *por qué* se siente agradecido; el pasaje nos proporciona, pues, en un segundo nivel, importantes detalles sobre la fundación de la congregación tesalonicense. Este recuerdo agradecido del principio de la historia de la iglesia, en un tercer nivel, sirve de alabanza y confirma a los tesalonicenses, alentando así también y reforzando las conductas que Pablo está elogiando.[2] Es evidente que se trata de un informe de oración complejo y multifuncional (y, por tanto, típicamente paulino).

En esta acción de gracias de apertura, Pablo toca, como es su costumbre, varios asuntos que más tarde surgen en la carta. Por ejemplo, en 1:3, "amor" anticipa el tratamiento de *philadelphia* ("amor por el hermano y la hermana") en 4:9-12, y la "esperanza" anticipa el tema de la escatología en 4:13–5:11; en 1:5, "poder" y "Espíritu Santo" anticipan el consejo en cuanto al Espíritu y la profecía en 5:19-22; en 1:5-6, la referencia a imitar a los misioneros fundadores prepara para 2:1-12 y 5:12-13; en 1:9-10, los comentarios sobre servir a Dios mientras se espera al Hijo anticipan los posteriores sobre la santidad (4:3-8), la vigilancia (5:1-10) y la exhortación mutua (5:11, 14-22).

Este anuncio de asuntos posteriores en la carta no debería oscurecer, sin embargo, el enfoque principal de Pablo en esta sección: los creyentes tesalonicenses mismos. Se centra en particular en su respuesta facultada por el Espíritu al mensaje del evangelio que el apóstol y sus colegas compartieron con ellos. Este núcleo central destaca con claridad cuando observamos con cuánta rapidez la acción de gracias paulina por los tesalonicenses se convierte en una descripción de ellos.

Acción de gracias y sus motivos (1:2-6)

Al dar gracias y orar por los tesalonicenses (1:2), Pablo está dejando modelos de conducta a cuya práctica los exhortará más adelante

---

2. Nótese, por ejemplo, cómo en el versículo 5 Pablo se dirige directamente a los tesalonicenses; ¡esto difícilmente forma parte de su oración a Dios! Es evidente que lo que empezó siendo un informe sobre su oración de acción de gracias ahora tiene una meta diferente (alabanza y aliento).

(5:17-18). En 1:3 encontramos la primera razón por la que está agradecido (la base "inmediata"): "Los recordamos constantemente" la "obra realizada por su fe", "trabajo motivado por su amor" y la "constancia sostenida por su esperanza". Para Pablo no existe gran diferencia entre la "obra" producida por la fe y el "trabajo" motivado por el amor; de hecho, en Gálatas 4:6 habla de la "fe que obra por medio del amor". Esto indica que su énfasis en cada pareja de términos va, probablemente, sobre la segunda palabra y no sobre la primera; el segundo vocablo indica el origen del primero, una idea que la paráfrasis interpretativa de la NVI ("obra producida por la fe [...] trabajo motivado por el amor [...] constancia inspirada por la esperanza") capta de una forma hermosa. Al mismo tiempo, el primer término indica algo sobre el carácter del segundo: Pablo está dando gracias por una fe activa, un amor que trabaja duro y una esperanza paciente y constante.[3]

Esta triada familiar de fe, amor y esperanza (*cf.* 5:8; Ro 5:1-5; 1Co 13:13; Gá 5:5-6; Col 1:4-5; Heb 10:22-24; 1P 1:21-22) funciona casi como un resumen taquigráfico de lo imprescindible del cristianismo: *la fe* como seguridad de que Dios ha actuado en Cristo para salvar a su pueblo; el *amor* ("derramado [...] en nuestro corazón por el Espíritu Santo", Ro 5:5) como expresión presente y experiencia de la relación restaurada entre Dios y su pueblo, y la *esperanza* que es la confianza de que "el que comenzó tan buena obra [...] la irá perfeccionando" (Fil 1:6), y que el futuro no los destina a "castigo, sino [...] a salvación por medio de nuestro Señor Jesucristo" (1Ts 5:9).

En 1:4 (una continuación de la frase iniciada en 1:2), Pablo proporciona una segunda razón (la base "máxima") para su acción de gracias: los creyentes de Tesalónica son "amados" y han sido "escogidos" por Dios. El lenguaje aquí evoca el de Deuteronomio 7:7-8 ("El Señor [...] te eligió, aunque no eras el pueblo más numeroso [...]. Lo hizo porque te ama"), y es posible que Pablo esté pensando en la totalidad del pueblo de Dios en lugar de en una elección individual.[4]

Cuando habla directamente a los tesalonicenses, como en el versículo 4, el apóstol se dirige a menudo a ellos como *adelphoi,* un término que tradicionalmente se traduce "hermanos". La palabra, sin embargo, incluye a toda la comunidad, hombres y mujeres por igual. En el uso del

---

3. Para el significado de la declaración cristológica completa "Señor Jesucristo", ver comentario sobre 1:1.
4. Ver, además, I. H. Marshall, *1 and 2 Thessalonians,* 52-53.

español se vierte con mayor exactitud como "hermanos y hermanas" o tal vez "hermanos" [palabra que incluye a ambos sexos; N. de T.] Esta traducción nos recuerda que se trata de una poderosa metáfora de la familia (idea que se pierde en el "amados amigos" de otras versiones), arraigada en entender al único Dios como "Padre",[5] cuyos seguidores han de considerarse, por tanto, "hermanos y hermanas", miembros de una única familia. Su uso vinculaba simbólicamente a una comunidad de personas, algunas de las cuales habrían tenido poco contacto entre sí, si es que habían tenido alguno, y, por tanto, funcionaba para crear cohesión dentro de la comunidad a la vez que implicaba un nivel de conducta de los unos para con los otros.[6]

El conector (*hoti*) con que se inicia el versículo 5 ("porque nuestro evangelio les llegó no solo con palabras, sino también con poder, es decir, con el Espíritu Santo y con profunda convicción") se puede tomar en un sentido explicativo ("a saber, que..."), pero lo más probable es que sea causal ("porque", *cf.* NVI). Pero las razones principales por las que Pablo "sabe" que han sido elegidos no se dan hasta el versículo 6. El foco del versículo 5 se dirige a cómo Pablo y sus colegas les presentaron el mensaje del evangelio a los tesalonicenses. No fue sencillamente una cuestión de palabras escogidas con esmero, sino (1) de un mensaje concienzudo acompañado por[7] la confirmación divina (es decir, "con poder" y "con el Espíritu Santo") y con la corroboración humana (a saber, "profunda convicción" por parte de quienes predicaban el mensaje, no de aquellos que lo escucharon), y (2) de un estilo de vida coherente con el mensaje que se estaba proclamando (1:5b, que anticipa 2:1-12).

En 1:5a, la frase "con poder y con el Espíritu Santo" debería entenderse, probablemente, a la luz de (y como ejemplo de) lo que Pablo describe en Romanos 15:18-19, donde la preposición delante de "poder" y "Espíritu" (gr. *en*) es exactamente la misma que la que se repite en este versículo y que se traduce "con": "...lo que Cristo ha hecho por medio de mí para que los gentiles lleguen a obedecer a Dios. Lo ha hecho con

---

5. La frase "Dios el Padre" aparece en 1Ts 1:1, 3; 3:11, 13 (se analiza allí en la sección "Construyendo Puentes"); 2Ts 1:1, 2; 2:16).
6. Wayne A. Meeks, *The First Urban Christians* (New Haven: Yale Univ. Press, 1983), 87-89; C. A. Wanamaker, *Thessalonians*, 147-48.
7. El "no solo [...], sino *también*" indica aquí una intensificación en lugar de un contraste, y el pasaje *no* debería leerse a la luz de 1 Corintios 2.

palabras y obras, *mediante poderosas señales y milagros, por el poder del Espíritu de Dios*".[8]

En 1:6, Pablo establece finalmente dos razones por las cuales "sabe" que los tesalonicenses han sido "escogidos por Dios". (1) Ellos "recibieron el mensaje", es decir, aceptaron la predicación del evangelio y se convirtieron al cristianismo (*cf.* 2:13). (2) En ese momento "se hicieron imitadores" de los misioneros y, más importante aún, del Señor (*cf.* 1Co 11:1) en que "a pesar de muchos sufrimientos" experimentaron la sobrenatural "alegría que infunde el Espíritu Santo"[9] (*cf.* Gá 5:22).

"Sufrimiento" (gr. *thlipsis*; otras versiones, "persecución"; véase también 3:3, 7; 2Ts 1:4, 6) indica el distanciamiento, el conflicto, la persecución o el aislamiento experimentado por los nuevos conversos como resultado de haber recurrido a una religión nueva y socialmente sospechosa.[10] El rechazo de los nuevos conversos cristianos a participar en las actividades sociales "normales" y cúlticas y la exclusividad de su afirmación de adorar al único "Dios vivo y verdadero" (1:9) habría provocado que los amigos no cristianos se sintieran ofendidos, resentidos o traicionados; de manera similar, los miembros de la familia habrían considerado la negativa a mantener las tradiciones ancestrales como prueba de una horrible falta de preocupación por las responsabilidades familiares. Y más aún, como se pensaba que la paz ciudadana, el éxito agrícola y no tener que sufrir catástrofes naturales eran cosas que los dioses tradicionales tenían en sus manos, ignorarlos u ofenderlos se veía como algo extremadamente peligroso.

No resulta difícil, pues, imaginar que la conversión al cristianismo resultaría en conflicto, persecución y aislamiento. Pablo da por sentado

---

8. Para "señales y milagros" en el ministerio de Pablo, ver Hch 14:3; 15:12; 2Co 12:12; en otros lugares, Hch 2:19, 22, 43; 4:30; 5:12; 6:8; 7:36, y, especialmente, Heb 2:4. *Cf.* 2Ts 2:9, donde la obra de Satanás se caracteriza por "milagros, señales y prodigios falsos".
9. En 1:6, el participio aoristo *dexamenoi* puede indicar (1) "cómo" ("recibiendo" el mensaje) o (2) "en qué circunstancias" ("cuando recibieron" el mensaje) los tesalonicenses "se hicieron imitadores" del Señor. Porque Jesús no puede, presumiblemente, haber "recibido el mensaje", el punto de comparación debe ser el de la alegría inspirada por el Espíritu aun estando en circunstancias difíciles (*cf.* Heb 12:2). por tanto, la opción (2) es preferible.
10. J. M. G. Barclay, "Conflict in Thessalonica", *CGBQ* 55 (1993): 514-15; C. A. Wanamaker, *Thessalonians,* 81-82; E. J. Richard, *Thessalonians,* 69, 148-49; de manera diferente, A. J. Malherbe, *Paul and the Thessalonians,* 48, que lo interpreta tan solo como algo mental, una "aflicción y angustia de corazón".

que, como resultado de este distanciamiento social, los creyentes "sufrirán" (una idea que desarrolla en 3:2-4; ver también 2Ts 1:4); asimismo da por hecho que, tanto a corto plazo (la experiencia presente del Espíritu, la membresía en el pueblo de Dios) como a la larga (la vindicación, la salvación, la presencia del Señor; *cf.* 2:19; 4:13-18; 5:9-10; 2Ts 1:5-10; 2:13-14), los beneficios de ser creyente superan de largo cualquier sufrimiento que se pueda experimentar (*cf.* Ro 8:18, "En nada se comparan los sufrimientos actuales con la gloria que habrá de revelarse en nosotros").

Descripción adicional de los tesalonicenses (vv. 7-10)

Una de las consecuencias de que los tesalonicenses se convirtieran en imitadores de los misioneros y del Señor era que, a su vez, serían un "modelo" para los creyentes de otros lugares, no solo de las dos provincias griegas de "Macedonia y Acaya" (1:7), sino "en todo lugar" (1:8). No queda claro que las noticias se "proclamen" —es una imagen de sonido, tal vez el de una trompeta, que se extiende como las ondas que una piedra provoca en un estanque— como resultado de los esfuerzos de los tesalonicenses o de otros. De una forma u otra, el informe de los extraordinarios acontecimientos en Tesalónica era tan conocido que Pablo afirma: "... ya no es necesario que nosotros [él y sus compañeros] digamos nada" (2Ts 1:4 deja claro que se trata de una exageración retórica).

Las dos frases paralelas, "el mensaje del Señor" (lit. "la palabra del Señor", *cf.* 2Ts 3:1) y "vuestra fe en Dios", sugieren que las noticias que se están difundiendo no solo se centran en el mensaje del evangelio, sino también en el impacto que tiene en sus oyentes. Los elementos de este informe se resumen en 1:9-10: cubría (como en 1:5-6) la actividad de los misioneros ("qué tipo de visita les hicimos"[11]) y, lo más importante, cómo respondieron los tesalonicenses "convirtiéndose" [en inglés se utiliza el término "volverse a Dios", y lo encontramos en Hch 9:35; 11:21; 15:19; 26:18, 20; N. de T.] a Dios y apartándose de los ídolos de su herencia pagana (*cf.* 14:15: se insta a los licaonios a que "dejen estas cosas sin valor y se vuelvan al Dios viviente").

En un lenguaje inusual para Pablo (tal vez porque lo toma prestado o se hace eco de lo que otros están contando) describe lo que esta

---

11. Traducción personal. La NVI lo vierte: "lo bien que ustedes nos recibieron", y resulta confuso; el sujeto del verbo es Pablo y sus compañeros, no los tesalonicenses, y el sustantivo traducido "recibieron" es el mismo que en 2:1 se traduce "visita".

conversión implicaba. (1) El compromiso de "servir[12] al Dios vivo y verdadero" (1:9b, una descripción que repite el lenguaje del Antiguo Testamento; p. ej. Jer 10:10). (2) El compromiso de "esperar del cielo a Jesús, su Hijo" (1:10a), es decir, aquí se describe a Jesús como el resucitado y el libertador. (Para la conexión de "Hijo de Dios" y resurrección, *cf.* Ro 1:4; para "liberar" (que en el uso paulino es prácticamente equivalente a "salvar", *cf.* Ro 11:26, citando a Is 59:20).

Pablo explica, pues, la conversión en términos de una actividad presente (un compromiso de todo corazón o una devoción que se expresa en el servicio activo a Dios y que no se limita a un mero reconocimiento de él) y una esperanza futura (confiar en Jesús, el Resucitado, como agente de la liberación divina en el momento del juicio). Estos dos elementos anticipan secciones posteriores de la carta (conducta presente, 4:1-12; Jesús como el Resucitado, 4:13-18, que libera, 5:1-11). La referencia al "Dios vivo y verdadero" enfatiza la naturaleza monoteísta del cristianismo (una característica que compartía con el judaísmo) en contraste con el politeísmo sincretista de gran parte de la cultura grecorromana, mientras que la referencia a Jesús, "su Hijo del cielo", distingue una vez más al cristianismo del judaísmo (*cf.* 1:1).

Jesús libera de la "ira venidera". "Ira" no es tanto un asunto de emoción como una expresión del juicio justo de Dios contra el pecado (*cf.* Ro 2:5, 8). "Revelándose contra toda impiedad e injusticia" (1:18), se asocia no obstante y principalmente, como aquí (*cf.* también 1Ts 5:9) a un tiempo de juicio futuro (*cf.* Ro 5:9) que tendrá lugar en el día del Señor (*cf.* 1Ts 5:2; 2Ts 2:2), acontecimiento también conocido como la "venida" (gr. *parousia*) de Jesús (*cf.* 1Ts 2:19; 3:13; 4:15; 5:23; 2Ts 2:1, 8-9). Aunque la idea no se desarrolla aquí, en el pensamiento de Pablo el "rescate" o la liberación de los creyentes de la ira venidera se basa específicamente en la muerte expiatoria de Jesús en su lugar (1Ts 5:9-10; *cf.* Ro 3:21-26; 5:9-10).[13]

Recapitulando: esta sección comienza como oración de acción de gracias por los tesalonicenses. En el transcurso de su agradecimiento, sin embargo, Pablo explica el motivo de su gratitud y, por tanto, el pasaje ofrece también una rica descripción de los tesalonicenses y su respuesta al mensaje del evangelio.

---

12. Término común de la LXX para un compromiso total hacia Dios; *cf.* K. H. Rengstorff, "δοῦλος", *TDNT*, 2:265-68, seguido por E. J. Richard, *Thessalonians*, 55.
13. Ver además G. L. Borchert, "Wrath, Destruction", *DPL*, 991-93.

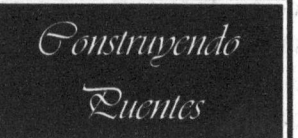

Construyendo Puentes

Existen varias maneras de plantearse el desafío de establecer un puente hasta el siglo XX cuando uno se enfrenta a un pasaje tan complejo como este. Una de ellas sería comenzar con la *forma* de esta sección de la carta. Al observar que esta sección se inicia con una oración, uno podría procurar identificar los rasgos típicos de la oración de Pablo que pudieran servir de patrón o modelo para las nuestras (p. ej., un escritor sugiere que, aquí, la oración paulina "se caracteriza por cuatro cualidades: la universalidad, la frecuencia, la concreción y la mutualidad"[14]). Sin embargo, dado que la oración por los tesalonicenses solo comprende una pequeña porción de esta sección, acercarse a ella basándose en su forma haría que la mayor parte de este pasaje quedara fuera de consideración. Yo preferiría este tipo de planteamiento para un fragmento que se dedique a la oración de una manera más completa (p. ej., 3:9-13).

Un segundo modo sería investigar lo que Pablo estaba intentando lograr o conseguir en esta sección de su carta. La sección Sentido Original es, básicamente, un intento de responder la pregunta: "¿Qué dijo Pablo?". Aquí podemos formular dos preguntas adicionales: "¿Por qué lo dijo?" y "¿Qué intentaba hacer o conseguir?". En esta porción de la carta, por ejemplo, se podría considerar que el apóstol está haciendo al menos tres cosas.

(1) *Elogia* a los tesalonicenses por lo que han estado haciendo.

(2) Al elogiar lo que han estado haciendo, los *alienta* implícitamente a seguir actuando así.

(3) *Refuerza* los límites que definen a la congregación tesalonicense como un grupo distintivo.

Estas observaciones podrían, pues, utilizarse como base para una reflexión adicional sobre su aplicación o relevancia contemporánea, o para formular principios generales que podrían aplicarse hoy a la iglesia.[15]

Un tercer planteamiento para establecer un pasaje tan complejo como este —el planteamiento que desarrollaré aquí— toma como punto de

---

14. E. J. Richard, *Thessalonians*, 60.
15. Por ejemplo, "El cuidado pastoral cristiano edifica sobre el fundamento de lo que Dios ya ha hecho en la vida del individuo o de la congregación" (I. H. Marshall, *1 and 2 Thessalonians*, 60).

partida la observación de que, aunque esta sección de la carta comienza como una oración por la congregación tesalonicense, enseguida se convierte, en muchos aspectos, en un relato de sus orígenes. Cuando se trata con material narrativo, una de las dificultades a la hora de establecer puentes entre contextos consiste en que el orden de presentación de dicho material en la narrativa no siempre es el más útil o funcional a la hora de usarlo o de aplicarlo. Es posible, pues, que necesitemos reorganizar el material a partir de su orden narrativo hasta llegar a uno más tópico o lógico. Si hacemos esto con 1:2-10, podemos formular varias observaciones sobre la congregación tesalonicense (que es, como observamos con anterioridad, el principal objeto de atención y el tema de esta sección) que surge de la descripción que Pablo hace de ella.

Era una comunidad arraigada en la gracia, el amor y la elección de Dios. Pablo estableció este punto en 1:1 (por el uso que hace de la frase "en Dios Padre" y en su mención de la "gracia"). Aquí lleva adelante la idea con respecto al amor (*cf.* Ro 5:8) y la elección de Dios (*cf.* Ro 5:8). Tal como nos recuerda Klyne Snodgrass, la elección trata principalmente sobre Dios.[16] Es la gracia, el amor y la misericordia de Dios en acción; no se trata tanto de una decisión arbitraria atemporal (una caricatura común), sino del medio que lleva a un fin (*cf.* Ro 11:32, "En fin, Dios ha sujetado a todos a la desobediencia, con el fin de tener misericordia de todos"). Demuestra cuánto valora Dios a los seres humanos y nos recuerda que él tiene el control. La iglesia existe, porque Dios así lo quiere.

Era una comunidad comprometida con Jesucristo. La muerte y la resurrección (1:10; *cf.* 4:14; 5:10) de Jesús es el fundamento sobre el cual está basada la iglesia (*cf.* 1Co 3:11); él es el enfoque de su fe (1Ts 1:3); su vida es el modelo por el cual vive ahora la iglesia (1:6); y su venida desde el cielo (1:10) define el futuro que aguarda la iglesia.

Era una comunidad facultada por el Espíritu Santo. Que los tesalonicenses se convencieran de que el evangelio no era un mero mensaje humano, sino "realmente la palabra de Dios" (2:13) se debía al poder evidente del Espíritu Santo en la predicación y en la vida de los misioneros (1:5). A su vez, el mismo Espíritu (y palabra, 2:13) está en acción en los tesalonicenses, dándoles gozo (aun en medio de circunstancias

---

16. Klyne Snodgrass, *Efesios* (CBA NVI; Miami: Vida, 2012), 53-54, 61, en quien se inspiran en buena medida los siguientes comentarios.

difíciles; 1:6) y capacitándolos para dar su propio testimonio a los demás (*cf.* 1:7-8).

Era una comunidad que testificaba del evangelio. Es evidente que la congregación tesalonicense era activa dando testimonio del evangelio que habían recibido (1:8). Lo importante de observar es tanto *aquello* de lo que daban testimonio como *la manera* en que lo hacían. Pablo indica que no solo se ha "proclamado" el "mensaje del Señor" —es decir, las buenas nuevas sobre Jesús—, sino que también la "fe en Dios" de los tesalonicenses —es decir, su respuesta a las buenas nuevas— "se había divulgado". En una palabra, compartían las buenas noticias sobre Jesús y el impacto de estas sobre sus propias vidas.

En cuanto al "cómo", Pablo señala (1:9) que otros hablaban de lo que los tesalonicenses *hacían*: se apartaron de los ídolos y servían al Dios verdadero. Siguiendo el ejemplo de Jesús (1:6) y de los misioneros (1:5-6; *cf.* 2:3-10), practicaban aquello que predicaban.

Era una comunidad caracterizada por la fe, el amor y la esperanza. No era Pablo el único impresionado por la fe activa de los tesalonicenses al expresar su confianza en lo que Dios había hecho, su trabajo motivado por el amor (en respuesta a lo que el Espíritu Santo estaba haciendo), y la esperanza paciente y constante (esperando aquello que Jesús haría) (1:3). Menciona específicamente que otros (1:9) también hablaban sobre su fe en Dios y de cómo esperaban la venida de Jesús (1:8-10); parece probable que también se comentara sobre el amor que sentían por los hermanos y hermanas de toda Macedonia (4:10).

Era una comunidad claramente diferenciada de las demás religiones. Al apartarse de los ídolos (1:9), la iglesia tesalonicense se diferenciaba del paganismo; proclamando su lealtad a Jesús como Mesías resucitado, Señor e Hijo de Dios (1:3, 6, 10; *cf.* 1:1), se distinguía del judaísmo.

Estas observaciones sobre la congregación tesalonicense surgieron de la descripción que Pablo hizo de ella. Ninguna de estas características parece ser única en modo alguno ni limitarse a esa congregación en particular. Esto sugiere que podrían suponer la vara de medir o el conjunto de directrices por las que evaluar hoy a nuestras propias iglesias; de hecho, Pablo mismo indica en 1:7 que los tesalonicenses se habían convertido en un modelo para otros.

 Una forma de aplicar este pasaje a nuestra situación contemporánea es tomar las seis observaciones sobre la congregación tesalonicense y convertirlas en un conjunto de preguntas que formular sobre nuestras iglesias (y, por tanto, sobre nosotros mismos).

¿Somos una comunidad arraigada en la gracia, el amor y la elección de Dios? Esta pregunta tiene implicaciones en dos direcciones. Por una parte, que Dios nos amara tanto que, aun siendo nosotros pecadores, Cristo murió por nosotros (Ro 5:8) nos recuerda la altura del amor de Dios y el gran valor que da a su iglesia y a los creyentes que la forman, a pesar de nuestro pecado y nuestros fallos. Esto descarta las actitudes derrotistas, a nivel congregacional por ejemplo, y las autopercepciones negativas a nivel individual. Tenemos mérito y valor, porque Dios nos ama. Por otra parte, que la iglesia esté arraigada en su gracia nos recuerda que la iglesia ni siquiera existe y, ciertamente, no tiene vida al margen de él y de su obra salvífica en Cristo. Esto no deja lugar al triunfalismo, a la arrogancia o al orgullo, porque la gracia es enteramente obra de Dios.

¿Somos una comunidad comprometida con Jesucristo? ¿Hemos evaluado el coste de seguir a Jesús y decidido que realmente merece la pena llevar la cruz (es decir, sufrir) para poder ser su discípulo (ver Lc 14:25-33)? ¿Reconocemos su muerte y su resurrección como única base de nuestra salvación? ¿Son su vida y sus enseñanzas el modelo por el cual vivimos o acaso hemos importado (consciente o inconscientemente) algún otro modelo o valores en nuestra vida y en nuestro pensamiento? ¿Procuramos ministrar como discípulos suyos? ¿Creemos genuinamente que el futuro se definirá por su regreso en gloria? ¿Es él el Señor de toda creación (Fil 2:10-11), o acaso lo vemos sencillamente como otro profeta, un maestro exaltado o algún guía espiritual de algún tipo?

¿Somos una comunidad facultada por el Espíritu Santo? ¿Son evidentes el poder y los dones del Espíritu en nuestra predicación, nuestra evangelización, nuestro ministerio? ¿Son manifiestos el gozo y otros frutos del Espíritu en nuestra comunión? ¿Estamos abiertos a la dirección del Espíritu? Es importante observar que la respuesta a esta pregunta no es un sencillo "carismático frente a no carismático", como si el ejercicio de unos cuantos dones espirituales particulares, o su correspondiente ausencia, pudieran indicar si estamos abiertos al poder y a la dirección del Espíritu. Existe la misma posibilidad de carecer de la dirección del Espíritu en el caso de una iglesia que exalta el hablar en lenguas y la profecía como en el de otra que piense que todos los dones de "señales" cesaron en el siglo I. Un indicador más fiable es la presencia del fruto del Espíritu y el ejercicio de aquellos dones espirituales que pretenden ser para la edificación del cuerpo de Cristo.[17]

¿Somos una comunidad que da testimonio del evangelio? Algunas congregaciones se enorgullecen de la forma en que proclaman sistemáticamente el evangelio, pero socavan su testimonio por no vivirlo también. Otros dicen que evangelizan por la forma en que viven el evangelio, pero minan su testimonio al no identificar en qué creen y por qué viven. Aquí no se trata de una cosa u otra, sino de ambas. Los tesalonicenses son nuestro modelo a este respecto: compartían las buenas nuevas sobre Jesús y, a la vez, demostraban el impacto de las buenas nuevas en sus propias vidas. Como indica John R. W. Stott: "Ninguna iglesia puede difundir el evangelio con cierto grado de integridad, por no decir credibilidad, a menos que haya sido evidentemente cambiada por el evangelio que predica".[18] Al mismo tiempo, una congregación que afirme que vivir el evangelio la exime de la necesidad de proclamarlo verbalmente corre el riesgo de ser confundida con otros grupos no cristianos que tienen estilos de vida similares (p. ej., los mormones).

Como reveló el suicidio en masa de la secta Heaven's Gate en la Semana Santa de 1997, nuestro prójimo —porque eso eran aquellas personas, que procedían de un origen ordinario y de todos los estados de los Estados Unidos— está desesperado por tener esperanza, tanto que están dispuestos a creer prácticamente cualquier cosa con tal de tenerla. Los que hemos hallado una esperanza real en Jesús debemos compartirla con nuestro prójimo que la busca con desesperación, tanto por lo que decimos como por la forma en que vivimos. Si esto no está ocurriendo en nuestras iglesias, entonces es necesario que reflexionemos en por qué esto es así.

¿Somos una comunidad caracterizada por la fe, la esperanza y el amor? Como Pablo indica en 1 Corintios 13:13, estas cosas perduran a largo plazo. En vista del clima político y cultural actual, concentrado

---

17. Sobre el tema del Espíritu, ver comentarios sobre 5:19-21.
18. J. R. W. Stott, *The Gospel and the End of Time*, 44.

en ganar batallas políticas y guerras culturales, puede ser que el amor requiera la máxima atención. Como observa John Ortberg, la primera baja de las guerras culturales no es la verdad, sino el amor.[19] Por importante que sea fomentar los valores bíblicos, o contender por ellos en las pretendidas guerras culturales, es aún más importante vivirlas. Como declaró Jesús mismo: "De este modo todos sabrán que son mis discípulos, si se aman los unos a los otros" (Jn 13:35). Existe una evidente y estrecha relación entre esta idea y la anterior: sin amor, nuestra proclamación del evangelio será poco más que "un metal que resuena o un platillo que hace ruido" (1Co 13:1).

¿Somos una comunidad claramente diferenciada de las demás religiones? El generalizado interés contemporáneo en las religiones de la Nueva Era (meras formas del antiguo gnosticismo en muchos aspectos) y diversos otros cultos y movimientos es bien conocido. Muchas de estas "religiones" están encantadas de incorporar elementos del cristianismo en sus enseñanzas. Esto suele tomar la forma de ideas definidas con imprecisión sobre Jesús, al que consideran una especie de "maestro exaltado", o un vago concepto de algún tipo de "conciencia de Cristo". Como mínimo, esta clase de sincretismo ecléctico es un asunto de "comercialización inteligente" por su parte, y en ocasiones consigue engañar a los cristianos. Pero estos movimientos se niegan a reconocer a Jesús como el Mesías resucitado, el Hijo de Dios y el Señor; esta es una de las diferencias determinantes entre ellos y el cristianismo auténtico.

Por el bien del evangelio es fundamental que afirmemos, mantengamos y nos enseñemos unos a otros lo que hace que el cristianismo sea diferente de cualquier otra religión o movimiento religioso. Es igualmente crucial que identifiquemos y nos arrepintamos de los ídolos del poder, de la ideología y del materialismo. En la medida en que adoremos todo esto en vez de a Jesús, estaremos en peligro de convertirnos en otro movimiento político, otra organización de cabildeo u otro grupo consumidor, escasamente distinguible del resto de la sociedad.

---

19. John Ortberg, "Do They Know Us by Our Love?", *CT* 41 (19 mayo 1997): 25-26.

1 Tesalonicenses 2:1-12

Hermanos, bien saben que nuestra visita a ustedes no fue un fracaso. ² Y saben también que, a pesar de las aflicciones e insultos que antes sufrimos en Filipos, cobramos confianza en nuestro Dios y nos atrevimos a comunicarles el evangelio en medio de una gran lucha. ³ Nuestra predicación no se origina en el error ni en malas intenciones, ni procura engañar a nadie. ⁴ Al contrario, hablamos como hombres a quienes Dios aprobó y les confió el evangelio: no tratamos de agradar a la gente sino a Dios, que examina nuestro corazón. ⁵ Como saben, nunca hemos recurrido a las adulaciones ni a las excusas para obtener dinero; Dios es testigo. ⁶ Tampoco hemos buscado honores de nadie; ni de ustedes ni de otros. ⁷ Aunque como apóstoles de Cristo hubiéramos podido ser exigentes con ustedes, los tratamos con delicadeza. Como una madre que amamanta y cuida a sus hijos, ⁸ así nosotros, por el cariño que les tenemos, nos deleitamos en compartir con ustedes no sólo el evangelio de Dios sino también nuestra vida. ¡Tanto llegamos a quererlos! ⁹ Recordarán, hermanos, nuestros esfuerzos y fatigas para proclamarles el evangelio de Dios, y cómo trabajamos día y noche para no serles una carga.

¹⁰ Dios y ustedes me son testigos de que nos comportamos con ustedes los creyentes en una forma santa, justa e irreprochable. ¹¹ Saben también que a cada uno de ustedes lo hemos tratado como trata un padre a sus propios hijos. ¹² Los hemos animado, consolado y exhortado a llevar una vida digna de Dios, que los llama a su reino y a su gloria.

En 2:1, el término *gar* ("porque", omitido en la NVI) abre esta sección; marca la transición desde la acción de gracias principal (1:2-10) al cuerpo o parte central de la carta (2:1–5:22). En esta sección se desarrollan en algún detalle dos puntos suscitados en el capítulo 1: la conducta de los apóstoles que los tesalonicenses imitaron (1:5b-6) y el carácter de su visita a Tesalónica (1:9). El repetido llamado al propio conocimiento que los tesalonicenses tienen de estos dos asuntos (2:1-2, 5, 9-11) sirve tanto para minimizar la distancia entre Pablo y los tesalonicenses como

para reforzar la relación entre ellos, ideas características de las antiguas "cartas de amistad" (ver más en 2:17–3:8).[1]

En esta sección existen varias declaraciones antitéticas ("no *x*, sino *y*"). Estas frases han llevado a muchos a argumentar que Pablo se está defendiendo aquí de cargos o acusaciones de algún tipo.[2] Sin embargo, las oraciones antitéticas también se usan con frecuencia (a) en situaciones no polémicas y (b) para describir ejemplos morales.[3] La densa concentración de llamados directos en la última parte del pasaje (2:9-12), en los que Pablo les recuerda a los tesalonicenses cómo los exhortó a una vida santa, confirma que la función primordial de esta sección no es la defensa o la apologética, sino la exhortación. Al recordarles el comportamiento de que él y sus compañeros fueron modelo durante su estancia en Tesalónica (conducta que se erige en nítido contraste con la de las figuras convencionales conocidas, como los charlatanes religiosos o los timadores), Pablo los alienta implícitamente a adoptar o seguir con dicha conducta, frente a la hostilidad y la persecución, si fuera necesario (1:6; 2:14; 3:4), como hicieron los misioneros (p. ej. 2:1-2).

A pesar del uso repetido de "porque" (*gar*) en el pasaje (en griego, al principio de los versículos 1, 3, 5 y 9), no existe una estructura clara ni obvia para 2:1-12, como indica la disposición de los párrafos, ampliamente variada en las traducciones recientes.[4] Donde la NVI tiene tres enunciados (vv. 1-6a, 6b-9, 10-12), algunas versiones cuentan con dos (vv. 1-8, 9-12), y otras solo con uno. En cuanto al contenido, en 2:1-14 el enfoque está en la dependencia de los misioneros y en la responsa-

---

1. Ver más sobre las cartas de amistad en Stanley K. Stowers, *Letter Writing in Greco-Roman Antiquity* (Philadelphia: Westminster, 1986), 58-70; A. J. Malherbe, *Paul and the Thessalonians*, 68-74.
2. Ver Jeffrey A. D. Weima, "An Apology for the Apologetic function of 1 Thessalonians 2:1-12", *JSNT* 68 (1997): 73-99.
3. George Lyons, *Pauline Autobiography: Toward a New Understanding* (Atlanta: Scholars, 1985), 182-84; S. K. Stowers, *Letter Writing*, 25-26; asimismo, C. A. Wanamaker, *Thessalonians*, 60-63, 91; E. J. Richard, *Thessalonians*, 87-89; B. R. Gaventa, *Thessalonians*, 5-6, 25-26. Para una visión general de varias propuestas con respecto a oponentes (hipotéticos), ver C. A. Wanamaker, *Thessalonians*, 53-57.
4. G. Lyons (*Pauline Autobiography*, 192-199) interpreta, sin embargo, el uso repetido de "porque" (*gar*) como una indicación de que Pablo trata cuatro cuestiones o preocupaciones en esta sección: (1) una valentía basada en Dios (2:1-2); (b) una responsabilidad ante Dios (2:3-4); (c) una entrega personal inspirada por Dios (2:5-8); y (d) un estilo de vida digno de Dios (2:9-12). Esto puede muy bien captar las motivaciones de los misioneros, pero oscurece que el tema principal de esta sección no sea Dios, sino la conducta de los misioneros.

bilidad ante Dios; tanto en 2:5-8 como en 2:9-12, el enfoque está en la conducta de ellos hacia los tesalonicenses y su interés por ellos.

La dependencia de los misioneros y la responsabilidad ante Dios (2:1-4)

El versículo 1 retoma la mención de la "visita" de 1:9a: los tesalonicenses[5] no solo saben (el "ustedes" [omitido en la NVI] tras el "ustedes" de la apertura es enfático) que la visita de Pablo y sus compañeros no fue un "fracaso" (*kene*; es decir, "sin resultados");[6] dada su propia conversión, ellos mismos son la prueba del éxito. Sin embargo, el resto de la sección se centra más en la forma en que Pablo y sus colaboradores se condujeron durante esa visita, y no en sus resultados.

Para el "sufrimiento" y los "insultos" (2:2) experimentados en Filipos, ver Hechos 16:12-40. A pesar de las experiencias de los misioneros en aquella ciudad y de la "fuerte oposición" que encontraron en Tesalónica (a la luz de 1:6, aquí, el significado probable es "esfuerzo" o "ansiedad"), "con la ayuda de Dios" asumieron valientemente el riesgo ("se atrevieron a") hablar con libertad y valor.[7]

En 2:3 Pablo recuerda a los tesalonicenses que el "llamado" que les dirigía no implicaba engaño (es decir, un "error" por parte de Pablo), "malas intenciones" (*akatharsia*, usado aquí, como en Ro 6:19, en un sentido general sin implicación específica alguna de mal comportamiento sexual), ni "procura engañar" (expresión que trata la forma en que predicó), un trío de palabras que reflejan las acusaciones tradicionales contra los charlatanes itinerantes de varios tipos.[8] Por el contrario, en 2:4 dice que nada de esta índole podría haber motivado la franca conducta de Pablo y de sus compañeros, en especial frente a una oposición tan dura; solo el sentido de misión y el propósito que surgía de la

---

5. Para la relevancia de *adelphoi*, que incluye a la totalidad de la comunidad y no solo a los "hermanos", ver comentario sobre 1:4.
6. De manera alternativa, algunos (p. ej. E. J. Richard, *Thessalonians*, 89-90) lo traducen como "vacío", es decir, sin poder o contenido, y ven una referencia a 1:5, "con poder". Pero "sin resultados" refleja el sentido usual de este término en las cartas de Pablo (*cf.* 3:5; también 1Co 15:10, 58; 2Co 6:1; Gá 2:2; Fil 2:16) y encaja bien con 1Ts 1:9-10, que enfatiza los resultados en lugar de los medios (*cf.* C. A. Wanamaker, *Thessalonians*, 92).
7. *Cf.* Hch 9:28; 13:46; *parresia*, "valor" o "franqueza", el nombre relacionado (*cf.* 28:31) era una característica valorada de los oradores grecorromanos.
8. Abraham J. Malherbe, "'Gentle as a Nurse': The Cynic Background to 1 Thess ii", *NovT* 12 (1970): 206-7.

aprobación de Dios y de la confianza podían haber provocado tal valentía. Esto significa, además, que no es la aprobación humana la que buscan, sino la divina, porque Dios es quien, en última instancia, "prueba el corazón". Es decir, Dios es aquel que los ha examinado y probado, y que ellos son responsables ante él y no (contrariamente a las expectativas convencionales) ante las multitudes a las que se dirigen (punto este que se enfatiza de nuevo en 2:6a).

La conducta de los misioneros hacia los tesalonicenses y su interés en ellos (2:5-8)

En 2:5-8 Pablo extiende y desarrolla la idea de 2:4. Al acercarnos a estos versículos es importante notar que establece un contraste fundamental que domina todo el pasaje: (2:5) "nunca usamos..., antes fuimos" (NVI, "no recurrimos... como una madre"). Es decir, la estructura fundamental de estos versículos implica un contraste entre las tres características negativas (adulación, avaricia, honores) enumeradas en 2:5-6a (que Pablo evitó) y las tres positivas (delicadeza, cuidado, cariño) descritas en 2:7-8 (de las que Pablo fue ejemplo).

El apóstol comienza 2:5 llamando de nuevo a los tesalonicenses a verificar las afirmaciones de los misioneros. Evidentemente no iban en busca de aprobación humana, ya que (1) evitaron usar adulaciones (*kolakeia*, término muy conocido para una práctica menospreciada en la misma medida que se valoraba la "valentía", y que se relaciona en ocasiones con la ganancia económica); tampoco procuraban fomentar sus propios intereses financieros ("avaricia", *pleonexia*, que Col 3:5 etiqueta de idolatría); (3) ni "buscaban"[9] fama u honor ("alabanza", *doxa*, 2:6a). El contexto de estos tres términos es la retórica popular, sobre todo la de los charlatanes o animadores que buscan su propio beneficio en contraste con los verdaderos filósofos que procuraban la mejoría moral de sus audiencias. Detrás de esta preocupación por los medios y los motivos se halla la evidente inquietud de Pablo por la integridad del mensaje. Deliberadamente evitaba una conducta o acciones que pudieran llevar a las personas a dudar o sospechar de la integridad del mensaje o de la sinceridad de su predicación.

---

9. "Insistir" o "requerir" es el significado que a veces se sugiere para *zeteo* en 2:6a (p. ej., C. A. Wanamaker, *Thessalonians*, 98) en vez de "buscar" el uso más común. El "buscar" de la NVI es hermosamente ambiguo.

Pablo estaba de hecho tan preocupado por eludir cualquier indicio de interés económico personal que pudiera comprometer el evangelio que tomó una precaución adicional. Como apóstol tenía derecho al sostén de su ministerio (1Co 9:3-18). Sin embargo, por el bien de la integridad del mensaje y por amor a los tesalonicenses, renunció voluntariamente a ese privilegio. Esta es la idea de 2:6b ("como apóstoles de Cristo hubiéramos podido ser exigentes con ustedes").[10] La frase traducida "ser exigentes" ("ser una carga") puede indicar asuntos de dinero (*cf.* 2:5, "avaricia") o una cuestión que implique autoridad o reconocimiento (*cf.* 2:6a, "honor"). Dado que recibir apoyo financiero implicaría el reconocimiento del estatus apostólico de alguien, parece probable que Pablo tenga ambos matices en mente. Su idea básica queda clara. Aunque como apóstoles[11] podrían haber sido exigentes o impuesto su autoridad, escogieron no hacerlo.

Una vez detalladas en 2:5-6 las conductas que él y sus compañeros evitaron, Pablo sigue describiendo en 2:7-8 cómo se comportaron: hicieron gala de delicadeza, cuidados y cariño. Como el lenguaje de 2:5-6a refleja la terminología retórica corriente, también lo hace 2:7-8. Algunos cínicos destacados de la época de Pablo hacían hincapié, por ejemplo, en la necesidad de que aquellos que hablaban "con valor" (*cf.* 2:2) ejercieran también la "delicadeza",[12] y los filósofos utilizaban la metáfora de cuidar como una madre para sugerir el interés que se debía

---

10. Entre las traducciones recientes existe una variación considerable de puntuación (y versificación) de 2:6b: "Como apóstoles de Cristo hubiéramos podido ser exigentes con ustedes" (una cláusula participial concesiva que forma parte de una única unidad de pensamiento que discurre desde 2:5 hasta 2:8). La NVI toma 2:6b (que en algunas versiones es la primera parte del v. 7) como principio de un nuevo párrafo y, colocando una coma después de "ustedes", lo vincula con lo que viene después. Por otra parte, otras versiones sitúan un punto después de la frase, vinculándola así con lo que la precede ("⁶ ...otros. ⁷ *Aunque como apóstoles de Cristo hubiéramos podido ser exigentes con ustedes,* los tratamos..."). En realidad esta frase está vinculada con lo que la sigue (en cuanto al contenido) y con lo que la precede (en lo tocante a la gramática); sirve, por tanto, de transición en el argumento de Pablo.
11. A la vista de la fuerte conexión que Pablo establece entre "ver al Señor" y el apostolado (1Co 15:7) parece probable (aunque no demostrable) que "apóstoles" en plural los incluye a él y a Silas, pero no a Timoteo (*cf.* I. H. Marshall, *1 and 2 Thessalonians*, 69-70; F. F. Bruce, *1 and 2 Thessalonians*, 31; para un extenso tratamiento, ver E. J. Richard, *Thessalonians*, 109-10, que lo toma como una designación de los tres, como también lo hace B. R. Gaventa, *Thessalonians*, 26).
12. Ver, además, C. A. Wanamaker, *Thessalonians*, 101; F. F. Bruce, *1 and 2 Thessalonians*, 32.

prestar a aquellos a los que se enseñaba.[13] Pablo no solo lanza, pues, sus ideas negativas, sino también las positivas en términos familiares para personas muy familiarizadas con la retórica popular de aquel tiempo.

En contraste con cualquier otra forma de proceder que Pablo y sus compañeros pudieran haber escogido para con los tesalonicenses, el apóstol dice que fueron, en primer lugar, "delicados".[14] Luego indica lo que quiere decir mediante el uso de una metáfora maternal (*cf.* Gá 4:19), la de una nodriza. Era una alegoría con fuertes matices positivos; los escritores antiguos, salvo pocas excepciones, retrataban al ama de cría como amable y generosa. "Esto sugiere que el uso metafórico que Pablo hace de esto evocaría en la mente de su audiencia a una figura importante y amada. Cualquiera que fuese el estatus social de los cristianos tesalonicenses, podían entender esta referencia a una importante relación social, una muy cercana a la afinidad".[15] En este ejemplo, Pablo

---

13. Abraham J. Malherbe, "'Gentle as a Nurse'", 203-17. Beverly Roberts Gaventa rechaza la propuesta de Malherbe y sugiere que "en vez de esto, Pablo se inspira en una conocida figura del mundo antiguo, una que no solo se identificaba con el cuidado de los bebés, sino también con el continuado afecto por sus obligaciones hasta bien entrada la adultez", y que la referencia que Pablo hace a sí mismo como una madre que cuida se parece a otras alusiones similares en las que Moisés (Nm 11:12) y el Maestro de Justicia de Qumrán (1QH 7:19-23, 25) aplican a sí mismos metáforas de los cuidados maternales ("Apostles As Babes and Nurses in 1 Thessalonians 2:7", en *Faith and History: Essays in Honor of Paul W. Meyer,* ed. John T. Carroll et al. [Atlanta: Scholars, 1990], 203). No estoy seguro de que este deba ser un caso de uno u otro; dependiendo de quién oyera la frase, podría resonar uno o el otro o tal vez ambos.
14. Existe una variante textual muy debatida en 2:7. Aunque un pequeño número de manuscritos decían "delicadeza" (*epioi*), una mayoría sustancial usaba "bebés" (*nepioi*). La diferencia de una sola letra entre ambas lecturas es, sin embargo, tan ligera en griego (que se escribía en mayúsculas y sin espacios entre palabras: HMENHIΠIOI frente a HMENNHIΠIOI) que ambas interpretaciones se podrían explicar como el desliz del escriba a favor de una u otra. La prueba del manuscrito es, pues, de poca ayuda en este caso, y la decisión debería tomarse basándose en otras cosas. La consideración más decisiva es la estructura básica de 2:5-8, de manera específica el contraste fundamental entre las conductas negativas enumeradas en 2:5-6a y los comportamientos positivos indicados en 2:7-8. Las tres negativas de 2:5-6a (sin adulaciones, sin avaricia y sin procurar honor) tienen que ver con los medios ("cómo") o los motivos ("por qué"), como ocurre con las dos últimas de las tres positivas de 2:7-8 (como una madre que amamanta, 2:7; porque los amaban, 2:8). Esto sugiere firmemente que el primer elemento de 2:7-8 también tratará con los medios o con los motivos, una consideración que favorece claramente "delicadeza" (NVI y otras) en lugar de "bebés".
15. B. R. Gaventa, "Apostles As Babes and Nurses in 1 Thessalonians 2:7", 201-2; B. R. Gaventa, *Thessalonians,* 27-28, 31-34.

se compara con una nodriza que también es madre: mientras cuida de forma competente a los hijos de otros, alimenta de forma especial y ama a los suyos propios.[16]

El versículo 8 desarrolla aún más esta imagen de amor y de tierna preocupación. El afecto de Pablo (y de sus compañeros) por los tesalonicenses era tan fuerte (un verbo raro, *homeiromenoi; cf.* Job 3:21 LXX) que escogieron libremente (NVI, "se deleitaron" o "decidieron con gozo") compartir con ellos no solo el mensaje que tenían encomendado comunicar, sino también a sí mismos, porque, tal como habían resultado ser las cosas, los tesalonicenses se habían vuelto "tan amados" (es decir, *agapetoi*, "amados") tanto para Dios (*cf.* 14) como para Pablo, Silas y Timoteo. El aparente paralelismo entre 2:7-9 (como la madre que amamanta cumple con su deber cuidando a otros y lo sobrepasa amando a los suyos, así llevan a cabo los misioneros sus obligaciones compartiendo el evangelio y van más allá de la obligación, compartiéndose a sí mismos)[17] sugiere que el desarrollo de tan profundo afecto era, quizá, algo inesperado, aunque ciertamente bien acogido. Es decir, no queda claro que la formación de amistades personales tan profundas fuera parte de la estrategia original de los misioneros. De ser así, estamos captando aquí un vislumbre de la forma en que la predicación no solo transformó a los oyentes, sino también a los predicadores.

Resumiendo 2:5-8: en contraste con los charlatanes y los animadores, que procuraban de una forma u otra llenar sus propios bolsillos o resaltar su renombre público, y a pesar de tener, como apóstol de Cristo, ciertos "derechos" que podría haber obligado a los tesalonicenses a reconocer (*cf.* 1Co 9:3-18), Pablo adoptó deliberadamente una estrategia distinta de ministerio en Tesalónica. Por amor al evangelio evitó conductas que pudieran cuestionar la integridad de este. Por una parte, su discurso era valiente y convincente; por otra, sus actos se caracterizaban por la delicadeza y el cuidado, y estaban motivados por el amor.

Conducta cuidadosa hacia los tesalonicenses: otras reflexiones (2:9-12)

El *GAR* ("porque", omitido por NVI) con el que abre 2:9 indica que, en 2:9-12, Pablo pretende desarrollar más las ideas expuestas en 2:7b-8, apelando de nuevo (como en 2:1, 5) a los tesalonicenses mismos

---

16. E. J. Richard, *Thessalonians*, 82-83; C. A. Wanamaker, *Thessalonians*, 101.
17. E. J. Richard, *Thessalonians*, 101.

("recordarán", v. 9; "ustedes me son testigos", v. 10; "saben también", v. 11). Sus afirmaciones de que los misioneros no eran una carga económica y que daban de lo suyo propio quedaron confirmados, de forma específica, por su conducta y su estilo de vida.

En 2:9a, Pablo usa la frase proverbial "esfuerzos y fatigas" (es decir, duro trabajo en circunstancias difíciles; *cf.* 2Co 11:27; 2Ts 3:8). En 2:9b se indica lo que esto significa: él y sus compañeros no solo "predicaban el evangelio" (para el lenguaje de esta frase, *cf.* Mr 1:14, que describe las acciones de Jesús), sino que "noche y día" (otra frase proverbial que significa "tanto de noche como durante el día" y no "continuamente") también "trabajaban"; probablemente (a la luz de Hch 18:3) como fabricantes de tiendas o quizá, de un modo más general, como curtidores.[18] Pablo y compañía renunciaron deliberadamente a cualquier derecho apostólico o sostén financiero (1Co 9:3-18; Gá 6:6), específicamente "para *no* ser una carga" (*me epiharesai,* un verbo que en el Nuevo Testamento solo se usa aquí y en 2Ts 3:8) económica para nadie.

Esta decisión de trabajar puede ser paralela a la práctica de ciertos filósofos helenistas que consideraban beneficioso que los vieran en medio de la sociedad, poniendo en práctica sus enseñanzas en medio de las dificultades. Es probable que también ofrezca una clave para algún entorno (aunque no el único) en el que Pablo evangelizó y discipuló. El taller donde él y sus colegas operaban era un lugar reconocido para el debate y la instrucción; a la vista de las largas horas que su ocupación de baja remuneración le exigiría es probable que, por necesidad, el apóstol llevara a cabo algunas de sus actividades misioneras mientras trabajaba.[19]

Y, lo más importante, la decisión de trabajar refleja uno de los principios misioneros paulinos fundamentales: no aceptar ninguna contribución económica de aquellos a los que les predicaba, con tal de no crear "obstáculo al evangelio de Cristo" (1Co 9:12). Por una parte, los potenciales conversos se lo habrían pensado dos veces antes de aceptar el evangelio si pareciera que los misioneros se estuvieran beneficiando económicamente de su decisión. Por otra parte, "el evangelio que se basaba en el amor y la abnegación de Jesús no podría ser presentado de forma adecuada por predicadores que insistieran en sus derechos, que

---

18. Ver P. W. Barnett, "Tentmaking", *DPL,* 925-26.
19. Ronald F. Hock, *The Social Context of Paul's Ministry: Tentmaking and Apostleship* (Filadelfia: Fortress, 1980), 26-49, 52-59; *cf.* E. J. Richard, *Thessalonians,* 102-3.

se deleitaran en el ejercicio de la autoridad y que sacaran el provecho que pudieran de la obra de evangelización".[20]

Los versículos 10-12 forman una larga frase, gramaticalmente torpe (y en algunos puntos ambigua) cuya estructura principal e ideas son, no obstante, claras: los versículos 10-12a prosiguen con la exposición sobre la conducta de los misioneros, mientras que el versículo 12b indica su objetivo. El llamado tanto a los tesalonicenses como a Dios en el versículo 10 refleja un enfoque dual ya detectado en la carta (*cf.* 2:5, "[ustedes] saben [...] Dios"): un sentido de la responsabilidad y amor hacia Dios y también hacia los tesalonicenses. El uso de un trío de adverbios poco usuales de sentido similar enfatiza, como si de una especie de resumen general se tratara, el carácter de la conducta de los misioneros. Los dos primeros (*hosios,* "devotamente" o "puramente", solo en este lugar del Nuevo Testamento; *dikaiō,* "justamente" o "rectamente", solo en otra carta paulina, 1Co 15:3) se usaban comúnmente juntos en forma adjetival, a menudo con referencia a guardar los estatutos divinos y humanos,[21] pero también con respecto al servicio de un creyente a Dios (Lc 1:75). Dado que su conducta era adecuada a los ojos de Dios y de los humanos, Pablo podía afirmar que había actuado de una forma "irreprensible" (*amemptos*; también en 1Ts 5:23; en forma adjetival en 3:13, ambas en el contexto del regreso de Jesús); es decir, que no se le puede acusar de nada cuando Dios lo examine (2:4).

En los versículos 11-12a, Pablo emplea a continuación una segunda metáfora parental, esta vez relacionada con el padre (*cf.* 1Co 4:14-16, 21; 2Co 6:11-13; Fil 2:22; Flm 10). La ausencia de un verbo (las sugerencias incluyen "ocuparse de", "tratar", "asesorar" o "educar") le aporta a la frase un estilo un tanto atemporal: Pablo no solo está indicando cómo se relacionó con los tesalonicenses en el pasado (durante la visita misionera original), sino también el tipo de relación que sigue teniendo con ellos. Tanto entonces personalmente, como ahora a través de la carta, procura y busca "alentarlos" (*parakaleo*; también en 3:2, 7; 3:1, 10, 18; 5:11, 14; 2Ts 2:17; 3:12) y "consolarlos" (*paramytheomai*; en Pablo solo aquí y en 5:14) —no hay gran distinción entre estos sinónimos— e

---

20. C. K. Barrett, *The First Epistle to the Corinthians* (Nueva York: Harper & Row, 1968), 207, a quien también le debo la idea anterior. Sobre el tema del apoyo económico, ver J. M. Everts, "Finantial Support", *DPL*, 295-300.
21. F. Hauck, "ὅσιος, etc.", *TDNT*, 5:490.

"instarlos" en la vida cristiana (*martyromai*, un término con tono autoritario; *cf.* Gá 5:3; Ef 4:17).

En el versículo 12b, Pablo indica la meta de toda esta actividad "paternal": que los tesalonicenses puedan "vivir una vida" (*peripateo,* lit. "caminar"; *cf.* 4:1, 12; 2Ts 3:6, 11) "digna de Dios", es decir, una vida que refleje el carácter divino y honre al Dios al que se han comprometido. Pablo busca inculcar en sus conversos una "vida" (que abarque tanto las actitudes como la conducta) en la que se puedan observar las características de Dios mismo.

Aquí se pueden observar dos ideas. (1) Pablo no dirige la atención de sus conversos a una lista de mandamientos o directorio de comportamientos prescritos, sino al carácter de Dios. Esto nos recuerda que, para Pablo, la motivación interna, y no simplemente los actos externos, tiene una importancia fundamental. (2) Pablo no considera ninguna parte de esta actividad como algo que tenga que ver con ganarse o generar el amor de Dios o su atención. En vez de ello, se trata claramente de una *respuesta al* Dios que, por su propia iniciativa, los "llama"[22] "a su reino y a su gloria". La vida a la que Pablo insta a los tesalonicenses es de agradecimiento (*cf.* 1:2), una vida que, por su carácter y sus hechos, es un medio de reconocer y aceptar con gratitud lo que Dios ya ha hecho por medio de Jesús (*cf.* 1:1, 4) en favor de uno.

La visión que Pablo tiene del "reino" sigue estrechamente las enseñanzas de Jesús. El reino indica el "reinado" o "dominio" justo de Dios, un concepto dinámico y no estático (en contraste con "esfera"). El reino ya ha sido inaugurado en el ministerio de Jesús, y, por tanto, es algo en cierto modo presente y que se experimenta ahora (Ro 14:17; 1Co 4:20), pero su manifestación total y su experiencia se encuentran en el futuro, cuando Dios vindicará a su pueblo y establecerá por completo su reinado sobre toda la creación (2Ts 1:5). El reino es, pues, para Pablo, un término fundamentalmente escatológico, por cuanto encarna la tensión del "ya/todavía no" tan central en su teología.[23]

---

22. Así la mayoría de testimonios; un número inferior traduce como "ha llamado", una interpretación que puede reflejar la influencia de 1:4. Ver además Metztger, *TCGNT,* 562.
23. Ver, además, L. J. Kreitzer, "Kingdom of God/Christ", *DPL,* 524-26.

"Gloria" no es menos escatológico en carácter; una palabra que tiene en vista el brillo o el esplendor de la presencia de Dios que confiere a las personas y los objetos asociados con él. La gloria es algo que los seres humanos han perdido como resultado del pecado (Ro 3:23), pero que será restaurado cuando los hijos de Dios sean revelados y la creación sea liberada de la esclavitud del pecado (8:18-21). Mientras tanto, se ve más claramente en Jesús (2Co 4:4-6; 3:14-18) y en los creyentes cuando se aceptan los unos a los otros como Cristo los aceptó (Ro 15:7).[24]

Pablo vincula "gloria" estrechamente con "reino" (comparten una única preposición y artículo, y un solo "su" rige ambas palabras). Los dos términos juntos indican la meta final de un creyente: vivir bajo el dominio de Dios y en su presencia.

Recapitulando, en 2:1-12, Pablo se centra en el comportamiento y las actitudes de los misioneros mientras estuvieron en Tesalónica. Apelando a Dios y a los tesalonicenses como testigos, enfatiza primero su dependencia de Dios y su responsabilidad delante de él (vv. 1-4). A continuación describe la forma intachable, amable y amorosa en que se comportaron con los tesalonicenses y cómo se preocuparon por ellos a la vez que procuraban alentarlos a vivir vidas dignas de Dios (vv. 5-12).

Los principios de ser ejemplo. En esta y otras cartas, Pablo llama explícitamente a sus conversos a imitarlo (cf. 1Co 4:16; 11:1; Fil 3:17; 2Ts 3:7) o los elogia por haberlo hecho (1Ts 1:6). En particular, reconoce que cuando estaba en Tesalónica escogió deliberadamente actuar y vivir de un cierto modo "para darles un buen ejemplo" (2Ts 3:9). Este pasaje (1Ts 2:1-12) es la descripción de cómo Pablo escogió actuar y vivir en aquella ciudad. A la luz de 2 Tesalonicenses 3:9 también tenemos, por tanto, su propia descripción de conductas y actitudes específicas que quería que sus nuevos conversos tesalonicenses siguieran o imitaran. Además, no existe indicio alguno de que su modelo pretendiera ser solo y exclusivamente para los tesalonicenses, ya que existen pruebas de que ejemplificó las mismas conductas y actitudes en otros lugares (ver p. ej. 1Co 9:3-18). Tenemos,

---

24. Ver además R. B. Gaffin, Jr., "Glory, Glorification", *DPL*, 348-50.

pues, una clara indicación de que aquello de lo que él es ejemplo en este pasaje no solo es aplicable a los tesalonicenses, sino a otros cristianos también, incluidos nosotros.

En términos de la cultura de su tiempo, era importante que Pablo ofreciera un modelo que sus conversos pudieran seguir. Como señala Beverly Gaventa:

> Una amplia variedad de maestros en la época de Pablo emplearon el ejemplo personal e instaron a sus estudiantes a que se conformaran a estos modelos [...]. Si Pablo hubiera evitado el uso del ejemplo y de la imitación, sus contemporáneos lo habrían tomado por una persona que conocía su incapacidad como maestro.[25]

Al reflexionar sobre este asunto, es importante notar qué aspectos o elementos exactos de su estilo de vida quería Pablo que los tesalonicenses imitaran:

> No elogia a los tesalonicenses por vestir como vestía Jesús o por comer lo que Pablo comía. Celebra lo que hacen porque encarnan en su propio entorno una respuesta al evangelio que es coherente con la propia fidelidad de Jesús y con la fe de sus maestros.[26]

En otras palabras, lo que Pablo quiere es que los tesalonicenses le respondan a Dios y a las demás personas como Jesús lo hizo (*cf.* Fil 2:5: "La actitud de ustedes debe ser como la de Cristo Jesús"), y como Pablo intentaba hacer como discípulo de Jesús.

¿Qué era, pues, exactamente aquello en lo que Pablo procuraba ser un ejemplo para los tesalonicenses? ¿Qué actitudes y comportamientos quería que ellos imitaran? Sugiero que, al menos, destacan los cuatro siguientes.

(1) Pablo fue modelo de un claro sentido de las prioridades. Servir a Dios con toda fidelidad era, claramente, la prioridad más importante de Pablo. Como afirma en 2:4: "No tratamos de agradar a la gente, sino a Dios". Sabía que "ningún sirviente puede servir a dos patrones"

---

25. B. R. Gaventa, *Thessalonians*, 16. Ver Benjamin Fiore, *The Function of Personal Example in the Socratic and Pastoral Epistles* (Rome: Biblical Institute, 1986).
26. B. R. Gaventa, *Thessalonians*, 17.

(Lc 16:13). Era Dios, y no otro, quien le había llamado para que proclamara el evangelio (Gá 1:15-16), y era a él, por tanto, a quien debía lealtad y quien ocupaba el primer lugar entre sus prioridades.

Este sentido del llamado como apóstol de Cristo (1Ts 2:6; *cf.* 1Co 1:1; Gá 1:1) explica, al menos en parte, por qué Pablo siguió predicando el evangelio a pesar de la "fuerte oposición": la proclamación del evangelio era la tarea que Dios le había encomendado (1Ts 2:4a), y "a los que reciben un encargo se les exige que demuestren ser dignos de confianza" (1Co 4:2). Además, es Dios "quien prueba nuestros corazones" (1Ts 2:4b; *cf.* 1Co 4:3-5; 2Co 5:10) y no otra persona. Es decir, Pablo convierte el agradar a Dios en su prioridad (1Ts 2:4; *cf.* 2Co 5:9) como siervo de Cristo (Gá 1:10).

(2) Pablo fue modelo de un claro sentido de preocupación por la integridad del evangelio. Los habitantes del mundo antiguo estaban muy familiarizados con los charlatanes itinerantes, los presuntos obradores de milagros y los timadores, personas de suave y persuasivo discurso cuya elocuencia escondía sus objetivos principales: acentuar su reputación logrando la adulación de las multitudes o llenarse los bolsillos. Una fina capa de terminología religiosa o filosófica era meramente un "pretexto para la avaricia" (2:5). Hablar en público en un contexto semejante era, con frecuencia, poco más que una atracción secundaria caracterizada por el fraude, la adulación, motivos impuros y engaño (2:3, 5).[27]

Precisamente por las generalizadas percepciones negativas y la profunda sospecha causada por los predicadores itinerantes, Pablo procuró deliberadamente conducirse de una forma que (a) no proporcionara a ningún observador la más mínima razón para estereotiparlo como otro charlatán de dudosa reputación y (b), lo más importante, que no pusiera en duda, de ningún modo, la veracidad del evangelio que predicaba.

Pablo lo llevó a cabo de dos maneras. (a) Fue cuidadoso en cuanto a la forma de presentar el evangelio. Su propia declaración a los corintios resume bien su meta a este respecto: "Más bien, hemos renunciado a todo lo vergonzoso que se hace a escondidas; no actuamos con engaño

---

27. Para dos ejemplos clásicos de tales personas, ver las historias contadas por Luciano, una especie de Mike Wallace del siglo II, acerca de Alejandro, el falso profeta, y de Peregrino (en la edición de Luciano de la Loeb Classical Library, 4:173-253; 5:1-51).

ni torcemos la palabra de Dios. Al contrario, mediante la clara exposición de la verdad, nos recomendamos a toda conciencia humana en la presencia de Dios" (2Co 4:2). En pocas palabras, procuraba proclamar honradamente la verdad del evangelio.

(b) Pablo era extremadamente cuidadoso con respecto a los asuntos financieros. En primer lugar, se negaba a aceptar dinero de aquellos a los que evangelizaba, para que no pensaran que era alguien que se beneficiaba de aquello que predicaba. "A diferencia de muchos, nosotros no somos de los que trafican con la palabra de Dios" (2Co 2:17). En lugar de ello, como deja bien claro en este pasaje, trabajaba para su propia manutención "para proclamarles el evangelio de Dios [...] para no serles una carga" (1Ts 2:9). En segundo lugar, cuando más tarde se vio implicado en recoger una ofrenda de Macedonia y Acaya para aliviar la situación de los creyentes de Judea (ver 1Co 16:1-4; 2Co 8–9), se aseguró de que algunos de la congregación que había ofrendado fueran a entregarla a Jerusalén (1Co 16:3; 2Co 8:19; los delegados incluyeron a dos de Tesalónica, Aristarco y Segundo, Hch 20:4). No es de sorprender que Pablo actuara de este modo con el fin de "evitar cualquier crítica sobre la forma en que administramos este generoso donativo; porque procuramos hacer lo correcto, no sólo delante del Señor sino también delante de los demás" (2Co 8:20-21).

Como resultado del esmero paulino por la integridad del evangelio, fue capaz de poner a los tesalonicenses y a Dios por testigos de la "forma santa, justa e irreprochable" en que fue su conducta mientras estuvo en Tesalónica (2:10). Y lo más importante fue que los tesalonicenses aceptaron el evangelio "como lo que realmente es, palabra de Dios" (2:13). El comportamiento y la conducta de Pablo no comprometieron ni pusieron en duda el mensaje que proclamaba.

(3) Pablo ejemplificó un claro sentido de amor y compromiso hacia aquellos a los que ministró. La profundidad del amor de Pablo por los tesalonicenses no solo es evidente en su descripción (en 2:7-12) del cuidado y la amabilidad con la que los alentó y los consoló, sino también en la sensación de pérdida que sintió cuando fue inesperadamente apartado de ellos (2:17–3:5) y por la manera como su propia sensación de bienestar se hallaba ligada a la de ellos (2:19-20; 3:7-7). En su extenso uso de imágenes parentales se hace evidente que los amaba y que

actuaba con ellos como si de sus propios hijos se tratara. En cierto modo lo eran, ya que los había engendrado en Cristo (*cf.* 1Co 4:15).

En el mundo antiguo, lo típico era que la madre criara al hijo, mientras que el padre se encargaba de su conducta, de la instrucción moral y de la socialización. Pablo se aplica ambos papeles: como madre ha dado a luz (*cf.* Gá 4:19: "Queridos hijos, por quienes vuelvo a sufrir dolores de parto hasta que Cristo sea formado en ustedes") y los alimenta; como padre, procura instruirlos y socializarlos. (En realidad, lo que busca es *re*socializarlos, de manera que ya no sigan los valores tradicionales por los que fueron educados, sino que vivan según los principios de la comunidad cristiana a los que Dios los ha llamado.)

El sentido de compromiso de Pablo para con los tesalonicenses es evidente en sus repetidos esfuerzos por regresar a Tesalónica tras su forzada partida prematura (2:17–3:1). De hecho, como les recuerda, intentó una y otra vez volver a ellos. Que no lo consiguiera no se debió a la falta de esfuerzo por su parte, sino a la oposición de Satanás (2:18).

A cierto nivel, apenas sorprende que un evangelista enviado por un Dios amoroso (1:4) para llamar a las personas a una vida de amor (4:9-12) fuera un modelo de actitud amorosa y preocupada hacia sus conversos. En 2:8, sin embargo, tenemos indicios de que los sentimientos de Pablo hacia los tesalonicenses puedan haberse desarrollado de una forma más completa de lo que él esperaba: "... por el cariño que les tenemos [...]. ¡Tanto *llegamos a* quererlos!". Al parecer, no solo se transformaron los corazones de los oyentes, sino también los de los predicadores. En cualquier caso, es evidente que Pablo sentía un amor profundo y genuino por aquellos a los que ministraba.

(4) Pablo ejemplificó un claro sentido de la meta hacia la que trabajaba. El objetivo del apóstol al ministrar a los tesalonicenses no consistía en potenciar su propia reputación o ego consiguiendo sus elogios o aprobación (2:4, 6) ni alardear de su propia autoridad sobre ellos (2:6b). Era, más bien, capacitarlos para "llevar una vida digna de Dios, que los llama a su reino y a su gloria" (2:12; *cf.* 3:13; 4:1; 4:7). En resumen, su meta era el bienestar de los demás, no el de realzar su propio estatus, reputación o cuenta bancaria.

Simbología familiar. Antes de abandonar esta sección deberíamos decir una palabra sobre el uso que Pablo hace de la simbología familiar. Para algunos creyentes, la pérdida de las relaciones familiares era parte del precio de aceptar el evangelio (Mt 10:34-36; Mr 10:29; 13:12-13; Lc 12:51-53; 1Co 7:12-15). Bajo este prisma, el extenso uso que Pablo hace de imágenes parentales y familiares es relevante. A través de un lenguaje como este retrata a la congregación, básicamente, como una nueva familia cuyas relaciones sustituyen a aquellas que se han visto cortadas o que se han perdido.[28]

No pocos de los que acuden hoy a la iglesia —así como un preocupante porcentaje de los que se hallan dentro de ella— han perdido o no han experimentado jamás el genuino amor entregado que es característico de unas relaciones familiares saludables. Hoy, el uso concienzudo de imágenes familiares (teniendo en cuenta, por supuesto, que para quienes han experimentado una situación de abusos el simbolismo paternal o maternal no puede tener una connotación positiva), emparejado con la clase de amor y el compromiso que Pablo demostró para con los tesalonicenses, abre otra dirección para aplicar este pasaje.

Las cuatro ideas que Pablo ejemplificó para los tesalonicenses mientras les ministraba ofrecen importantes modelos o recordatorios para cualquier persona o grupo implicado en el ministerio, así como para los creyentes individuales en general.

Metas y prioridades. La necesidad de "metas y prioridades" se debate ampliamente hoy en los libros y seminarios cristianos seculares de todo tipo. Son, por ejemplo, el segundo y tercer elemento que se analiza en el *best seller* de Stephen Covey *Los 7 hábitos de las personas altamente efectivas*.[29] Sin embargo, que los términos se hayan convertido en clichés de moda no les resta importancia. La mayoría de nosotros aprendemos muy pronto que la vida consiste en una serie de elecciones,

---

28. Para una exploración de esta idea ver Wayne A. Meeks, *The First Urban Christians: The Social World of the Apostle Paul* (New haven: Yale Univ. Press, 1983), 86-88.
29. Stephen R. Covey, *Los 7 hábitos de las personas altamente efectivas* (Mexico: Grijalbo, 1998).

algunas de las cuales moldean irrevocablemente el curso del resto de nuestra existencia. En contraste con los anuncios que afirman que "podemos tenerlo todo", somos más los que descubrimos que la vida es más parecida al gran éxito de los Lovin' Spoonful, "Did You Ever Have to Make Up Your Mind?" [¿Tuviste que decidirte alguna vez?]. La letra de la primera estrofa habla de la dificultad de tener que tomar una decisión. De hecho, como la canción sugiere, una parte clave del crecimiento consiste en aprender que la vida exige elecciones.

A algunos les parece fácil escoger, mientras que otros se quedan prácticamente paralizados ante la idea de tener que hacerlo. La diferencia es con frecuencia (aunque no siempre, claro está) cuestión de si alguien tiene o no un claro sentido de las metas y las prioridades. Como catedrático de universidad, aconsejar a mis estudiantes es una de mis responsabilidades. En mi opinión, una de las cosas más frustrantes para muchos de ellos, especialmente para los alumnos de primer año, es tener que escoger. Aparte de sentirse sencillamente abrumados por el número de elecciones a las que se enfrentan al entrar a la universidad, a muchos de ellos les resulta difícil escoger, sencillamente porque todavía no han ordenado sus metas y sus prioridades en la vida y, por tanto, carecen de criterio por el cual tomar decisiones. Para cuando la mayoría de ellos alcanzan el tercer grado, las decisiones académicas se han convertido en una verdadera rutina, porque para entonces ya se han centrado en una carrera y demás, y tienen un criterio claro por el cual guiar sus elecciones.

Las metas y las prioridades no solo nos ayudan a escoger; también nos proporcionan una vara de medir por la cual hacer evaluaciones. Con respecto a muchos de los programas en los que estamos involucrados o que nuestras iglesias ofrecen, es posible que tengamos que preguntar: ¿por qué ofrecen este programa, o por qué estamos implicados en esta actividad? ¿Qué estamos intentando lograr o alcanzar? Con demasiada frecuencia, los programas que empezaron con una meta clara siguen por inercia, o "solo porque así es como siempre lo hemos hecho". Los objetivos claros pueden ayudarnos a evaluar y, tal vez, a redirigir nuestros esfuerzos.

Una iglesia a la que asistí durante mi tiempo en el seminario atraía a su membresía desde una amplia zona geográfica. Los niveles de participación eran altos los domingos, pero la asistencia a la reunión tradicional de oración de los miércoles por la noche era muy baja. Una de las razones era que la distancia a la que las personas vivían de la iglesia dificultaba que pudieran reunirse allí a primeras horas de la noche durante la semana. Cuando el liderazgo de la iglesia empezó a valorar la situación, una de las primeras preguntas que formularon fue: ¿cuál es el objetivo de las actividades del miércoles por la noche? La respuesta: proporcionar oportunidades para la oración a mitad de semana, para la comunión y para la renovación espiritual. Claramente, las actividades programadas en la iglesia, de baja asistencia, no estaban logrando sus objetivos. Así que tomaron el paso "radical" de cancelar todas las actividades de los miércoles en la iglesia y, en su lugar, ofrecieron oportunidades de oración y estudio bíblico en cuatro hogares estratégicamente ubicados. El resultado fue que la implicación en los programas del miércoles por la noche casi se triplicó.

En resumen, el ejemplo de Pablo (*cf.* punto, 1 y 4 de Construyendo Puentes) debería impulsarnos a reflexionar sobre nuestras metas y prioridades, especialmente las "grandes". Por ejemplo, ¿qué quiero hacer con mi vida? ¿Qué *estoy* haciendo con mi vida? ¿Qué es lo que de verdad valoro en la vida? ¿Es realmente el servicio a Jesús y vivir fielmente según el evangelio lo más importante para mí? ¿Acaso estoy más comprometido con acumular los suficientes ahorros para poder jubilarme a una cierta edad, o alguna otra meta parecida? ¿Estoy (tal vez sin darme cuenta) intentando servir a dos señores a la vez? ¿Qué dicen mis actividades sobre mis prioridades? Esta es la clase de preguntas que el ejemplo de Pablo nos impulsa a formular.

Integridad. El presentador de un programa de televisión solicita dinero para un propósito específico, pero lo desvía a otros menesteres. Se descubre que un evangelista conocido a nivel nacional que predica con frecuencia sobre la moralidad sexual ha mantenido una larga relación con una prostituta. Se comenta en el negocio secular de la prensa que un emprendedor cristiano (excandidato al cargo supremo), que prometió a los inversores en su imperio de las comunicaciones que todos se beneficiarían por igual si se vendía parte del negocio, está negociando una venta en la que él recibiría un precio considerablemente mayor por sus acciones que los demás inversores. Una organización cristiana recaudadora de fondos, que promete grandes rendimientos en las inversiones de grupos sin fines de lucro, acaba siendo una estructura piramidal que los deja enterrados en pérdidas cuando se viene abajo. Una investigación revela que un evangelista/sanador, que afirma recibir mensajes de Dios sobre personas de su audiencia, en realidad está recibiendo información, mediante un transmisor de radio, de un colega que se encuentra en una sala de control. Y así sucesivamente.

Lo que tienen en común todos estos ejemplos es la falta de integridad. Todas las personas involucradas en estos incidentes dijeron una cosa e hicieron otra. En contraste con el dicho familiar: "practica lo que predicas", esta gente "predicó" una cosa y "practicó" otra. "Hablaron y hablaron", pero no "anduvieron en el camino"; hubo una falta de coherencia entre lo que afirmaron y su forma de actuar. En resumen, carecieron de integridad.

Las consecuencias negativas de este tipo de conducta "no íntegra" apenas necesitan descripción. Hemos llegado a familiarizarnos demasiado con el perjuicio infligido a la causa de Cristo por los escándalos que involucran a los ídolos del dinero, del sexo y del poder. Que el tema de los evangelistas televisivos sea fuente segura de humor y ridículo en los programas de debate nocturnos es un indicativo, en cierto modo, de la dimensión del problema. Pero también estamos familiarizados con la buena voluntad lograda por aquellos que, con fe y disciplina, se han esforzado por vivir con integridad por el bien del evangelio. No tenemos más que contrastar el impacto positivo y la imagen de un Billy Graham, una Madre Teresa o del expresidente Jimmy Carter y su esposa Rosalynn con la de cualquiera de las célebres causas de escándalo cuyos nombres no son siquiera dignos de mención en la misma frase.

Un punto clave que se debe observar sobre la reputación de hombre íntegro de Graham es que no sucedió por accidente. Harto conocida es la historia de cómo al principio de su ministerio él y su equipo actuaron deliberadamente y establecieron firmes directrices (como no quedarse jamás a solas con una mujer que no fuera su esposa) que contrarrestaran cualquier acusación contra él. La idea de integridad que implica un esfuerzo deliberado encaja estrechamente con la definición de integridad ofrecida por Stephen L. Carter:

> Tal como voy a utilizar el término "integridad", se requieren tres pasos: (1) *discernir* lo que es correcto y aquello que es incorrecto; (2) *actuar* sobre lo que se ha discernido, aunque

haya un coste personal; y (3) *decir abiertamente* que se está actuando según la propia comprensión de lo correcto y de lo que no lo es. El primer criterio capta la idea de integridad como algo que requiere un grado de reflexión moral. El segundo introduce el ideal de una persona íntegra: la constancia; esto incluye el sentido de cumplir los compromisos. El tercero nos recuerda que una persona de integridad no se avergüenza de hacer lo correcto.[30]

En otras palabras, la integridad no es algo que ocurra por accidente. Implica el duro trabajo de discernir lo que es correcto y de aprender a distinguir lo que está bien de lo que está mal y, a continuación, a vivir —sistemáticamente— aquello que se ha discernido. Por decirlo de otro modo, no solo es cuestión de perspectiva ética o instrucción, sino también de disciplina. El subtítulo del famoso libro de Richard Foster sobre dinero, sexo y poder lo capta de forma exacta y correcta: al procurar vivir con integridad nos enfrentamos al "desafío de la vida disciplinada".[31] Y esta podría ser la razón por la que, aparte de la falta de disposición personal a pagar el precio que a veces acompaña a la integridad, tantos de nosotros consideramos que la integridad es algo muy difícil de lograr: carecemos de la disciplina para llevar a cabo aquello que decimos. Nos resulta mucho más fácil actuar de palabra que de hechos.

La dificultad de vivir con integridad puede explicar por qué, como sociedad, tendemos a restarle importancia. Stephen Carter llega tan lejos como aseverar que en la cultura contemporánea "lo que importa no es la veracidad, sino la verosimilitud; es menos importante que algo sea cierto que parezca serlo".[32] Este tipo de planteamiento puede funcionar a corto plazo, pero a la larga está destinado al fracaso. En la vida real resulta difícil (como bien sabía Pablo) separar el mensaje del mensajero. Si no confiamos en este, existen pocas posibilidades de que creamos lo que proclama. El ejemplo de Pablo nos recuerda la importancia fundamental de la integridad por parte de todos aquellos a los que Dios nos ha encomendado el evangelio de Jesucristo (*cf.* 2:4).

Amor y compromiso. Entre los riesgos más sutiles que afrontan los que están comprometidos con el ministerio se halla una tentación (a

---

30. Stephen L. Carter, *Integrity* (Nueva York: Basic Books, 1996), 7.
31. Richard J. Foster, *Dinero, sexo y poder* (Miami, FL: Editorial Betania, 1989).
32. S. L. Carter, *Integrity,* 121.

menudo inconsciente) de suplir las necesidades personales ministrando a otros, o hacer cosas por las personas con el fin de conseguir su aprobación o que sean como nosotros. Nos sentimos contentos de servir o ministrar a otros siempre que nos beneficiemos de ello de alguna manera, o mientras no suponga una presión demasiado grande sobre nuestro precioso tiempo, nuestra energía o nuestro dinero. Admiramos enormemente y honramos a personas como la Madre Teresa, pero nos las apañamos de alguna forma para evitar seguir su ejemplo. Siendo lo que es el corazón humano ("engañoso sobre todas las cosas", Jer 17:9), ni siquiera cuando hacemos algo genuinamente útil o amoroso por otra persona perdemos de vista cómo podríamos beneficiarnos en lo personal, aunque solo sea en términos de reputación (¿me he esforzado para ayudar a ese estudiante en la biblioteca, porque secretamente quería que otros observaran lo útil que he sido?). Además, el concepto de "amigos en las maduras" es algo con lo que estaremos familiarizados en la experiencia y hasta es probable que hayamos sido uno de ellos. Resumiendo, cuando se trata del amor genuino dirigido a otra persona, nuestra "predicación" suele ser mejor que nuestra "práctica".

Existen algunas amplias categorías de excepciones, desde luego: la familia y los amigos íntimos, por ejemplo. La disposición de los padres a sacrificarse por sus retoños, la ternura y la paciencia con la que un hijo adulto cuidará a un padre que se va haciendo mayor, o el amigo que está ahí sin cuestionar o sin vacilar son cosas que nos resultan familiares a la mayoría de nosotros. Pero incluso en casos como estos no existen garantías, y como cultura cada vez somos más los que no hemos experimentado la entrega en el amor ni tampoco la hemos visto en acción.

¿Por qué ocurre esto? Porque nuestra era es egocéntrica y el verdadero amor es sacrificial. Como observa Bill Hybels: "Dime cómo mostrar amor sin perder tiempo, energía o dinero, y me apuntaré enseguida. En cuanto me digas que amor significa sacrificio, me volveré reacio a comprometerme".[33] Al margen de la característica del egocentrismo de nuestra naturaleza humana caída, los mensajes culturales sobre mirar en primer lugar por nuestros propios intereses y buscar primero nuestra propia felicidad son tan abrumadores que nos sentimos renuentes a comprometernos con ayudar a otros sin conocer, por completo y por

---

33. Bill Hybels, *Who You Are When No One's Looking* (Downers Grove, Ill.: InterVarsity, 1987), 83.

adelantado, el coste o las limitaciones. Nos han persuadido de que el riesgo para nuestros propios intereses, si actuamos de otro modo, es sencillamente demasiado grande. Incluso nos hemos convencido a nosotros mismos de que podemos ayudar a que otros sean felices solo cuando nosotros lo somos. Pero, como señala Stephen Carter, "la filosofía contemporánea de moda respecto a que podemos hacer que otros sean felices solo si nosotros lo somos es, con demasiada frecuencia, una pantalla de humo para la persecución de los intereses propios".[34]

En una era tan comprometida con el egoísmo, el ejemplo paulino de amor comprometido y costoso por los demás es algo explícitamente contracultural. Al decidir cómo usar su tiempo, no pensó primero en sus propias necesidades o derechos, sino en los de los tesalonicenses. Por el bien de ellos y por el amor que sentía hacia ellos, estaba dispuesto a soportar "esfuerzos y fatigas" (2:9) y a compartir con ellos no solo el evangelio sino su propia vida (2:8). Actuando de esta forma, no hacía más que seguir el modelo de Jesús que puso la prioridad en dar antes que en recibir, en servir antes que en ser servido, en amar antes que en ser amado.

La ironía de esto es que, al entregarse por el bien de otros, Pablo halló felicidad y satisfacción para sí mismo. En realidad, si 2:8 es indicativo de algo, Pablo parece un tanto abrumado por la extensión hasta la cual se desarrolló su relación con los tesalonicenses; amando a los demás parece haber recibido más de lo que jamás habría podido imaginar. Al actuar de este modo, demostró la verdad de lo que Jesús enseñó cuando afirmó: "Quien quiera salvar su vida la perderá, pero quien pierda su vida por mí, la salvará" (Lc 9:24 NVI [adaptada]). Hasta algunos terapeutas han reconocido el principio del que Pablo fue modelo. Se dice que Karl Menninger, el conocido psiquiatra, respondió a una pregunta sobre aconsejar a una persona que sufriera de depresión: "Echa la llave de tu casa, cruza la vía del tren, busca a alguien que esté en necesidad y haz algo para ayudar a esa persona". ¡Qué diferentes serían nuestras iglesias si nos centráramos más en suplir las necesidades de otros y menos en las nuestras![35]

---

34. S. L. Carter, *Integrity*, 143.
35. Para doce perfiles inspiradores de personas que ejemplificaron el vivir plenamente entregándose a los demás, ver Jim Langford, *Happy Are They: Living the Beatitudes in America* (Liguori, Mo.: Triumph Books, 1997).

1 Tesalonicenses 2:13-16

Así que no dejamos de dar gracias a Dios, porque al oír ustedes la palabra de Dios que les predicamos, la aceptaron no como palabra humana sino como lo que realmente es, palabra de Dios, la cual actúa en ustedes los creyentes. ¹⁴ Ustedes, hermanos, siguieron el ejemplo de las iglesias de Dios en Cristo Jesús que están en Judea, ya que sufrieron a manos de sus compatriotas lo mismo que sufrieron aquellas iglesias a manos de los judíos. ¹⁵ Éstos mataron al Señor Jesús y a los profetas, y a nosotros nos expulsaron. No agradan a Dios y son hostiles a todos,¹⁶ pues procuran impedir que prediquemos a los gentiles para que sean salvos. Así en todo lo que hacen llegan al colmo de su pecado. Pero el castigo de Dios vendrá sobre ellos con toda severidad.

La presencia en estos versículos de lo que parece ser una segunda sección de "acción de gracias" (ver 1:2-10 para la primera) ha complicado los intentos de entender la carta en términos puramente epistolares (la mayoría de las cartas solo cuentan con una). Pero si uno observa que en realidad se trata del segundo de tres lugares en la misiva donde Pablo da gracias, se hace evidente que "la acción de gracias" es tanto un rasgo epistolar formal como un tema recurrente a lo largo de la primera parte principal de la carta. En 1:2, el agradecimiento de Pablo está arraigado, en última instancia, en la elección que Dios ha hecho de los tesalonicenses (1:4); aquí da gracias porque estos han aceptado el mensaje y en 3:9 agradecerá la continuada constancia de ellos (3:8).[1]

El pasaje sirve a un papel transicional en la estructura de la carta.[2] En 2:12, el enfoque de Pablo cambió; pasó de la conducta de los misioneros (tema principal de 2:1-12) al comportamiento de los tesalonicenses. Ahora, mientras sigue centrado en ellos, retoma otra idea que tocó en 1:6 y la desarrolla con mayor amplitud: la aceptación del mensaje por parte de los tesalonicenses a pesar del duro sufrimiento (2:13-14). Esta

---

1. *Cf.* George Lyons, *Pauline Autobiography: Toward a new understanding* (Atlanta: Scholars, 1985), 189.
2. *Cf.* C. A. Wanamaker, *Thessalonians,* 109.

referencia a sufrir establece, a su vez, lo que dirá en 2:17-20 (donde volverá a cambiar su enfoque para regresar a los misioneros). Los versículos 15-16 (cuya dureza de tono ha llevado a algunos a sugerir que no forman parte de la carta)[3] tienen algo del carácter de un comentario editorial parentético, impulsado por la mención de "los judíos" (al final de 2:14).

A lo largo de esta sección, también se hace evidente el continuo objetivo de Pablo: alentar a sus lectores mientras (1) les recuerda a los tesalonicenses sus acciones pasadas dignas de elogio con el fin de estimularlos a mantener ese mismo patrón de conducta en el presente (v. 13), y (2) procura fortalecer su sentido de identidad de grupo y su determinación mostrando que "su sufrimiento a manos de sus compatriotas era parte de un modelo apocalíptico más amplio de las opresiones del pueblo de Dios"[4] (vv. 14-16).

Acción de gracias por los tesalonicenses (2:13)

Tras comenzar con una declaración de agradecimiento, Pablo (como hizo en 1:2) revela de inmediato por qué se siente agradecido (*cf.* el *hoti*, "porque"):[5] los tesalonicenses han "recibido" y "aceptado"[6] el mensaje predicado por los misioneros, pero no lo han hecho como si fuera un mero mensaje humano, sino de acuerdo con su naturaleza verdadera, como la "palabra de Dios". La más clara evidencia de la aceptación del evangelio por parte de los tesalonicenses como la palabra de Dios fue su disposición a sufrir por él (2:14).[7] Que lo aceptaran a pesar del "mucho

---

3. Para el debate sobre la autenticidad de 2:13-16, ver la Introducción.
4. C. A. Wanamaker, *Thessalonians*, 109.
5. Aunque el "y por esta razón" (la NVI solo dice "y") con el que comienza 2:13 podría ser una referencia a algo que antecede o que viene detrás, el siguiente "porque" muestra que alude a algo posterior. Son varias las interpretaciones que se han ofrecido para el "también" (un segundo *kai* en el griego), pero en vista de la construcción análoga en 3:5, parece mejor considerarlo como un resumen del tema de la acción de gracias de 1:2 (según Peter T. O'Brien, *Introductory Thanksgivings in the Letters of Paul* [Leiden: Brill, 1977], 153-54; para un resumen de alternativas, ver C. A. Wanamaker, *Thessalonians*, 110).
6. "Recibido" y "aceptado" traducen respectivamente *paralambano* y *dechonai*; el primero es un término técnico utilizado para la recepción de la tradición autorizada (*cf.* 1Co 11:23; también 15:1, 3; Gá 1:9, 12; 1Ts 4:1), aunque el último (también utilizado en 1Ts 1:6) coloca, quizá, un mayor énfasis en el receptor.
7. Para el significado de *adelphoi* en 2:14, que incluye a la totalidad de la comunidad y no solo a los "hermanos varones", ver comentario sobre 1:4, más arriba.

sufrimiento" (1:6) que habían experimentado como resultado —algo que probablemente no habrían hecho por un mensaje que consideraran de origen meramente humano— es, para Pablo, el testimonio fiable del compromiso de ellos. El apóstol también confía en que la palabra de Dios está "funcionando" en ese momento presente en los tesalonicenses, pero no indica cómo lo sabe. A la luz de 1:5, la obra de la "palabra" está posiblemente relacionada con el ministerio del Espíritu Santo.

Una consecuencia inmediata de que los tesalonicenses aceptaran la "palabra de Dios" fue que se convirtieron en el punto de mira de la hostilidad de sus "propios compatriotas" (debe entenderse en un sentido político o local, y no étnico). Hch 17:5-9 ofrece una clave de por qué sucedió esto: por su aceptación del "Señor Jesús", los tesalonicenses rechazaron implícitamente las afirmaciones de soberanía del "Señor César" y la religión civil del culto imperial, y se les consideró una amenaza para el orden social y el gobierno establecidos.

Los tesalonicenses y la persecución: solidaridad en el sufrimiento (2:14-16)

El sufrimiento que los tesalonicenses habían experimentado[8] no solo los colocaba en solidaridad con el Señor Jesús y los misioneros (1:6), sino también con otros creyentes y congregaciones (2:14). Dado que el término griego *ekklesia* ("iglesia") no era aún una palabra técnica, sino que podía indicar una amplia gama de grupos helenísticos o judíos, Pablo tuvo que definir con mayor precisión qué grupo tenía en mente: "Las iglesias de Dios que están [...] en el Señor Jesucristo" (*cf.* 1:1). Esta frase recordará a los tesalonicenses la unidad en Cristo que comparten con otras congregaciones, aquí específicamente las de "Judea" (es decir, Palestina, incluidas Samaria y Galilea, y no solo el área restringida de la Judea romana; *cf.* Lc 1:5; 23:5; Hch 10:37). Carecemos de información que nos permita saber por qué escogió Pablo a las iglesias de Judea como ejemplo o en qué circunstancias, pasadas o presentes, estaba pensando.[9] Sin embargo, Pablo es claro en lo concerniente a la

---

8. La frase "se hicieron imitadores de" (*cf.* 1:6) no sugiere en absoluto que el sufrimiento fuera algo que los tesalonicenses buscaran; más bien fue algo que sucedió como consecuencia de que aceptaran el evangelio.
9. Para una lista de sugerencias de por qué escogió Judea, ver E. Best, *Thessalonians*, 113; para las posibles circunstancias a las que se refiere, ver F. F. Bruce, *1 and 2 Thessalonians*, 46, y C. A. Wanamaker, *Thessalonians*, 113.

fuente de la persecución soportada por los creyentes de Judea: eran "los judíos" (2:14b). ¿Pero a quién aludía Pablo como "los judíos"? A la luz de la referencia de las "iglesias en Judea", "los judíos" debían de ser los habitantes judíos de Judea. De una forma más específica, son los "habitantes judíos de Judea que mataron...". Esto quiere decir que la coma que muchas traducciones colocan después de "judíos" —con el efecto de generalizar la referencia para que abarque a "todos los judíos"— debería eliminarse.[10] En resumen, Pablo ni siquiera está señalando a todos los judíos de Judea, sino tan solo a aquellos que participaron del modo que fuera, o que formaron parte, de una de las actividades específicas mencionadas en los versículos 15-16.[11] Estas actividades incluyen, además de la persecución de las congregaciones de Judea, (1) haber matado al Mesías y a los profetas, (2) "habernos" expulsado, (3) no agradar a Dios y (4) estorbar al esfuerzo misionero a causa de una hostilidad general hacia la humanidad.[12]

---

10. Frank D. Gilliard, "The Problem of the Antisemitic Comma Between 1 Thessalonians 2.14 and 15", *NTS* 35 (1989): 481-502; *cf.* C. F. D. Moule, *An Idiom Book of New Testament Greek* (2ª ed.; Cambridge: Cambridge Univ. Press, 1959), 106-7. Argumenta de forma convincente que la cláusula siguiente (una frase de participio articular, formalmente paralela a parte de la frase que define a las iglesias en 2:14a) es restrictiva y no generaliza. Además, desde una perspectiva lógica, es poco probable que Pablo pueda haber querido aludir literalmente a "todos los judíos", ya que una porción sustancial de aquellos que reconocieron a Jesús como Mesías, incluido él mismo, eran en realidad judíos (*cf.* Ro 11:1).

11. W. D. Davies, "Paul and the People of Israel", *NTS* 24 (1977-78): 8, observa que cuando Pablo habla del pueblo judío como colectivo, los llama "hebreos" o "Israel/ israelitas"); ver también ". Marxsen, *Der erste Brief an die Thessalonicher* (Zurich: Theologischer Verlag, 1979), 48-51; L. Morris, *The First and Second Epistles to the Thessalonians,* 83. Se debe reconocer, sin embargo, que esta es una opinión minoritaria entre los comentaristas.

12. Esta enumeración de cargos refleja los cuatro participios de 2:15-16a. Las traducciones varían considerablemente en el trato que hacen de estos participios y las repeticiones de *kai* en 2:15-16a: los que "*kai* mataron al Señor Jesús *kai* a los profetas, *kai* a nosotros nos expulsaron, *kai* no agradan a Dios *kai* son hostiles a todos, procuran impedir...". En 2:15a, otra versión ("mataron tanto al Señor Jesús como a los profetas") trata el primer *kai* como si viniera antes de "mataron" y no antes, mientras que la NVI ("mataron al Señor Jesús y a los profetas, y a nosotros nos expulsaron") ignora el primero y traduce el tercero como si se tratara de una frase más larga. Las preferibles son (1) "que mataron tanto al Señor Jesús como a los profetas, y a nosotros nos expulsaron" (LBLA), que vincula estrechamente los verbos "matar" y " expulsar", o (2) "que también mataron al Señor Jesús y a los profetas, y a nosotros nos expulsaron" (trad. personal), que retoma el carácter de listado de la secuencia de acusaciones. En 2:15b-16a existen patrones estructurales que compiten: aunque las tres primeras clausulas de los vv. 15-16 se componen de una frase sustantival o

La lista de acusaciones de 2:15-16 es una extraña mezcla de quejas cristianas, judías y paganas. Acusar a los judíos de haber tenido responsabilidad en la muerte del Mesías (*cf.* Jn 11:45-53; 18:28-31; también Hch 2:23, 36; 3:13-15; 4:10; 7:52; 10:39; 13:28) es exacto en la medida en que, mientras que los soldados romanos llevaban a cabo la ejecución bajo la orden de Poncio Pilato, este fue instigado a actuar así por un pequeño grupo de líderes judíos. La inculpación de "matar a los profetas", que se encuentra en otros lugares del Nuevo Testamento (Mt 23:29-37// Lc 11:47-51; 13-34; Hch 7:52; *cf.* Mt 5:12) y también en la literatura judía contemporánea (*Martirio de Isaías* 5:1-14), está arraigada en el Antiguo Testamento (1R 19:9-18; 2Cr 36:15-16; Jer 2:30), donde la intención no es una acusación contra todos los judíos, sino tan solo contra los que no formaban parte del "remanente fiel" (una idea que Pablo mismo expone en Ro 11:2-5, con referencia a 1R 19:10, 19; *cf.* 1QM 13:8-9).

Es evidente que se trata de la "acusación de alguien de dentro", la que los judíos solían hacer típicamente contra otros judíos. Al inculpar a algunos judíos de Judea de haberlos "expulsado" (sentido básico y, aquí, bastante adecuado de *ekdiodo*), Pablo parece incluirse entre los cristianos de Judea afectados (ver Hch 8:1, 4; 8:23-25, 29-30). Aunque es posible que la primera persona del plural solo se refiera a Pablo y a sus compañeros, parece mucho más probable, a la vista de la siguiente alusión específica al esfuerzo misionero paulino, que se trate de una referencia más general. Al describir el rechazo a los profetas (que predijeron al Mesías), al Mesías mismo y a los misioneros cristianos (que proclaman al Mesías), Pablo insinúa "una continuidad en el patrón de

---

pronominal, seguida de un participio, en la cuarta, la frase sustantival va seguida por un adjetivo ("hostil") y, después, un participio ("impidiendo"). Tanto la NVI ("mataron [...] son hostiles a todos, pues procura impedir") como la NRSV ("mataron [...] se oponen a todos impidiéndonos") enfatizan el adjetivo, ya que sigue inmediatamente a la cláusula sustantival; tratan el adjetivo como si fuera un participio paralelo a los tres primeros, y le subordinan el siguiente. De manera alternativa, se podría enfatizar el paralelismo evidente de los cuatro participios, como lo hace la LBLA ("y no agradan a Dios, sino que son contrarios a todos los hombres, impidiéndonos"). Sin embargo, trata la conjunción copulativa *kai* como si fuera adversativa ("pero", *de* o *alla*); en vez de esto, debería traducirse: "no están agradando a Dios y, hostiles a la humanidad, nos están impidiendo..." (*cf.* E. J. Richard, *Thessalonians*, 121-22).

rechazo judío hacia los agentes de Dios, desde los tiempos del AT hasta su época".[13]

"No agradan a Dios" (2:15; *cf.* 24) es, básicamente, una conclusión basada en las demás actividades mencionadas; Pablo da por sentado que aquellos que se oponen al Mesías de Dios y a los misioneros que él ha designado están desagradando a Dios.[14] La "hostilidad hacia la humanidad" (NVI "hostiles") se hace eco de un sentimiento antijudío generalizado en el mundo grecorromano, que interpretaba el exclusivismo ético y religioso judío (que para estos era una cuestión de fidelidad a Dios) como la prueba de su falta de preocupación o su odio hacia los demás.[15] Pablo considera esta hostilidad por parte de algunos judíos como la motivación para el último elemento de su lista de acusaciones, a saber, un esfuerzo por impedir o estorbar (para el verbo, *cf.* Hch 16:6; Ro 1:13; 1Co 14:39) su misión a los gentiles, que tenía por objetivo la salvación de estos.[16]

Estas actividades implican "llegar al colmo de su pecado" (2:16). Esta frase se hace eco de Gn 15:16 (*cf.* Dn 8:23; 2 Mac. 6:14-15; Mt 23:32) y expresa una idea no poco común en los escritos judíos y cristianos de aquella época.[17] La construcción gramatical que aquí se usa (*eis to* + infinitivo) indica habitualmente un propósito en Pablo.[18] No obstante, también puede indicar resultado (*cf.* LBLA "con el resultado de que"), algo que, a la luz de "siempre", tendría perfectamente sentido aquí. En otras palabras, siempre ha habido en Israel quien por su desobediencia "no agradaba a Dios" y, por tanto, acarreaba juicio sobre sí mismo, ya

---

13. C. A. Wanamaker, *Thessalonians*, 115.
14. Como señala E. Best, *Thessalonians*, 117, "agradar a Dios es una de las expresiones favoritas de Pablo para la conducta verdadera (Ro 8:8; 1Co 7:32-34; Gá 1:10; 1Ts 2:4, 15; 4:1; *cf.* 2Co 5:9); lo usa incluso refiriéndose a Jesús mismo (Ro 15:3)".
15. Por ejemplo, el historiador romano Tácito encarga que "entre ellos mismos haya una lealtad inquebrantable, una compasión automática, pero hostilidad y odio hacia cualquier otro" (*Anales* 5.5.2). *Cf.* además M. Whittaker, *Jews and Christians: Graeco-Roman Views* (Cambridge. Cambridge Univ. Press, 1984), 14-130.
16. Esta oposición a que se les predique a los gentiles no se limitaba a los judíos; no pocos creyentes de los primeros años del movimiento cristiano también criticaron activamente los esfuerzos por evangelizar a los gentiles (*cf.* Hch 11:2).
17. Referencias en E. J. Richard, *Thessalonians*, 122.
18. *Cf.* N. Turner, *Syntax*, 143; BDF, §402.2; de ser así, lo que Pablo tiene a la vista es el propósito de Dios (*cf.* Ro 11:7-10, 28-32).

fueran personas de Judea de la generación de Pablo o sus antepasados en tiempos anteriores.[19]

De hecho, el juicio es el tema de la última frase de Pablo en esta sección: "Pero la ira ha venido sobre ellos hasta el extremo" (2:16; LBLA).[20] Aunque Jesús rescatará a los creyentes de esa "ira" (1:10), quienes se oponen a Dios serán incapaces de escapar de ella (cf. 5:3); en realidad, Pablo declara que ya "ha venido sobre ellos". Interpreto esta última frase siguiendo las líneas de la idea expresada en Juan 3:18: "El que cree en él [el Hijo de Dios] no es condenado, pero el que no cree ya está condenado por no haber creído en el nombre del Hijo unigénito de Dios".[21] Es decir, el rechazo al Mesías de Dios es en sí mismo juicio, por cuanto significa rechazar a aquel por medio del cual Dios ha hecho que la salvación esté disponible para todos.[22]

Observaciones. El principal tema de preocupación en esta sección de 1 Tesalonicenses es la declaración de Pablo sobre "los judíos".[23] ¿Iríamos descaminados si dijéramos que, en

---

19. Cf. 2Cr 36:15-17: "El Señor, Dios de sus padres, les envió con frecuencia advertencias por medio de sus mensajeros, por su amor a su pueblo y al lugar donde habita. Pero ellos se burlaban de los mensajeros de Dios, tenían en poco sus palabras y se mofaban de sus profetas, hasta que la ira del Señor se desató contra su pueblo y ya no hubo remedio. Por ello, él envió contra ellos al rey de los babilonios" (NVI, modificada).
20. Esta frase (que aparece de una forma casi idéntica en *Testamento de Leví* 6:11) se encrespa con dificultades técnicas interpretativas: el verbo es un aoristo, cuando cabría esperar un perfecto o un presente, y se puede tomar al menos de dos maneras distintas; se han sugerido, como mínimo, cuatro significados para las dos últimas palabras, *eis telos* (NVI, "hasta el extremo"), cuyo debate completo queda aquí descartado por las limitaciones de espacio. Ver E. Best, *Thessalonians*, 119-23; E. J. Richard, *Thessalonians*, 122-23, 125-27; C. A. Wanamaker, *Thessalonians*, 116-18; I. H. Marshall, *1 and 2 Thessalonians*, 80-83.
21. Para este versículo, ver D. A. Carson, *The Gospel According to John* (Grand Rapids: Eerdmans, 1991), 207; R. Bultmann, *The Gospel of John: A Commentary* (Oxford: Blackwell, 1971), 155. Para interpretaciones similares de la frase de Pablo, ver D. A. Hagner, "Paul's Quarrel with Judaism", en *Anti-Semitism and Early Christianity: Issues of Polemic and Faith*, ed. C. A. Evans y D. A. Hagner (Minneapolis: Fortress, 1993), 132-33, C. A. Wanamaker, *Thessalonians*, 117.
22. Implicada en esta opinión se halla la posibilidad de una revocación del juicio, si aquellos que se oponen al evangelio cesan su hostilidad hacia Dios y su Mesías.
23. Otras cuestiones importantes que surgen aquí aparecen también en otros lugares y se tratan allí mismo: dar gracias (3:9), la aceptación del evangelio como palabra

este pasaje, el apóstol mantiene "una inaceptable postura antisemita"?[24] ¿Qué debemos hacer con este texto, en especial en una época postholocausto? En el proceso de comprensión de esta porción se pueden hacer varias observaciones.

(1) Replanteando una conclusión anterior, Pablo no está hablando aquí de "todos los judíos"; su principal enfoque está en aquellos de su época que no solo se habían negado a reconocer a Jesús como el Mesías de Dios, sino que también se oponían activamente a aquellos que sí lo habían aceptado como tal.

(2) Pablo escribía como judío (*cf.* Gá 2:15; Fil 3:4-6) en un momento de la historia en el que el cristianismo todavía no se diferenciaba con claridad del judaísmo. Es decir, escribía como alguien "de dentro", sus comentarios son los de alguien comprometido en un debate intramuros con otras personas "de adentro".

(3) Pablo escribió como miembro de un movimiento minoritario que luchaba por su identidad y por su supervivencia.[25]

(4) Pablo escribió en el contexto de la cultura retórica en la que la hipérbole y la exageración eran elementos reconocidos y aceptados del discurso público. Además, su uso de la hipérbole debe revisarse no solo en el contexto de la cultura retórica grecorromana y judía contemporáneas, sino también de su propia práctica de emplearlas, como se ve en otros lugares de sus escritos. Aquí, sus comentarios sobre "los judíos" no son más (y sí posiblemente menos) intensos que algunos de los que hace sobre otros hermanos cristianos (ver, p. ej., 2Co 11). Del mismo modo que sus declaraciones hiperbólicas sobre los oponentes cristianos reflejaban los sentimientos que tenía hacia ellos en aquel momento concreto y no deberían tomarse como reflexiones consideradas o definitivas

---

de Dios (*cf.* 1:6), y la persecución/sufrimiento por causa del evangelio (3:3-4; *cf.* también 1:6).

24. E. Best, *Thessalonians*, 122.
25. Con respecto a los puntos 2 y 3, resulta relevante que algunos de los paralelos más cercanos a los comentarios que Pablo hace aquí se encuentren en los escritos de otra minoría judía del siglo I, la comunidad judía del Qumrán; *cf.* 1QM 3:6-9; 11:10-11; 13:1-12; 1QS 2:4-17; 3:1-6; 4.9-14; CD 1:16—2:1; 5:12-17; 8:1-13.

sobre el destino supremo de ellos, así también es como deben tomarse los comentarios que hace sobre "los judíos" aquí en 1 Tesalonicenses.[26]

(5) El propósito de Pablo era, fundamentalmente, pastoral: procuraba alentar y fortalecer a los tesalonicenses mostrándoles que tanto su experiencia de la persecución como las actividades de sus perseguidores formaban parte de patrones de conducta más amplios y a largo plazo. Esto significa que sus comentarios sobre "los judíos" no son expresiones primordiales, de primer nivel o completamente desarrolladas de sus opiniones sobre "los judíos", sino una descripción secundaria y *ad hoc* hecha para servir a un objetivo concreto, a saber, estimular a los tesalonicenses.

Implicaciones. De estas observaciones se pueden sacar varias implicaciones: (1) La observación de que Pablo *no* estaba hablando de todos los judíos significa, como poco, que este pasaje no proporciona base alguna para que los cristianos actuales adopten actitudes o hagan declaraciones sobre "los judíos" de hoy en general.

(2) Los comentarios de Pablo expresan un desacuerdo teológico con algunos judíos sobre la identidad del Mesías de Dios, y no son una descripción de toda una categoría de personas ni suponen un ataque contra ellas. Los comentarios paulinos *no* son, pues, "antisemitas" (es decir, racistas).[27]

(3) El contraste entre las circunstancias de Pablo y las de los cristianos actuales difícilmente puede ser mayor. Mientras que Pablo y el resto del movimiento cristiano se enfrentaban a la oposición de ciertos miembros de una religión generalizada, legal y socialmente reconocida (el judaísmo), durante muchos siglos ya el cristianismo se ha convertido en la

---

26. Ver Carol J. Schlueter, *Filling Up the Measure. Polemical Hyperbole in 1 Thessalonians 2.14-16* (Sheffield: JSOT, 1994); L. T. Johnson, "The New Testament's Anti-Jewish Slander and the conventions of Ancient Polemic", *JBL* 108 (1989): 419-41. *Cf.* también C. A. Wanamaker, *Thessalonians*, 118-19.
27. El "antisemitismo" es un concepto moderno basado en la noción de la "raza" (una construcción moderna problemática en sí misma). Difiere nítidamente del "antijudaísmo" con base teológica que se afirma en un compromiso religioso individual, algo capaz de ser cambiado (p. ej., por medio de la conversión). Esto quiere decir que un individuo que se convirtió del judaísmo al cristianismo ya no sería visto (desde la perspectiva religiosa y bajo ningún concepto) como "judío", sino como "cristiano". El antisemitismo, sin embargo, está arraigado en una característica no sujeta a cambio (es decir, la "raza" misma). Es decir, un judío que se convierte del judaísmo al cristianismo sigue siendo judío, desde la perspectiva antisemita.

religión dominante y reconocida en general, y el judaísmo ha quedado como (y en algunos casos lo sigue siendo) la religión minoritaria perseguida. Además, cuando los cristianos hablan hoy sobre el judaísmo, lo hacen claramente desde "afuera". Por consiguiente, los comentarios que podrían haber sido adecuados cuando Pablo los expresó como alguien "de dentro", en el contexto de un movimiento minoritario perseguido, *no* serían aplicables a un contexto en el que los cristianos son (a) los "de afuera" con respecto al judaísmo y, a la vez, (b) miembros de un grupo social dominante, uno que tiene, además, una larga y vergonzosa historia de persecución contra el judaísmo.[28]

(4) Una implicación de las observaciones 4 y 5 más arriba es que los comentarios que Pablo hace aquí deben tomarse junto con otros comentarios en los que expresa, en términos más comedidos y deliberados, su opinión sobre "los judíos", y leerse a la luz de estos. Es decir, estos comentarios que hace aquí, que describen a un subgrupo específico dentro del judaísmo, deben leerse junto a pasajes como Romanos 9–11 en los que analiza, en términos más generales, el futuro del pueblo de Dios (*laos*, *cf.* 11:1a), es decir, Israel (*cf.* 9:4; 11:1b).

(5) Este pasaje es la *de*scripción de ciertos oponentes en un momento particular del tiempo; esto no lo convierte en una *pre*scripción de cómo deberían considerar los cristianos a sus oponentes o enemigos en otras circunstancias.

Con estas inferencias en mente, podemos pasar a considerar la relevancia contemporánea de este pasaje para los creyentes actuales.

A la luz de las observaciones precedentes, me parece que las aplicaciones responsables de este texto aprovecharán al menos tres de las oportunidades que presenta este difícil pasaje.[29]

---

28. Para un breve resumen de antisemitismo cristiano, ver Sidney G. Hall III, *Christian Antisemitism and Paul's Theology* (Minneapolis: Fortress, 1993), 23-51. Sobre el antisemitismo (y sus oponentes) entre los cristianos conservadores del siglo XX, ver David A. Rausch, *Fundamentalist Evangelicals and Anti-Semitism* (Valley Forge, Pa.: Trinity Press International, 1993).
29. Para las implicaciones que este pasaje podría tener para los cristianos de hoy, que se encuentran en una situación genuinamente comparable (es decir, la de una

Cómo afrontar la cuestión del antisemitismo. El pasaje nos presenta una oportunidad de afrontar el asunto del antisemitismo. A pesar de los horrores perpetrados por las ideologías antisemitas durante la Segunda Guerra Mundial, el pasado siglo XX fue testigo de un resurgir de las opiniones antisemitas, sobre todo en Europa y en Estados Unidos. Aunque en Europa se suele asociar a grupos neonazis, en Estados Unidos son los denominados "movimientos de milicia" los que han recibido casi toda la atención. Lo que resulta especialmente preocupante son las afirmaciones explícitas de muchos de estos grupos que reivindican ser antisemitas y cristianos a la vez (p. ej., el movimiento Christian Identity [Identidad Cristiana]).[30]

En tales circunstancias, y en particular por nuestra larga y trágica historia de persecución a los judíos, los cristianos tenemos que ser agresivamente directos a la hora de aseverar que el antisemitismo, como cualquier otra forma de discriminación racial, está mal. La discriminación, la hostilidad o los ataques contra cualquier grupo, sencillamente porque parecen compartir un conjunto de características sociales, culturales, religiosas o genéticas comunes no es cristiano; es pecado. De hecho, cualquier grupo que se diga cristiano y que abogue por el antisemitismo u otras formas de discriminación racial está renunciando, en mi opinión, al derecho de llamarse "cristiano".

Dado que este pasaje se presta fácilmente a ser malinterpretado y distorsionado para apoyar prejuicios antisemitas, es importante que recalquemos que, en esta porción, Pablo *no* está siendo antisemita. Existe una diferencia teológica fundamental entre el cristianismo y el judaísmo —uno reconoce a Jesús como Mesías y el otro no— y esta oposición *de base cristológica* al judaísmo como religión se expresa a lo largo de todo el Nuevo Testamento. Los estudiosos la han etiquetado como "antijudaísmo". Por desgracia, esta diferencia teológica ha producido a menudo una discriminación (o algo peor) basada en el racismo contra los judíos, es decir, el antisemitismo. Nunca insistiremos lo suficiente en que no hay base alguna para el antisemitismo, del tipo que sea, en el Nuevo Testamento.

---

minoría perseguida que se enfrenta a la oposición o el ataque por parte de un grupo socialmente dominante), ver el análisis de 3:1-5 más abajo.

30. Ver Richard Abanes, *American Militias: Rebellion, Racism, and Religion* (Downers Grove, Ill.: InterVarsity, 1996), esp. 131-88.

Pablo no solo *no* es antisemita, sino que los comentarios que aquí hace solo se aplican a un grupo específico de judíos de su época, y por tanto no proporcionan en absoluto una base para las actitudes negativas hacia los judíos de hoy. En Romanos 9–11 es donde vemos qué piensa Pablo sobre el pueblo judío en su totalidad, y no en 1 Tesalonicenses 2:14-16. Allí deja claro que Dios *no* ha rechazado a su pueblo (Ro 11:1), y advierte con firmeza a cualquiera que no sea judío, y que pueda sentirse inclinado a jactarse de su estatus supuestamente superior delante de Dios, que al actuar de ese modo corre peligro de provocar el juicio de Dios (11:17-22).

Los peligros de usar un lenguaje "interno" o hiperbólico. La facilidad con la que se ha malinterpretado a Pablo nos ofrece una oportunidad de reflexionar sobre los peligros inherentes de usar un lenguaje "interno" [de adentro] o hiperbólico en circunstancias inadecuadas. Lo que el apóstol escribió como alguien "de dentro" y compartió con sus amigos íntimos solo tenía sentido y era entendible para ellos en aquel contexto. Sin embargo, tan pronto como los lectores perdieron de vista el argumento original, las deliberadas exageraciones hiperbólicas de Pablo sonaron diferentes y, a lo largo de los siglos, se han malinterpretado gravemente.[31]

El destino sufrido por las palabras de Pablo podría servir de advertencia a los cristianos de hoy para que prestasen una cuidadosa atención tanto a lo que dicen como a la forma de expresarlo, sobre todo si sus palabras pueden ser repetidas o trasladadas a otros contextos. Nuestro objetivo debería ser (1) comunicar con claridad el evangelio, nuestras convicciones y nuestra experiencia cristianas, y (2) hacerlo de un modo en que no se creen obstáculos ni cortapisas innecesarios a la comunicación eficaz. Tanto el lenguaje "de dentro" como las hipérboles se pueden convertir fácilmente, como demuestra el ejemplo de este pasaje, en

---

31. Como observa W. D. Davies, "cuando los gentiles que entendían muy poco de judaísmo llegaron a leer las cartas [de Pablo], fue casi inevitable que se malinterpretaran las palabras del apóstol [...]. Las disputas entre Pablo y sus paisanos [...] sobre la verdadera interpretación de su tradición judía común [...], una vez sacada de este contexto [...], ya no parecían intentos de reinterpretar una tradición compartida, sino siglos de hostilidad [...]. Lo que fue una perturbación entre los judíos llegó a describirse como la denigración y el rechazo del judaísmo y del pueblo de Israel en su totalidad", una tendencia contra la que Pablo mismo luchó (W. D. Davies, "Paul and the People of Israel", *NTS* 24 [1977-78]:22).

barreras para una clara y eficaz transmisión del evangelio. Los cristianos deberían, pues, ser prudentes y cuidadosos a la hora de utilizarlos.

Como manifiestan algunas de las reacciones negativas y las percepciones erróneas halladas por el movimiento de los Promise Keepers [Cumplidores de Promesas] en sus primeros años, palabras, ideas o conceptos que tienen un significado concreto para los "de dentro" pueden sonar muy distintos a aquellos que no comparten las mismas suposiciones o las perspectivas "internas" del grupo. Lo que algunos oradores querían decir con frases como "ocuparse del cuidado del hogar", por ejemplo, no tenía nada que ver con lo que algunos reporteros y observadores externos creyeron que significaba. O, como han aprendido algunos candidatos políticos cristianos al cargo supremo nacional, las frases y las ideas que otros cristianos entienden con facilidad a veces no comunican en absoluto o, tal vez peor, transmiten algo gravemente erróneo para quienes no lo son.

En vista de estas circunstancias —y dado el estado presente de la tecnología de las comunicaciones, en la que las palabras pueden rodear el globo literalmente en cuestión de segundos y, por tanto, se pueden escuchar en contextos que apenas podemos imaginar— haríamos bien en prestar una cuidadosa consideración a lo que decimos y a cómo lo expresamos, sobre todo si implica algún tipo de lenguaje argumentativo o polémico. Los cristianos no deberían vacilar jamás a la hora de participar en discusiones francas sobre cuestiones o diferencias, pero sí deberíamos procurar hacerlo en formas coherentes con el evangelio y los valores que este representa, y no en maneras que polaricen o dividan innecesariamente, o de un modo que eleve barreras ante el entendimiento genuino. Nuestro objetivo debe ser iluminar, no enardecer.[32]

Respuesta a los perseguidores. Este pasaje ofrece una oportunidad de reafirmar la forma en que los cristianos deberían responder a aquellos que los persiguen o los atacan. En 5:15 ("Asegúrense de que nadie pague mal por mal; más bien, esfuércense siempre por hacer el bien, no sólo entre ustedes sino a todos"; *cf.* Ro 12:17-19), Pablo les recordará a los tesalonicenses que hacer el bien y no buscar venganza es la reacción adecuada a la persecución (*cf.* Ro 12:20-21). Como indica Marshall:

---

32. Para un excelente tratamiento de este asunto, ver Richard J. Mouw, *Uncommon Decency: Christian Civility in an Uncivil Word* (Downers Grove, Ill.: InterVarsity, 1992).

"Nada de lo que Pablo escribe sugiere que los tesalonicenses tuvieran que odiar a sus perseguidores o reaccionar con violencia contra ellos. Su tarea consiste en vivir la nueva vida del cristiano en amor, incluso por sus enemigos, y de dejarle la venganza a Dios".[33]

En otras palabras, no hay nada en este pasaje que abrogue en modo alguno lo que Jesús enseñó en Mateo 5:44 ("Amen a sus enemigos y oren por quienes los persiguen") y Lucas 6:27-28 ("Amen a sus enemigos, hagan bien a quienes los odian, bendigan a quienes los maldicen, oren por quienes los maltratan"), y aquello de lo que Pablo mismo se hizo eco en Romanos 12:14 ("Bendigan a quienes los persigan; bendigan y no maldigan") sobre cómo deben responder los creyentes a la persecución o a los ataques. La violencia contra los enemigos o en respuesta a la persecución no es el camino del evangelio.

Es importante reafirmar este punto en una época en la que algunos cristianos se están volviendo cada vez más violentos en su reacción a las presiones sociales o en la forma en que las plantean. Los ejemplos de la clase de violencia que tengo en mente incluyen, por ejemplo, los ataques violentos contra clínicas abortistas y hasta matar a los proveedores de servicios de aborto, o la defensa del robo, la colocación de bombas y las matanzas por parte de movimientos llamados cristianos (como el Phineas Priesthood [Sacerdocio de Finés])[34]. Además, el nuestro es un tiempo en que los informes de masacres a gran escala y las atrocidades en las sociedades nominalmente cristianas no son poco comunes (p. ej. "la limpieza étnica" de la antigua Yugoslavia).

En otras palabras, para incrementar el número de los cristianos, parece ser que la mera percepción de alguien o de un movimiento como "enemigo" se consideran razones suficientes para justificar el uso de la violencia contra ellos. Este tipo de actitud no solo ignora la enseñanza del evangelio (indicada más arriba), sino las lecciones de la historia. Los intentos por imponer, crear o mantener a la fuerza una sociedad "cristiana" han conducido, por lo general, a un desastre absoluto; y la violencia de cristiano contra cristiano, ya sea en Europa durante la Guerra de los Cien Años, en el siglo VII, o en Irlanda o Ruanda en la

---

33. I. H. Marshall, *1 and 2 Thessalonians*, 83.
34. Tal como informa *The CBS Evening News*, 15 octubre 1996. Sobre la defensa de la violencia por parte de grupos de milicia, ver Richard Abanes, *American Militias: Rebellion, Racism and Religion* (Downers Grove, Ill.: InterVarsity, 1996), 209-21.

actualidad (países en los que hasta el noventa por ciento de la población eran cristianos profesos) ha causado un daño incalculable a la causa del evangelio. En Romanos 5:8-10, Pablo indica cómo, aun cuando todos éramos enemigos suyos, la respuesta de Dios fue demostrar su amor por nosotros. ¿Deben, pues, los creyentes en ese Dios actuar de forma diferente con sus enemigos?

1 Tesalonicenses 2:17–3:8

Nosotros, hermanos, luego de estar separados de ustedes por algún tiempo, en lo físico pero no en lo espiritual, con ferviente anhelo hicimos todo lo humanamente posible por ir a verlos. [18] Sí, deseábamos visitarlos —yo mismo, Pablo, más de una vez intenté ir—, pero Satanás nos lo impidió. [19] En resumidas cuentas, ¿cuál es nuestra esperanza, alegría o motivo de orgullo delante de nuestro Señor Jesús para cuando él venga? ¿Quién más sino ustedes? [20] Sí, ustedes son nuestro orgullo y alegría.

[3:1] Por tanto, cuando ya no pudimos soportarlo más, pensamos que era mejor quedarnos solos en Atenas. [2] Así que les enviamos a Timoteo, hermano nuestro y colaborador de Dios en el evangelio de Cristo, con el fin de afianzarlos y animarlos en la fe [3] para que nadie fuera perturbado por estos sufrimientos. Ustedes mismos saben que se nos destinó para esto, [4] pues cuando estábamos con ustedes les advertimos que íbamos a padecer sufrimientos. Y así sucedió. [5] Por eso, cuando ya no pude soportarlo más, mandé a Timoteo a indagar acerca de su fe, no fuera que el tentador los hubiera inducido a hacer lo malo y que nuestro trabajo hubiera sido en vano.

[6] Ahora Timoteo acaba de volver de Tesalónica con buenas noticias de la fe y del amor de ustedes. Nos dice que conservan gratos recuerdos de nosotros y que tienen muchas ganas de vernos, tanto como nosotros a ustedes. [7] Por eso, hermanos, en medio de todas nuestras angustias y sufrimientos ustedes nos han dado ánimo por su fe. [8] ¡Ahora sí que vivimos al saber que están firmes en el Señor!

Sentido Original

En 2:13, el enfoque de Pablo ha pasado de la conducta de los misioneros a la de los tesalonicenses, ya que retoma y desarrolla una idea suscitada con anterioridad (en 1:6), a saber, su aceptación del evangelio a pesar del grave sufrimiento (2:13-14). Ahora, vuelve a centrarse en los misioneros (obsérvese la reasunción "nosotros...") y su actitud hacia los tesalonicenses. En 2:1-12 Pablo recalcó la forma en que él y sus compañeros habían demostrado su preocupación por los tesalonicenses mientras estuvieron en Tesalónica; aquí hace hincapié en las maneras como han continuado demostrando su inquietud por ellos desde que fueron obligados a abandonar la ciudad.

Un elemento significativo que recorre la carta de principio a fin, pero que es especialmente evidente en 2:17–3:8, es el tema de la amistad. En este pasaje conlleva una doble relevancia. Por una parte, refleja con exactitud los profundos sentimientos y la preocupación de Pablo por los tesalonicenses, tan evidente en esta sección. Por otra parte, también establece las exhortaciones que siguen en los capítulos 4–5: un superior podría escribir una carta de amistad a un subalterno con el fin de establecer la base para hacerle una petición.[1] Lo que Pablo escribe aquí (usando temas tradicionales asociados a la amistad en el mundo antiguo) no solo expresa, pues, a los tesalonicenses sus genuinos sentimientos hacia ellos, sino que también prepara el camino para el resto de la carta.[2]

La sección más amplia se divide en tres claras subsecciones: el informe que Pablo hace de sus intentos fallidos por volver a visitar Tesalónica (2:17-20), cómo envía a Timoteo en su lugar para alentar a los creyentes en medio de la persecución (3:1-5), y su reacción a las buenas noticias cuando este regresa (3:6-8, que desborda hasta 3:9, la tercera acción de gracias de la carta).

La preocupación apostólica: los intentos por volver a visitar Tesalónica (2:17-20)

Pablo no solo comunica aquí sus intentos (hasta ese momento fallidos) por regresar a Tesalónica, sino también sus profundos sentimientos por ellos. El significado principal del primer verbo en 2:17 es: "convertir a alguien en huérfano" (*aporphanizo*), aunque también puede señalar a padres privados de sus hijos, o, de forma más general, "privado de" o "separado de".[3] El uso anterior de las metáforas parentales (2:7, 11) le inclina a uno hacia el uso parental aquí. No queda, sin embargo, fuera de cuestión que Pablo haya cambiado de nuevo las metáforas (en cuyo caso prevalecería el significado principal; "fuimos hechos huérfanos"). En cualquier caso, Pablo transmite tanto la naturaleza involuntaria de la separación como la aflicción emocional que le causó. El hecho de

---

1. Ver Stanley K. Stowers, *Letter Writing in Greco-Roman Antiquity* (Philadelphia: Westminster, 1986), 58-70.
2. C. A. Wanamaker, *Thessalonians,* 119-20, 133; *cf.* Abraham J. Malherbe, "Exhortation in First Thessalonians", *NovT* 25 (1983): 241.
3. E. J. Richard, *Thessalonians,* 128-29; Johannes P. Louw y Eugene A. Nida, *Greek-English Lexicon of the New Testament Based on Semantic Domains* (2 vols.; Nueva York: United Bible Societies, 1988), 1:726.

que la separación fuera solo temporal (según esperaba él) y de que los tesalonicenses estaban siempre en su mente calmaba poco su ansiedad.

La intensidad de sus sentimientos hacia ellos es evidente en la descripción que hace de sus repetidos intentos de regresar a Tesalónica (vv. 17b-18a). Pero, según informa, estas tentativas no fracasaron por falta de deseo o de esfuerzo por su parte, sino porque "Satanás nos lo impidió" (v. 18b). "Satanás" (término que se usaba de manera intercambiable con "diablo" y otras expresiones en Pablo) designa a aquel que se opone a Dios (Ro 16:20), procura estorbar el progreso del evangelio (2Co 2:11; 4:4), y tienta a los seguidores de Cristo (1Co 7:5; 1Ts 3:5). Derrotado en la cruz (Col 2:14-15) y condenado a ser vencido por completo al final (1Co 15:24-25), mientras tanto sigue atacando al pueblo de Dios, como Pablo muy bien sabe por su experiencia personal (2Co 12:7); contra tales ataques, se aconseja a los creyentes que vistan "toda la armadura de Dios" (Ef 6:11-17).[4]

No se nos indica de qué forma fue obstaculizado Pablo.[5] A la vista de Hechos 17:9, es posible que fueran barreras legales que impedían su regreso. Por otra parte, si el "aguijón en la carne" de 2 Corintios 12:7 era una enfermedad, tal vez fuera su salud quebradiza la que no le permitió viajar.[6] Sin duda Timoteo informó a los tesalonicenses de las circunstancias que imposibilitaban la visita de Pablo, pero debemos reconocer que la carta del apóstol no nos da la menor pista.

En 2:19-20, Pablo explica por qué (nótese el "en resumidas cuentas" con el que empieza 2:19) anhelaba tanto verles de nuevo: para él, ellos representaban el fruto y la evidencia de su ministerio encomendado por

---

4. Ver, además, D. G. Reid, "Satan, Devil", *DPL,* 862-67; J. S. Wright, "Satan", etc., *NID-NTT,* 3:468-77; E. Best, *Thessalonians,* 126-27.
5. El mismo verbo (*enkopto,* cortado, bloqueado, estorbado) aparece en Ro 15:22 en una frase similar, pero allí el obstáculo era la necesidad (aparentemente mayor) de evangelizar primero otras regiones (*cf.* 15:19-21, 23); es decir, el estorbo era cosa de Dios (*cf.* la "pasiva divina" en Ro 1:13), Y NO DE Satanás. Desconocemos cómo, en el caso que implicaba a los tesalonicenses, Pablo "percibió que era Satanás quien le impedía ir y no el Espíritu de Dios que le guiaba en otras direcciones [...]. Solo podemos suponer que, según pasaba el tiempo, el vio que los planes de Dios estaban siendo estorbados allí, mientras que en otros lugares iban avanzando" (E. Best, *Thessalonians,* 127).
6. I. H. Marshall, *1 and 2 Thessalonians,* 86; sobre 2Co 12:7, ver R. P. Martin, *2 Corinthians* (WBC 40; Waco, Tex.: Word, 1986), 412-17.

Dios (cf. 1Co 9:1).⁷ En 2:19 Pablo da por sentada una creencia que menciona de forma explícita en 1 Corintios 3:8, 13-15; 4:5 (cf. Ro 14:12): En algún punto del futuro, los creyentes serán evaluados con respecto a la administración del ministerio que Dios les ha confiado (cf. 1Ts 2:4). Tal como Pablo lo entiende, la base de la valoración no es lo duro que haya podido trabajar, sino el fruto producido. La salud y el bienestar de la congregación tesalonicense es, pues, una gran preocupación para Pablo, porque ofrece una prueba pública de su éxito como misionero de Dios. "Así los anhela, en parte porque, como conversos suyos, su constante lealtad a Cristo significa que su propia vida ha contado para algo".⁸

El "motivo de orgullo" de 2:19 es probablemente la corona de laurel, un símbolo de victoria (cf. el simbolismo atlético en 1Co 9:24-27; Fil 3:12-14). Su equivalente en 2:20 es *doxa*, "gloria" [NVI, "orgullo"], que para los lectores helenísticos habría indicado "reputación" o "renombre".⁹ Lo que Pablo quiere decir con la frase "nuestro orgullo" (lit., "de jactancia"; en 2Co 1:14 y Fil 2:16 hallamos una frase casi idéntica, donde el enorgullecimiento es mutuo) se aclara mediante su declaración en Romanos 15:17-18: "Por tanto, mi servicio a Dios es para mí motivo de orgullo en Cristo Jesús. No me atreveré a hablar de nada sino de lo que Cristo ha hecho por medio de mí…". Esto significa que su jactancia no estaba orientada hacia sí mismo, sino hacia los demás, a sentir orgullo por lo que otros han hecho o logrado.

La evaluación y la jactancia de la que Pablo habla son escatológicas, por cuanto tienen lugar "cuando [Jesús] venga" (2:19). Esta es la primera de cuatro referencias en 1 Tesalonicenses a la "venida" (*parousia*) de Jesús (2:19; 3:13; 4:15; 5:23; también 2Ts 2:1, 8; la idea se mencionaba en 1Ts 1:10), un concepto debatido en 4:15.

Además del interés evidente de Pablo en los tesalonicenses como indicador de su propio éxito o fracaso, la doble mención de "gozo" revela también (y de nuevo, cf. 2:8) sus propios fuertes sentimientos

---

7. Con respecto a las dificultades gramaticales de la frase torpemente colocada "¿Quién más sino ustedes?" (que en griego aparece en medio de 2:19), ver C. A. Wanamaker, *Thessalonians*, 123-124; F. F. Bruce, *1 and 2 Thessalonians*, 53; E. J. Richard, *Thessalonians*, 131-132
8. G. D. Fee, *Philippians* (NICNT; Grand Rapids: Eerdmans, 1995), 249, analizando Fil 2:16; cf. C. A. Wanamaker, *Thessalonians*, 124; W. Grundmann, "στέφανος", *TDNT*, 7:630.
9. E. J. Richard, *Thessalonians*, 134.

hacia los tesalonicenses: así como los padres se regocijan y se enorgullecen por los logros de sus hijos, lo mismo ocurre con Pablo y sus conversos/amigos tesalonicenses.[10] "Sí" (que en 2:20 es rotundamente afirmativa), su continua fidelidad es, para Pablo, una fuente de profundo gozo personal. Pero esa felicidad no estaba libre de ansiedad, como indica el siguiente pasaje.

Acción apostólica: se envía a Timoteo a Tesalónica (3:1-5)

Por lo mucho que los tesalonicenses representaban para Pablo, se sentía más que angustiado por ellos, y tenía buenas razones para ello: se había visto obligado a abandonar a aquellos relativamente nuevos conversos; se quedaron solos y sin ayuda del exterior cuando él y sus compañeros fueron expulsados de la ciudad. En una cultura en la que se suponía que la religión, practicada de forma adecuada, acarrearía consecuencias positivas, las "pruebas" experimentadas por los tesalonicenses podrían muy bien haber llegado a convencerles de que habían cometido un error garrafal al apartarse de sus religiones convencionales para abrazar el cristianismo. De hecho, Pablo estaba tan preocupado que, aunque no podía regresar allí él mismo, no estaba dispuesto a que los tesalonicenses quedaran sin apoyo alguno y, por tanto, tomó la decisión[11] de que Timoteo debería volver como representante suyo autorizado.[12]

---

10. F. F. Bruce, *1 and 2 Thessalonians*, 56.
11. La frase: "pensamos que era mejor quedarnos solos" es complicada. ¿A quién representa la primera persona del plural? Además si, enviando a Timoteo, Pablo se queda solo ¿dónde está Silas (quien con Timoteo se reunió con Pablo en Corinto, según Hch 18:5)? La primera persona del plural puede ser un plural epistolar (*cf.* el "mandé" en 3:5), pero en otros lugares de la carta los plurales son genuinos (F. F. Bruce, *1 and 2 Thessalonians*, 61). Silas podría haber permanecido en Berea mientras Timoteo fue a reunirse con Pablo en Atenas, desde donde fue enviado de regreso a Tesalónica; Silas se reuniría con él después en su viaje de regreso hacia el sur. O quizá, tras una estancia en Berea (Hch 17:14), viajaría con Timoteo a Atenas y, más tarde, regresó a Macedonia con un recado diferente (tal vez a Berea), mientras Timoteo fue a Tesalónica (J. B. Lightfoot, *Notes on Epistles*, 40). O tal vez el pensamiento pueda estar aquí incompleto, y el pretendido significado podría haber sido algo como: "decidimos que yo me quedara solo" (I. H. Marshall, *1 and 2 Thessalonians*, 90).
12. En 3:2, "hermano" puede designar a Timoteo como colaborador oficial de Pablo (así E. Ellis, "Coworkers, Paul and His", *DPL*, 183-85; C. A. Wanamaker, *Thessalonians*, 128; I. H. Marshall, *1 and 2 Thessalonians*, 90, piensa que esto sobrepasa la evidencia). De manera más significativa se le designa, como a Pablo (*cf.* 1Co 3:9), como "colaborador de Dios" (las variantes textuales en las notas de la NVI reflejan los esfuerzos de los escribas por suavizar el tono de esta atrevida designación).

La tarea de Timoteo consistía en "fortalecer" (o quizá "establecer firmemente") y "alentar" (v. 2; esta misma combinación aparece en 2Ts 2:17; *cf.* Hch 14:22; 15:32; Ro 1:11-12) a los conversos tesalonicenses. El primer verbo (*sterizo*, también en 1Ts 3:13; 2Ts 2:17; 3:3) se centra probablemente más en su condición espiritual, mientras que el segundo (*parakaleo*, también en 1Ts 2:12; 3:7; 4:1, 10, 18; 5:11, 14; 2Ts 2:17; 3:12) lo hace en su actitud. Básicamente, Timoteo debe continuar con el proceso de socialización que Pablo mismo había iniciado (*cf.* la exposición de 2:11-12 más arriba y el uso que Pablo hace aquí de la metáfora del "padre"), es decir, ayudarlos a entender y, a la vez, a vivir lo que significa ser miembros del pueblo de Dios.

La urgencia de la misión de Timoteo se generó por las "pruebas" (NVI, que traduce el mismo término griego en 1:6 "sufrimiento") o "persecuciones" (en otras versiones) que los tesalonicenses experimentaban en aquel momento. Cualquiera que fuera la naturaleza de estos acontecimientos (ver comentarios sobre 1:6), tuvieron el potencial de "desestabilizar" o "sacudir"[13] a los nuevos creyentes hasta el punto de hacerlos abandonar su fe recientemente adoptada. O, tal como Pablo lo afirma en 3:5: "... no fuera que el tentador [es decir, Satanás; ver comentarios sobre 2:18, más arriba] los hubiera inducido a hacer lo malo y que nuestro trabajo hubiera sido en vano".

Al parecer, fueron la fuerza o la extensión de los "sufrimientos"[14] más que estos en sí las que generaron la preocupación de Pablo, porque para los tesalonicenses difícilmente habrían supuesto una sorpresa. Sabían bien (3:3b), porque los misioneros les habían advertido más de una vez (nótese el tiempo imperfecto) y con antelación (3:4), que iban a "padecer sufrimientos"[15] —es decir, la dislocación sociorreligiosa, el conflicto (incluida la persecución), o el aislamiento— si se unían al movimiento cristiano. Esto es, porque los cristianos "están destinados" (*keimai* en 3:3b; *cf.* Lc 2:34; Fil 1:16) a tales cosas (*cf.* Hch 14:22). O sea, las "pruebas" que los tesalonicenses experimentaron no eran cuestión de azar, sino, karma o mala suerte, ni eran algo exclusivo para los

---

13. *Sainesthai*, una rara palabra (solo aquí en la Biblia griega), cuyo significado es objeto de intenso debate; en este contexto, es sinónimo de *saleuthenai*, "ser sacudido", en 2Ts 2:2, y aquí aparece como antónimo aproximado de "fortalecer" o "establecer firmemente", en 1Ts 3:2 (*cf.* C. A. Wanamaker, *Thessalonians*, 129-30).
14. La palabra griega es *thlipsis*, un término que la NVI traduce como "sufrimiento" (1:6; 3:3, 7; 2Ts 1:4, 6).
15. NVI "serían perseguidos", traducido *thlihesthai*, forma verbal del nombre *thlipsis*.

tesalonicenses. Más bien son la consecuencia de la elección de Dios (ver comentario de 1Ts 1:4-6) y parte de la experiencia común de los cristianos de cualquier sitio (nótese la primera persona del plural en 3:4; *cf.* los creyentes de Judea en 2:14). Además, son para Pablo la prueba de la elección de Dios (1:6; *cf.* Ro 8:33-39) y del reino (*cf.* 2Ts 1:4-10), una señal de que los creyentes están verdaderamente en el lado de Dios.[16]

La idea de Pablo es clara: entendida de la forma adecuada, la experiencia de las "pruebas" podría fortalecer, en vez de debilitar, el compromiso personal con Jesús.

Sin embargo, al parecer, Pablo no estaba convencido de que los tesalonicenses entendieran apropiadamente cómo debían considerar sus dificultades, ya que en 3:5 (que repite gran parte de la sustancia de los vv. 1-2 y amplia la idea expuesta en los vv. 3-4), el apóstol indica la causa en la que se arraiga su preocupación. Temía que la comunidad tesalonicense pudiera haber sucumbido a la persecución y a las presiones sociales que estaban experimentando —que Pablo caracteriza aquí como el medio por el cual Satanás ("el tentador") los tentó— y que estuviera abandonando el compromiso con Dios, compromiso que los misioneros los habían persuadido a tener. De una manera u otra, la ausencia de noticias fue lo que Pablo ya no pudo soportar y lo que motivó que enviara a Timoteo a investigar. El encargo que le hace y que se menciona en 3:2 indica que Pablo esperaba lo mejor, pero 3:5 revela que se temía lo peor, y esto querría decir que todo el tiempo, el amor, la energía y el dinero que los misioneros habían invertido en Tesalónica habría sido en balde.[17]

Alivio y gozo apostólicos: Timoteo regresa con buenas nuevas (3:6-8)

En 3:6 casi se puede percibir la sensación de alivio que Pablo sintió cuando Timoteo regresó con las excelentes noticias de que los tesalonicenses habían resistido con éxito a las tentaciones de Satanás. Aunque se había enviado a Timoteo a investigar sobre su "fe", él regresó informando sobre la "fe y el amor de ellos". Esto sugiere que no solo

---

16. Ver, además, S. J. Hafemann, "Suffering", *DPL*, 919-21; C. G. Kruse, "Afflictions, Trials, Hardships", *DPL*, 18-20; C. A. Wanamaker, *Thessalonians*, 130-31; I. H. Marshall, *1 and 2 Thessalonians*, 92.
17. Para la idea de esfuerzos inútiles (o trabajar en vano), *cf.* Gá 4:11; Fil 2:16; y para el antecedente del Antiguo Testamento, ver Is 49:4; 65:23.

los halló perseverando en su confianza en Dios (que habría sido duramente probada por las aflicciones experimentadas), sino que también mantenían un nivel adecuado de conducta cristiana (es decir, amor)[18] hacia aquellos que los rodeaban (*cf.* 1:6-7; 4:9), sin duda algo difícil de llevar a cabo bajo aquellas circunstancias. Sin embargo, para Pablo era la prueba de la obra del Espíritu (Ro 5:5; Gá 5:22) y de la realidad de la fe (1Ts 1:5-6; *cf.* Gá 5:6: "Porque en Cristo Jesús [...] ni [...] vale algo [...] sino la fe que obra por el amor").

Además, Timoteo también informó que los tesalonicenses tenían recuerdos positivos de Pablo y de sus compañeros misioneros y que les darían la bienvenida si regresaban a visitarlos (3:6b). "El apóstol da la impresión de sentirse especialmente complacido al enterarse de que los tesalonicenses tenían 'gratos recuerdos' [...] de él y de sus colegas. Esto implica, tal vez, que le preocupaba cómo lo verían los tesalonicenses después de su partida".[19] Evidentemente entendieron por qué Pablo tuvo que marcharse de repente bajo tales circunstancias de sospechas y no estaban resentidos contra él.

En 3:7, Pablo indica una consecuencia inmediata de estas buenas nuevas de Tesalónica. En medio de su propia "aflicción y persecución" (*ananké kai thlepsei*; *cf.* 2Co 6:4),[20] Pablo y sus compañeros fueron alentados por[21] los tesalonicenses. En resumen, los alentados (*cf.* 3:2) se convirtieron en los alentadores (*cf.* 2Co 7:4, 13; Fil 7). Para el significado de *adelphoi*, que incluye a toda la comunidad y no solo a los (varones) "hermanos", ver comentario sobre 1:4.

---

18. Ver R. Mohrlang, "Love", *DPL*, 575-78; por ejemplo: "… para Pablo, amar a los demás es la característica más importante de la vida cristiana y el núcleo central de un estilo de vida cristiano" (576).
19. C. A. Wanamaker, *Thessalonians*, 134.
20. Las dos palabras forman una expresión genérica que abarca las dificultades apostólicas y las aflicciones de todo tipo (*cf.* E. J. Richard, *Thessalonians*, 160; C. A. Wanamaker, *Thessalonians*, 135). Recordemos que Pablo podría haber tenido una reciente experiencia descorazonadora en Atenas (Hch 17:16-34) y ahora trabajaba en Corinto, en unas circunstancias que, según él mismo escribió posteriormente, eran difíciles (1Co 2:2; *cf.* Hch 18:6-17).
21. Como observa Best (*Thessalonians*, 141), la preposición *epi* "detrás de un verbo de sentimiento suele tener a menudo un sentido causal"; *cf.* BDF, §235.2; I. H. Marshall, *1 and 2 Thessalonians*, 95; J. E. Frame, *Thessalonians*, 133; C. A. Wanamaker, *Thessalonians*, 135; de forma diferente, ("animados en cuanto a ustedes") E. J. Richard, *Thessalonians*, 160, F. F. Bruce, *1 and 2 Thessalonians*, 67.

El versículo 8a, "¡ahora sí que vivimos!", refuerza el sentido de alivio de Pablo (v. 6) y de estímulo (v. 7). En 1 Tesalonicenses 2:19-20 se nos proporciona el contexto para entender este "vivimos": no es un mero asunto de "eliminación de la ansiedad",[22] sino de regocijarnos en la fidelidad continua de los tesalonicenses de una forma que llenó de energía a Pablo y a sus compañeros.[23]

En el versículo 8b, la NVI ("que están firmes en el Señor") esconde lo que es en realidad, una declaración condicional "si ustedes están firmes en el Señor". Funciona como afirmación —reconoce claramente que en ese momento "están firmes" (para este modismo, ver Fil 4:1; *cf.* 1Co 16:13; Gá 5:1; Fil 1:27)— y como exhortación implícita ("*si* están firmes").[24] Si existe alguna diferencia entre "en Cristo (Jesús)" (*cf.* 2:14) y "en el Señor", puede ser que el primero "se asocie con el *fait accompli* de la *obra* salvífica de Dios", y el segundo "con su implementación y su resultado en la conducta humana".[25] Finalmente, merece la pena notar cómo 3:8, igual que 2:19-20, revela en qué medida basa Pablo su propia sensación de bienestar en la fidelidad continuada de sus conversos.[26]

Iniciamos la sección anterior observando que este pasaje resume y lleva adelante el análisis que Pablo hace de sus actitudes y conducta hacia los tesalonicenses, tanto durante el tiempo que estuvo en Tesalónica (2:1-12) como desde que se vio obligado a abandonar inesperadamente la ciudad (2:17–3:8). Una de las cuestiones importantes de esta porción, la de su amor continuado y su compromiso con los tesalonicenses, ya se trató en el estudio de 2:1-12 y no hace falta volver a debatirlo aquí.

Sin embargo, hay otro asunto que sí requiere análisis aquí, y es el tema de las "pruebas" (3:3) o "persecución" (3:4, 7). Casi desde el

---

22. E. J. Richard, *Thessalonians*, 155; *cf.* F. F. Bruce, *1 and 2 Thessalonians*, 67 ("they could now breathe freely" [Ahora ya podían respirar tranquilos]).
23. *Cf.* C. A. Wanamaker, *Thessalonians*, 136; ver, además (pero no siempre de forma convincente), E. Best, *Thessalonians*, 142; I. H. Marshall, *1 and 2 Thessalonians*, 95-96.
24. *Cf.* C. A. Wanamaker, *Thessalonians*, 136, siguiendo a W. Grundmann, "στήκω", *TDNT* 7:637.
25. C. F. D. Moule, *The Origin of Christology* (Cambridge: Cambridge Univ. Press, 1977), 59; *cf.* 58-62.
26. *Cf.* C. A. Wanamaker, *Thessalonians*, 136; I. H. Marshall, *1 and 2 Thessalonians*, 96.

momento en que Pablo llegó a Tesalónica, los creyentes habían esperado las "pruebas" como resultado de su conversión al cristianismo. De hecho, Pablo había dado por sentado (hasta el punto de profetizarlo antes de tiempo, 3:4) que experimentarían aflicción en cierto grado, sencillamente por declarar su lealtad a Cristo. La convicción de que las "pruebas" son una consecuencia esperada de seguir a Jesús no solo se halla en Pablo (Ro 8:17; Fil 1:29-30), sino a lo largo de todo el Nuevo Testamento, tanto en la enseñanza de Jesús (Mt 5:11-12, 44; 10:17-23; 23:34; 24:9-10) como de los apóstoles (Hch 9:16; 1P 1:6; 3:13-17; Ap 2:10).

Las "pruebas" (3:3; 2Ts 1:4), "persecución" (1Ts 3:7) o sufrimiento (1:6; 2Ts 1:6) —la NVI usa estos términos para traducir la misma palabra griega, *thlipsis*— que los tesalonicenses estaban experimentando eran consecuencia de mantener su lealtad a Cristo y a los valores que él representaba en medio de una cultura pagana que sostenía un conjunto de valores diferente. Como señalamos en nuestros comentarios sobre 1:6, con "pruebas" Pablo se está refiriendo a la dislocación social y religiosa, al conflicto, la persecución, el aislamiento y la presión (tanto informal como formal u oficial) experimentados por los nuevos conversos como resultado de su conversión a una nueva religión socialmente sospechosa.[27]

La negativa de los creyentes tesalonicenses a participar de las actividades sociales "normales y cúlticas", así como la exclusividad de su afirmación de adorar al "Dios vivo y verdadero" (1:9) habrían ofendido a sus amigos no cristianos que se sentirían resentidos o traicionados. Al mismo tiempo, los miembros de la familia habrían considerado la negativa a mantener las tradiciones ancestrales como la prueba de una abominable falta de preocupación por las responsabilidades familiares. Además, dada la creencia de que la paz cívica, el éxito agrícola y la liberación de las catástrofes naturales estaban en las manos de los dioses tradicionales, ignorarlos u ofenderlos se consideraba peligroso.[28] No

---

27. En otras palabras, distingo las "pruebas" o el "sufrimiento" que resultan de la oposición y la hostilidad, del "sufrimiento" y de las "pruebas" que se deben a la disciplina de Dios sobre los creyentes. Para un tratamiento reflexivo y sensible de este último asunto, ver D. A. Carson, *¿Hasta cuándo, Señor? Reflexiones sobre el sufrimiento y el mal* (Barcelona: Publicaciones Andamio, 1995) 93-104.
28. Aunque Celso escribió más de un siglo después, sus comentarios y sus observaciones revelan cómo una clase romana superior, conservadora y culta podía considerar a los adherentes de esta "nueva superstición" (es decir, el cristianismo), con su sinsentido

resulta difícil imaginar cómo la conversión cristiana, en tales circunstancias, resultaría de forma rutinaria en "pruebas", es decir, conflicto, persecución, aislamiento y presión social.[29]

Pablo suponía simplemente que tales "pruebas o aflicción por causa de Jesús y del evangelio serían parte de la experiencia común de los cristianos (*cf.* 2Ti 3:12, "Y en verdad, todos los que quieren vivir piadosamente en Cristo Jesús, serán perseguidos"). ¿Se puede o se debe esperar lo mismo hoy? En mi opinión la respuesta es sí, en la medida en que los valores del evangelio por los cuales uno vive van en contra de los principios de la cultura que lo rodea. Si vivimos para el evangelio como minoría dentro de una cultura cuyos valores determinantes son antitéticos a los del evangelio, nuestras circunstancias serán estrechamente paralelas a las de los tesalonicenses, y deberíamos esperar experimentar los mismos tipos de aflicciones que ellos. Sin embargo, si vivimos con parte de una mayoría cultural en una sociedad cuyos valores encajan estrechamente con los del evangelio, nuestras circunstancias serán bastante diferentes de las de Pablo y los tesalonicenses, y habría poca razón de esperar la misma clase de aislamiento social que ellos experimentaron.

La aplicación de las palabras de Pablo sobre los sufrimientos o la persecución de los cristianos que viven en circunstancias bastante distintas a las del siglo I —como las de las democracias occidentales (los Estados Unidos en particular), donde el cristianismo sigue gozando, en cierta medida, de libertad, protección y, a veces, hasta de respeto— es un asunto complejo. La forma de tratarlo depende en gran medida de cómo, o a qué nivel, se analice o evalúe la situación social contemporánea. Por ejemplo, desde un punto de vista puramente estadístico, los cristianos (en el sentido amplio del término) forman una mayoría dominante en los Estados Unidos y, hasta cierto punto, deberían preocuparse más bien de no ser el perseguidor (con respecto a su trato hacia judíos,

---

sobre un Dios invisible y un Salvador crucificado, como una grave amenaza al buen orden y el bienestar del Imperio romano. Ver Celso, *El discurso verdadero contra los cristianos,* citado por Orígenes, *Contra Celso.*

29. ¿Resultó alguna vez la persecución en martirio? Se ha sugerido que la preocupación de los tesalonicenses sobre el destino de los que murieron antes de que Jesús regresara (4:13-18) era una reacción a la muerte causada por la persecución de uno o más miembros de la congregación. No obstante, no existen pruebas que indiquen que alguno de los tesalonicenses compartiera el sino de Esteban (Hch 7:54-60), y la sugerencia sigue siendo una hipótesis no probada.

musulmanes y otras minorías)[30] en lugar de los perseguidos. Por otro lado, parte de lo que algunos cristianos consideran "persecución" es más bien un asunto del "toma y daca" de la política en una democracia participativa, aunque con frecuencia suele ser algo que nosotros mismos nos infligimos como resultado de nuestra propia falta de visión o nuestra estupidez. Además, se podría argumentar que los cristianos de los Estados Unidos se encuentran en mayor peligro de ser *seducidos* por valores culturales no cristianos que de ser perseguidos por ellos.

Sin embargo, la simple estadística de que los cristianos (en el sentido amplio del término) forman una mayoría cultural es engañosa por varias razones. Por una parte, se alega que quienes se autodenominan cristianos "nacidos de nuevo" (una definición menos amplia que, probablemente, proporciona una indicación más cierta de la verdadera fuerza del cristianismo en los Estados Unidos) son una minoría de la población. Por otra parte, aunque la mayoría afirme ser "cristiana", en líneas generales, algunos de los valores más dominantes, influyentes y profundamente sostenidos no lo son. Además, en ciertas subculturas de amplia influencia, como la academia, la industria de las noticias y del entretenimiento, o las artes (ámbitos que afectan profundamente y moldean la cultura en su conjunto), los cristianos están claramente en minoría. Asimismo, el asunto del regionalismo también es un factor de la ecuación: en algunas regiones del país, los cristianos "nacidos de nuevo" son una clara minoría, mientras que en otras representan la mayoría de la población.

En resumen, la situación de los Estados Unidos es hoy compleja y resulta imposible generalizar sobre lo diferente o similar de nuestras circunstancias con respecto a las de Pablo y los tesalonicenses. En algunas ciudades y regiones, es absolutamente posible llevar a cabo las actividades diarias o semanales sin tener un encuentro verbal con alguien que niegue ser cristiano (una experiencia que dudo mucho que Pablo pudiera soñar siquiera). Al mismo tiempo, los creyentes que viven en el contexto de una universidad o que trabajan en ciertas industrias podrían hallar antagonismo y hasta hostilidad al cristianismo con regularidad y, por tanto, se encontrarían en circunstancias aproximadamente similares

---

30. De acuerdo con un artículo distribuido por Religion News Service (según se informa en el *Star Tribune* de Minneapolis, del sábado 28 de junio de 1997, página B7), por ejemplo, un doctor, "un miembro del comité de educación del estado de Carolina del Sur habló recientemente de 'apretarle las tuercas a los budistas y matar a los musulmanes' en su defensa de exponer los Diez Mandamientos en las escuelas públicas de Carolina del Sur".

a las de los creyentes del siglo I. La idea clave que se debe mantener en mente a la hora de conectar contextos es que Pablo se está refiriendo a las "pruebas" que surgen de un conflicto de valores entre el creyente y la cultura que lo rodea.

Abandonar. Para algunos lectores, el lenguaje de 3:5 ("por temor a que el tentador os hubiera tentado y que nuestro trabajo resultara en vano") y 3:8 ("si vosotros estáis firmes en el Señor") suscita un acertijo teológico: ¿es posible que un creyente abandone, es decir, pierda su salvación? Este es, por supuesto, uno de los puntos de discrepancia entre calvinistas y arminianos, objeto de intenso debate. Los últimos argumentan, por lo general, que es ciertamente posible que un creyente abandone o apostate, mientras que los primeros mantienen que el creyente que abandona nunca había creído de verdad.

La respuesta que se da a esta pregunta suele estar moldeada tanto o más por la propia estructura teológica global o los compromisos que por la exegesis de cualquier pasaje particular de las Escrituras.[31] No obstante, en la medida en que 3:5, 8 está relacionado con el asunto, Pablo está genuinamente preocupado por el destino de sus conversos: "El peligro de que sucumbieran ante Satanás era real, aunque tuvieran fe y aunque él orara por ellos".[32] Lo que Gordon Fee dice sobre el pasaje relacionado en Filipenses 2:16 también es relevante aquí:

> La pregunta de si [la labor de Pablo] pudiera en verdad ser en vano está sujeta a gran debate, por supuesto [...]. La respuesta parece ser doble. Por una parte, una expresión como esta solo tiene sentido si dicha posibilidad existe realmente; por otro lado, Pablo tenía tal confianza en Dios en cuanto a

---

31. Para unos planteamientos excelentes y basados en la exégesis de esta cuestión, ver (desde la perspectiva calvinista) Judith M. Gundry Volf, *Paul and Perseverance: Staying In and Falling Away* (Louisville, Ky.: Westminster/John Knox, 1990), 261-71 (resumido en J. M. Gundry Volf, "Apostasy, Falling Away, Perseverance", *DPL*, 39-45), y la respuesta a Gundry Volf (desde la perspectiva arminiana) de I. Howard Marshall, "Election and Calling to Salvation in 1 and 2 Thessalonians", en *The Thessalonian correspondence*, ed. Raymond F. Collins (Leuven: Leuven Univ. Press, 1990), 261-62. Ver también I. H. Marshall, *Kept by the Power of God: A Study of Perseverance and Falling Away* (Minneapolis: Bethany, 1975).
32. I. Howard Marshall, "Election and Calling to Salvation in 1 and 2 Thessalonians", 262; *cf.* James D. G. Dunn: "La *apostasía* sigue siendo una posibilidad real para el creyente paulino durante el transcurso de la tensión escatológica" (*The Theology of Paul the Apostle* [Grand Rapids: Eerdmans, 1998], 497).

sus conversos que le parecía impensable que esa posibilidad se llegara a realizar.³³

Satanás. Al discutir el significado de 2:18 más arriba, resumí brevemente lo que Pablo dice en sus cartas sobre Satanás, término que para él no solo personifica el mal, sino a un ser personal malvado. Con todo, "la pregunta crítica a la que se enfrentan los lectores modernos de la Biblia es si esta creencia es creíble y si tiene sentido hoy. "¿Podemos respaldar aún con integridad la creencia en la existencia de un demonio personal y otros espíritus malignos?".³⁴ Suscitar esta pregunta es plantear el asunto de las cosmovisiones; ciertamente, la forma misma de la pregunta traiciona la influencia de una cosmovisión particular. Una visión occidental del mundo, moldeada por los criterios de ciencia y naturaleza de la Ilustración, es notablemente insensible a la idea de seres espirituales. Pero esta opinión naturalista del universo (moldeada por una comprensión mecánica causa-efecto de la realidad) que rechaza cualquier lugar para los seres espirituales también deniega un sitio para Dios.

Ahondar en este asunto sobrepasa el alcance de nuestra exposición; mi objetivo aquí consiste, sencillamente, en indicar el nivel en el que se debe conducir el análisis.³⁵ A este respecto, las observaciones de N. T. Wright en cuanto al propio entendimiento de Jesús sobre su ministerio como algo que implicaba una lucha contra "el acusador" son adecuadas. En cuanto a los relatos de su tentación (Mt 4:1-119 y la controversia de Beelzebú (Lc 11:14-23), escribe:

> Cómo escoja el siglo XX analizar, interpretar, explicar, reducir o traducir de otra forma tales acontecimientos no es gran cosa. Puede ser que, si la corriente principal de la cosmovisión postilustrada es correcta, todo ese lenguaje deba

---

33. G. D. Fee, *Philippians* (NICNT; Grand Rapids: Eerdmans, 1995), 250.
34. Sidney H. T. Page, *Powers of Evil: A Biblical Study of Satan and Demons* (Grand Rapids: Baker, 1995), 267.
35. Para buenas exposiciones introductorias sobre cuestiones de cosmovisión, ver James W. Sire, *Chris Chrisman Goes to College—and Faces the Challenges of Relativism, Individualism, and pluralism* (Downers Grove, ILL.: InterVarsity, 1993): Brian J. Walsh y J. Richard Middleton, *Cosmovisión cristiana: una visión transformadora* (Terrassa: Clie, 2003). Para un análisis más técnico de cosmovisiones con una referencia específica a estudios bíblicos, ver N. T. Wright, *The New Testament and the People of God* (Christian Origins and the Question of God, vol. 1; Minneapolis: Fortress, 1992), 31-144; para una perspectiva multicultural ver Charles H. Kraft, *Christianity with Power: Your Wordview and Your Experience of the Supernatural* (Ann Arbor, Mich.: Vine, 1989).

considerarse la prueba de una neurosis religiosa. Sin embargo, se podría igualmente desear sugerir que cualquiera que considera tener una vocación —experiencia humana bastante común— podría someterse a luchas internas, algo que en muchas culturas se describiría directamente en términos de batalla contra un poder hostil. Lo que no podemos hacer, en el siglo XX ni en ningún otro, es negar que esas autopercepciones caracterizaron, y siguen caracterizando, en líneas generales, a personas del estilo de Jesús, tal como estamos descubriendo que él fue. No debería sorprendernos hallar una descripción, por estilizada y esquematizada que sea, de tal batalla. Lo realmente asombroso sería que no lo hiciéramos.[36]

Lo que Wright afirma sobre Jesús no es menos relevante para Pablo, quien, más de una vez, discernió la obra de Satanás en la oposición y el estorbo a su ministerio.

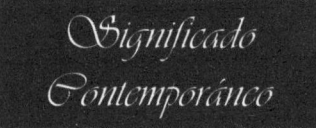

Como mencioné en el principio de Construyendo Puentes, uno de los dos temas importantes que recorren esta sección de la carta (el amor continuado de Pablo y su compromiso con los tesalonicenses) se trata en el análisis de 2:1-12, más arriba. Me concentraré, pues, en el otro tema importante de esta sección, "pruebas" o "persecución". Al hacerlo, será primordial mantener en mente que Pablo no está pensando aquí en el sufrimiento como medio de disciplina piadosa, sino de oposición o persecución que surge de un conflicto de creencias, valores y conducta entre el creyente y la cultura del entorno.

La persecución. Soy miembro de la generación del "boom" demográfico, que nació durante la turbulenta década de los sesenta. He sido testigo de primera mano de la transformación de Estados Unidos, que ha pasado de ser una sociedad en la que casi todos los ciudadanos, cristianos o no, abrazaban valores y normas éticas basadas en la tradición moral judeocristiana a una en la que las enseñanzas éticas cristianas tradicionales y los valores no solo se ignoran cada vez más, sino que se re-

---

36. N. T. Wright, *Jesus and the Victory of God* (Christian Origins and the Question of God, vol. 2; Minneapolis: Fortress, 1996), 457-58.

chazan por parte de un porcentaje de la sociedad en constante (así como influyente y poderoso) aumento. A medida que la sociedad estadounidense sigue adelante con esta transición de una cultura del cristianismo a una del postcristianismo, quienes procuran vivir según el evangelio de Jesucristo pueden esperar encontrarse con la clase de pruebas o persecución experimentadas por Pablo y los tesalonicenses, aunque solo sea porque la cultura en general es cada vez menos cristiana. Si somos serios en cuanto a obedecer las enseñanzas de Jesús y las palabras de los apóstoles, podemos esperar experimentar la oposición, la hostilidad, la exclusión, la pérdida, etc. —lo que Pablo etiqueta como "sufrimientos"— sencillamente porque somos creyentes.

¿Qué forma podrían tomar esos "sufrimientos"? La siguiente lista es una mera sugerencia de lo que un creyente podría experimentar:

- se despide a un honesto empleado por perturbar los planes de una compañía para estafar a los consumidores o por alertar sobre la corrupción o el fraude;
- se aísla a una agente del orden y sus compañeros la dejan fuera de la posibilidad de promoción, por negarse a mentir para cubrir la mala conducta de otro agente;
- se excluye de las actividades familiares a una estudiante universitaria, la única cristiana de su familia, porque, después de su graduación, decepciona (al menos desde la perspectiva de ellos) e incomoda a su familia al unirse a la organización de una misión que trabaja en los barrios pobres, en vez de aceptar un "buen trabajo";
- estudiantes de la escuela secundaria que experimentan hostilidad cuando asumen una postura en un entorno donde el estatus social y la posición dependen enormemente de la medida en que uno utiliza el alcohol o las drogas, o es sexualmente activo;
- familias rechazadas por sus vecinos y amigos porque se niegan a aceptar la mentalidad consumista de nuestra cultura y, con su negativa, desafían implícitamente a aquellos que la adoptan.
- las personas o los grupos que insisten en que, como sociedad, hagamos lo recto y lo justo, en vez de aquello meramente legal o provechoso, padecen hostilidad.

- un profesor niega a unos padres una nota más alta de la que el trabajo de su hijo merece, y recibe una dura crítica.

- una persona cuya sistemática ética provida no solo incluye su oposición al aborto, sino a la pena de muerte, se encuentra con que también es parte de una "minoría perseguida".

Independientemente de lo que podemos experimentar en países donde el cristianismo disfruta de una cierta medida de libertad, protección y hasta en ocasiones de respeto, las circunstancias son inmensamente diferentes en muchas otras naciones. Existe un número sustancial de cristianos en el mundo de hoy que se hallan en una situación —la de una minoría perseguida que se enfrenta a la oposición o al ataque por parte de un grupo dominante en la sociedad— inequívocamente comparable con la de los tesalonicenses. Estas hermanas y hermanos conocen demasiado bien la realidad de las "pruebas" experimentadas por causa del evangelio. En países como Laos, Arabia Saudita, Irak, Sudán, Paquistán, Indonesia y China (por mencionar solo unos cuantos), resulta peligroso, por no decir que es ilegal, practicar el cristianismo, y las aflicciones similares a las que experimentaron Pablo y los tesalonicenses —incluida la quema de iglesias o cierres, acoso, multas, arrestos o encarcelamiento— son una realidad constante y presente.[37]

De hecho, en más de algún caso, no solo es un asunto de persecución, sino también de martirio. Los que hacen un seguimiento del tema informan que podrían haber muerto por su fe más cristianos en el siglo XX que en los anteriores diecinueve siglos juntos.[38] Obligados a negar a Cristo con tal de vivir, escogen confesar a Jesús y morir, dando así testimonio de él como Mesías crucificado y Señor resucitado y de su esperanza de la vida venidera. Dan testimonio de lo que Dietrich Bonhoeffer escribió:

> Quien no quiere cargar su cruz, quien no quiere entregar su vida al dolor y al desprecio de los hombres, pierde la comu-

---

37. Ver Kim A. Lawton, "The Suffering Church", *CT* 40 (15 julio 1996): 54-64; Paul Marshall con Lela Gilbert, *Their Blood Cries Out: The Untold Story of Persecution Against Christians in the Modern World* (Dallas: Word, 1997).

38. Para saber sobre el martirio en todo el mundo en el siglo XX, ver James y Marti Hefley, *By Their Blood: Christian Martyrs of the Twentieth Century*, 2d. ed. (Grand Rapids: Baker, 1996); Nina Shea, *In the Lion's Den: A Shocking Account of Persecution and Martyrdom of Christians Today, and How We Should Respond* (Nashville: Broadman & Holman, 1997).

nión con Cristo, no le sigue. Pero quien pierde su vida en el seguimiento, llevándo la cruz, la volverá a encontrar en este mismo seguimiento, en la comunión de la cruz con Cristo [...]. Llevar la cruz se les revelaba como la única manera de triunfar del sufrimiento. Y esto es válido para todos los que siguen a Cristo, puesto que fue válido para Cristo mismo.[39]

Para todos los hermanos y hermanas en Cristo, perseguidos, dondequiera que vivan, necesitamos enfatizar las palabras de confirmación y aliento de Pablo. Para el apóstol, sufrir por causa de Cristo y del evangelio es la prueba del amor y de la salvación de Dios (1:4-7; 2:13; 2Ts 1:5; *cf.* Ro 8:17; Fil 1:28), y es una situación en la que Dios fortalece su fiel resistencia y esperanza (2Ts 1:3-4, 11), derramando su propio amor y esperanza:

> "Nos regocijamos [...] en nuestros sufrimientos, porque sabemos que el sufrimiento produce perseverancia; la perseverancia, entereza de carácter; la entereza de carácter, esperanza. Y esta esperanza no nos defrauda, porque Dios ha derramado su amor en nuestro corazón por el Espíritu Santo que nos ha dado". (Ro 5:2b-5)

Además, se convierte en "un testigo para los demás de la verdad de Cristo, sobre todo al verse esto en su capacidad de amar a otros, incluso cuando están experimentando aflicción" (1Ts 1:2-7; 2Ts 1:3-5).[40] En resumen, aun no siendo algo que se deba buscar,[41] cuando llega, la

---

39. Dietrich Bonhoeffer, *El precio de la gracia. El seguimiento* (Salamanca: Sígueme, 2004), 57-58; *cf.* p. 55: "La cruz no es el mal y el destino penoso, sino el sufrimiento que resulta para nosotros únicamente del hecho de estar vinculados a Jesús. La cruz no es sufrimiento fortuito, sino necesario. La cruz es un sufrimiento vinculado no a la existencia natural, sino al hecho de ser cristianos. La cruz no es sólo y esencialmente sufrimiento, sino sufrir y ser rechazado; y estrictamente se trata de ser rechazado por amor a Jesucristo, y no a causa de cualquier otra conducta o de cualquier otra confesión de fe".
40. S. J. Hafemann, "Suffering", *DPL*, 920.
41. La persecución se ve a veces (y hasta se idealiza) como algo "bueno" para la iglesia, por cuanto se dice que purifica, une, fortalece y la hace crecer (ver, p. ej. David H. Adeney, "The church and Persecution", en *The Church in the Bible and the World*, ed. D. A. Carson [Grand Rapids: Baker, 1987], 275-302, que solo enumera los efectos "positivos" de la persecución). Pero, en ocasiones, la represión social y política sostenida no resulta en el crecimiento de la iglesia, sino en su desaparición de una zona geográfica. Para un evaluación seria y un análisis teológico de tales circunstancias, ver Mark Galli, "Is Persecution Good for the Church?" *CT* 41 (19 mayo 1997): 16-19.

persecución es algo que merece la pena soportarse por causa de Cristo y del evangelio.

En 3:2, Pablo toca brevemente un importante elemento implicado en soportar las pruebas: fortalecerse y alentarse los unos a los otros en medio de ellas. Trata esta cuestión ligeramente, porque en realidad toda la carta pretende fortalecer y alentar a los tesalonicenses. Una forma de hacerlo fue creando dentro de su comunidad un sentido de contracultura o comunidad alternativa que enseñara, confirmara y reforzara los valores del evangelio. En un sentido, buscaba luchar contra la "presión de grupo" con presión de grupo. Rechazados por la cultura de su entorno, los creyentes tesalonicenses podían encontrar en la iglesia apoyo y renovación de parte de otros creyentes que tuvieran el mismo sentir, que procuraran las mismas metas. Este es un importante ministerio para las iglesias de hoy cuando los creyentes estén sufriendo los efectos de la hostilidad y de la oposición, a causa de su fidelidad a Jesús.

Aquellos de nosotros que, por nuestras circunstancias, estamos protegidos del tipo de persecución que experimentan nuestros hermanos y hermanas en Cristo, tenemos que "ser conscientes de las necesidades de los creyentes que sufren, orar para que Dios les supla con una abundancia inusual del Espíritu de Jesucristo, y aprender de su determinada devoción por el evangelio, en la vida y en la muerte, cómo vivir en el servicio del evangelio en nuestro propio tiempo y lugar".[42] Además de apoyarlos en oración, deberíamos pensar en otras formas, públicas y privadas, que pudiéramos usar para respaldarlos y alentarlos (ver sugerencias específicas en la sección Significado Contemporáneo de 2Ts 1:1-12).

Finalmente, podemos preguntarnos por qué no estamos experimentando los "sufrimientos" que, según supone Pablo aquí, constituían la experiencia de los creyentes. Tres son las posibles razones que surgen en nuestra mente. (1) nos hemos aislado en una subcultura cristiana (¿me atrevería a decir "gueto"?) de algún tipo; (2) somos los beneficiarios de circunstancias afortunadas, o (3) no somos realmente serios en nuestro compromiso con el evangelio y sus valores. Cualesquiera que sean la(s) razón(es), debería convertirse en un asunto de oración y reflexión, de manera que podamos estar preparados cuando llegue el tiempo para que la integridad de nuestra propia confesión de Cristo sea puesta a prue-

---

42. Frank Thielman, *Filipenses* (CBA NVI, Miami: Vida, 2013), p. 103.

ba. ¿Qué valoraremos más en ese momento: la aceptación social y la confirmación, o la fidelidad al evangelio, cualquiera que sea su coste?

Satanás. Al pensar en la relevancia contemporánea del entendimiento de Pablo sobre Satanás, debemos evitar dos dificultades: (1) hemos de eludir ignorar o pasar por alto la actividad de Satanás. Esto se aplica tanto al mal a nivel social como personal. Como sugiere el título del famoso libro de Reinhold Niebuhr, *El hombre moral y la sociedad inmoral*, es posible que cualquier organización o institución humanas, o estructura social, incluso las compuestas por individuos morales, se convierta en un instrumento de pecado y opresión.[43] Pero ser conscientes de que Satanás pueda estar detrás de las manifestaciones del mal "proporciona un poderoso incentivo para combatirlo"; "la persona que discierne una dimensión satánica en los males del mundo puede difícilmente contentarse con el statu quo". Además, "el cristiano que se toma en serio la enseñanza demonológica de la Biblia puede enfrentarse a la tentación y al mal con confianza, sabiendo que Cristo ya ha derrotado a las fuerzas del mal y su condenación suprema está asegurada".[44]

(2) La otra dificultad a evitar —y, en opinión de algunos de los excesos contemporáneos evidentes en libros y revistas populares, la mayor amenaza quizá— es la de prestar demasiada atención al tema de Satanás y lo demoníaco. Dios es el centro de atención de las Escrituras, y hacer demasiado caso a sus oponentes derrotados constituye varios riesgos.[45] "Primero está el peligro de producir temor y paranoia al exagerar el poder del diablo". "En segundo lugar, existe el riesgo de apelar a Satanás [...] para excusar los fallos propios".

A este respecto, es importante notar lo que Pablo *no* dice sobre Satanás. Analiza, por ejemplo, la postura de los seres humanos delante de Dios, la salvación, el juicio y la naturaleza del pecado sin hacer referencia alguna a Satanás. "En otras palabras, Pablo no ofrece un entendimiento sistemático de Satanás, ni tan siquiera una doctrina claramente desarrollada de este, en el que se le utiliza para explicar la muerte o el pecado".[46] Es decir, nada de lo que Pablo afirma sobre Satanás, de la forma que sea, disminuye su comprensión de la responsabilidad humana

---

43. Reinhold Niebuhr, *El hombre moral y la sociedad inmoral: un estudio sobre ética y política* (Buenos Aires: Ediciones Siglo Veinte, 1966).
44. S. H. T. Page, *Powers of Evil*, 269.
45. Le debo las siguientes ideas a *ibíd.*, 269-70.
46. C. A. Wanamaker, *Thessalonians*, 122.

por el pecado y el mal. La consabida frase "el diablo me obligó a hacerlo" no forma parte de la teología de Pablo.

El tercer y cuarto punto de S. H. T. Page están estrechamente asociados: el peligro de aceptar sin pensar las prácticas y las creencias supersticiosas o no cristianas. Sigue hablando de otro peligro:

> ... el peligro de la especulación incontrolada. La Biblia está extraordinariamente libre de conjetura con respecto a la esfera invisible. Como consecuencia, hay muchas preguntas que, sencillamente, no responde. Lamentablemente, a muchos les cuesta aceptar los silencios de las Escrituras y especular sobre asuntos acerca de los cuales no hay enseñanza bíblica, hasta cuando los rasgos de los textos bíblicos desalienten tal especulación. Especular sobre los nombres y los rangos de los espíritus malignos sobre los que gobiernan no solo carece de fundamento bíblico, sino que es ajeno al espíritu de la Biblia.[47]

En resumen, para tratar este tema lo que se necesita es equilibrio, no negar la realidad de Satanás ni prestar una atención indebida a sus actividades. Después de todo, es un poder derrotado contra el cual Pablo nos llama a vestir "toda la armadura de Dios para que puedan hacer frente a las artimañas del diablo" (Ef 6:11).[48]

---

47. S. H. T. Page, *Powers of Evil*, 270.
48. Ver más sobre las cuestiones suscitadas en los párrafos precedentes, en la excelente y extensa exposición de Klyne Snodgrass, *Efesios* (CBA NVI; Miami: Vida, 2012), 404-29, también 128-30.

1 Tesalonicenses 3:9-13

¿Cómo podemos agradecer bastante a nuestro Dios por ustedes y por toda la alegría que nos han proporcionado delante de él? ¹⁰ Día y noche le suplicamos que nos permita verlos de nuevo para suplir lo que le falta a su fe.

¹¹ Que el Dios y Padre nuestro, y nuestro Señor Jesús, nos preparen el camino para ir a verlos. ¹² Que el Señor los haga crecer para que se amen más y más unos a otros, y a todos, tal como nosotros los amamos a ustedes. ¹³ Que los fortalezca interiormente para que, cuando nuestro Señor Jesús venga con todos sus santos, la santidad de ustedes sea intachable delante de nuestro Dios y Padre.

Sentido Original

Es evidente que existe una conexión sustancial entre estos versículos y los que los preceden. La única frase que forma 3:9-10 está estrechamente unida a 3:8, mediante la conjunción *gar* ("porque", que NVI y NRSV omiten), y 3:11-13 forma una "bendición" que lleva a su fin esta primera parte de la carta (1:2–3:13). No obstante, he escogido tratar estos versículos por separado y como si fuesen un único párrafo (como hace la NAB), en gran medida por razones pragmáticas: (1) por el importante papel transicional que juegan en la estructura global de la carta, y (2) por la forma en que el asunto de la oración los reúne.[1]

En forma de pregunta retórica, el versículo 9 lleva a su fin el tema de la acción de gracias inaugurada en 1:2-10 y continuada en 2:13. Este agradecimiento se ha arraigado en acontecimientos del pasado reciente y del presente. En 3:10, sin embargo, la oración de Pablo mira al futuro, señalando un punto de inflexión en la carta. De manera similar, la bendición de 3:11-13 reúne puntos clave en 1:2–3:8 y, a la vez, anticipa las exhortaciones concretas que siguen. Específicamente, Pablo reitera (1) su deseo de visitar Tesalónica (3:11; *cf.* 2:17-18; 3:6, 10); (2) su

---

1. Aunque la mayoría de las traducciones (incluidas la NVI) y comentaristas toman 3:6-10 y 3:11-13 como si fueran párrafos, 3:9-13 se trata como una unidad en E. J. Richard, *Thessalonians*, 163-78; Peter T. O'Brien, *Introductory Thanksgivings in the Letters of Paul* (Leiden: Brill, 1977), 156-64; Gordon P. Wiles, *Paul's Intercessory Prayers* (Cambridge: Cambridge Univ. Press, 1974), 52, 59, 64.

esperanza de que el amor de ellos (que en 3:6 designó el nivel adecuado de la conducta cristiana; *cf.* 2:12, "vidas dignas de Dios") "aumente y sobreabunde" (3:12; *cf.* 1:3; 3:6); y (3) su preocupación de que perseveren hasta el regreso de Cristo (3:13; *cf.* 1:10; 3:1-5, 8; también 2:19).[2]

Pero estos dos últimos puntos no se limitan a resumir lo que Pablo ha dicho hasta ahora en la carta; presagian, asimismo, los temas principales de la sección siguiente: la conducta ética cristiana adecuada o la santidad (4:1-12; 5:12-22), y el regreso de Cristo (4:13–5:11). Por tanto, 3:11-13 refuerza la transición observada en 3:9-10 y confirma la relevancia de esta sección a modo de importante transición en la carta.

Acción de gracias por los tesalonicenses (3:9)

El verbo en 3:9 (*antapodidomi*), que se hace eco de Salmos 116:12, sugiere la traducción "cómo [...] agradecer *bastante*" (Lightfoot; NVI, "agradecer *bastante* a Dios"). La idea no es lo insuficiente del agradecimiento de Pablo, sino la incomparable magnitud del gozo que experimenta como resultado de la obra de Dios por gracia en los tesalonicenses (*cf.* 3:7). Que este regocijo sea "delante de él" implica que está sucediendo en el contexto de la oración.

Oración por los tesalonicenses (3:10-13)

En 3:10 (en griego, una continuación directa de 3:9), Pablo pasa de la acción de gracias a una doble petición: que pueda ser capaz (1) de visitar a los tesalonicenses en persona (*cf.* 2:17; 3:7; la petición recalca la autenticidad y la intensidad de su deseo de verlos de nuevo), y (2) para "suplir lo que le falta a su fe". En vista del entusiasta informe de Timoteo (*cf.* 3:6), "lo que le falta" designa, probablemente, "las cosas que siguen siendo necesarias" en lugar de algún tipo de defecto espiritual o ético. Estas "cosas que se necesitan" incluirían una instrucción adicional sobre puntos específicos de doctrina y conducta, cosas de las que carecían no por culpa propia, sino porque Pablo se había visto obligado a acabar su visita inicial prematuramente. Aunque Timoteo haya comunicado probablemente algo de la instrucción que se necesitaba, es evidente que Pablo deseaba completar él mismo el trabajo. Mientras tanto, sin embargo, la carta tendría que servir de sustituta, y el contenido de 4:1–5:22 revela al menos algunos de los temas que quiere tratar.

---

2. La frase anterior sigue de cerca a C. A. Wanamaker, *Thessalonians*, 140.

No obstante, antes de tocar esas cuestiones específicas, Pablo concluye la primera sección de la carta con una breve bendición (3:11-13). La forma de la oración refleja una combinación de elementos tradicionales judíos y específicamente cristianos. Para el discurso ("el Dios y Padre nuestro, y nuestro Señor Jesús"; *cf.* 5:23; 2Ts 2:16; 3:16) compárese Eclesiástico 23:4, "Señor, Padre y dueño de mi vida" (*cf.* Eclo. 23:1); términos aplicados allí a Dios (es decir, "Señor" y "Padre") y aquí distribuidos entre Dios y Jesús.[3]

El contenido de la primera petición (3:11) repite la sustancia de parte del versículo 10. La segunda petición (3:12) afirma los logros de los tesalonicenses (tal como informó Timoteo, *cf.* 3:6) y los alienta explícitamente a "crecer y a sobreabundar"[4] en "amor", una palabra que, como se indicó en el tratamiento de 3:6, más arriba, abarca para Pablo la total extensión de la adecuada conducta cristiana. Nótese que su oración tiene en vista el amor, no solo para los de dentro de la comunidad ("unos a otros"), sino también para los de afuera ("todos los demás"). Para Pablo, la forma en que la comunidad cristiana de Tesalónica se relacionaba con los de afuera era igual de importante que la manera de relacionarse los unos con los otros (*cf.* Fil 2:15). Con la frase: "como nosotros les amamos a ustedes", Pablo (*cf.* 2:1:12) vuelve a ofrecerse a sí mismo y a sus compañeros como modelo a seguir para los tesalonicenses.

La puntuación de 3:13 como frase aparte en la NVI y en la NRSV dificulta la comprensión de que, en lugar de ser una petición adicional, este versículo indica la meta o el propósito de la petición en 3:12 (*eis to* + infinitivo, la misma frase que se usó en 3:2): "con el fin de afianzarlos". Es decir, Pablo ora para que el Señor haga que el amor de los tesalonicenses aumente para que "cuando nuestro Señor Jesús venga"[5] (*cf.* 4:13,

---

3. Con respecto a la relación entre Dios y Jesús en 3:11 (donde el sujeto plural precede a un verbo singular), la gramática (el artículo definido se repite en griego, como también el pronombre posesivo "nuestro") distingue entre ambos que, no obstante, actúan con tal concierto que resulta evidente que el apóstol ve (aunque no lo debata ni desarrolle aquí) la más estrecha conexión entre ellos (ver además L. Morris, *The First and Second Epistles to the Thessalonians*, 1078; I. H. Marshall, *1 and 2 Thessalonians*, 100). La afirmación "esto no implica que Pablo sostuviera una teología trinitaria o binitaria" (E. Best, *Thessalonians*, 147) demuestra una vista muy corta.
4. *Cf.* la observación de Juan Crisóstomo: "¿Ven ustedes la irrefrenable locura del amor que indican las palabras? Dice 'aumentar' y 'sobreabundar' en lugar de 'crecer'" (adaptado de J. E. Frame, *Thessalonians*, 138).
5. Los "santos" que acompañan a Jesús podrían ser ángeles (E. Best, *Thessalonians*, 153; I. H. Marshall, *1 and 2 Thessalonians*, 102-3; C. A. Wanamaker, *Thessalonians*, 145; E. J. Richard, *Thessalonians*, 177), "santos", es decir, seres humanos, o, más

más abajo), cuando se hallen "delante de nuestro Dios" ("que examina nuestros corazones", 2:4), "la santidad de ustedes sea intachable" (trad. lit., cf. 5:23), es decir, plenamente aceptable a Dios.

La primera palabra (*amemptuous;* cf. 2:10) indica "una condición de intachabilidad en la que se comprueba que el individuo no ha hecho nada que merezca condenación de parte de Dios". La segunda palabra (*hagiosyne*) indica "conformidad moral con el carácter mismo de Dios" (cf. Lv 19:2; Mt 5:48).[6] En resumen, Pablo vincula estrechamente los aspectos conductuales y cognitivos de la fe. El uso de *hagiosyne,* "santidad", que indica un estado o condición —en oposición a *hagiasmos,* "santificación" (cf. 4:2), que indica un proceso que conduce al estado de santidad— es particularmente adecuado aquí, si consideramos que Pablo no tiene en mente un cumplimiento presente, sino un resultado escatológico; él llamará a los tesalonicenses (en 4:1-3; cf. 5:1-11) a luchar por ese resultado.

En este pasaje encontramos la primera de las dos oraciones intercesoras de la carta (la otra es 5:23; 1:2-3 era un informe *sobre* la oración). Obviamente, Pablo está orando por las necesidades específicas y las preocupaciones de una congregación única que trata problemas específicos. Al estar la oración tan concienzudamente arraigada en sus circunstancias históricas particulares, no podemos limitarnos a repetir con él las palabras de su ruego (en contraste con, p. ej., el Padrenuestro, que se dio como modelo de oración, o la plegaria de Ef 3:16-21).[7] Lo que podemos hacer es prestar atención al modelo de su oración y a las suposiciones teológicas subyacentes y permitir que estas moldeen nuestras propias plegarias. Esto no significa que la oración de Pablo sea un molde rígido en el que la nuestra debe verterse, porque nuestras plegarias deben estar tan situadas y ser tan específicas a nuestro tiempo como las de Pablo lo fueron en su época.

---

probablemente, ambos (J. B. Lightfoot, *Notes on Epistles,* 50; L. Morris, *The First and Second Epistles to the Thessalonians,* 112; cf. F. F. Bruce, *1 & 2 Thessalonians,* 74).

6. C. A. Wanamaker, *Thessalonians,* 144; ver, además, S. E. Porter, "Holiness, Sanctification", *DPL,* 397-402; D. Guthrie y R. P. Martin, "God", *DPL,* 363.
7. Sobre el Padrenuestro ver Darrell L. Bock, *Lucas* (Miami: Vida, 2010), 288-95; sobre la oración en Efesios ver Klyne Snodgrass, *Efesios* (CBA NVI; Miami: Vida, 2012), 210.

No significa que su oración pueda servir de guía sobre la cual moldear nuestra vida de oración.

Teología. Con respecto a la teología subyacente, la oración de Pablo nos recuerda el carácter *teo*céntrico de su comprensión de la realidad. Cada vez que Pablo oraba a Dios, era un reconocimiento de la prioridad divina sobre todo lo demás, un recuerdo de que "en él vivimos, nos movemos y existimos" (Hch 17:28). A este respecto, la oración se convierte en un medio para poner nuestra visión y nuestros deseos en línea con la voluntad de Dios (más que viceversa).

Esto es así incluso en el caso de la oración intercesora y peticionaria, en las que pedimos a Dios que conceda nuestras peticiones por nosotros y por los demás; el acto mismo de pedir "recuerda al creyente que Dios es la fuente de todo bien, y que los seres humanos son totalmente dependientes y que tienen necesidad de todo".[8] Las cartas de Pablo están llenas de sus intercesiones fervientes y de sus peticiones por otros y por sí mismo. Pero incluso al dar a conocer estas peticiones a Dios, reconoce que es este quien está obrando en él "el querer como el hacer para que se cumpla su buena voluntad" (Fil 2:13). Así, por ejemplo, en el caso de su "aguijón en la carne" (2Co 12:7-10), Pablo oró con fervor para que fuese quitado, pero al final acepta la decisión de Dios de que todo siguiera igual por causa de Cristo y como prueba de su poder y su gracia.

Patrón. Con respecto al patrón de la oración de Pablo, resaltan dos puntos, uno relacionado con el contenido y el otro con la cronología. (1) En términos de *contenido*, nótese que Pablo basa sus peticiones en la acción de gracias, que equivale tanto a alabar como a reconocer a Dios como único responsable supremo de las bendiciones y del crecimiento que los tesalonicenses han experimentado. Además, existe un contraste interesante en sus peticiones actuales. Sus rogativas por los tesalonicenses (3:12-13) eran que pudieran experimentar el crecimiento espiritual, mientras que las que hacía para sí mismo (3:10-11) eran que pudiera ser capaz de ministrarlos. Es decir, su oración, como su conducta, descritas en 2:1–3:5, van principalmente dirigidas a los demás. Esto no significa que Pablo nunca oró por sus propias preocupaciones, porque sabemos que sí lo hizo (p. ej. 2Co 12:7-10). Resulta, sin embargo, chocante que

---

8. Stanley J. Grenz, *Prayer: The Cry for the Kingdom* (Peabody, Mass.: Hendrickson, 1988), 37.

en su carta, incluso en sus oraciones por sí mismo, alienta a los tesalonicenses a practicar el modelo de preocupación por los demás (4:9-12).

(2) En términos de *cronología*, encontramos el mismo patrón "pasado-presente-futuro" que ha aparecido en otros lugares de la carta (p. ej., 1:4-10; 4:13-18; 5:8-11). Es decir, Pablo se regocija y da gracias por lo que Dios ha hecho en el pasado (3:9); ora para que Dios siga actuando en el presente (3:10-13a); y ruega por el presente a la luz de lo que Dios hará en el futuro (3:13b). Una vez más, nos recuerda que el presente está profundamente moldeado por lo que Dios ha hecho y hará.

Otros dos asuntos. Antes de abandonar esta sección, otros dos asuntos exigen comentario. (1) El énfasis teocéntrico de la oración de Pablo nos recuerda el contexto adecuado en el que considerar *la tensión entre la actividad divina y la responsabilidad humana* que recorre esta carta. La cuestión surge aquí si uno compara 3:12 ("Que el Señor los haga crecer para que se amen más y más unos a otros, y a todos") y 4:10 ("ustedes aman a todos los hermanos que viven en Macedonia. No obstante, hermanos, les animamos a amarse aún más"). Por una parte, Pablo enfatiza sistemáticamente la gracia y la iniciativa de Dios (*cf.* 3:12). Por otra, nunca cesa de exhortar y mandar a aquellos a quienes escribe (*cf.* 4:10), incluso hasta el punto de amontonar un imperativo sobre otro (ver, p. ej. 5:12-22, con sus diecisiete mandamientos, o, para un ejemplo extremo, Ro 12:9-21).

Textos como 1 Tesalonicenses 3:12 y 2 Tesalonicenses 1:11, sin embargo, nos recuerdan que "el énfasis paulino se corresponda con la acción anterior de Dios [...]. Para Pablo, la presuposición que está detrás de tales imperativos es la obra del Espíritu en la vida de la comunidad creyente".[9] Al mismo tiempo, *"el esfuerzo moral no es en modo alguno antitético a la fe*; es más bien el resultado y la expresión de la fe". Esto significa que, en respuesta al don y la iniciativa de Dios, "los creyentes tienen una *responsabilidad* [...] de permitir que el poder de la gracia llegue a expresarse en sus vidas".[10] En una palabra, "la dependencia de Dios es completamente compatible con los esfuerzos humanos. El

---

9. G. D. Fee, *God's empowering Presence,* 70; *cf.* I. H. Marshall, *1 and 2 Thessalonians,* 97. Ver también D. A. Carson, *Divine Sovereignty and Human Responsibility: Biblical Perspectives in Tension* (Atlanta: John Knox, 1981).
10. James D. G. Dunn, *Romans 1—8* (WBC; Dallas: Word, 1988), 350 (énfasis del autor).

cristiano no es pasivo, sino que colabora por completo con Dios para lograr el propósito divino".[11]

(2) La descripción que Pablo hace de Dios como Padre (3:11, 13; *cf.* 1:1, 3; 2Ts 1:1-2; 2:16) suscita una dificultad potencial a la hora de trasladar este concepto a nuestra época. En general, "ninguna otra descripción de Dios se utiliza con tanta frecuencia en el Nuevo Testamento";[12] solo Pablo alude a él como "Padre" cuarenta y dos veces. Para el apóstol, esta imagen es fundamental y abrumadoramente positiva, pero para algunas personas es problemática. En mis clases, por ejemplo, cada vez resulta más común encontrar a estudiantes cuya imagen de Dios ha sido moldeada, en parte si no por completo, por una relación inadecuada y hasta destructiva con sus padres.[13] En tales circunstancias, es sumamente importante utilizar la imagen con sensibilidad y cuidado, y, cuando sea posible, definir (en lugar de dar por sentado) lo que los escritores del Nuevo Testamento quieren decir con esa frase (las enseñanzas de Jesús ofrecen recursos especialmente ricos a este respecto). De esta forma, la opinión paulina de Dios como Padre que nos amó tanto que, hasta cuando éramos todavía pecadores, envió a su Hijo a morir en beneficio nuestro como forma de expresar su amor (*cf.* Ro 5:8), puede empezar a remodelar o remplazar imágenes inadecuadas con las que podamos haber crecido.

Significado Contemporáneo

Sugerí más arriba que la oración de Pablo aquí en 3:9-13 ofrece un modelo a seguir en lugar de meras palabras que se repiten. ¿Qué es lo que Pablo ejemplifica para nosotros? *Una oración centrada alrededor de la acción de gracias y la intercesión por los demás.* Tampoco es este un fenómeno aislado o inusual, ya que en las cartas de Pablo se pueden encontrar al menos cuarenta y dos ejemplos de agradecimiento o de intercesión.[14] Sin lugar a

---

11. J. Knox Chamblin, *Paul and the Self: Apostolic Teaching for Personal Wholeness* (Grand Rapids: Baker, 1993), 156.
12. Klyne Snodgrass, *Efesios* (CBA NVI; Miami: Vida, 2012), 212.
13. Para un ejemplo revelador tanto del problema como de la posibilidad de sanar y de cambiar, ver Keith Anderson, "What You Get is What You See", *What They don't Always Teach You at a Christian College* (Downers Grove, Ill.: InterVarsity, 1995), 74-78.
14. Para la lista de pasajes ver D. A. Carson, *A Call to Spiritual Reformation: Priorities from Paul and His Prayers* (Grand Rapids: Baker 1992), 67-74.

dudas, no es el único tema o énfasis en las oraciones paulinas, pero es claramente uno relevante que toma una proporción sustancial del espacio que dedica a la oración.

Una aplicación de esta observación es obvia. Si somos serios en cuanto a seguir el modelo de Pablo, Carson afirma lo siguiente:

> ... no pasaríamos nunca por alto la monumental importancia de la oración *por los demás*. La oración jamás descenderá al nivel donde no sea más que una casa de retiro en la que encontramos fuerzas para nosotros mismos, ya sea por medio de la celebración de la alabanza o por una comunión mística con Dios, o a través del alivio de echar nuestras cargas sobre el Todopoderoso. La oración puede abarcar todos estos elementos, y más; pero si aprendemos a orar con Pablo, aprenderemos a orar por los demás. Veremos que forma parte de nuestro trabajo acercarnos a Dios con acción de gracias por los demás y con intercesiones por otros. En resumen, nuestra oración irá moldeada por nuestro profundo deseo de buscar lo que es mejor para el pueblo de Dios.[15]

¿Cómo podríamos dedicarnos a orar por los demás? La oración paulina sugiere al menos cuatro formas. Aunque las he enmarcado como declaraciones descriptivas sobre Pablo ("Pablo ora..."), cada una es un desafío implícito para nosotros ("Oremos...") de hacer lo mismo.

Pablo ora con acción de gracias (3:9). En cierto grado, es un asunto de gratitud básica, de reconocer la clemencia de Dios para con nosotros. Pero al darle gracias a Dios también estamos compartiendo (al menos de forma indirecta) con otros la realidad del amor de Dios y su preocupación por nosotros, y, por tanto, dar gracias a Dios puede convertirse en una forma de testimonio sobre él.

Además, la acción de gracias implica recordar lo que Dios ha hecho (*cf.* 1:2-3). Recordar y contar la historia de la fidelidad de Dios es importante por, al menos, dos razones. (1) Cuando las cosas van bien, nos recuerda por qué van bien: se debe a la gracia y a la bondad de Dios, no a nuestros propios esfuerzos (*cf.* Dt 6:10-13; 8:10-18; 9:4-6). (2) Cuando las cosas no van bien, nos da esperanza para recordar que el Dios que ha sido fiel en el pasado también lo será en el futuro. Esta es la razón por la que crear una "comunidad de memoria" entre las generaciones

---

15. *Ibíd.*, 74-75.

es tan importante (*cf.* Dt 6:20-25), y la acción de gracias es una forma de hacerlo.¹⁶

Dar gracias a Dios también puede tener un efecto importante en aquellos por los que damos gracias. Pablo agradece a Dios por los tesalonicenses, pero les dice que lo está haciendo. "De este modo ha atraído la atención, de forma simultánea, hacia el crecimiento espiritual de los tesalonicenses, alentándolos por este medio y ha insistido en que Dios es el único que ha de recibir gratitud por ello, haciéndoles tener una actitud humilde".¹⁷ En una palabra, Pablo los alienta y los afirma de un modo que no alimenta su orgullo ni la sensación de propia importancia. ¿Por quién deberíamos hacer lo mismo?

Pablo ora para que los tesalonicenses puedan ser fortalecidos por medio de un servicio amoroso a los demás (3:12-13a). Como señalé en la exposición del Sentido Original más arriba, Pablo solo hace una petición en esta sección (3:12: "Que el Señor los haga crecer"), cuya meta o propósito se declara en 3:13 ("Que los fortalezca"). El versículo 13 indica la verdadera petición de Pablo —que los tesalonicenses puedan ser fortalecidos—, aunque el versículo 12 indica el medio por el cual espera que ocurra dicho fortalecimiento (el aumento de su amor por los demás). Es decir, Pablo piensa que la mejor forma de que los tesalonicenses mismos sean fortalecidos es por medio de un aumento en su amor por los demás, tanto de dentro como de fuera de la iglesia.

Este amor no es meramente una cuestión de emoción o sentimientos; en 1:3, Pablo ya dio las gracias "por el trabajo motivado por [el] amor" de los tesalonicenses. En resumen, ¿cómo podrían los miembros de esta iglesia, relativamente nueva, con profundas necesidades propias, ganar fuerza frente a las dificultades y los retos? Por medio del servicio a los demás en amor, insinúa Pablo, un consejo que va en contra del narcisismo y del egocentrismo de gran parte de la cultura contemporánea. No resulta poco común escuchar una declaración del estilo: "Necesito organizarme yo primero antes de poder preocuparme por otros", o "tengo que cuidar de mis propias necesidades antes de poder ocuparme de las necesidades de los demás". Para algunos de nosotros, que tal vez estemos sufriendo las consecuencias de un grave trauma emocional en

---

16. Ver, además, sobre la memoria, Daniel Taylor, *The Myth of Certainty: The Reflective Christian and the Risk of Commitment* (Waco, Tex.: Word, 1986), 100-107.
17. D. A. Carson, *A Call to Spiritual Reformation,* 87, haciéndose eco de Juan Calvino, *The Epistles of Paul the Apostle to the Romans and to the Thessalonians,* 333-34.

nuestra vida, puede ser realmente necesario que tratemos primero con nuestras propias necesidades. Pero para la mayoría de nosotros, una de las formas más seguras de lograr alguna perspectiva en nuestra propia situación es servir a los demás. La parábola familiar sobre el hombre que solloza por no tener zapatos hasta que se encuentra con un hombre que no tiene pies encierra más que una pequeña verdad.

Pablo ora por los tesalonicenses a la luz del futuro (3:13c). La referencia a la *parousia* de Jesús nos recuerda que Pablo vivía el presente a la luz del futuro. Sabía que su venida no solo sería un tiempo de salvación, sino también de juicio (*cf.* 2Ts 1:5-10), y que hasta los creyentes comparecerían en algún momento delante de Dios "que examina nuestro corazón" (1Ts 2:4) para dar cuenta de su mayordomía de vida (*cf.* 1Co 3:10-15). Pablo vivió su vida a la luz de esta realidad, e instó a los tesalonicenses a hacer lo mismo (p. ej. 1Ts 5:4-11). Por consiguiente, tomó decisiones a corto plazo en vista de sus consecuencias a largo plazo, sabiendo que no tenía valor salvar la propia vida en esta era si esto suponía perderla en la venidera (*cf.* Lc 9:24-26). Aquí, la oración de Pablo está moldeada por la misma perspectiva. En una cultura contemporánea como la nuestra, abrumadoramente orientada a la gratificación y los resultados inmediatos, no es poca cosa orar que los demás puedan vivir a la luz de la eternidad y no en el presente, sobre todo porque orar de esta forma por los demás nos recuerda, inevitablemente, nuestra necesidad de hacer lo mismo.

Pablo ora desde su profundo y sincero amor por los demás. Para él, el éxito tesalonicense era la fuente de su propio gozo (3:9; *cf.* 2:19-20). Además, su propia petición para sí mismo era poder recibir otra oportunidad para ministrarles (3:10-11; *cf.* 2:17-18). ¿Por qué fue capaz de invertir tanto de sí mismo en ellos? En palabras sencillas, porque los amaba profunda y genuinamente. Como él lo expresa en 2:8: "Así nosotros, por el cariño que les tenemos, nos deleitamos en compartir con ustedes no sólo el evangelio de Dios sino también nuestra vida. ¡Tanto llegamos a quererlos!".

Los primeros tres puntos más arriba ofrecen directrices en cuanto a qué hacer; este punto final nos obliga a examinar dónde estamos. Si no oramos por otros dirigidos por un amor genuino hacia ellos, ¿por qué no lo hacemos? ¿Es porque los menospreciamos en secreto, tenemos algo en contra de ellos, estamos resentidos o amargados, o los consideramos como algún tipo de amenaza? ¿O tal vez estamos sencillamente demasiado centrados en nosotros mismos como para preocuparnos por ellos? Cualquiera que sea la razón, nos llama al arrepentimiento personal: "Y cuando estén orando, si tienen algo contra alguien, perdónenlo, para que también su Padre que está en el cielo les perdone a ustedes sus pecados" (Mr 11:25). Y Dios mismo ejemplifica los valores del perdón a los que estamos llamados: "Más bien, sean bondadosos y compasivos unos con otros, y perdónense mutuamente, así como Dios los perdonó a ustedes en Cristo" (Ef 4:32). La oración seria por los demás nos fuerza a ser serios con nosotros mismos.

1 Tesalonicenses 4:1-8

Por lo demás, hermanos, les pedimos encarecidamente en el nombre del Señor Jesús que sigan progresando en el modo de vivir que agrada a Dios, tal como lo aprendieron de nosotros. De hecho, ya lo están practicando. ² Ustedes saben cuáles son las instrucciones que les dimos de parte del Señor Jesús.

³ **La voluntad de Dios es que sean santificados; que se aparten de la inmoralidad sexual;** ⁴ **que cada uno aprenda a controlar su propio cuerpo de una manera santa y honrosa,** ⁵ **sin dejarse llevar por los malos deseos como hacen los paganos, que no conocen a Dios;** ⁶ **y que nadie perjudique a su hermano ni se aproveche de él en este asunto. El Señor castiga todo esto, como ya les hemos dicho y advertido.** ⁷ **Dios no nos llamó a la impureza sino a la santidad;**⁸ **por tanto, el que rechaza estas instrucciones no rechaza a un hombre sino a Dios, quien les da a ustedes su Espíritu Santo.**

En 4:1–5:22, Pablo comunica por escrito lo que, evidentemente, habría preferido decirles a los tesalonicenses en persona, de haber podido viajar hasta allí en aquel momento. Conviene destacar que afirma cuál es la conducta y las prácticas de ellos en aquel momento (les instruye que sigan adelante con renovado vigor, 4:10) en lugar de exigirles cambios (contrástese con 1Co 4:14–5:13). La nueva información que les comunica no implica un asunto de conducta, sino de creencia, es decir, detalles sobre la venida del Señor Jesús (4:13-18). Wanamaker (y otros) tienen razón, pues, de ver aquí un ejemplo de retórica *epideíctica* o *demostrativa* que pretende afirmar y alabar (en contraste con la retórica *deliberativa,* cuyo propósito es persuadir).¹

A partir de 4:1-2, que sirve de introducción general de lo que sigue, Pablo pasa de inmediato al primer asunto, la santidad (4:3-8), con un enfoque específico en la moralidad sexual. Las tres secciones siguientes van introducidas, cada una de ellas, por la expresión *peri* [*de*], "ahora en cuanto a" o "ahora acerca de"; 4:9-12 (el amor por los demás), 4:13-18 ("los que duermen"), y 5:1-11 ("tiempos y fechas"). Una fórmula de

---
1. C. A. Wanamaker, *Thessalonians,* 146, 46-48.

petición ("les pedimos") introduce la sección final, 5:12-22 (sobre asuntos congregacionales).

Una introducción general (4:1-12)

En 4:1, el adverbio *loipon*, traducido rutinariamente como "finalmente", funciona a modo de partícula transicional; "ahora bien" (NVI) capta muy bien la idea. La fuerte conjunción *oun*, "por tanto" (omitida en la NVI) vincula estrechamente las dos principales porciones de la carta (1:2–3:13; 4:1–5:22). Para la relevancia de *adelphoi* ("hermanos"), que incluye a toda la comunidad y no solo a los miembros varones, ver comentarios sobre 1:4.

En el versículo 1, Pablo hace tres cosas.[2] (1) Recuerda a los tesalonicenses las instrucciones (*to pos dei*; quizá "preceptos" o "directrices") que habían recibido[3] de él durante el tiempo que pasó en Tesalónica (una idea que repite en 4:2, donde se enfatiza su fuente autoritativa). (2) Los afirma y los elogia por seguir aquellas instrucciones. (3) Los exhorta (*parakaleo*; *cf.* 2:12; 3:2, 7; 4:10, 18; 5:11, 14; 2Ts 2:17; 3:12) a "amarse más y más" (*cf.* 1Ts 4:10). En otras palabras, parece estar afirmando que lo han hecho bien, aunque deja claro que queda todavía mucho por hacer. Para "cómo vivir" (*peripateo*, lit., andar) y para "agradar a Dios", ver comentarios sobre 2:12.

Santidad (4:3-8)

Pablo no considera las instrucciones que pasó a los tesalonicenses (4:2) como meros preceptos que seguir, sino nada más y nada menos que como una expresión de la "voluntad de Dios" para ellos (4:3), que puede resumirse en una sola palabra: *hagiasmos*, "santificación" o "santidad". Aunque en 3:13 *hagiosyne* indicaba un estado o condición de santidad, aquí *hagiasmos* indica un proceso que conduce a un estado de santidad (es decir, conformidad con el carácter de Dios); la transformación que la

---

2. La NVI oculta sustancialmente la dificultad de la frase de Pablo. Esta es una traducción más literal: "Les pedimos y les instamos en el Señor Jesús que —tal como aprendieron de nosotros cómo deberían vivir para agradar a Dios, como lo están haciendo ahora—, sigan haciéndolo aún más".
3. Literalmente, "recibieron de nosotros"; el "aprendieron de nosotros" de la NVI revierte (y, por tanto oscurece) el énfasis de Pablo sobre la propia aceptación voluntaria de los tesalonicenses de lo que Pablo y sus compañeros les entregaron (el verbo es *paralambano*, utilizado a menudo como término técnico que indica la recepción de una tradición autoritativa; *cf.* 1Co 15:3).

NVI hace de este nombre en una frase verbal ("sean santificados") capta con exactitud el matiz de Pablo.[4]

Aunque el término *santidad* es en sí mismo lo bastante amplio como para abarcar toda la gama de la conducta cristiana, Pablo se centra en un único aspecto de lo que conlleva, a saber, la moralidad sexual. Esta cuestión habría sido de particular relevancia para cualquiera que se hubiese convertido recientemente de la cultura pagana, dado el dilatado abanico de tradiciones y prácticas sexuales que existían en la sociedad grecorromana. Se les exigía fidelidad sexual a las esposas (con el fin de garantizar el linaje de la prole legítima), y en algunos círculos se defendía también como una virtud en los esposos. Al mismo tiempo, sin embargo, se toleraba una amplia gama de actividad pre y extramatrimonial y, en ocasiones, hasta se alentaba. No se podría asumir, pues, que los conversos llevaran consigo a la iglesia ningún entendimiento o expectativa común en cuanto a la conducta sexual. Este era un ámbito en el que la socialización de las normas de la nueva comunidad era, decididamente, una necesidad.

Ante tal situación, Pablo aconseja a los tesalonicenses que se "aparten de la inmoralidad sexual" (4:3b, *cf.* 1Co 6:18), es decir, *porneia*, un término general para casi cualquier tipo de pecado sexual, incluida la prostitución, el adulterio o la fornicación. En 4:4 describe un importante medio para evitar la inmoralidad. Aconseja: "… que cada uno aprenda a controlar su propio cuerpo".

Esta última frase presenta un importante problema interpretativo: ¿acaso Pablo quiere decir que cada uno de los tesalonicenses debería aprender (1) "cómo adquirir una esposa para sí mismo", o (2) a "controlar su propio cuerpo"? La frase en cuestión es, al parecer, un eufemismo idiomático cuya interpretación se dificulta por la circunstancia de que el significado tanto del verbo (*ktaomoai*, con frecuencia "adquirir", pero también "poseer" o "controlar") y su objeto (*skeuos*, "vaso", "herramienta", "cuerpo", "esposa") son un tema de debate.[5]

---

4. *Cf.* J. E. Frame, *Thessalonians*, 147.
5. En apoyo de (1) *cf.* J. E. Frame, *Thessalonians*, 149-50; C. Maurer, "σκεῦος", *TDNT*, 7:365-67; E. Best, *Thessalonians*, 160-63, O. Larry Yarbrough, *Not Like The Gentiles: Marriage Rules in the Letters of Paul* (Atlanta: Scholars, 1985). En apoyo de (2), *cf.* I. H. Marshall, *1 and 2 Thessalonians*, 107-9; C. A. Wanamaker, *Thessalonians*, 152-53; E. J. Richard, *Thessalonians*, 198; L. Morris, *The First and Second Epistles to the Thessalonians*, 119-21, G. D. Fee, *God's Empowering Presence*, 51-52.

Las consideraciones ofrecidas en apoyo de (1) "adquirir una esposa" son ambiguas (la supuesta similitud en forma entre 4:4 y 1Co 7:2 equivale en griego a tan solo dos palabras y, en 1P 3:7, tanto los maridos como las mujeres son "vasos") o de relevancia incierta (uso rabínico tardío que podría ilustrar, aunque no establecer, el uso paulino). Además, si Pablo se hubiera querido referir a una "esposa", 1 Corintios 7:2 (*cf.* 7:27) demuestra que podría haberlo dicho con la misma claridad.

La opción (2) encaja bien en el uso de *skeuos* en otros lugares de los escritos de Pablo (*cf.* 2Co 4:7, donde se refiere al cuerpo humano como *skeuos* terrenal; *cf.* Ro 9:21-23), en el Antiguo Testamento (*cf.* 1S 21:5; en la LXX, *skeuos* es específicamente un eufemismo para los genitales, un uso también atestiguado en el griego secular con respecto a ambos sexos) y en los primeros escritos cristianos (Bernabé 21:8). Asimismo, guarda estrecha relación con lo que Pablo afirma en 1 Corintios 6-7. Finalmente, concuerda mejor tanto con el contexto inmediato (los versículos anteriores y posteriores están dirigidos a toda la comunidad, y esto hace improbable que el apóstol interpusiera abruptamente una orden que solo incumbía a un pequeño subconjunto dentro de la misma, a saber, los hombres casaderos) como con el entorno cultural (muchos matrimonios se concertaban). En resumen, la traducción "controlar su propio cuerpo" transmite exactamente el sentido que Pablo quería dar.

El autocontrol que el apóstol recomienda tiene que ejercerse "de una manera *santa* y *honrosa*" (4:4b), dos términos que constituyen la antítesis de los "malos deseos" y de la ignorancia mencionados en 4:5. La definición misma de "santidad" (conformidad al carácter de Dios) implica un conocimiento de Dios y, por tanto, representa la antítesis de ignorar a Dios en 4:5b. De manera similar, la "honra", una cuestión tanto de respeto por la opinión como de preocupación por el bienestar de los demás, está centrada principalmente en los *demás* (*cf.* Ro 12:10; LBLA, "con honra, daos preferencia unos a otros" y, por consiguiente, está en contraste con "pasión de concupiscencia" (1Ts 4:5a; NVI "malos deseos"), que implica una preocupación *ego*céntrica por las propias necesidades o impulsos.

Para Pablo, la actividad sexual no es tan solo una actividad privada sin consecuencias que implica a uno o más adultos consentidores; por el contrario, tiene impacto en la relación de ambas personas con Dios (*cf.* 1Co 6:12-20) y con las demás personas (*cf.* 1Ts 4:6); debería, pues, ejercerse de una forma que sea respetuosa hacia todos ellos. En resumen, la conducta sexual tendría que ser altruista (una cuestión de entregarse a) y no un autoservicio (una cuestión de tomar de).

Algunos comentaristas piensan que Pablo inicia un nuevo tema en 4:6, el de los tratos de negocios entre creyentes.[6] Sin embargo, parece más probable que esté desarrollando una idea implícita en el uso que hace de "honrosa" en 4:4. Mientras que las relaciones sexuales morales procuran la honra de los demás, las deshonrosas equivalen a "pecar contra" (NVI "perjudicar") o "explotar a" (NVI "aprovecharse de") un hermano o hermana cristiano (p. ej., el cónyuge adúltero le roba a su pareja la confianza, la seguridad y la intimidad que ambos compartían antes de que sucediera el adulterio). La preocupación de Pablo, aquí, es probablemente pragmática a la vez que moral: la mala conducta sexual implica un quebrantamiento de los principios éticos que distinguen a la comunidad cristiana de los de afuera y, al mismo tiempo, una amenaza relevante para el sentido de familia y unidad dentro de dicha comunidad.

En 4b-8, la gravedad con la que Pablo plantea este asunto de conducta sexual es evidente. El versículo 6b pone fin a la larga frase que comenzó en 4:3, indicando *por qué* los creyentes no deberían perjudicarse entre sí ni explotarse los unos a los otros: El Señor (es decir, Jesús) es "el Dios de las venganzas" (*cf.* Sal 94:1; Ro 12:19; 2Co 5:10; 2Ts 1:5-10); esto significa que, más tarde o más temprano, este tipo de pecadores serán llevados a juicio.[7] El versículo 7 da una razón adicional por la que los creyentes deberían comportarse de una forma moralmente responsable: el "llamado" de Dios, sobre el que se basa su posición como creyentes (1:4; *cf.* 2:12; 5:24) es, básicamente, una llamada a la "santidad" (*cf.* 4:3; también Ro 1:7; 1Co 1:2: "llamados a ser santos"), es decir, un llamamiento a llegar a ser como Dios. En una palabra, estos principios éticos están arraigados en el propio carácter de Dios (su santidad). Esto significa, por tanto (4:8), que cualquiera que "rechace su instrucción"

---

6. Ver, por ejemplo, E. J. Richard, *Thessalonians,* 200-202. La partícula transicional que, supuestamente, señala un nuevo tema es, en realidad, ambigua en sus implicaciones, y aunque el vocabulario del versículo se podría utilizar para los negocios, no se limita en modo alguno a este tema (de hecho, *pragma* "asunto", en singular, difícilmente podría referirse a los negocios, ya que se suele usar el plural); en realidad, el vocabulario aparece con mayor frecuencia con formas más generales. Finalmente, en 4:7, Pablo regresa al tema de 4:3-5; parece poco probable que cambiara de tema para un solo versículo (4:6).
7. Ver, además, S. H. Travis, "Judgment", *DPL,* 516-17.

no está rehusando un mero precepto o valor humano, sino a Dios mismo.

Mediante su carácter, Dios no se limita a definir el estándar por el que han de vivir sus seguidores; también proporciona el poder por el que uno puede vivir. Él es el único que *da* a los creyentes[8] "su *Santo* [esta palabra se enfatiza por el orden de las palabras] *Espíritu*". El tiempo presente "refuerza, casi con toda seguridad, la continuidad de la obra del Espíritu en sus vidas", sobre todo en lo que respecta a la lucha contra el pecado:

> Para Pablo, la presencia del Espíritu no era sencillamente el don de Dios como una opción contra el pecado; tampoco habría entendido que el Espíritu estuviera presente, pero de una forma ineficaz. Por el contrario, la dinámica que posibilita el argumento del apóstol contra la impureza sexual es la realidad experimentada del Espíritu.[9]

Contextos similares. En algunos aspectos, trasladar este pasaje a nuestra generación es relativamente simple, por dos razones. (1) La ética sexual que Pablo expone aquí tiene una base teológica más que cultural. Es decir, el apóstol ofrece en este pasaje lo que podríamos denominar "una ética teológica". Como observa Beverly Roberts Gaventa, en los debates contemporáneos sobre ética, se suele analizar la conducta en términos de modelo psicológico (es decir, si una cierta conducta es psicológicamente "saludable" o "insana"), o en según su impacto social o sus consecuencias.[10] Sin embargo, Pablo trabaja desde un punto de partida distinto: basa sus instrucciones éticas en su entendimiento de Dios. Esta base teológica les proporciona un alto nivel de autoridad, porque, como indica en 4:8, cualquiera que las rechace no lo estará rehusando a él, sino a Dios. Significa, asimismo, que sus instrucciones son transculturales, ya que no están arraigadas ni basadas en ninguna cultura ni en circunstancias históricas particulares.

---

8. Literalmente, "dentro de ustedes" (*eis hymas*); ver Ez 37:6, 14, para su trasfondo veterotestamentario; *cf.* 1Co 6:19 (donde el orden literal de las palabras es "el templo del Espíritu Santo dentro de ustedes"); 2Co 1:22; Gá 4:6.
9. G. D. Fee, *God's Empowering Presence*, 52-53.
10. B. R. Gaventa, *Thessalonians*, 55-56.

Con respecto al entendimiento de Pablo en cuanto a Dios, es preciso destacar un importante presupuesto que subyace a su exposición. "Pablo da por sentado que nuestro cuerpo —nuestra persona— le pertenece al Dios de la creación [...]. Si creemos que Dios nos creó, entonces permanecemos obligados a hacer lo que le agrada a él. No nos pertenecemos a nosotros mismos y, por mucho que protestemos, siempre será así"; una perspectiva que se erige en nítido contraste con la "ética del ser autónomo" tan popular en la cultura contemporánea.[11] Por decirlo de otro modo, lo que Pablo declara explícitamente en 1 Corintios 6:19-20 ("Ustedes no son sus propios dueños; fueron comprados por un precio. Por tanto, honren con su cuerpo a Dios") es la hipótesis de trabajo que subyace a su exposición aquí en 1 Tesalonicenses.

(2) Las circunstancias de la iglesia en el siglo I y hoy día son relativamente similares. Muchos han observado, claro está, los extensos paralelismos entre la permisividad sexual de la cultura mediterránea del primer siglo y las culturas occidentales contemporáneas. Sin embargo, tengo en mente otro paralelo más: la iglesia, ahora como entonces, se enfrenta al desafío de socializar o aculturar una ética sexual bíblica a personas que no traen consigo cuando llegan a la iglesia ningún principio común o conjunto de expectativas en cuanto a la conducta sexual. Incluso quienes se han criado dentro de la iglesia no pueden dar por hecho que son de un mismo sentir en lo que a ética y conducta sexual se refiere, y esto se debe en parte a la fluctuación de la iglesia y a la opinión incierta sobre el asunto (suponiendo que se pronuncie al respecto) y, en parte, al generalizado pero variante impacto de la cultura contemporánea en los creyentes a través de las películas, la televisión, la música, los libros y las artes.

En vista de estas circunstancias similares, merece la pena observar la estrategia paulina para desarrollar una ética sexual común. Lo que Pablo ofrece a las personas que vienen de trasfondos sumamente distintos es una relación con el único Dios verdadero. En otras palabras, lo que ya tienen en común se convierte en el punto de partida para edificar hacia un entendimiento común de la conducta sexual en un contexto cristiano.

Santidad. Una dificultad potencial a la hora de establecer puentes implica, sin embargo, un concepto central en el pasaje: la *santidad*. Se ha convertido en una especie de palabra perdida en el vocabulario de

---

11. *Ibíd.*, 60-61.

la iglesia contemporánea. Cuando se usa, se considera a menudo como un concepto negativo, por lo general una "separación de" (cuando pregunto: "¿De qué?", mis estudiantes suelen responder: "De todo lo que es divertido"). Por esta razón es importante observar que, para Pablo, la santidad es fundamentalmente un concepto positivo, arraigado en el carácter mismo de Dios: "Yo soy el SEÑOR su Dios, así que santifíquense y manténganse santos, porque yo soy santo" (Lv 11:44). Dicho de otro modo, para Pablo, la santidad es una cuestión de ser cada vez más parecido al Dios que nos ha escogido, llamado y salvado. Sin lugar a duda, modelarnos según su carácter puede muy bien implicar separarnos de cualquier cosa que no le agrade a él o que sea incongruente con su carácter, pero un énfasis exagerado (o un énfasis sin nada más) en la idea de la separación oscurece el aspecto principal del término.

También es importante observar que, en Levítico 11, Dios hizo la declaración sobre la santidad a un pueblo con el que ya había establecido una relación personal. Esto significa que el llamado a la santidad es un llamamiento al discipulado, y no un requisito para la salvación. Considerar la santidad de este modo nos ayuda a entender cómo Pablo la puede contemplar como una meta futura (*hagiosyne*, un estado o condición de santidad, como en 3:13), un don pasado (ver comentario sobre 5:23), y un viaje (*hagiasmos*, un proceso que conduce a un estado de santidad, como en 4:3) al que Dios nos llama (4:7). Esta visión de la santidad también nos ayuda a entender cómo puede Pablo usar el término a modo de resumen global, en una sola palabra, de la voluntad de Dios para su pueblo (4:3). Finalmente, deberíamos notar que Dios no nos llama sencillamente a la santidad, sino que proporciona el poder de progresar hacia esa meta en la persona del Espíritu *Santo* (4:8).

Sexualidad y conducta humana. Aunque Pablo considera que la santidad abarca la gama completa de la conducta cristiana, en este pasaje se centra rápidamente en un ámbito específico de preocupación: la conducta sexual. Al plantear su argumentación, es importante observar que Pablo da por sentada la opinión fundamentalmente positiva de la Biblia en cuanto a la bondad esencial de la sexualidad humana, tanto en la forma en que fue creada como cuando se ejerce en su pretendido contexto del matrimonio heterosexual.[12] Su preocupación no consiste en

---

12. Parafraseando a mi colega Keith Anderson, Dios valora a las personas, las relaciones y el sexo, y la razón por la que el sexo fuera del matrimonio es pecado es porque no

menospreciar el sexo, negarlo o fingir que no existe, sino en ver que se practique de un modo que edifique la comunidad en lugar de destruirla.

Con respecto a la conducta sexual, Pablo nos da dos directrices en este pasaje, una negativa y otra positiva: negativamente, "que se aparten de la inmoralidad sexual" (4:3), y positivamente, "controlar su propio cuerpo de una manera santa y honrosa" (4:4). Al ser estas pautas relativamente abstractas, es necesario desempacarlas y detallar de un modo más concreto lo que significan.

Porneia, "inmoralidad sexual" es (como se indicaba más arriba) un término amplio que incluye tanto el adulterio (acto sexual que implica a una persona casada con alguien que no es su cónyuge) como la fornicación (acto sexual que implica a individuos no casados). Dicho de otra forma, Pablo declara aquí en un estilo conciso y negativo lo que las Escrituras enseñan positivamente sobre la actividad sexual: el contexto bíblico para el acto sexual es el matrimonio heterosexual. Un vivir santo, con respecto a la sexualidad, implica una fidelidad disciplinada hacia el cónyuge, para los que están casados, y una abstinencia disciplinada para los solteros.

Mientras las palabras de Pablo sobre evitar la inmoralidad sexual tratan el *contexto* del acto sexual, sus palabras sobre "santidad" y "honra" se ocupan de forma más amplia con la *conducta* del comportamiento sexual en general (incluido el acto sexual, aunque no se limita a él). La conducta sexual ha de ser *santa*, es decir, congruente con nuestra relación con Dios. Además, debe ser *honrosa*, a saber, respetuosa con la otra persona, así como con cualquier otra que pudiera verse afectada por la relación (p. ej., el cónyuge de uno y los hijos, en el caso del matrimonio, o los potenciales cónyuges en el caso de quienes están solteros, o la congregación de la que uno forma parte).

En resumen, Pablo está llamado a una conducta que es altruista y no egoísta, centrada en los demás y no en uno mismo. Asimismo, nos recuerda que la conducta sexual tiene consecuencias espirituales y sociales. Por mucho que gran parte de la cultura secular intente insistir en que el sexo es un asunto privado entre adultos consentidores y que, por tanto, no le concierne a nadie más, la conducta sexual privada puede tener consecuencias sociales (y con frecuencia las tiene).

---

atribuye el suficiente valor a estas cosas (Keith Anderson, *What They Don't Always Teach You at a Christian College* (Downers Grove, Ill.: InterVarsity, 1995), 103-5.

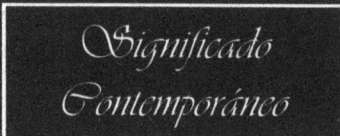

Significado Contemporáneo

En esta sección aplicaremos los principios debatidos en la anterior en términos de comportamiento personal concreto. Aunque los siguientes comentarios apenas arañan la superficie del asunto, indicarán lo que podría implicar una aplicación contemporánea de la enseñanza de Pablo.[13]

A nivel personal. Para aquellos que están casados, significa en primer lugar fidelidad hacia el cónyuge. Supone, asimismo, tratar al otro con respeto y amor, y descarta, como John R. W. Stott escribe: "... las egoístas exigencias sexuales que, a veces, demanda uno de los miembros de la pareja casada al otro en términos de agresión, violencia, crueldad y hasta violación". Como Stott observa: "... existe una diferencia abismal entre la lujuria y el amor; entre las prácticas sexuales deshonrosas que utilizan a la pareja y el verdadero acto de amor que la honra; entre el deseo egoísta de poseer y el deseo generoso de amar, mimar y respetar".[14]

Para los que no están casados, significa obediencia al espíritu, no solo a la letra, de la enseñanza bíblica sobre el contexto adecuado para el sexo. Los hay que interpretan el mandato contra el acto sexual fuera del matrimonio como un supuesto permiso para hacer prácticamente cualquier cosa (incluidos, p. ej., el sexo oral y la estimulación manual hasta el orgasmo). Esto tiene por resultado las extrañas circunstancias de personas que, en un sentido técnico, son vírgenes aunque en cierto sentido tienen más experiencia sexual que muchas parejas casadas. Semejante conducta difícilmente parece encajar con el llamado de Pablo a una santidad disciplinada. Además, en la medida que varias conductas sexuales funcionen o sean consideradas por la pareja como una preparación para el acto (estimulación), serían inadecuadas en una relación donde el acto sexual no sería apropiado.

También significa tener en cuenta lo mejor para el bienestar a largo plazo del amigo/novio/pareja en vez de aquello con lo que uno se siente bien o que parece correcto en el momento. Los sentimientos y los recuerdos permanecen mucho tiempo después de que la relación que los ha provocado llegue a su fin. Las personas envueltas en una relación

---

13. Ver, además, Lewis B. Smedes, *Sex for Christians: the Limits and Liberties of Sexual Living*, rev. ed. (Grand Rapids: Eerdmans, 1994); Tim Stafford, *Sexual Chaos: charting a course Through Turbulent Times* (Downers Grove, Ill.: InterVarsity, 1993.
14. J. R. W. Stott, *The Gospel and the End of Times*, 85.

sexual no marital (en particular si esta implica cualquier forma de explotación) acumulan un "bagaje" emocional y físico que suelen aportar a las relaciones siguientes (en especial al matrimonio). Esto equivale a una forma de perjudicar (*cf.* 4:6) al futuro cónyuge.[15]

Para algunos (sobre todo los casados), seguir las directrices de Pablo puede requerir que se baje (y hasta que se rompa, si es necesario) el nivel de amistad íntima con alguien hacia quien uno se siente atraído de una forma incorrecta. En una situación de salir con alguien, significa evitar una conducta o un contacto que provoca un nivel de deseo sexual inadecuado para el grado de relación. Para cualquier persona significa evitar la estimulación visual o verbal, o una participación que despierte deseos sexuales no apropiados o mal enfocados.[16]

En la parte positiva, seguir las directrices de Pablo significa no pensar en la propia vida sexual como en un segmento separado de la vida de uno, sino dentro de la estructura más amplia del caminar personal con Dios. Puede suponer relaciones saludables que suplan necesidades psicológicas y sociales personales de las que la implicación sexual es, a veces, un sustituto. Puede requerir una disposición a ejercer una disciplina a corto plazo para un beneficio a largo plazo.[17]

A nivel congregacional. Hasta aquí hemos hablado sobre lo que significa la enseñanza de Pablo a nivel personal. Pero también tiene implicaciones para el conjunto de la congregación. El punto de partida de Pablo —la santidad (o "santificación", NVI) como voluntad de Dios

---

15. Un miembro de un grupo de estudiantes varones de una universidad captó bien el lado positivo de esta idea: "La realidad de la vida es que la mujer con la que hoy salgo podría ser la esposa de uno de estos muchachos dentro de uno o dos años. Mi relación con ella es importante para mí, y quiero tener una relación sólida y positiva con ambos si esto sucede" (Keith Anderson, *What They Don't Always Teach You at a Christian College,* 108).
16. Gran parte de este último párrafo sigue a Craig Blomberg, *1 Corintios* (CBA NVI; Miami: Vida, 2012), 151.
17. Para algunos solteros, significa el ejercicio de más que una disciplina a corto plazo. John R. W. Stott (él mismo soltero) escribe: "Nosotros también debemos aceptar esta enseñanza apostólica, por dura que pueda parecer, como buen propósito de Dios tanto para nosotros como para la sociedad [...]. Es posible redirigir la energía sexual humana [...] tanto en las relaciones afectivas con amigos de ambos sexos como en el amoroso servicio a los demás [...]. Junto a la soledad natural, acompañada a veces por un dolor agudo, podemos hallar una gozosa realización personal en el servicio abnegado hacia Dios y hacia otras personas" (J. R. W. Stott, *The gospel and the End of Time,* 84-85). Ver, además, Rhena Taylor, *Single and Whole* (Downers Grove, Ill.: InterVarsity, 1984).

para *toda* la vida (4:3)— sugiere que la iglesia haría bien en integrar su enseñanza sobre el tema de la ética y la conducta sexual en una estructura más amplia del discipulado en general. Los principios de santidad y honra que Pablo aplica a la cuestión de la conducta sexual son también adecuados para otros ámbitos del comportamiento o de la conducta (p. ej. las relaciones personales, cómo nos comportamos con los extraños, cómo manejamos nuestro dinero).

Además, cuando la iglesia presenta la santidad y la honra como su principio para la conducta sexual, también debe hacer un serio intento para facilitar y capacitar el proceso desafiante de la formación de carácter necesario si las personas han de progresar en esta dirección. Resulta injusto y poco realista establecer un principio sin proporcionar también el medio y la ayuda para lograrlo.

De manera similar, al proclamar la abstinencia como opción genuina (y, desde una perspectiva bíblica, la única) para sus solteros, la iglesia no debe minimizar el desafío o la dificultad de vivir según esta ética. También debe estar dispuesta a debatir el "por qué" esperar (uno de los puntos fuertes del programa "El verdadero amor espera" utilizado por algunas iglesias consiste en que ofrece una clara meta y razón para esperar). Tiene que reconocer asimismo que, en ocasiones, las personas se ven involucradas en relaciones sexuales con la esperanza de hallar la aceptación, el amor y la amistad que sienten que les falta en su vida, y entonces procurar proporcionar un entorno en el que las importantes carencias relacionales puedan satisfacerse de forma más saludable.

La iglesia debe reconsiderar también algunas de las distinciones que hace entre varias categorías de mala conducta sexual. Para Pablo, que la inmoralidad sexual ocurriera en un contexto de sexo opuesto o del mismo sexo era básicamente insignificante (*cf.* 1Co 6:9-10: "… ni los fornicarios [...] ni los adúlteros, ni los sodomitas, ni los pervertidos sexuales [...] heredarán el reino de Dios"). Esto difícilmente se puede decir de la mayoría de las congregaciones evangélicas de hoy, y en tanto que tratamos o categorizamos una forma de inmoralidad sexual de un modo diferente a otra, no cumplimos con la forma en que el Nuevo Testamento entiende la ética sexual. Además, al centrarnos exclusivamente en una categoría de inmoralidad sexual, como una actividad sexual,[18] aunque

---

18. Para una soberbia exposición de la enseñanza bíblica sobre homosexualidad y su ética, y las implicaciones prácticas en cuanto a cómo debería responder la iglesia a las personas que tienen una orientación homosexual, ver Richard B. Hays, *The Moral*

ignorando más o menos otras, como el adulterio, corremos el riesgo de notar la mota en el ojo de otra persona y no ver la viga en el nuestro (Mt 7:3-5; Lc 6:41-42).[19]

En los últimos años, no pocos observadores culturales han notado que la cultura secular está reconsiderando seriamente, por varias razones pragmáticas, el valor del tipo de ética sexual tradicionalmente proclamada por la iglesia. Es irónico y trágico que en estos momentos muchas denominaciones o segmentos de la iglesia han perdido su capacidad y autoridad de hablar con claridad sobre asuntos sexuales. Las razones (p. ej. la confusión, la hipocresía y el escándalo, la adaptación cultural) son menos importantes que las consecuencias: la pérdida de capacidad de hablar no solo proféticamente sino también de forma pastoral a las personas que buscan una alternativa a la confusión sexual y el vacío de la cultura contemporánea. Las instrucciones de Pablo a los tesalonicenses ofrecen un antídoto bíblico a nuestra confusión actual.

Vision of the New Testament. Community, Cross, New Creation (San Francisco: HarperSanFrancisco, 1996), 379-406.

19. Mi adaptación de un idea de David P. Gushee, "The Speck in Mickey's Eye", *CT* 41 (11 agosto 1997): 13; en una línea similar, William Bennett, en observaciones de 1994 a Christian Coalition [Coalición Cristiana], indicó que el divorcio, y no la homosexualidad, era la mayor amenaza a la supervivencia de la familia (Richard L. Berke, "From the Right, Some Words of Restraint", *New York Times,* 17 septiembre 1994, sec. 1, p. 9, según informa Stephen L. Carter, *Integrity* [Nueva York: BasicBooks, 1996], 143).

1 Tesalonicenses 4:9-12

En cuanto al amor fraternal, no necesitan que les escribamos, porque Dios mismo les ha enseñado a amarse unos a otros. **10** En efecto, ustedes aman a todos los hermanos que viven en Macedonia. No obstante, hermanos, les animamos a amarse aún más, **11** a procurar vivir en paz con todos, a ocuparse de sus propias responsabilidades y a trabajar con sus propias manos. Así les he mandado, **12** para que por su modo de vivir se ganen el respeto de los que no son creyentes, y no tengan que depender de nadie.

Sentido Original

Contrariamente a la impresión que da la NVI, estos versículos contienen un único segmento de la carta que se compone tan solo de dos frases: versículos 9-10a y 10b-12. Tras señalar el comienzo de esta sección con la frase "en cuanto" y anunciar el tema (*philadelphia*, "amor por los hermanos y hermanas"), Pablo emplea una figura retórica (*paralipsis*; *cf.* BDF §495) en la que el orador finge saltarse un tema ("no necesitan que les escribamos") que en realidad sí debate. Esto le proporciona a Pablo una forma diplomática de confirmar aquello que los tesalonicenses están haciendo bien (4:9-10a) y, a la vez, de alentarlos a desarrollarse en ámbitos en los que precisan una atención adicional (4:10b-12).

En el uso precristiano, *philadelphia* alude al amor por los hermanos. Su utilización en los círculos cristianos (*cf.* Ro 12:10; Heb 13:1; 1P 1:22; 2P 1:7 [dos veces]), para designar el amor por otros creyentes, debió de surgir de la práctica cristiana de dirigirse unos a otros como "hermano" o "hermana".[1] En 4:11-12, sin embargo, Pablo aclarará que el amor por los de dentro de la comunidad tiene implicaciones en la forma en que los cristianos deberían relacionarse también con los de fuera de ella.

El amor mutuo ejemplar de los tesalonicenses (*philadelphia*), no solo de los unos hacia los otros, sino por todos los creyentes de toda Macedonia (4:10a; *cf.* 1:7-8), hace que Pablo, mediante el tiempo presente fuertemente afirmativo (lit. "enseña"; NVI "ha enseñado"), los

---

1. Para el significado de *adelphoi* (4:10), que incluye a toda la comunidad y no solo a los miembros varones de la iglesia, ver comentarios sobre 1:4.

caracterice como *theodidaktoi,* "enseñados por Dios" (4:9). Pablo acuñó indudablemente este término, aunque el concepto mismo no era nuevo (*cf.* Jn 6:45, citando Is 54:13, cuando describe la era mesiánica de salvación). Esta palabra griega supone la existencia de una relación con Dios; esto, a su vez, implica que el Espíritu (4:8) es el medio por el cual Dios les enseña, idea que Pablo desarrolla en 1 Corintios 2:9-16 (*cf.* también Jn 14:25-26; Ro 5:5; Gá 5:22, 25-26).

Aunque Pablo confirma a los tesalonicenses por lo bien que lo están haciendo con respecto a *philadelphia* (4:10a), los insta (*parakaleo*), como lo hizo en 4:1, a "amarse aún más" (4:10b, una frase que mira atrás a 4:9-10a y, al mismo tiempo, mira a lo que viene después; *cf.* también 3:12). Los versículos 11-12 (que, junto con 4:10b forman una sola frase) detallan (en realidad les recuerdan: "así les he mandado") lo que Pablo tiene en mente. De manera específica, quiere que ellos se animen a (1) "vivir en paz con todos, a ocuparse de sus propias responsabilidades" y "a trabajar con sus propias manos".[2]

El significado de estas tres frases, tanto de forma individual como en grupo dentro del contexto de 4:9-12, es un tema objeto de debate.[3] Con frecuencia se interpretan, a la luz de 2 Tesalonicenses 2:1-3 y 3:6-15, como la respuesta de Pablo a una situación generada por un interés excesivo y entusiasmo por el regreso inminente de Jesús; esto llevó a algunos de los miembros de la iglesia a abandonar su trabajo y a comportarse de formas que interrumpían la comunión e irritaban a sus vecinos paganos.

---

2. En términos de gramática y sintaxis, el infinitivo "procurar" podría regir el primero de los infinitivos (así F. F. Bruce, *1 & 2 Thessalonians,* 90), el primero y el segundo (así C. A. Wanamaker, *Thessalonians,* 162; E. J. Richard, *Thessalonians,* 211), o los tres ("vivir... y ocuparse... y trabajar"). De manera similar, no queda claro si el "así les he mandado" que viene a continuación se refiere solo al último infinitivo o a todos los de 4:11. Las decisiones que se tomen sobre estos puntos reflejan juicios sobre contenido y contexto, y no consideraciones gramaticales o sintácticas. He vinculado los dos primeros en vista de (a) su significado parecido y (b) la correlación que crean con las dos razones proporcionadas en 4:12.

3. Ver, además, E. J. Richard, *Thessalonians,* 211-23; C. A. Wanamaker, *Thessalonians,* 162-64; I. H. Marshall, *1 and 2 Thessalonians,* 116-17; E. Best, *Thessalonians,* 174-78; A. J. Malherbe, *Paul and the Thessalonians,* 95-106; Bruce W. Winter, *Seek the Welfare of the City: Christians as Benefactors and Citizens* (Grand Rapids: Eerdmans, y Carlisle: Paternoster, 1994), 41-60; Ronald F. Hock, *The Social Context of Paul's Mission: Tentmaking and Apostleship* (Filadelfia: Fortress, 1980), 42-49.

Sin embargo, este escenario es, en el mejor de los casos, tan solo una hipótesis posible. Contra él se levantan tres consideraciones. (1) Está la complicación de interpretar la carta anterior (1 Tesalonicenses) a la luz de la posterior (2 Tesalonicenses). (2) Pablo mismo no relaciona la negativa a trabajar con la expectativa del regreso de Jesús. (3) Recalca repetidas veces que está trayendo a su atención cosas que ya les había enseñado (4:11; *cf.* v. 2). Es casi seguro que esto tuvo que haber ocurrido en el momento en que se estableció la comunidad; en otras palabras, antes de que surgiera cualquier problema o malentendido.

Consideradas en su propio derecho (es decir, no a la luz de 2Ts 2–3), las frases de 1 Tesalonicenses 4:11 son ricamente evocadoras de preocupaciones sociales y políticas (de hecho, las dos primeras tienen connotaciones políticas). Además, desde su implantación, la comunidad cristiana había estado visible en la esfera pública, queriendo o sin querer, y, en ocasiones, esto había tenido dolorosas consecuencias para los nuevos creyentes (*cf.* Hch 17:5-9; asimismo, la exposición de la persecución en 1Ts 1:6; 3:1-5). Cualquier miembro de la congregación que permaneció activo en el ámbito público, ya fuera en su propio derecho o como cliente de alguien (cuyas obligaciones incluían cuidar de los intereses públicos del patrón, de quien dependía económicamente un cliente), corría el riesgo de atraer una atención pública negativa continuada —es decir, *thlipsis*, "persecución" (1:6; 3:3-4, 7)— hacia la totalidad de la congregación. En semejante entorno, Pablo argumenta que *philadelphia* (es decir, el amor y la preocupación por el bienestar de los hermanos y hermanas cristianos) requiere que los miembros de la congregación satisfagan su "ambición" (4:11 [NVI "procurar"]; *cf.* Ro 15:20; 2Co 5:9) de forma privada y no pública.

Como resultado, Pablo insta a los creyentes de Tesalónica a "vivir en paz" y a "ocuparse de sus propias responsabilidades" (en otras versiones "atender a sus propias preocupaciones"), dos modismos con significado parecido. En el uso secular, ambas frases pueden describir una retirada ejemplar de la escena pública. La primera evoca la imagen de apartarse del ruido, del antagonismo y del conflicto de los asuntos públicos a favor de un entorno tranquilo, más contemplativo; en el Antiguo Testamento (Job 3:26; 11:19; Ez 38:11) y en otros lugares, se asocia con imágenes de virtud, paz, tranquilidad y seguridad.[4] La segunda frase sugiere una retirada de los asuntos públicos para dedicar tiempo a los propios intereses privados o prestar atención a aquello que se le da mejor (en términos paulinos, aquello para lo que cada uno ha sido llamado). En el contexto de la preocupación de Pablo por *philadelphia* (4:9), está aconsejando a los tesalonicenses que eviten en lo posible el conflicto, las presiones sociales y el tumulto de la esfera pública (y el potencial relacionado con la violencia contra la congregación), y que en vez de ello se centren en las necesidades y la edificación de la congregación.

El contexto adecuado para entender el mandamiento de "trabajar con sus propias manos" (v. 11; *cf.* 1Co 4:12; Ef 4:27) no es el de la cultura grecorromana (en la que los filósofos y moralistas debatían el decoro y la idoneidad de varios tipos y clases de trabajo, incluido el trabajo manual), sino el del Antiguo Testamento. Allí, esta expresión figura como frase idiomática (Dt 2:7-8; Job 1:10; Sal 89:17 [LXX]; Jer 1:16), en la que el énfasis no recae sobre "manos", sino sobre "trabajo" (*cf.* Is 5:12, con su paralelismo entre "los hechos del Señor" y "la obra de sus manos"). Pablo no está debatiendo, pues, el trabajo manual en oposición a otros tipos de trabajo, sino sencillamente "trabajo" en general, como medio por el cual proveer para las necesidades de los individuos y de la comunidad.[5]

Esta manera de entender 4:11 encaja bien tanto con los dos mandamientos que preceden (donde Pablo les está diciendo básicamente a los tesalonicenses que mantengan un perfil humilde, que presten atención a sus propios asuntos, y a permanecer ocupados) como con las razones que siguen en 4:12. Esta forma de entenderlo también implica que no es

---

4. *Cf.* la descripción siguiente (Filón, *De Abrahamo,* 20) de la antítesis de la "vida tranquila": el "hombre vulgar, que se pasa el día entrometiéndose, correteando en público, en los teatros, los tribunales, los concilios y las asambleas, reuniones y consultas de todo tipo; suelta su lengua en charlas sin medida, sin fin e indiscriminadas, provocando el caos y la confusión en todo, mezclando la verdad con la falsedad[...] lo privado con lo público, lo sagrado con lo profano, lo serio con lo ridículo, sin haber aprendido a quedarse quieto [*hesychian*] [...] y aguzar el oído en un exceso de ocupación desbordante".
5. Ver, además, E. J. Richard, *Thessalonians,* 220.

necesario arrastrar (en mi opinión, anacrónicamente) 2 Tesalonicenses 2:1-3 y 3:6-13 con el fin de entender este versículo.

En 4:12, Pablo describe las metas específicas de la conducta que alienta en 4:10b-11. El primer objetivo (que concuerda más estrechamente con los dos primeros mandamientos de 4:11, pero puede abarcar los tres) es que los creyentes de Tesalónica vivan (lit., "caminen", *peripateo*; *cf.* 2:12; 4:1; 2Ts 3:6, 11) de forma que "se ganen el respeto de los que no son creyentes" (*cf.* 1Co 10:32-33; Col 4:5; 1P 2:12). Esto no solo facilitará el que la joven comunidad progrese en medio de un entorno pagano hostil, sino que también afectará de un modo relevante y positivo a las oportunidades de alcance y de evangelización en la comunidad.

El significado del segundo objetivo (estrechamente relacionado con el mandamiento de trabajar de 4:11) es doblemente ambiguo. Gramaticalmente, la frase puede traducirse como "no necesitan a nadie" (*cf.* el "no tengan que depender de nadie" de la NVI [de forma similar NTV]) o como "no tengáis necesidad de nada" (*cf.* otras versiones "no estar en necesidad"). La ambigüedad contextual es aún más importante. Por una parte, la preocupación de Pablo puede consistir en que los creyentes deberían trabajar para ser autosuficientes y estar libres de enredos con los *de afuera* (en particular, libres de la dependencia económica de patrones). Por la otra, la inquietud del apóstol puede ser que los creyentes deberían trabajar para no ser una carga para los *de adentro*, es decir, los demás creyentes que se sentirían obligados a suplir las necesidades vitales para cualquier hermano u hermana de la congregación que careciera de ellas.

La opción de los "de afuera" tiene más sentido a la luz de 4:12a; según esta teoría, los tres mandamientos de 4:11 están relacionados con la forma en que la congregación se relaciona con los de afuera. Sin embargo, estoy ligeramente a favor de la opción de los "de adentro", ya que (1) esto también tiene sus implicaciones en la opinión que los de afuera tienen de la congregación, y (2) tiene sentido a la luz del tema general de 4:9-12: el ejercicio adecuado de *philadelphia* incluye trabajar para respaldar las necesidades propias y aprovecharse económicamente de un hermano o hermana en Cristo.

A lo largo de 4:1-12, Pablo ha procurado establecer claros principios de conducta para la comunidad (santidad y honor) y fomentar una ética particular para la misma (privada en vez de pública, activa y no ociosa); con este proceder, utiliza sistemáticamente un lenguaje de "los de adentro/los de afuera" (la comunidad frente a aquellos "que no conocen a Dios", 4:5; "los de afuera", 4:12). De esta forma ha proseguido con el proceso de (re)socialización de los nuevos conversos tesalonicenses, fomentando un sentido único de identidad congregacional dentro de la comunidad más amplia y mediante el establecimiento de un claro límite entre ella y la cultura dominante.[6]

Construyendo Puentes

***Philadelphia* con respecto a los de afuera.** Determinar el contexto histórico de un texto es un aspecto crítico de traer esta sección a nuestro tiempo y siglo. En el caso de 4:11, el entendimiento del contexto histórico queda determinado por las decisiones exegéticas que se hagan en cuanto al significado de "vivir en paz", "ocuparse de sus propias responsabilidades" y de "trabajar con sus propias manos". Si se concluye que el pasaje es la respuesta de Pablo a una situación generada por un interés excesivo y un entusiasmo por el inminente regreso de Jesús, que llevó a algunos de los miembros de la iglesia a abandonar su trabajo o a comportarse de un modo que interrumpía la comunión e irritaba a sus vecinos paganos, se estará reconstruyendo la situación que Pablo trata como un asunto de *disciplina interna de la iglesia*. Sobre esta opinión, algunos miembros de la congregación han dejado que su entusiasmo escatológico se les escape de las manos y han abandonado su trabajo, y Pablo les dice que se tranquilicen un poco y que vuelvan a su labor.

Si, no obstante, se concluye (como yo lo he hecho) que Pablo se está ocupando de una situación en la que algunos miembros de la congregación están activos en la esfera pública y están atrayendo una atención no deseada hacia la congregación, se interpretará dicha situación como una cuestión de *relaciones externas iglesia/comunidad*. Acerca de este criterio, Pablo está instruyendo a los miembros de la congregación sobre la (in)conveniencia de estar implicados en los asuntos públicos de la comunidad.

Independientemente de cómo se decida esta cuestión, es importante que no perdamos de vista el punto de partida de Pablo, que también es

---

6. *Cf.* el análisis similar de B. R. Gaventa, *Thessalonians*, 59.

la base para estas instrucciones. El tema de esta sección de la carta es *philadelphia*, amor por el hermano y la hermana (4:9), y las instrucciones que se dan en 4:11 (comoquiera que las interpretemos) indican una forma específica en la que los tesalonicenses pueden practicar *philadelphia* "más y más" (4:10b). Aquí es vital que no solo observemos lo que Pablo está diciendo, sino también lo que está haciendo: al aconsejar a individuos que han tomado (o están tomando) decisiones de hasta qué punto pueden o deberían implicarse en la comunidad general, Pablo indica que tales decisiones deberían estar influenciadas por *philadelphia* de un modo relevante.

En otras palabras, el apóstol da por sentado que el amor genuino y la preocupación por los demás influenciarán (por no decir que determinarán) las decisiones de un individuo (aquí, en relación con asuntos mundanos con respecto a implicarse o no en cuestiones públicas). Además, por la forma en que este tema aparece a lo largo de sus cartas, queda claro que no es un elemento aislado de la teología de Pablo (ver, p. ej., Ro 14:19; 15:1-3; 1Co 12:7; 14:12; Gá 5:13). Como afirma en Filipenses 2:4: "Cada uno debe velar no solo por sus propios intereses sino también por los intereses de los demás".

Discernir este principio subyacente —que *philadelphia* debería influenciar las decisiones del individuo— es una clave en la aplicación de este pasaje. En algunos países, el cristianismo de hoy es como la iglesia de Tesalónica, un movimiento minoritario perseguido. La atención pública en un miembro del grupo puede, y con frecuencia lo hace, resultar en un foco que también se centra sobre otros. El tipo erróneo de actividad pública por parte de un creyente puede tener consecuencias devastadoras para toda la congregación. Cuando las circunstancias de la iglesia de hoy reflejan de cerca las de la congregación tesalonicense, se hace patente la aplicabilidad del consejo específico de 4:11.

En muchos países y regiones, sin embargo, los cristianos constituyen una parte sustancial de las mayorías culturales. En estas circunstancias, las consecuencias de la implicación pública son muy diferentes y puede ser que lo que se esté buscando aquí sea más bien un compromiso con la esfera pública y no una retirada de ella. No obstante, independientemente de lo similar o diferente de nuestras circunstancias, el punto fundamental de este pasaje (la necesidad de *philadelphia*) será aplicable aun cuando sus instrucciones específicas puedan no serlo.

Además de esta preocupación principal por *philadelphia*, Pablo detalla en 4:12a otro factor (claramente secundario) que debería moldear las decisiones: la preocupación por el respeto de los de afuera.[7] En el contexto mayor de la carta, es evidente que existen límites sustanciales a este factor. Por ejemplo, sin duda Pablo no querría que los tesalonicenses abandonaran su fe en Jesús sencillamente para ganarse el respeto de la comunidad general. El apóstol mismo siempre estaba mucho más preocupado por ser fiel a Dios que por impresionar a los incrédulos. Al mismo tiempo, y de forma bastante pragmática, parece haber procurado evitar una conducta que provocara innecesariamente la falta de respeto o la vergüenza hacia el evangelio o la iglesia. Esto sugiere que, aquí, la preocupación de Pablo es que los tesalonicenses no ofendan innecesariamente a los de afuera, por el bienestar de la congregación así como por amor al evangelio.

***Philadelphia* con respecto a los de adentro.** El asunto del trabajo (4:11) reaparece en 2 Tesalonicenses 3:6-13, donde es el principal centro de atención. No obstante, aquí vendrían bien unos cuantos comentarios. En otros lugares, y en estrecha conjunción con las instrucciones sobre *philadelphia* (Ro 12:10), Pablo deja claro que espera que los creyentes "ayuden a los hermanos necesitados" y que "practiquen la hospitalidad" (Ro 12:12; *cf.* 2Co 8:7-14; 9:12; también Heb 13:1-3; 1P 4:8-9). Aquí está tratando con el otro lado del asunto: las implicaciones de *philadelphia* para aquellos que podrían ser receptores de este compartir. Los que son capaces de trabajar (punto que las instrucciones que aquí da asumen) deberían hacerlo; no deberían aprovecharse de la disposición a ayudar de otros creyentes, motivada por el amor mutuo.

En otras palabras, *philadelphia* es bidireccional: entraña tanto una disposición a ayudar a los que están en necesidad como una responsabilidad de no explotar o aprovecharse de la disposición de ayuda de otros creyentes. Como observa John R. W. Stott: "Apoyar a otros que están

---

7. A primera vista, 4:12b ("no depender de nadie") parece proporcionar una tercera razón. Pero si 4:12b tiene en vista a los "de adentro" (como sugieró más arriba, en la exposición de Significado Original), entonces refuerza la necesidad de tomar *philadelphia* en cuenta cuando se toman decisiones. Por otra parte, si 4:12b trata de los "de afuera", entonces refuerza básicamente la razón que se da en 4:12a ("ganarse el respeto de los de afuera"). En ninguno de los dos casos se añade una tercera razón sustantiva, de modo que la he incorporado bajo las otras dos (*philadelphia* y el respeto por los "de afuera").

necesitados es una expresión de amor, pero también lo es mantenernos a nosotros mismos para que no sea necesario que otros nos financien".[8]

Hasta este punto del capítulo 4, Pablo ha enfatizado dos ideas fundamentales, la santidad y *philadelphia*. La primera se centra principalmente en nuestra relación con Dios, mientras que la segunda, por la propia naturaleza del término, lo hace en nuestro amor por los demás. A este respecto, la exposición de Pablo es paralela a lo que Jesús identificó como el mandamiento más importante: "Ama al Señor tu Dios con todo tu corazón, con toda tu alma, con toda tu mente y con todas tus fuerzas"; y "Ama a tu prójimo como a ti mismo" (Mr 12:30-31; *cf.* Mt 22:37-40), que Pablo mismo cita en otro lugar (Ro 13:9).

El amplio entendimiento que Pablo tiene de *philadelphia* nos desafía a reconsiderar lo que significa amar a nuestro prójimo. A la luz de su propia aplicación del principio en 4:9-12 al asunto del trabajo, se sugieren dos temas estrechamente relacionados: la elección de la ocupación y la elección de cómo gastar nuestro dinero.

Elección ocupacional. La nuestra es una cultura que cada vez mide más la valía del individuo, no por la calidad del carácter propio, sino por la cantidad de la riqueza y de las posesiones ("El que muere con más juguetes gana"). Apenas sorprende, por tanto, que los trabajos mejor remunerados se valoren por encima de los de sueldo inferior. Lo curioso es hasta qué punto se ha infiltrado esta actitud en la iglesia. En un estudio reciente sobre la religión y las actitudes hacia el dinero, Robert Wuthnow informa que es más probable que "los feligreses domingueros" admiren más a las "personas que hacen mucho dinero trabajando duro" que a "los que aceptan un empleo peor pagado para ayudar a los demás".[9]

Este es un descubrimiento problemático, sobre todo porque implica a "feligreses domingueros" que son probablemente más serios en cuanto a su fe que los que asisten de forma esporádica. Sugiere que la tradición de toda la vida, en cuanto a que los cristianos valoran más las elecciones de carrera que se centran en ayudar a los demás —como la enseñanza,

---

8. J. R. W. Stott, *The Gospel and the End of Time*, 90.
9. Robert Wuthnow, *God and Mammon in America* (Nueva York: Free Press, 1994), 131.

las misiones, la medicina y los servicios sociales— está declinando. Una razón por la que estas profesiones orientadas al servicio han sido altamente respetadas entre los cristianos es porque representaban varias formas de practicar *philadelphia* sirviendo a los demás.

El cambio observado por Wuthnow, lejos de valorar los trabajos en función de lo que realizan en lugar de por lo que pagan, representa un cambio hacia una perspectiva más egocéntrica. Dado que el egoísmo es una característica fundamental de la cultura estadounidense contemporánea, resulta difícil no considerar este cambio como la evidencia de la acomodación de la iglesia a los valores de la cultura que la rodea, un intercambio de valores bíblicos por otros seculares. Precisamente en este punto, las instrucciones de Pablo a los tesalonicenses en cuanto a hacer elecciones ocupacionales a la luz de su impacto sobre los demás, creyentes e incrédulos por igual, nos desafía a reconsiderar el valor de este cambio. Como creyentes, ¿qué es realmente lo más importante para nosotros: acumular riqueza o servir a los demás? Una respuesta sincera a esta pregunta puede funcionar a modo de importante herramienta de diagnóstico mientras reflexionamos sobre esta cuestión. Aunque la respuesta que damos en la vida real suele ser un compromiso, Pablo nos recuerda dónde debería recaer claramente el énfasis.

Mientras trabajaba en esta sección, un periódico local dio la noticia de un hombre afroamericano, de casi treinta años, que abandonó un empleo respetado en la industria privada para asumir un puesto en el centro comunitario local como supervisor de un espacio recreativo para la comunidad. En el transcurso de dos años, transformó el edificio y el terreno que pasaron de ser un punto candente de venta de drogas y actividades pandilleras a un lugar seguro para que los niños del vecindario pasearan después de la escuela, e instituyó varias tutorías exitosas y programas de autosuperación. Cuando se le preguntó por qué había dejado su empleo mejor pagado por el actual, indicó que fue por servir mejor a su comunidad y de un modo más directo. Este es el tipo de elección que el énfasis de Pablo sobre *philadelphia* nos llama a confirmar y del que debemos ser ejemplo.

No basta, sin embargo, con confirmar y ser modelo de elegir profesiones como algo aislado, porque con frecuencia esto se relaciona con las elecciones de un estilo de vida. Nuestra cultura define el éxito cada vez más en términos materiales y hace un gran hincapié sobre la riqueza como evidencia del éxito. Por tanto, las elecciones de un estilo de vida sobre el tamaño y la ubicación de la casa propia, del vehículo que uno conduce, de la ropa que uno viste, de las organizaciones a las que uno se une, o los lugares que uno visita, todo esto se convierte en formas de demostrar la riqueza propia, una evidencia concreta del éxito propio (o de la falta del mismo). Las revistas como *Robb Report* ("La revista de la buena vida"), exhibidas en un lugar destacado de la caja de los supermercados de lujo, ofrecen consejo en cuanto a las formas adecuadas de demostrar la propia riqueza. Esta ha de exhibirse ("Si la tienes, presume de ella"), y el exceso y la extravagancia se celebran ampliamente. En vista de este énfasis contemporáneo en la riqueza material, no es de sorprender que las personas se sientan presionadas para escoger un empleo principalmente por su salario y no por su utilidad o su valor social.

Cómo gastamos nuestro dinero. Si la iglesia debe confirmar y ser modelo escogiendo trabajos en términos de servicio y no de salario, también tendrá que afirmar y ejemplarizar elecciones de un estilo de vida que aliente a las personas a vivir con niveles de ingresos inferiores. Sin embargo, aquí también, como en el caso de las elecciones de profesión, las tendencias son inquietantes. En un análisis de la "anatomía de un dador", Tim Stafford, recurre a varios sondeos y análisis recientes acreditados y compara los hábitos de dar de los cristianos con los de quienes no lo son. Uno de sus descubrimientos clave sobre la totalidad de los cristianos: "Su riqueza es indistinguible de la de sus vecinos". Además, la variante clave que predice los niveles de donación no era la edad (los más jóvenes no eran menos generosos que sus mayores), sino los ingresos. Los dadores más débiles eran aquellos que ganaban entre 40.000 y 100.000 dólares al año, que daban proporcionalmente menos que los que no llegaban a 20.000 dólares. Incluso entre los creyentes conservadores y evangélicos, que se situaban entre los dadores más generosos, las contribuciones por miembro disminuyeron entre 1985 y 1993, en dólares constantes, de 651 dólares a 621.[10]

Resulta difícil no establecer una conexión entre el énfasis de la cultura sobre la riqueza y el descubrimiento de que los cristianos, conforme aumentaban sus ingresos y podían dar más, en realidad daban menos (como porcentaje de su ingreso). Al parecer, muchos cristianos, como sus vecinos incrédulos, están haciendo elecciones de un estilo de vida basado en la riqueza en lugar de en *philadelphia*.

---

10. Tim Stafford, "Anatomy of a Giver", *CT* 41:6 (19 mayo 1997): 22, 24.

¿Qué podría significar tomar decisiones de gastos basándose en *philadelphia* y no en la riqueza? (1) Podría significar decantarse por elecciones de un estilo de vida en función de la necesidad o la utilidad y no de una etiqueta o estatus (p. ej., ¿se escoge un vehículo principalmente por el valor de su transporte o por la marca y el modelo?).

(2) Podría significar escoger un estilo de vida a la luz del impacto en la capacidad propia de contribuir a las necesidades de los demás. Por ejemplo, no son pocas las personas que mencionan "una gran hipoteca" como la razón por la que no pueden contribuir más. ¿Pero por qué acabaron teniendo esa hipoteca tan grande? Quizá porque siguieron el consejo común de la inmobiliaria de comprar tanto como pudieran "permitirse", una elección que en ese momento marcó los límites de lo que podían dar. ¿Por qué no invertir el proceso: decidir primero cuánto dar y después decidirse por una hipoteca coherente con esa decisión? Esto no siempre resulta fácil; una pareja fue ridiculizada por varios profesionales de la inmobiliaria por adoptar tan "estúpida estrategia".

(3) Al considerar una compra discrecional (quizá un nuevo club de golf de alta tecnología con el fin de ganar una yarda o dos desde el *tee*), podría significar preguntarse si ese dinero se podría utilizar de otro modo y para que otros pudieran beneficiarse.

(4) Podría significar tomarse en serio lo que Jesús dijo de aquellos a los que se les había dado mucho: "En cambio, el que no la conoce y hace algo que merezca castigo, recibirá pocos golpes. A todo el que se le ha dado mucho, se le exigirá mucho; y al que se le ha confiado mucho, se le pedirá aun más" (Lc 12:48). Nótese también lo que Pablo dice en 2 Corintios 8:13-15:

> No se trata de que otros encuentren alivio mientras que ustedes sufren escasez; es más bien cuestión de igualdad. En las circunstancias actuales, la abundancia de ustedes suplirá lo que ellos necesitan, para que a su vez la abundancia de ellos supla lo que ustedes necesitan. Así habrá igualdad, como está escrito: «Ni al que recogió mucho le sobraba, ni al que recogió poco le faltaba».

Es cierto; puede resultarles difícil a los individuos resistir solos ante la masacre cultural con respecto a la riqueza y a gastar. Por consiguiente, la iglesia necesita crear un entorno, una comunidad contracultural, en la que los creyentes puedan alentarse mutuamente y apoyarse los unos a los otros a la hora de ir en contra de la marea cultural.

1 Tesalonicenses 4:13-18

Hermanos, no queremos que ignoren lo que va a pasar con los que ya han muerto, para que no se entristezcan como esos otros que no tienen esperanza. ¹⁴ ¿Acaso no creemos que Jesús murió y resucitó? Así también Dios resucitará con Jesús a los que han muerto en unión con él. ¹⁵ Conforme a lo dicho por el Señor, afirmamos que nosotros, los que estemos vivos y hayamos quedado hasta la venida del Señor, de ninguna manera nos adelantaremos a los que hayan muerto. ¹⁶ El Señor mismo descenderá del cielo con voz de mando, con voz de arcángel y con trompeta de Dios, y los muertos en Cristo resucitarán primero. ¹⁷ Luego los que estemos vivos, los que hayamos quedado, seremos arrebatados junto con ellos en las nubes para encontrarnos con el Señor en el aire. Y así estaremos con el Señor para siempre. ¹⁸ Por lo tanto, anímense unos a otros con estas palabras.

La frase "no queremos que ignoren" (es decir, "queremos que sepan") es una fórmula común que se usaba con frecuencia para presentar una información (cf. Ro 1:13; 11:25; 1Co 10:1; 12:1; 2Co 1:8). Junto con "lo que va a pasar" (*peri; cf.* 1Ts 4:9; 5:1, esta expresión señala claramente un nuevo tema: "los que ya han muerto"). Pablo parece estar respondiendo a una pregunta de los tesalonicenses (si fue por medio de una carta o de forma verbal, a través de Timoteo, es algo sobre lo que solo podemos especular). La contestación de Pablo consiste en una declaración del tema (v. 13), una afirmación teológica (v. 14), información (vv. 15-17) y la aplicación (v. 18).

Aunque Pablo pase aquí a un nuevo tema, existe un punto de contacto con la sección precedente, 4:9-12. Allí estaba preocupado de que los tesalonicenses vivieran de forma que se "ganasen el respeto de los de afuera" (4:12). Aquí, no quiere que se entristezcan como los "de afuera", es decir, los "que no tienen esperanza". En ambos casos, quiere que se comporten de una forma que sea genuinamente cristiana, a saber, de una forma coherente con el mensaje del evangelio con el que se han comprometido.[1]

Observaciones preliminares. Lo que Pablo escribe aquí parece basarse en la enseñanza primitiva sobre lo que se define con frecuencia como *parousia* ("venida") de Jesús;[2] tiene estrechos paralelos con el discurso del monte de los Olivos en los Evangelios sinópticos.[3] Esta tradición sobre la *parousia* de Jesús la representa como algo que tiene lugar a partir del cielo, o en él (4:16; *cf.* Mt 24:30; 2Ts 1:7), con las nubes (1Ts 4:17; *cf.* Mt 24:30//Mr 13:26//Lc 21:27; Ap 1:7), acompañado de ángeles (*cf.* 1Ts 3:13; 2Ts 1:7; Mt 24:31//Mr 13:27; Mt 16:27//Mr 8:38//Lc 9:26; Mt 25:31) y manifestaciones de poder y gloria (*cf.* 2Ts 1:9; Mt 24:30//Mr 13:26//Lc 21:27; Mt 16:27//Mr 8:38//Lc 9:26; Mt 25:31), anunciado con sonido de trompeta (1Ts 4:16; *cf.* Mt 24:31; 1 Co 15:52; Ap 11:15) y asociado con juicio (*cf.* 1Ts 1:10; 5:3; también Mt 25:31-46; 2Ts 1:7-10; 2:8).

Presumiblemente, Pablo había presentado a los tesalonicenses gran parte de esta tradición. La frecuencia con la que menciona el tema en 1 Tesalonicenses (además de 4:13–5:11, ver 1:10; 2:19; 3:13; 5:23) sugiere que formaba parte de su predicación misionera básica. Pero también es evidente que surgió una pregunta que estos creyentes no fueron capaces de responder satisfactoriamente a partir de lo que habían aprendido o recordado. A pesar de tanta especulación sobre el asunto, sencillamente desconocemos por qué o cómo surgió la pregunta,[4] por qué causó aparentemente confusión y agitación, o incluso en qué consistía la pregunta con exactitud (¿acaso les inquietaba que aquellos que murieran antes de la parusía pudieran perderse el acontecimiento o que se vieran desfavorecidos al respecto?).

---

1. Compárese el análisis de Abraham Smith, que sugiere que en 4:13-18–5:1-11 Pablo debate ejemplos específicos de "buena conducta" hacia los de afuera en circunstancias que superan el control propio (*Comfort One Another: Reconstructing the Rhetoric and Audience of 1 Thessalonians* [Louisville, Ky.: Westminster/John Knox, 1995], 88, 90).
2. Para el término griego específico ver 2:19; 3:13; 5:23; 2Ts 2:1, 8; también Mt 24:3, 27, 37, 39; 1Co 15:23; Stg 5:7-8; 2P 1:16; 3:4, 12; 1Jn 2:28. En el Nuevo Testamento también se emplea una amplia gama de otros términos y expresiones para referirse al regreso de Jesús; para el vocabulario paulino, ver L. J. Kreitzer, "Eschatology", *DPL*, 259-60 (sección 3.4.1).
3. F. F. Bruce, *1 and 2 Thessalonians*, 95, de quien se toma gran parte de este párrafo.
4. Para un resumen de cinco hipótesis importantes, ver I. H. Marshall, *1 and 2 Thessalonians*, 120-22 (*cf.* E. J. Richard, *Thessalonians*, 231-32); para una sexta, ver C. A. Wanamaker, *Thessalonians*, 166.

Se ha observado que el uso que Pablo hace de "dormir", como eufemismo para la muerte, refleja la forma en que los tesalonicenses mismos formularon su pregunta. Esta indicación puede ofrecer una base para una hipótesis de trabajo. Al menos la conversión del paganismo de algunos de los tesalonicenses era muy reciente y, en él, la muerte ("dormir") estaba ampliamente asociada a una total falta de esperanza (ver comentarios sobre v. 13). Si algunos de estos creyentes relativamente nuevos seguían entendiendo la muerte en un sentido pagano, se comprende cuán afligidos podían estar por la muerte de sus hermanos antes de la parusía; habría significado el final de cualquier esperanza de "estar con el Señor" (v. 17) en el futuro, que el "esperar del cielo a Jesús, su Hijo" (1:10) habría sido en vano. En respuesta, Pablo ofrece una comprensión profundamente distinta de la muerte, del futuro y del destino de los creyentes, una que se basa en lo que para él era el acontecimiento más fundamental de la historia: que Dios hubiera resucitado a Jesús.

El tema (4:13)

En el versículo 13, Pablo presenta el tema. Tiene que ver con "los que duermen", es decir, los hermanos o hermanas cristianas que murieron antes de la parusía de Jesús. Escribe para informar ("no queremos que ignoren") a los tesalonicenses,[5] "*para que*" (*hina*, una expresión de propósito) no "se entristezcan como esos otros" (es decir, los "que no tienen esperanza"). Pablo no dice que los tesalonicenses no deban entristecerse, sino que no deben hacerlo del mismo modo o hasta el punto en que se afligen los que no tienen esperanza. La esperanza característica de un creyente (*cf.* 1:3; 2:19; 5:8; 2Ts 2:16; también Ro 5:2; 8:24), según cree Pablo, debe afectar la forma en que uno trata con la muerte: "Entristecerse por la muerte de un amigo (Fil 2:27) es normal, pero la aflicción desesperada, la que solo ve impotencia, es una negación de la esperanza misma".[6]

"Dormir" se usaba amplia y frecuentemente como eufemismo para la muerte, tanto por parte de los paganos como de judíos y cristianos. Eran, sin embargo, diferencias relevantes de cómo se entendía la realidad (muerte) subyacente al eufemismo. "En el paganismo contemporáneo se consideraba, demasiado a menudo, como un sueño del que jamás se despertaría; *cf.* Catulo (5.4-6): 'El sol puede salir y ponerse; nosotros,

---

5. El término griego que Pablo usa aquí, *adelphoi* (NVI "hermanos"), incluye a toda la comunidad y no solo a los miembros varones; ver comentarios sobre 1:4.
6. E. J. Richard, *Thessalonians*, 225.

cuando acabe nuestra breve luz, dormiremos una noche eterna'".[7] Pablo caracterizó a las personas que consideraban la muerte desde esta perspectiva como los "que no tienen esperanza" (4:13);[8] ver, por ejemplo, Teócrito: "Las esperanzas son para los vivos; los muertos no tienen esperanza" (*Idilios,* 4.42). Para judíos y cristianos, la muerte no era menos real, pero la esperanza de la resurrección significaba que la muerte no se veía como un estado permanente, sino como una condición temporal en la que se podía interrumpir la vida como parte del pueblo de Dios, pero no acabar con ella.

La afirmación teológica (4:14)

Desde luego, es precisamente la resurrección de Jesús la que provee —como indica *gar,* "porque" (omitido por la NVI), con que empieza 4:14— el fundamento sobre el cual Pablo basa su estímulo (4:13; *cf.* 4:18) y el resto de esta sección. "¿Acaso no creemos —escribe Pablo— que Jesús murió y resucitó?",[9] entonces también tenemos que creer (una frase que no está en el griego, pero claramente implícita en la construcción de la oración) que "así también Dios —al que el apóstol describe sistemáticamente en otros lugares como el Dios que resucitó a Jesús de los muertos (p. ej., 1:10; Ro 4:24; 6:9; 8:11; 10:9; 1Co 15:4, 15, 20; Gá 1:1)— resucitará con Jesús a los que han muerto en unión con él" (*cf.* 2Co 4:14; también Ro 6:4; 8:11; 1Co 15:22). Es decir, para Pablo, la relación entre Jesús y los que creen en él es tan estrecha que creer en su resurrección conlleva, como resultado necesario, creer en la resurrección de sus seguidores (*cf.* 1Co 15:20, "Lo cierto es que Cristo ha sido levantado de entre los muertos, como primicias de los que murieron").

En otras palabras, existe una diferencia fundamental y decisiva entre una actitud típica pagana y otra cristiana con respecto a la muerte. Mientras que para la primera significa un final permanente de la vida,

---

7. F. F. Bruce, *1 and 2 Thessalonians,* 96.
8. En cuanto al "como esos otros que no tienen esperanza" de la NVI, (1) la coma que figura en el inglés (NIV) se presta a confusión; Pablo no quiere decir "todos los demás seres humanos, que no tienen esperanza", sino "todos los demás que no tienen esperanza" (en contraste con algunos que sí la tienen, por falsa que pueda ser). (2) El añadido de "hombres" en inglés es innecesariamente sexista (la frase griega es simplemente inclusiva "todos esos").
9. Esta frase en el griego comienza con la palabra *ei,* "si" (omitido por la NVI). En vista de que Pablo da por sentado que la declaración condicional (*ei* + indicativo) es factual, el "ya que" de otras versiones refleja su lógica con precisión (*cf.* BDF, § 372.1).

para la segunda, era una transición a un modo de existencia aun mejor, la vida en la presencia de Jesús (*cf.* Fil 1:21-23). Pablo daba, pues, por sentado que los cristianos no deberían afrontar la muerte con desesperación, sino con esperanza, una esperanza en lo que Dios hará, basada en lo que ya ha hecho.

Información adicional (4:15-17)

En la versículos 15-17, Pablo detalla las implicaciones de todo esto para aquellos que ya han muerto. "Conforme a lo dicho por el Señor",[10] el apóstol escribe en el versículo 15: "nosotros, los que estemos vivos cuando suceda la parusía *"de ninguna manera* nos adelantaremos" ni tendremos ningún tipo de ventaja sobre los que ya han muerto.[11] Ellos no se perderán el acontecimiento ni se verán desfavorecidos en modo alguno; en todo caso tendrán una ligera ventaja. Y es que cuando "el Señor mismo" descienda del cielo (4:16), anunciado por arcángel y trompeta, "los muertos en Cristo [*cf.* 1Co 15:18; Ap 14:13] resucitarán primero"; solo entonces, prosigue Pablo (*cf.* 1Co 15:23), aquellos que sigan vivos cuando esto acontezca serán "arrebatados junto con ellos".

Los detalles que Pablo asocia con el descenso del Señor forman una colección de imágenes de gran riqueza evocativa. La "voz de mando" u orden es un término militar que recuerda la autoridad y el poder del Señor (*cf.* Filón, *De praemiis et poenis,* 117: Dios es capaz de reunir a los exiliados dispersados con una sola orden) y puede asociarse con la convocación de los muertos (*cf.* Jn 5:24-25). Para el sonido de "trompeta" ver (además de los paralelos indicados más arriba, esp. 1Co 15:52),

---

10. Pablo se está refiriendo, probablemente, a una enseñanza de Jesús que de otro modo no se habría registrado y que es similar o tal vez se relacione con el Apocalipsis Sinóptico (*cf.* los paralelismos indicados al principio de esta sección de Sentido Original) que, al parecer, circuló como parte de la tradición cristiana primitiva. Aunque el contenido de la enseñanza parece ser anterior a Pablo, la redacción de los versículos siguientes reflejarían su propia paráfrasis y aplicación de la tradición. Para un debate sobre varias hipótesis y posibilidades, ver E. Best, *Thessalonians,* 189.-94; F. F. Bruce, *1 and 2 Thessalonians,* 98-99; C. A. Wanamaker, *Thessalonians,* 170-71; Richard, *Thessalonians,* 239-41; I. H. Marshall, *1 and 2 Thessalonians, 125-27.*
11. Las ideas seculares sobre las desventajas de una "muerte prematura" pueden formar parte aquí del trasfondo. *Cf.* Plutarco, *AdApollonium,* 113C: "Algunos pueden afirmar que no hay necesidad de lamentar por cada muerte, sino solo por la muerte prematura, a causa del fracaso del muerto en ganar lo que se suele definir como las ventajas de la vida, como el matrimonio, la educación, la edad adulta, la ciudadanía o el cargo público". Existían, asimismo, algunas tradiciones judías que sugerían que cuando llegara el fin, los vivos podrían tener alguna ventaja sobre los muertos (*cf.* Esd 13:16-20).

Isaías 27:13 (la trompeta convoca a los exiliados para que regresen a Jerusalén); Joel 2:1; Zacarías 9:14.[12] Finalmente, a lo largo de toda la Biblia, las nubes han simbolizado la presencia de Dios, ya fuera durante el éxodo (Éx 16:10), en el monte Sinaí (24:16), en el desierto (Nm 11:25), en el templo de Salomón (1R 8:10) o en la transfiguración (Mr 9:7) y la ascensión (Hch 1:9).[13]

Se dice que los que estén vivos cuando ocurra la parusía serán "arrebatados" junto con los muertos resucitados "para encontrarse con el Señor" (lit. "para tener una reunión con el Señor"). "Arrebatados" traduce *harpazo*, "agarrar, arrancar" (en latín *rapere*, del que procede la palabra "rapto"). Al usar este término particular, Pablo podría estar haciendo un juego de palabras; Plutarco, un cercano contemporáneo del apóstol, usó la palabra (o compuestos de la misma) para aquellos que mueren prematuramente y, por tanto, se ven "desfavorecidos" por ser "arrancados" de la oportunidad de la educación, el matrimonio, la ciudadanía, etc.[14]

La palabra para "encontrarse", *apantesis,* se usa en la LXX para los encuentros de Dios con Abraham, (Gn 14:17), con David (2S 19:16) y con los israelitas en Sinaí (Éx 19:17). Se utilizaba con frecuencia en el griego secular como término técnico para la recepción formal de la visita de un dignatario, en la que una delegación de ciudadanos u oficiales de la ciudad salían a encontrarse con un invitado cuando este se acercaba a la ciudad y lo escoltaban de regreso a la localidad con la pompa y solemnidad adecuadas.[15] En el Nuevo Testamento (Mt 2:6; Hch 28:15) *apantesis* describe exactamente este mismo tipo de movimiento de comité de bienvenida que sale a encontrarse con alguien para escoltarlo el trayecto restante hasta su destino. La implicación del uso que Pablo hace aquí de esta palabra es que los muertos resucitados y los vivos arrebatados,

---

12. La "voz" y la trompeta pueden ser un único sonido; *cf.* Sal 47:5 (LXX 46:6), "Dios el Señor ha ascendido entre gritos de alegría / y toques de trompeta", y Ap. 1:10; 4:1.
13. Ver también Dn 7:13; Ap 14:14.
14. Plutarco, *Ad Apollonium,* 111D, 117B-C (para la palabra); 113C (para el debate; ver nota al pie 12); *cf.* Abraham J. Malherbe, "Exhortation in First Thessalonians", *NovT* 25 (1983): 255-56.
15. En este sentido está estrechamente asociado con la palabra griega *parousia*, que en el uso helenístico suele indicar la visita de un dignatario u oficial.

juntos, se reunirán con el Señor que desciende "en el aire"[16] y lo acompañarán en gloria y honra durante el resto de su camino a la tierra.[17]

El énfasis del apóstol en estos versículos no está, sin embargo, en la secuencia, los detalles o la dirección, sino en la consecuencia y el resultado. (1) Asegura a los tesalonicenses que, contrariamente a lo que algunos de ellos puedan pensar, ambos grupos, los muertos y los vivos, acabarán juntos. (2) La idea más importante que debemos observar en todo esto es el resultado: *todos* los creyentes en Jesús, vivos o muertos en el momento de su parusía, "estarán con el Señor para siempre". Es decir, la muerte —lo único que algunos tesalonicenses (al parecer aún influenciados por las perspectivas paganas) creían ser una barrera insuperable que impediría que los seguidores de Jesús muertos antes de la parusía pudieran experimentar su presencia— no es en realidad barrera alguna. Este es el verdadero antídoto para el dolor que algunos tesalonicenses experimentaban: el destino final de los cristianos que murieron antes de la parusía no es muerte, sino más bien la resurrección que conduce a la vida con el Señor para siempre.

Aplicación (4:18)

La convicción basada en la cristología es la fuente de la esperanza que Pablo mencionó en 4:13, a la luz de la cual insta a los tesalonicenses (4:18) a "alentarse [*parakaleo* de nuevo, como en 4:1, pero ahora más bien en un sentido de "consuelo", como en 3:7] los unos a los otros con estas palabras" (*cf.* 5:11). Este es, de hecho, el objetivo de todo el párrafo: la explicación de Pablo sobre lo que ocurrirá en el futuro no era un fin, sino solo un medio para el fin. El conocimiento del futuro debería moldear e influir en cómo vivimos el presente, incluso en presencia de la muerte y, basándose en ello, el apóstol insta y alienta a los tesalonicenses.

Recapitulando: tras establecer el tema ("los que han muerto") en el versículo 13, Pablo comparte una afirmación teológica fundamental: Dios traerá con Jesús a los que han muerto (v. 14). Luego añade alguna

---

16. El "aire" (gr. *aer*) se consideraba a menudo la morada de los demonios; que la reunión triunfante de Jesús y sus seguidores tenga lugar allí puede indicar, precisamente, lo completa que es la victoria sobre la muerte y el pecado.
17. *Cf.* F. F. Bruce, *1 and 2 Thessalonians*, 103; I. H. Marshall, *1 and 2 Thessalonians*, 131. Pero nada en la palabra o en el contexto exige semejante interpretación, y un ascenso al cielo (en lugar de un descenso a la tierra) sigue siendo una posibilidad (*cf.* C. A. Wanamaker, *Thessalonians*, 175-76; E. J. Richard, *Thessalonians*, 247-48).

información adicional (vv. 15-17) e indica cómo deberían usarla los tesalonicenses: para alentarse los unos a los otros (v. 18).

Este pasaje es el primero de varios en las cartas a los tesalonicenses que tratan con lo que a menudo se denomina "¡las cosas por venir!", es decir, experiencias o acontecimientos del futuro como la muerte, la resurrección, el regreso de Jesús y el juicio. Al tratar estos pasajes sucesos que aún no han acontecido (tanto a nivel individual como global), por razones obvias han fascinado durante mucho tiempo a las personas, en particular en tiempos de aflicción o de gran confusión. Lamentablemente, estos textos también tienen una larga historia de malentendidos, malos usos y de intensos debates.

Por esta razón, es importante tener varias cosas claramente presentes con respecto a esta sección al intentar traerla a nuestro día y nuestra era. (1) En este pasaje, Pablo está tratando con una pregunta bastante concreta: el destino de los creyentes que mueren antes del regreso de Cristo. A esta pregunta le da una respuesta clara y sin ambigüedades: el destino final de todos los creyentes, independientemente de cuándo mueran, o de si lo hacen, es "estar con el Señor para siempre" (4:17). Esta es la última palabra de su respuesta y la idea central del pasaje.

(2) Las expectativas de Pablo en cuanto a lo que Dios y Jesús harán en el futuro están basadas en sus convicciones de lo que ya han hecho en el pasado. Lo que el apóstol dice aquí no es tema de especulación optimista, sino de una esperanza confiada: la resurrección futura de aquellos que están "muertos en Cristo" (4:16) es una consecuencia inevitable de que Dios resucitara a Cristo mismo en el pasado.[18]

(3) Pablo escribe sobre los muertos en beneficio de los vivos. Es decir, aunque su tema principal es el destino futuro de los muertos creyentes, su principal enfoque es la conducta presente de los vivos. Si 2:1-12 ofreció un retrato de Pablo el misionero, aquí captamos un vislumbre de Pablo el pastor, en tanto que aclara cómo la afirmación de lo que *creen*

---

18. A lo largo de este pasaje, Pablo da por sentada la historicidad de la resurrección de Jesús. Para un debate completo desde las perspectivas tanto teológica como apologética, ver Murray J. Harris, *From Grave to Glory: Resurrection in the New Testament* (Grand Rapids: Zondervan, 1990); también Craig Blomberg, *1 Corintios* (CBA NVI; Miami: Vida, 2012), 355-56.

los tesalonicenses (4:14) debería moldear e influir en su forma de *vivir*, incluso frente a lo que él define en otro lugar como "el último enemigo", la muerte misma (1Co 15:26). Espera que lo que dice sobre los hermanos y hermanas fallecidos dará forma a las actitudes y la conducta de los hermanos y hermanas que siguen vivos en Tesalónica.

(4) Esto significa que el propósito fundamental del apóstol, en esta sección, no consiste en responder a todas y cada una de las preguntas que sus lectores (entonces y ahora) puedan tener sobre su futuro, sino equipar a los creyentes tesalonicenses para que se alienten los unos a los otros (4:18). Cualquier cosa que diga por medio de la instrucción es en servicio de su exhortación.

(5) Finalmente, resulta importante notar las diferentes suposiciones que subyacen a la pregunta y a sus respuestas. Quienes formulan la pregunta parecen creer que la muerte era el final supremo de la existencia humana, mientras que para Pablo el final de los creyentes es, en última instancia, la vida.

El obstáculo de una interpretación literal del lenguaje metafórico. Si mantenemos estas ideas en mente, sería posible navegar con éxito alrededor de los dos principales obstáculos que uno encuentra en este pasaje (y otros similares), dificultades que tienen el potencial de atascar o desviar la aplicación del pasaje. La primera traba potencial tiene que ver con la naturaleza de los acontecimientos que el pasaje describe. La resurrección y el regreso de Jesús, por ejemplo, son sucesos que superan el alcance de la experiencia humana presente y que llevan al límite la capacidad del lenguaje para describirlos. Con el fin de comunicar la verdad sobre estos acontecimientos futuros que trascienden las fronteras de la experiencia humana y el límite del lenguaje, Pablo sigue el ejemplo (y a menudo toma prestado el lenguaje) de los profetas del Antiguo Testamento.

En ocasiones, los profetas utilizaban el lenguaje figurado o metáforas para alertar a su audiencia en cuanto a la relevancia de los acaecimientos predichos en la historia humana. Por ejemplo, en Isaías 13, el profeta usó imágenes de desastre cósmico (p. ej., las estrellas, el sol y la luna que no dan luz y los cielos que se estremecen; ver vv. 10, 13) para describir el suceso histórico del juicio de Dios sobre Babilonia. El profeta Joel asoció un lenguaje similar ("En el cielo y en la tierra mostraré prodigios: sangre, fuego y columnas de humo. El sol se convertirá en tinieblas y la luna en sangre", Jl 2:30-31) con su profecía sobre la venida del Espíritu Santo en los últimos días (2:28-32). Según Pedro, que cita a Joel 2:28-32, esta profecía se cumplió el día de Pentecostés (ver Hch 2:16-21). Ejemplos como este indican que los escritores bíblicos hicieron uso de, al menos, cierto grado de metáfora o lenguaje figurado al hablar de acontecimientos futuros.

Igual que los profetas, Pablo también utilizó de vez en cuando un lenguaje figurado o metafórico, como demuestra su uso de "dormir" como metáfora de la muerte en 4:13. Sin embargo, esto no siempre se ha reconocido y el lenguaje metafórico de las cartas paulinas se ha (mal)interpretado algunas veces de un modo demasiado literal.[19] De esta interpretación errónea literal de las enseñanzas de Pablo sobre los sucesos futuros han resultado dos consecuencias bastante diferentes. (1) Algunos han rechazado el mensaje del apóstol. Moldeados por una perspectiva de la Ilustración, que establece una clara distinción entre lo sobrenatural y lo natural y entiende que el mundo es un continuo cerrado de causa natural y efecto, estos intérpretes han rechazado las declaraciones paulinas tachándolas de "míticas" o irrelevantes para una cosmovisión científica moderna, o han decidido que deben ser radicalmente reinterpretadas o "desmitificadas" para que puedan tener sentido en la actualidad.[20] Tales planteamientos, que tan solo consideran a Pablo básicamente como un "hijo de su tiempo", e ignoran la inspiración divina de las Escrituras, han sido rechazados de forma unánime por los eruditos evangélicos.[21]

(2) Otros intérpretes que toman el lenguaje metafórico paulino de un modo demasiado literal hallan en sus cartas significados o ideas que el apóstol nunca pretendió comunicar. Por ejemplo, la idea del "sueño del alma" (la idea equivocada de que los creyentes están inconscientes entre

---

19. Por ejemplo, algunos lectores que se han encontrado con un pasaje como 2 Tesalonicenses 1:7 que habla de Jesús descendiendo del cielo "con fuego abrasador", lo han tomado como una descripción literal.
20. La mayoría de las veces se suele relacionar al conocido erudito del Nuevo Testamento y teólogo, Rudolph Bultmann, con este último planteamiento. Él entendía la idea paulina del regreso de Cristo al final de la historia como juez de los vivos y de los muertos, para dar a entender que todas las personas deben tener un encuentro existencial con Cristo, algo determinante para su destino.
21. Sobre esta cuestión de lenguaje figurado o metafórico, ver además I. H Marshall, *1 and 2 Thessalonians*, 128-29; Douglas J. Moo, *2 Peter, Jude* (NIVAC; Grand Rapids: Zondervan, 1996), 173-78; y, en especial, G. B. Caird, *The Language and Imagery of the Bible* (con prólogo de N. T. Wright; Grand Rapids: Eerdmans, 1997).

el momento de la muerte y el de la venida de Cristo) que enseñan los Testigos de Jehová y los Adventistas del Séptimo Día, está basada en un malentendido del uso paulino de "dormir" como metáfora de la muerte.[22]

Quienes rechazan el mensaje paulino desechan básicamente cualquier realidad subyacente al lenguaje figurado o metáforas del apóstol, mientras que quienes interpretan ideas no pertinentes en él confunden la metáfora con la realidad que representa. ¿Cómo podemos evitar estos dos resultados? Aunque ambos planteamientos malinterpretan de un modo demasiado literal el lenguaje simbólico que Pablo usa para hablar de acontecimientos futuros, al menos el segundo reconoce que se está refiriendo a realidades históricas. Es importante enfatizar este punto: el Nuevo Testamento en general, y Pablo en particular, sitúa los sucesos futuros de la resurrección, del juicio y del regreso de Cristo al mismo nivel histórico que su ministerio, muerte y resurrección. De hecho, la creencia de Pablo en lo que Dios está aún por hacer se basa en sus convicciones sobre lo que ya ha hecho. El futuro está moldeado por el pasado. Aunque la cosmovisión de la Ilustración puede considerar esta perspectiva con escepticismo, en realidad cuestiona la separación radical que este movimiento filosófico hace entre lo natural y lo sobrenatural, una distinción que le parece extraña a gran parte del mundo no occidental.

Pero, al mismo tiempo que afirmamos las realidades históricas de las que Pablo habla, debemos reconocer que a veces utiliza un lenguaje simbólico o metafórico para expresarlas. Esto significa que, al interpretar los pasajes en los que el apóstol se refiere al futuro, puede muy bien haber cierto grado de duda o desacuerdo con respecto a algo de lo que dice, sobre todo en lo que se refiere a los detalles. Por consiguiente, hacemos bien en seguir la directriz de John R. W. Stott:

> Sería sabio combinar la afirmación (esperamos ansiosos un evento cósmico que incluya la aparición personal y visible de Jesucristo y que reúna consigo a todo su pueblo, ya muerto o vivo en ese momento) con el agnosticismo sobre la realidad plena subyacente a la simbología.[23]

Es decir, debemos afirmar los elementos centrales de lo que Pablo enseña (Jesús vuelve otra vez) mientras reconocemos la posibilidad de una

---

22. Ver, además, Frank Thielman, *Filipenses* (CBA NVI; Miami: Vida, 2013), 89.
23. J. R. W. Stott, *The Gospel and the End of time,* 105-6.

incertidumbre sobre algunos de los detalles (¿descenderán Jesús y sus seguidores a la tierra o regresarán al cielo tras la "reunión en el aire"?).

El obstáculo de las preguntas sin contestar. Un segundo obstáculo surge de la circunstancia de que al responder una pregunta específica, Pablo suscita (pero no contesta) varias otras cuestiones. Entre ellas se encuentran la naturaleza del cuerpo de resurrección, si se producirá algún cambio en el cuerpo de los que son arrebatados, el estado de los cristianos muertos entre la muerte y la resurrección, la resurrección de los incrédulos, el juicio y el Día del Juicio, etc.[24]

Algunas de estas preguntas se pueden contestar basándose en otros pasajes paulinos. El apóstol explica, por ejemplo, la naturaleza del cuerpo de resurrección en 1 Corintios 15:35-49 e indica en 15:50-53 que aunque no todos los creyentes morirán (y, por consiguiente, no resucitarán) "todos seremos cambiados" o transformados. De manera similar, 2 Corintios 5:1-10 y Filipenses 1:23 indican que, entre la muerte y la resurrección, los creyentes fallecidos son conscientes de "estar con Cristo". En muchos casos, cuando uno predica o enseña sobre 1 Tesalonicenses 4:13-18, será aconsejable y legítimo responder a estas otras preguntas, considerando otros pasajes de las Escrituras. El desafío consiste en tratarlas de un modo que supla las necesidades o el interés de la audiencia sin distraer la atención de las ideas principales que Pablo expone aquí.

No obstante, algunas de las preguntas ni siquiera se pueden contestar, sencillamente porque el Nuevo Testamento no toca dichos temas. En tales casos, el reto está en evitar distraerse o volverse dogmático sobre puntos en los que hay razones para diferencias legítimas de opinión. Un ejemplo de este tipo de cuestión es el asunto del momento y de la dirección del "rapto" mencionado en 4:17. Algunos intérpretes insisten en que este "arrebatamiento" de los creyentes para que estén con el Señor es un acontecimiento separado de la parusía (la segunda venida) de Jesús y que, tras ser "arrebatada", la asamblea reunida regresa al cielo. Sin embargo, a la vista de la estrecha correlación entre 1 Tesalonicenses 4:13-18 y 1 Corintios 15:51-52, y de la forma en que los acontecimientos de 1 Corintios se relacionan con el regreso de Cristo, muchos eruditos (incluido yo mismo), concluyen que los sucesos descritos en este pasaje tienen lugar en el mismo momento de la parusía, y que la asamblea

---

24. Para un excelente debate de estas y otras cuestiones relacionadas, ver Harris, *From Grave to Glory* (ver nota 19).

reunida de creyentes acompaña al Señor Jesús en una procesión triunfal hasta la tierra.[25] En vista de tales diferencias, no parece sabio volverse dogmático sobre una interpretación particular de este pasaje ni convertirlo en una prueba de fe o de comunión.

Significado Contemporáneo

Snoopy, uno de mis dibujos animados favoritos, recoge una conversación entre Lucy y Linus. Mirando por la ventana, Lucy se pregunta: "¡Vaya! ¡Cómo llueve...! ¿Y si se inundara todo el mundo?". "Eso nunca ocurrirá —contesta Linus—. En el capítulo nueve de Génesis, Dios prometió a Noé que no volvería a suceder jamás y la señal de la promesa es el arcoíris". "Me quitas un gran peso de encima", replica Lucia, a lo que Linus responde: "¡La teología sana sabe cómo hacer eso!". Los dibujos animados captan la esencia de lo que Pablo estaba haciendo en este pasaje de 1 Tesalonicenses: ofrecía "teología sana" como consuelo y estímulo a los amigos que intentan encontrarle sentido a esa experiencia humana universal: la muerte.

La muerte es un tema "candente" en la cultura estadounidense contemporánea. Desde la publicación de los relatos de experiencias cercanas a la muerte de Kübler-Ross,[26] ha aparecido un creciente número de libros que tratan del morir, la muerte y la vida después de la muerte, y los principales medios de comunicación (tanto impresos como visuales) se ocupan ahora con regularidad de este tema. Pero si los medios más populares ofrecen alguna indicación, el verdadero punto de interés no está sencillamente en la muerte en sí, sino en lo que ocurre *después* de ella. Los libros que afirman proporcionar un vislumbre de lo que pasa después de la muerte o que describen el "caminar hacia la luz" llenan las estanterías de los distintos puntos de venta; los principales filmes visualizan historias ficticias de personas que mueren y que, aun así, pueden interactuar con los vivos; publicaciones de supermercados gritan

---

25. Ver también el debate de 2Ts 2:1-12 más abajo. A este respecto, ver además Gleason L. Archer, Paul D. Feinberg, Douglas J. Moo, y Richard R. Reiter, *Tres puntos de vista sobre el rapto* (Miami: Vida, 2009). Una presentación clara (y, en mi opinión, decisiva) de la postura postribulación es la de Bob Gundry, *First the Antichrist* (Grand Rapids: Baker, 1997).
26. Elizabeth Kübler-Ross, *On Death and Dying* (Nueva York: Macmillan, 1969).

pidiendo atención con titulares como: "Lo que ocurre verdaderamente después de que usted muera".

Preocupaciones personales con respecto a la muerte. Sospecho que detrás de todo este intenso *interés* general en la muerte y sus secuelas se halla una *preocupación* personal incluso más intensa: ¿qué me ocurrirá a *mí* a mi muerte? No debería sorprendernos que el interés general que nuestra cultura tiene en la muerte resulta ser intensamente personal, porque, como indiqué más arriba, la muerte es una de las pocas cosas que comparte la experiencia humana. Hasta la pregunta que los tesalonicenses le hicieron a Pablo encaja en este patrón. Su inquietud general ("¿Qué ocurrirá con los que hayan muerto antes de que Jesús venga?") esconde una pregunta más personal: "¿Qué me pasará a mí si muero antes del regreso de Jesús?". En resumen, la pregunta subyacente entonces es básicamente la misma que se está formulando hoy.

Esto significa, a su vez, que la respuesta de Pablo a su pregunta también es una contestación a la nuestra. Teniendo en mente que está hablando específicamente acerca de creyentes (y no de los seres humanos en general), existen al menos tres aspectos específicos de su respuesta que necesitan enfatizarse hoy.

(1) El futuro de los creyentes no es tanto un lugar como una relación. Para los creyentes que, como las personas que nos rodean, se preguntan qué ocurre o dónde vamos cuando morimos, Pablo dice: "Estaremos con el Señor siempre" (4:17). Comparada con las detalladas respuestas disponibles en otras fuentes (p. ej. el retrato que los musulmanes hacen del paraíso o los postulados por el movimiento Nueva Era), esta parece casi demasiado básica, apenas suficiente para satisfacer nuestra intensa curiosidad. A pesar de todo, esta contestación solo parece "básica" si no llegamos a sentir la sustancia de lo que la afirmación de Pablo implica. A medida que Pablo desarrolla la idea en otro lugar,[27] la resurrección (o el rapto, según sea el caso) para "estar con el Señor siempre" incluye (a) la adquisición de un cuerpo de resurrección transformado que es glorioso e imperecedero, y (b) el disfrute de una relación con Cristo más cercana, rica y plena que la que experimentamos en la actualidad; en suma, un estado de existencia que Pablo mismo considera "muchísimo mejor" (Fil 1:23). Nuestra experiencia presente de Cristo es, en otras palabras, solo un anticipo de lo que tenemos por delante.

---

27. Primordialmente en 1 Corintios 15 y 2 Corintios 5; para un debate completo ver Murray J. Harris, *From Grave to Glory,* 185-231.

Si bien la respuesta de Pablo sobre el futuro parece un tanto básica en comparación con otras contestaciones, no obstante contiene algo que las demás no tienen: un sólido fundamento histórico. Lo que Pablo afirma sobre nuestro futuro como creyentes no es un tema de especulación sin base, sino que está fundado en que Dios resucitó y exaltó a Jesús, el Mesías. Nuestra confiada actitud hacia el futuro se cimenta en nuestro conocimiento del pasado. Lo que Dios ya ha hecho —y no la especulación humana, el optimismo infundado o meras ilusiones— es la base sobre la cual descansa nuestra genuina esperanza para el futuro.

(2) Para los creyentes, la muerte no es el final, sino una transición. Las preguntas que los tesalonicenses suscitaron reflejan, al menos en parte, una suposición por parte suya de que la muerte era la realidad final de la existencia humana, un extremo o barrera que ni el regreso de Jesús podía cruzar o afectar. Opiniones similares sobre la muerte son bastante comunes hoy día; incluso algunos teólogos cristianos argumentan que, a nivel individual, no hay nada más allá de la muerte.[28] Contra cualquier filosofía o punto de vista materialista que asevera semejante criterio sobre la muerte, Pablo declara con toda claridad que *existe una realidad más allá de la muerte.*

En contraste con el cinismo expresado en gran parte de Eclesiastés, cuyo autor, tras analizar todo lo que sucedía "debajo del sol", solo encontró vanidad, frustración y desesperación, Pablo afirma que hay algo más en la vida que solo se puede conocer sobre la base de la experiencia humana. En vista de que Dios resucitó a Jesús, la muerte de un creyente no se debe considerar como el final de la vida, sino como la transición a una experiencia de vida aún mejor: la vida en la presencia de Jesús el Señor. Martin Luther King Jr. lo expresó con su característica elocuencia en un sermón en el funeral de las cuatro niñas pequeñas asesinadas por una bomba racista en Birmingham, Alabama, en 1963.

> Espero que puedan hallar algún consuelo en la afirmación del cristianismo en cuanto a que la muerte no es el fin. No es un periodo que acaba con la gran frase de la vida, sino una coma que la puntúa para un significado más elevado. La muerte no es una avenida ciega que conduce a la raza humana a un estado de inexistencia, sino a una puerta abierta que lleva al hombre a la vida eterna. Dejen que esta osada

---

28. Para algunos ejemplos, ver Stephen H. Travis, *Christian Hope and The Future* (Downers Grove, Ill.: InterVarsity, 1980), 93-95.

fe, *esta conjetura grande e invencible,* sea el poder que los sustente en estos días de prueba.[29]

Afirmar con Pablo que la muerte no es un final, sino una transición no es en absoluto negar o minimizar sus efectos destructivos que incluyen la interrupción de relaciones humanas apreciadas y significativas. Como observa John r. W. Stott: "Por firme que pueda ser nuestra fe cristiana, la pérdida de un pariente cercano o de un amigo causa un profundo *shock* emocional. Perder a un ser amado es perder parte de uno mismo. Requiere ajustes radicales y dolorosos que pueden tardar muchos meses", o incluso años.[30] En tales circunstancias, el duelo es una respuesta natural y hasta necesaria; como observa D. A. Carson: "Por todas partes, la Biblia asume que los que están afligidos sufren, y su dolor nunca se minimiza".[31]

Pero hasta en medio de nuestro duelo y de nuestra tristeza, el apóstol nos recuerda que no perdamos de vista que Dios resucitó a Jesús, esa decisiva victoria sobre la muerte en la que todos los creyentes fallecidos participarán finalmente cuando Dios también los levante a ellos de los muertos (4:14). Por esta razón, la forma en la que llevamos el duelo debería ser cualitativamente diferente de aquellos "que no tienen esperanza" (4.13): "Lo que Pablo prohíbe no es el dolor, sino el apenarse sin esperanza".[32] En momentos de pérdida, testificar de la esperanza que tenemos en Cristo puede no resultar fácil. "La lucha —como indica Leighton Ford, el célebre evangelista y líder misionero, cuyo hijo mayor murió a la edad de veintiún años—, reúne nuestra fe y nuestras emociones".[33] Este es precisamente el desafío que la muerte les presenta a los cristianos: vivir lo que creen cuando es más difícil hacerlo.

(3) Lo que sabemos y creemos sobre el futuro debería moldear nuestra manera de vivir en el presente. Aunque el tema de Pablo era el destino de los creyentes que habían muerto, su audiencia eran los creyentes que seguían vivos, y su última palabra va destinada a ellos: "Por lo tanto, anímense unos a otros con estas palabras" (4:18). Pablo espera claramente

---

29. Citado por Susan Bergman, "In The Shadow of the Martyrs", *CT* 40:9 (12 agosto, 1996): 25.
30. J. R. W. Stott, *The Gospel and the End of Time,* 92-93.
31. D. A. Carson, *¿Hasta cuándo, Señor? Reflexiones sobre el sufrimiento y el mal* (Barcelona: Andamio, 1995), p. 112 de la edición en inglés.
32. J. R. W. Stott, *The góspel and the End of Time,* 94.
33. Leighton Ford, *Sandy: A Heart for God* (Downers Grove, Ill.: InterVarsity, 1985), citado por J. R. W. Stott en *The Gospel and the End of Time,* 93.

que la información que ha impartido a los tesalonicenses afecte sus actitudes y su comportamiento. Si la suposición de alguno de ellos (a saber, que la muerte es el final) fuera cierta, sería adecuado un acercamiento epicúreo a la vida: "Comamos y bebamos que mañana moriremos", tal como el apóstol mismo reconoce (1Co 15:32). Sin embargo, precisamente porque esa opinión de la vida no es verdadera, porque esperamos la resurrección de los muertos, no vivimos para el momento, sino con un ojo puesto en el futuro. Más importante aún: nuestra forma de vivir el presente debería estar moldeada, de manera fundamental, por ese futuro.

Los terroristas suicidas, trágicamente convencidos de que entrarán en el paraíso cuando mueran, entregan su vida voluntariamente por causas políticas o religiosas. Los Testigos de Jehová trabajan con la esperanza de poder encontrarse entre los 144.000 que se clasificarán para el cielo, y los mormones luchan por conseguir recompensas extraterrestres. Si las creencias erróneas como estas tienen tanto impacto sobre quienes las mantienen, ¿deberían las cristianas, basadas como están en la resurrección de Jesús, tener menos? A pesar de ello, con frecuencia parece que muchos cristianos no se distinguen de sus vecinos en aspectos críticos. Reacios al riesgo y conscientes de la seguridad, parecemos poco dispuestos a arriesgar mucho de cualquier cosa, por no hablar de nuestra vida, por amor al evangelio. Con todo, en realidad es arriesgado vivir en este mundo al que el evangelio nos llama ("Porque el que quiera salvar su vida, la perderá, pero el que pierda su vida por mi causa y por el evangelio, la salvará" Mr 8:35).

La iglesia primitiva lo entendió. Cuando, por ejemplo, estalló una epidemia en la ciudad y los habitantes huyeron al campo asustados, muchos cristianos se quedaron para ministrar a los enfermos (cristianos y no cristianos por igual) en el espíritu de Mateo 25:35-40, seguros en el conocimiento de que morir al servicio del evangelio significaba vivir con Cristo para siempre. Además, su ministerio se convirtió en un poderoso medio de evangelización que contribuyó de forma relevante a la expansión prolongada del cristianismo.[34] Si una epidemia como el ébola se declarara en nuestra ciudad hoy y se hiciera un llamamiento para voluntarios que sirvieran y ministraran, ¿cómo responderían? Esta es la clase de pregunta a la que este pasaje nos enfrenta.

---

34. Ver Rodney Stark, *The Rise of Christianity* (Princeton: Princeton Univ. Press, 1996), 73-94.

Afrontar nuestra propia mortalidad. De forma más general (y menos hipotética), el pasaje nos desafía a enfrentarnos a nuestra propia mortalidad. Nos invita a preguntar hasta qué punto se ven motivados nuestro pensamiento y nuestra conducta en cuanto a la muerte por el temor o por la negación. Nos ofrece una oportunidad de decidir si realmente creemos, con Pablo, que para los creyentes "morir es ganar" (Fil 1:21, 23). No resulta fácil tratar con ninguna de estas preguntas, ya que nos obliga a enfrentarnos a la muerte. Las buenas noticias son que no necesitamos enfrentarnos a la muerte basándonos tan solo en nuestros propios recursos, sino en la fe en el Dios que ya ha vencido a la muerte en la resurrección de su Hijo, nuestro Señor. El coro de un himno familiar capta bien la idea básica de Pablo en este pasaje:

> Porque él vive triunfaré mañana,
> porque él vive ya no hay temor,
> porque yo sé que el futuro es suyo,
> la vida vale más y más, solo por él.[35]

Recientemente leí sobre una mujer que describió cómo, cuando la muerte de su madre fue inevitable, ella quiso que los doctores hicieran todo lo posible por mantenerla viva, porque, como más tarde entendió, no quería ser la "siguiente". Este tipo de negación no es poco común; como señala Martin Marty: "… una gran mayoría de estadounidenses comparte esa creencia [en la vida eterna] y, no obstante, viven aterrorizados por la muerte".[36] Qué diferente, sin embargo, fue la actitud ejemplarizada por el fallecido arzobispo de Chicago, John Cardinal Bernardin. La fe, la gracia y el valor con que se enfrentó, de forma muy pública, a su muerte de cáncer hicieron que se ganara un amplio y genuino respeto de las personas de toda la nación, y hasta de todo el mundo. La forma en que vivió su vida frente a su propia muerte inminente le convirtió en un modelo de actitud verdaderamente cristiana hacia la muerte. Para él, esta pudo haber sido, en palabras de Pablo, el "último enemigo" (1Co 15:26); pero no fue la victoria final, porque la victoria suprema le pertenece a Dios que "nos da la victoria por medio de nuestro Señor Jesucristo" (15:57). Y en esto radica nuestra esperanza.

---

35. "Because He Lives" [Porque él vive], texto de Gloria Gaither y William J. Gaither, música de William J. Gaither. Copyright 1971 de William J. Gaither [autor de la traducción en español desconocido. Tomado de literaturabautista.com].
36. Citado por Kenneth L. Woodward y John McCormick, "The Art of Dying Well", *Newsweek*, 25 noviembre, 1996, 63 (reportaje informativo sobre el arzobispo Bernardin).

1 Tesalonicenses 5:1-11

Ahora bien, hermanos, ustedes no necesitan que se les escriba acerca de tiempos y fechas, ²porque ya saben que el día del Señor llegará como ladrón en la noche. ³Cuando estén diciendo: «Paz y seguridad», vendrá de improviso sobre ellos la destrucción, como le llegan a la mujer encinta los dolores de parto. De ninguna manera podrán escapar.

⁴ Ustedes, en cambio, hermanos, no están en la oscuridad para que ese día los sorprenda como un ladrón. ⁵ Todos ustedes son hijos de la luz y del día. No somos de la noche ni de la oscuridad. ⁶ No debemos, pues, dormirnos como los demás, sino mantenernos alerta y en nuestro sano juicio. ⁷ Los que duermen, de noche duermen, y los que se emborrachan, de noche se emborrachan. ⁸ Nosotros que somos del día, por el contrario, estemos siempre en nuestro sano juicio, protegidos por la coraza de la fe y del amor, y por el casco de la esperanza de salvación; ⁹ pues Dios no nos destinó a sufrir el castigo sino a recibir la salvación por medio de nuestro Señor Jesucristo. ¹⁰ Él murió por nosotros para que, en la vida o en la muerte, vivamos junto con él. ¹¹ Por eso, anímense y edifíquense unos a otros, tal como lo vienen haciendo.

Sentido Original

El tema de esta unidad, "tiempos y fechas" (presentado por el "ahora ... acerca", como en 4:9), está estrechamente relacionado con el anterior. Mientas que 4:13-18 trataba sobre el destino de los cristianos muertos en el momento de la parusía de Jesús, 5:1-11 se ocupa de la actitud de los vivos hacia el mismo acontecimiento. Allí tranquilizó a la comunidad sobre el destino de los creyentes fallecidos en el momento de la parusía; aquí lo hace con respecto al sino de los creyentes vivos en el momento de la parousía (como hijos del día, no estarán sujetos a ira) y les recuerda la necesidad de "mantenerse alerta y en su sano juicio" (5:6) mientras tanto.

Tras describir cómo verán la parusía los no cristianos (5:2-2), Pablo se dirige a los hermanos y hermanas tesalonicenses[1] en 5:4-11. Dentro de esta sección, los versículos 4-5, 7 y 9-10a establecen "indicativos", que

---

1. Para el significado de *adelphoi* (NVI "hermanos") en 5:1 (que incluye a toda la comunidad, y no solo a los miembros varones), ver comentarios sobre 1:4.

van seguidos por "imperativos" en los versículos 6, 8 y 10b-11. La referencia a "despierto o dormido" en 5:10 demuestra la estrecha relación en la mente de Pablo entre esta sección y la precedente, como lo hace la exhortación final en 5:11 (*cf.* 4:18), que funciona como conclusión general para 4:13–5:10.

"Tiempos y fechas" (5:1-2)

El punto de partida de este pasaje es la cuestión de cuándo regresará el Señor. Como en 4:13, Pablo parece estar respondiendo a una pregunta tesalonicense. No se puede determinar, sin embargo, lo que la provocó. Con frecuencia se sugiere que el asunto del momento del día del Señor se suscitó a partir de un intenso (tal vez incluso más que candente) interés en o curiosidad sobre cuándo llegaría ese día y que Pablo estaba intentando moderar o controlar este "fervor escatológico".

Pero, en vista de (1) la forma en que Pablo se sale de su camino para tranquilizar a los tesalonicenses acerca de quiénes *son* (hijos "de luz" y "del día", 5:4, 8), (2) su recordatorio en cuanto a que "Dios no nos destinó a sufrir el castigo" (5:9; *cf.* 1:10), y (3) la forma en que los alienta a animarse unos a otros (5:11), es posible que la pregunta de los tesalonicenses no surgiera por curiosidad, sino más bien del temor y de la preocupación sobre el destino de los creyentes vivos en el momento de la parusía. Es decir, la pregunta puede aquí ser muy similar a la que subyace en 4:13-18. Allí, la inquietud se centraba en el destino de los creyentes fallecidos en el momento de la parusía (¿se la perderían?), mientras que aquí radica en el sino de los cristianos vivos en ese instante (que, al parecer, no querían verse sorprendidos cuando no estuvieran preparados para la ira que estaba por venir y que acompañaría a ese suceso; *cf.* 1:10).[2]

Las palabras traducidas "tiempos" y "fechas" (*chronõn* y *kairõn*, "tiempos y sazones"; *cf.* Dn 2:21; 7:12) son básicamente sinónimas en el periodo del Nuevo Testamento (*cf.* Hch 3:19-21). Juntas forman una frase hecha cuyo significado aquí es esencialmente "cuándo" (*cf.* Hch 1:7). El acontecimiento sobre cuyo momento sienten curiosidad

---

2. De manera similar, I. H. Marshall: "Los miembros no solo estaban preocupados por el destino de los que ya habían muerto antes de la inminente parusía, sino también por su propia posición; el carácter de juicio repentino e inesperado de la parusía sobre los incrédulos también los llenaba de angustia con respecto a sí mismos" ("Election and Calling to Salvation in 1 and 2 Thessalonians", en *The Thessalonian Correspondence*, ed. Raymond F. Collins [Leuven: Leuven Univ. Press, 1990], 260).

los tesalonicenses se identifica en 5:2 como el "día del Señor" (*cf.* 2Ts 2:2; también 1Co 5:5). En el Antiguo Testamento se describía como un día de juicio para los oponentes de Dios, pero un día de liberación para los fieles (p. ej., Is 2:1–4:6; Jl 1:15; 2:1, 11, 31-32; Am 5:18-20; Sof 1:14; Zac 14). Pablo mantiene sistemáticamente este doble aspecto del "día del Señor" que también define como el "día de nuestro Señor Jesús [Cristo]" (1Co 1:8; *cf.* 2Co 1:14) o, sencillamente, "el día" (1Ts 5:4; 2Ts 1:10; *cf.* 1Co 3:13). La frase designa el mismo suceso que la parusía (1Ts 4:15) de Jesús. Pablo cambia aquí los términos, porque su énfasis recae más sobre el aspecto del juicio que sobre el de la liberación.

En cuanto al momento en que se producirá ese día, Pablo escribe que no puede decir nada más sobre el tema ("no necesitan que se les escriba"), ya que los tesalonicenses ya "saben muy bien" lo único que necesitan saber en cuanto a "cuándo" ocurrirá: "Vendrá como ladrón en la noche" (5:2; *cf.* 2P 3:10; Ap 3:3; 16:15). La fuente más probable de esta metáfora es la enseñanza de Jesús (*cf.* Mt 24:43//Lc 12:39), donde esta expresión figura en un contexto que recalca la necesidad de estar preparados o alerta (Mt 24:44//Lc 12:40), un tema que Pablo retoma en 5:4-6. Su uso aquí pone el énfasis en lo inesperado de la llegada de ese día y en su carácter amenazante como tiempo de juicio sobre aquellos que no estén preparados.

¿"Paz y seguridad" (5:3)?

Estos dos aspectos se desarrollan en 5:3 (que, como 5:2, se basa firmemente en la tradición del evangelio; *cf.* Lc 21:34-36). En tiempo en que todo *parece* estar bien, la "destrucción" llegará con la brusquedad de los dolores de parto (una imagen bíblica común para el dolor y la angustia, aunque aquí el énfasis recae más sobre la premura con la que empiezan). Todo aquel que no esté "con el Señor" (*cf.* 4:17) ciertamente *no* (el negativo es enfático) escapará (como tampoco puede la mujer eludir los inevitables dolores del parto).

Aunque la frase "paz y seguridad" tiene antecedentes veterotestamentarios parciales (Jer 6:14; 8:11; Ez 13:10-16; Mi 3:5), su contexto más probable es político, ya que *pax et securitas* era un eslogan popular de la maquinaria propagandística del Imperio romano. La promesa de paz y seguridad era lo que Roma ofrecía a aquellos pueblos que se sometían (voluntaria o involuntariamente) al gobierno y al poder militar romanos; se consideraba un regalo de Roma a aquellos a los que vencía; equivalía prácticamente a un ofrecimiento de liberación o "salvación" de la agitación y el peligro.³ Sin embargo, desde la perspectiva paulina, cualquier afirmación de este tipo es ilusoria y engañosa, y, por tanto, peligrosa. Solo la confianza en Dios libera de la "destrucción" que acompaña al día del Señor venidero.

La "destrucción" (o tal vez el "desastre") puede indicar la pérdida de propiedades, la muerte o el castigo eterno. En 2 Tesalonicenses 1:9, la frase "destrucción eterna" es lo contrario a "vida eterna". Aquí, sin embargo, siendo el adjetivo "repentino" y no "eterno", la idea parece aludir a una especie de catástrofe o desastre histórico, tal vez como predicción o anticipación de una pérdida eterna o del juicio que seguirá.⁴

Alerta y sano juicio (5:4-8)

En 5:4-8 Pablo extiende la metáfora y simbología de 5:2-3 ("día", "ladrón", "noche"). La imaginería de la luz y la oscuridad (con frecuencia en frases como "hijos de la luz" e "hijos de las tinieblas") se utilizaba de forma común para designar a "los de dentro" y "los de afuera" (*cf.* p. ej., Lc 16:8; Jn 12:36; Ef 5:8; 1Jn 1:6-7; 2:9-11; 1QS 1:9-10; 3:13; 3:24-25; 1QM 1:1, 3). "Noche" y "oscuridad" se asocian con la separación de Dios y la ignorancia de la inminencia del día del Señor; en la misma medida, "día" y "luz" se relacionan con la salvación y el conocimiento acerca del día del Señor. En 5:7, Pablo retoma otro aspecto más de la "noche"; su relación con la conducta indisciplinada (borrachera).

El versículo 6, como la mayor parte de este pasaje, tiene paralelos en los Evangelios (*cf.* Mt 24:42-44; Mr 13:33, 36: "¡Estén alerta! ¡Vigilen!"; "que no los encuentre dormidos"). Pablo explica dos implicaciones del estado de los tesalonicenses como hijos de luz (1Ts 5:5). A diferencia de "los otros" (es decir, los incrédulos; *cf.* 4:5, 13), que duermen en la ignorancia (y, por tanto, serán sorprendidos con la guardia baja), los tesalonicenses deben estar "alerta [*cf.* 5:10; también 1Co 16:13; Col 4:2; 1P 5:8] y tener sano juicio" (RVR1960, "sobrios"; *cf.* 2Ti 4:5; 1P 1:13; 4:7; 5:8). La primera palabra (lit., "permanecer despiertos") enfatiza la necesidad de vigilancia; la segunda (lit., lo contrario de borrachera, *cf.* 5:7) transmite la idea de equilibrio o disciplina.

---

3. E. Bamme, "Romans 13", en *Jesus and the Politics of His Day,* ed. E. Bammel y C. F. D. Moule (Cambridge: Cambridge Univ. Press, 1984), 375-80. E. J. Richard (*Thessalonians,* 260) desarrolla una idea similar a partir de una dirección distinta.
4. Sobre este término ver, además, G. L. Borchert, "Wrath, Destruction", *DPL,* 992-93.

En 5:8a, donde la frase "que somos del día" resume básicamente la idea (y se basa en la simbología) de 5:2-7, Pablo repite (y, de este modo enfatiza) la llamada al autocontrol. Luego deja caer las metáforas y las imágenes, asociando el autocontrol a la familiar tríada de fe, amor y esperanza (ver comentarios sobre 1:3),[5] que el apóstol describe mediante imágenes militares (coraza, casco; *cf.* Ef 6:11-18; también Ro 13:12) probablemente sacadas del Antiguo Testamento (*cf.* Is 59:17; también Sab. 5:17-20). En esta tríada, el énfasis recae en "la esperanza de salvación", una frase que revela cómo, para Pablo, la salvación en toda su plenitud es un regalo futuro (*cf.* Ro 5:10; 8:24; 13:11), que los creyentes experimentan tan solo en parte en el presente (*cf.* 1Co 1:18; 2Co 2:15) y, por tanto, lo aguardan con esperanza.[6]

Salvación, no ira (5:9-11)

Aunque en 5:4-5, 8a Pablo ya ha establecido una base para sus exhortaciones sobre la vigilancia y, en 5:6, 8 sobre la disciplina, en 5:9 (nótese el "porque") proporciona lo que equivale a una razón adicional, una que no solo suplementa la que dio en 5:4-5, sino que también determina su base teológica. El estatus de los tesalonicenses como "hijos de la luz" que en "el día del Señor" son "destinados... a recibir la salvación", se basa en la actividad de Dios a su favor. Es decir: los tesalonicenses pueden estar alerta y en su sano juicio, con fe genuina, porque Dios mismo no los ha destinado (*cf.* 1:4; 2:12; 3:3; 4:7; 5:24) a "sufrir el castigo" (ver comentarios sobre 1:10), sino a "recibir la salvación" (*cf.* 2Ts 2:13).[7]

Pablo describe lo que esto implica tanto de forma negativa (librarse de la ira, 5:9) como positiva ("vivir junto con" Jesús, 5:10b). Esta salvación viene "por medio de nuestro Señor Jesucristo" (*cf.* Ro 5:1, 11; 1Co 15:57), que "murió por nosotros" (1Ts 5:10a; *cf.* Ro 5:6, 8; 8:3; 14:15; 1Co 15:3; 2Co 5:14-15). Aunque Pablo no desarrolla aquí la idea, "la implicación inevitable es que por medio de la muerte de Jesús ocurrió algo que transformó el destino de los creyentes. De no haber muerto

---

5. Que "protegidos" signifique una acción simultánea con la acción de ejercer autocontrol (en cuyo caso indica tal vez el medio de ejercer dicho sano juicio), o (2) una acción que precede ("habiendo sido ya protegidos") el ejercicio del sano juicio (en cuyo caso indica una razón para ejercer autocontrol), es una pregunta interesante.
6. Ver, además, L. Morris, "Salvation", *DPL*, 858-62.
7. Merece la pena observar que "Pablo no sugiere que la designación de ciertas personas a la salvación signifique que otros estén destinados a la ira" (I. H. Marshall, *1 and 2 Thessalonians*, 140). Sería poco sabio sacar deducciones sobre la predestinación a la ira por este texto, ya que Pablo mismo no trata el tema aquí.

Jesús" ellos también habrían estado sujetos a la ira, exactamente como "los otros" (5:5).⁸ Sin duda, Pablo pretende que esta idea tranquilice a los tesalonicenses haciéndoles saber que su salvación está arraigada en Dios por medio de Jesús y, por tanto, es una fuente genuina de esperanza.

En 5:10-11 queda claro que Pablo está vinculando 5:1-11 con 4:13-18 así como con 4:9-12. (1) Dado que Pablo consideraba la muerte de Jesús y su resurrección como dos lados de una misma moneda (*cf.* Ro 14:9; 1Co 15:3-4), su mención de la primera aquí no puede sino traer a la mente su mención de la segunda (*cf.* 1Ts 4:14). (2) La descripción que Pablo hace en 5:10b del propósito de la muerte de Cristo —"que, en la vida o en la muerte, vivamos junto con él"— está expresada en palabras que, obviamente, se hacen eco de 4:15-17. (3) En 5:11a ("Por eso, anímense ... unos a otros"), Pablo repite básicamente 4:18 (aunque aquí enfatice más el aliento que el consuelo), mientras que el resto del versículo ("edifíquense unos a otros, tal como lo vienen haciendo") recuerda lo que dijo en 4:9-10 sobre *philadelphia*. Para Pablo, las preocupaciones sobre el destino de los que mueran antes de la parusía y las preguntas sobre cuándo ocurrirá esta no se anteponen a la necesidad de practicar *philadelphia:* por el contrario, proporcionan ocasiones concretas para su ejercicio, al consolarse y animarse los creyentes los unos a los otros en medio de las circunstancias difíciles, confiando en la esperanza de una salvación basada en la muerte y la resurrección del Señor Jesús.

Ideas centrales. Un primer movimiento común (y, con frecuencia, eficaz) al relacionar los contextos en las cartas paulinas consiste en identificar el problema o la pregunta que generó los comentarios de Pablo. Pero, dado que no sabemos en realidad qué impulsó a Pablo para que tratara el tema del día del Señor, una buena alternativa para el primer movimiento es identificar las ideas centrales que Pablo expone en respuesta. Incluyen, al menos, las siguientes:

(1) Ningún ser humano sabe cuándo vendrá el día del Señor (5:2).

(2) Para los incrédulos (que están dormidos, "despistados" y "en la oscuridad"), la llegada del día será una sorpresa repentina e inesperada (5:3, 5).

---

8. I. H. Marshall, *1 and 2 Thessalonians,* 140.

(3) Para los creyentes (que están "con él" y "en el conocimiento", porque "las luces están encendidas" para ellos), la llegada del día *no* será una sorpresa (5:4).

(4) En contraste con los incrédulos que tienen una falsa sensación de seguridad (5:3), los creyentes tienen una seguridad genuina en la salvación basada en la muerte (y, por implicación, en la resurrección) del Señor Jesucristo (5:9-10).

(5) Para los creyentes (independientemente de que estén muertos o vivos en ese momento), la venida del día del Señor significará vida juntamente con él (5:10).

(6) Mientras tanto, deberíamos permanecer alerta (5:6) y disciplinados (5:6, 8) a la vez que nos alentamos y nos edificamos los unos a los otros (5:11; *cf.* 4:18) en fe, amor y esperanza (5:8; *cf.* 1:3).

Tras identificar estas ideas fundamentales, un segundo movimiento importante consiste en destacar el enfoque central de Pablo en este pasaje. En 5:4, queda claro que la principal preocupación del apóstol no es desarrollar las implicaciones del día del Señor para los incrédulos, sino más bien detallar con claridad sus implicaciones para los creyentes. Como en 4:13-18, su enfoque no está en transmitir la información en sí, sino en desarrollar las implicaciones de esta información sobre el futuro en la forma en que los tesalonicenses deberían pensar y vivir en el presente. Así pues, habiendo dicho en 5:2 todo lo que puede sobre "cuándo" será el día del Señor, en 5:4 aparta la atención de sus lectores de la cuestión del cuándo para llevarla a *cómo* deberían comportarse a la luz del carácter inesperado de su venida. Esto sugiere firmemente la dirección que cualquier aplicación de este pasaje debería tomar.

Dos ideas secundarias. Además de esto, en este pasaje encontramos al menos dos puntos sustanciales que Pablo toca, pero sin debatirlos. Queda claro que no son más que de un interés secundario con respecto a este pasaje en particular. Pero en algunas circunstancias (como trabajar con nuevos creyentes) puede ser adecuado (y hasta necesario) prestarles más atención de la que reciben aquí. (1) Un aspecto significativo de la teología de Pablo subyace en 5:9-10, donde alude a su teología de la cruz, aunque no la desarrolla. Para captar su comprensión de la muerte de Jesús y su relevancia, de una forma más completa, será necesario aportar pasajes como Romanos 3:24-26 (*cf.* 5:6-10) y

2 Corintios 5:19-21.⁹ (2) La difícil pregunta que surge de 1 Tesalonicenses 5:2-3 es la del destino de los incrédulos en el día del Señor. Pablo está tan centrado en la importancia del día para los creyentes que sencillamente no desarrolla esta otra cuestión. (Sin embargo, retoma este punto en 2Ts 1:5-10.)

Un potencial obstáculo. Finalmente, debemos evitar una tentación más importante cuando tratemos este pasaje: la tentación de especular sobre —¡o incluso afirmar que sabemos!— cuándo tendrá lugar el día del Señor. Se diría que no ha habido época en la historia de la iglesia en la que no hubiera quien intentara discernir el momento del regreso de Jesús. Ciertos periodos o eras, sin embargo, se han visto plagados de personas así mucho más que otros, en general a causa de las condiciones de calendario o sociales. Por ejemplo, al acercarse el año 1000, se generó agitación en partes de Europa, donde se dice que las expectativas de que el mundo acabara eran generalizadas. En el siglo XIV, las plagas y las hambrunas por todas partes hicieron que muchos pensaran que el fin estaba cerca, y lo mismo sucedió con la confusión religiosa y política de la era de la Reforma.

Los orígenes de grupos como los Testigos de Jehová y los Adventistas del Séptimo Día se remontan a los vaticinadores del siglo XIX. Y, ahora —debido al efecto combinado de la proximidad de un nuevo milenio y la fundación del estado moderno de Israel en 1948— el final del siglo XX se ve infestado de su propia plaga de adivinadores de fechas. El comienzo de la década de 1970 vio surgir el libro de Hal Lindsey *La agonía del gran planeta Tierra* (que, aunque evitaba escrupulosamente establecer una fecha, dejaba, no obstante, la clara impresión de que 1988 era el año). De forma más reciente, Edgar Whisenant proporcionó ochenta y ocho presuntas razones por las que el rapto se produciría entre el 11 y el 13 de septiembre de 1988; cuando no fue así, anunció con mayor convicción aún que sería en 1989.¹⁰

Ahora que el siglo XX toca a su fin (estoy escribiendo esto en 1997), el efecto hipnótico y casi magnético del milenio que viene (combinado, sin duda, con la tentación de rápidos beneficios) está sacando a relucir a los vaticinadores de fechas. Entre los anuncios representativos que

---

9. Ver, además, A. E. McGrath, "Cross, Theology of the", *DPL,* 192-97; J. B. Green, "Death of Christ", *DPL,* 201-9.
10. "Edgar Whisenant: His New Predictions" (entrevistado por Steven Lawson), *Charisma* 14 (febrero 1989), 58-61, 89.

llegan a mi mesa están los de *The Return of Jupiter* (el texto del anuncio de este libro en la contraportada del número de febrero 1997 de una revista que tengo, dice así: "Un terrible terremoto quebrará la corteza oceánica oriental bajo el océano Pacífico alrededor del año 1996"), *Earth's Two-Minute Warning: Today's Bible Predicted Signs of the End Times*, y *The End: Why Jesus Could Return by* A.D. *2000* (Texto del anuncio: "50 acontecimientos que señalan el regreso de Cristo para el año 2000! [...] ¡Consiga su copia antes de que sea tarde!).

No es de sorprender que los sensacionalistas estén tomando cartas en el asunto, con titulares como "Fecha exacta, hora y lugar del Día del Juicio" (31 de enero de 2001 en la región del Sinaí), o "La fecha en que Jesús regresará a la tierra" (respuesta: "Sin que el mundo lo sepa, Jesucristo regresará a la tierra el 25 de diciembre de 1997, introduciendo una era de paz y armonía perfectas, después de que un enorme cometa colisione contra nuestro planeta y erradique a la mayor parte de la humanidad el 31 de diciembre de 1999), que aparece con frecuencia en sus portadas. Dada la cibercultura actual, tampoco asombra encontrar páginas web dedicadas a la profecía y al futuro.

En vista de lo que Jesús y Pablo tienen que decir sobre el momento del regreso de Jesús (*cf.* Mr 13:32: "Pero en cuanto al día y la hora, nadie lo sabe, ni siquiera los ángeles en el cielo, ni el Hijo, sino sólo el Padre"), lo que podemos concluir con toda confianza sobre todos los intentos de identificar con antelación la fecha en que Jesús volverá es esto: son falsos.[11] La tentación de intentar y calcular la fecha debería reconocerse como lo que es: una tentación. Como la mayoría de ellas, nos distrae de lo que deberíamos estar haciendo: alentarnos y edificarnos unos a otros.

Gran parte de lo que Pablo afirma en este pasaje suena como si fuera su aplicación de las enseñanzas de Jesús, de manera específica Mateo 25:1-13 (la parábola de las diez vírgenes) y Lucas 12:35-46 (exhortaciones a vigilar y estar preparado). Lucas 12:42-46 es especialmente llamativo:

Respondió el Señor:

---

11. Ver, además, C. Marvin Pate y Calvin B. Haines, Jr., *Doomsday Delusions: What's Wrong with Predictions About the End of the World* (Downers Grove, Ill.: InterVarsity, 1995).

¿Dónde se halla un mayordomo fiel y prudente a quien su señor deja encargado de los siervos para repartirles la comida a su debido tiempo? Dichoso el siervo cuyo señor, al regresar, lo encuentra cumpliendo con su deber. Les aseguro que lo pondrá a cargo de todos sus bienes. Pero ¡qué tal si ese siervo se pone a pensar: "Mi señor tarda en volver", y luego comienza a golpear a los criados y a las criadas, y a comer y beber y emborracharse! El señor de ese siervo volverá el día en que el siervo menos lo espere y a la hora menos pensada. Entonces lo castigará severamente y le impondrá la condena que reciben los incrédulos.

Las ideas clave enfatizadas en estos dos textos de los Evangelios, la alerta y la disciplina, son exactamente aquellas en las que Pablo hace hincapié (*cf.* 5:6, 8). Tomar esto en consideración junto con el resumen de las cuestiones esenciales y el principal enfoque que vemos más arriba sugiere las tesis siguientes como punto de partida para la relevancia de este pasaje.

La preparación adecuada para el día del Señor es el servicio y no la especulación. Los seres humanos son curiosos por naturaleza, sobre todo en lo que respecta al futuro. Añade a Dios a la mezcla y resultará fácil entender por qué la especulación sobre el regreso de Jesús es algo tan atractivo y fascinante para tantas personas. No obstante, aunque pudiera parecer una actividad inofensiva, existen varios aspectos negativos potenciales asociados a ello. (1) Dado que nadie sabe cuándo volverá Jesús, la especulación al respecto supone una gran pérdida de tiempo, un tiempo que se podría invertir mejor en actividades más productivas.

(2) Con frecuencia produce una pérdida de recursos. Cuando estalló la Guerra del Golfo contra Irak en 1991, los editores se precipitaron en poner en el mercado ediciones actualizadas de libros publicados con anterioridad sobre la profecía bíblica, buscando hacer dinero del creciente interés en Oriente Próximo, con la profecía bíblica que la guerra generaba. Poco tiempo después, resultaba difícil deshacerse de estos libros (uno que se anunció a bombo y platillo, de un autor conocido, se podía comprar por cajas a cuarenta centavos la copia). Esto no me parece una buena administración de nuestro tiempo, energía o dinero.

(3) La especulación sobre las fechas puede conducir a una conducta que deja al evangelio innecesariamente en ridículo. Numerosos

cristianos coreanos, a principios de la década de 1990, no fueron los primeros, ni serán probablemente los últimos, en vender o deshacerse de sus propiedades (o, por el contrario, en acumular grandes deudas en el crédito de sus tarjetas), en abandonar su trabajo y, por lo general, retirarse de la sociedad para esperar un fin que no llegó cuando se había predicho (para gran diversión de la sociedad secular).[12]

(4) Finalmente, la especulación alimenta el desarrollo de una mentalidad de crisis con respecto al retorno de Jesús. Por lo general se sustenta de información reciente —por ejemplo, una guerra, un importante terremoto o desastre natural, algún cambio en Europa que pudiera interpretarse como relacionado, hasta cierto punto, con el surgimiento de un Imperio romano reconstituido— que impulsa a las personas a preguntarse si podría tratarse de una señal del fin. Como indica Douglas Moo: "... actuando así, implican que el regreso de Cristo solo puede ser inminente si las señales —tal como ellos las interpretan, por supuesto— están en su lugar". El peligro "radica en que los cristianos solo adoptarán la mentalidad escatológica adecuada en tiempos de crisis" y prestarán menos atención (si es que le dedican alguna) en otros momentos.[13] A la luz de 5:3 ("Cuando estén diciendo: 'Paz y seguridad'"), existe ironía en este "planteamiento de crisis" ya que las palabras de Pablo permiten, cuando menos, la posibilidad de que Jesús regrese en un momento en que las personas crean que la crisis acaba de terminar.

Este "planteamiento de crisis" es lo contrario de lo que Pablo recomienda. En contraste con este acercamiento tipo atracón o comilona, advierte que se tenga autocontrol y disciplina; en contraste con prestar atención solo en tiempos de crisis, insta a estar alerta en todo momento. Y en contraste con la ociosa especulación, recomienda alentarse y edificarse los unos a los otros, cosas que, de cualquier modo, deberíamos estar haciendo. Su mención de la fe, el amor y la esperanza en 5:8 proporciona un claro puntero a lo que tiene en mente: la "obra producida por la fe", la "labor impulsada por el amor" y la "resistencia inspirada por la esperanza en nuestro Señor Jesucristo" (1:3). En resumen, Pablo nos está llamando a estar alerta y a mantenernos ocupados: a conducirnos como si Jesús pudiera volver pronto (que puede ser así), y a ministrar como si su venida pudiera retrasarse indefinidamente (que también pudiera ser).

---

12. Ver C. Marvin Pate y Calvin B. Haines, Jr., *Doomsday Delusions*, 10-14.
13. Douglas J. Moo, *2 Peter, Jude* (NIVAC; Grand Rapids: Zondervan, 1996), 195.

Hablando de forma práctica, es cuestión de combinar una actitud a corto plazo con una planificación a largo plazo. La primera es comportarse no dando el futuro por sentado; es una conducta que recuerda que el futuro está en las manos de Dios y no en las nuestras. Jesús contó una parábola sobre un "cierto hombre rico" que se dijo a sí mismo: "Ya tienes bastantes cosas buenas guardadas para muchos años. Descansa, come, bebe y goza de la vida". Sin embargo, aquella misma noche fue llamado para encontrarse con Dios (Lc 12:16-21). Este hombre tenía una actitud contraria a la que Pablo nos alienta a adoptar, por cuanto olvidó que el futuro estaba en las manos de Dios y no en las suyas. Resumiendo, Pablo quiere que planifiquemos y ministremos a largo plazo, pero que lo hagamos con la actitud que él compartía con Santiago: "*Si el Señor quiere,* viviremos y haremos esto o aquello" (Stg 4:15; cursivas añadidas).

Para los creyentes, el día del Señor es motivo de expectación y no de aprehensión. Al menos algunos de los tesalonicenses parecían sentir un cierto grado de aprensión con respecto al regreso de Jesús. Es posible que hoy en día algunos compartan esta sensación aprensiva frente a la parusía, tal vez porque la asocien principalmente con la ira, la destrucción y el juicio. Sin embargo, Pablo se sale un poco de su trayectoria para recalcar que debería ser un motivo de expectación.

Proporciona al menos tres razones para esta expectación. (1) Significa que, como creyentes, estaremos con el Señor siempre (una idea que Pablo expone dos veces; *cf.* 4:17; 5:10). Es decir, que la venida de Jesús significará una transición a un nivel de comunión aún más alto y a la vida junto a nuestro Señor resucitado. (2) Aun cuando la ira será un aspecto del regreso de Jesús, Dios nos ha destinado a salvación y no a castigo (5:9), que es exactamente aquello de lo que Jesús nos librará (1:10). (3) Como Pablo dirá en una carta posterior, nada, ni la muerte ni la ira de Dios, podrá "separarnos del amor de Dios que es en Cristo Jesús, nuestro Señor" (Ro 8:39).

La única fuente de seguridad genuina es Dios, no las instituciones humanas. Como señalé más arriba, *pax et securitas,* "paz y seguridad" fue lo que Roma ofreció a los pueblos bajo su poder y su dominación, y, para muchos, era un eslogan atractivo. No lo es menos en el tumultuoso mundo de finales del siglo XX donde la agitación política, económica y social deja a muchas, muchas personas con un profundo anhelo de algún grado de estabilidad y seguridad. Incluso en Estados Unidos, que, en comparación con gran parte del resto del mundo, disfruta de niveles de paz y seguridad sin precedentes, existe una honda sensación de incomodidad e inseguridad. Su colosal poder militar no puede garantizar la seguridad nacional, como demostraron los bombardeos terroristas del World Trade Center y del edificio de la oficina federal en Oklahoma City. Su enorme poder económico no garantiza la seguridad de la economía personal, como han puesto de manifiesto las oleadas de "recortes" y de despidos corporativos.

Los comerciantes no han tardado en explotar la angustia resultante. Las firmas de inversiones prometen seguridad financiera. Los anuncios de cerraduras de seguridad, artículos de protección personal y comunidades cerradas prometen invulnerabilidad personal (una promesa que incluso ahora se abre camino en la publicidad de automóviles). Los anuncios para otros productos diversos se comprometen a asegurar nuestra salud o nuestro futuro de otras maneras.

Sin embargo, desde la perspectiva de Pablo, todas y cada una de estas afirmaciones son ilusorias y engañosas. Ninguna institución social puede garantizar nuestro futuro. No hay organización ni empresa económica que pueda responder de nuestra seguridad financiera. No existe forma alguna de gobierno, ya sea un estado del bienestar liberal o un régimen fascista, un "Comité para la Salvación Nacional" o milicia antigubernamental, que pueda cumplir la promesa de paz y seguridad. En una era en la que nos bombardean con promesas de paz y seguridad, es importante recordar que la única fuente genuina de paz eterna y seguridad es la confianza en Dios y en su Mesías, Jesucristo el Señor. Eso y solo eso, y no las promesas de paz y seguridad, nos liberará de la ira y la destrucción que acompañarán la llegada del día del Señor.

Resumiendo: como creyentes de hoy, no deberíamos dejarnos fascinar por (ni ser aprensivos en cuanto a) el regreso futuro de Jesús tanto que dejemos de ser sus ministros en el presente. Para Pablo, las preocupaciones tesalonicenses sobre el destino de los que murieran antes de la parusía, y las preguntas sobre el momento en que esta ocurriría, no se anteponen a la necesidad de practicar *philadelphia,* "el amor por los hermanos y hermanas"; por el contrario, proporcionaban ocasiones concretas para su ejercicio. Lo mismo sucede hoy: la comprensión adecuada y la consciencia del regreso de Jesús nos darán energía en el presente, mientras nos consolamos y nos alentamos unos a otros en medio de las circunstancias difíciles, confiando en la esperanza de una salvación basada en la muerte y la resurrección del Señor Jesús.

1 Tesalonicenses 5:12-22

Hermanos, les pedimos que sean considerados con los que trabajan arduamente entre ustedes, y los guían y amonestan en el Señor. [13] Ténganlos en alta estima, y ámenlos por el trabajo que hacen. Vivan en paz unos con otros. [14] Hermanos, también les rogamos que amonesten a los holgazanes, estimulen a los desanimados, ayuden a los débiles y sean pacientes con todos. [15] Asegúrense de que nadie pague mal por mal; más bien, esfuércense siempre por hacer el bien, no sólo entre ustedes sino a todos.

[16] Estén siempre alegres, [17] oren sin cesar, [18] den gracias a Dios en toda situación, porque esta es su voluntad para ustedes en Cristo Jesús. [19] No apaguen el Espíritu, [20] no desprecien las profecías, [21] sométanlo todo a prueba, aférrense a lo bueno, [22] eviten toda clase de mal.

A primera vista, esta sección parece ser una especie de cajón de sastre de exhortaciones e instrucciones diversas. Los eruditos han debatido durante largo tiempo si estas secciones de las cartas paulinas reflejan cuestiones específicas de una iglesia particular o si no son más que meras amonestaciones genéricas sin conexión intrínseca con las circunstancias de los receptores. La observación de que 5:12-22 tiene muchos paralelismos y similitudes con Romanos 12:3-18 ha hecho que algunos concluyan que Pablo comparte aquí con los tesalonicenses un material tradicional aplicable de forma general a cualquier iglesia. Las diferencias entre ambos pasajes son, no obstante, tan relevantes como las similitudes y sugieren que, aunque Pablo incorpora algunos consejos pastorales generales, los ha moldeado hasta cierto punto a la luz de su conocimiento de la situación en Tesalónica.[1]

En términos de estructura, la sección parece dividirse en cuatro segmentos: (1) versículos 12-13; (2) versículos 14-15; (3) versículos 16-18; y (4) versículos 19-22. El primero y el último de estos segmentos tratan, probablemente, cuestiones específicas de Tesalónica. Los dos de en medio son más generales y posiblemente no se debería insistir en

---

1. Ver, además, I. H. Marshall, *1 and 2 Thessalonians*, 145-46 (que ofrece la lista más extensa de posibles paralelismos con Ro 12); C. A. Wanamaker, *Thessalonians*, 190-91; E. J. Richard, *Thessalonians*, 272-74.

ellos para sacar claves sobre el estado o los problemas de la congregación.

Responsabilidades congregacionales hacia los líderes (5:12-13)

Los versículos 12-13a constan de una sola frase en la que Pablo pide a la congregación que "respete" a un grupo específico dentro de la iglesia, que lo "tenga en alta estima, y lo ame por el trabajo que hace".[2] El segundo verbo significa, en otros lugares, "estimar, considerar, respetar", sobre todo en vista del adverbio siguiente "en alta estima". Pero esto significa que "respeto" no es la mejor traducción del primer verbo, ya que "respeto" y "estima/consideración" son más cercanos en significado que las dos palabras que Pablo ha utilizado. "Reconocer" (*cf.* 1Co 16:18, "merecen que se les exprese reconocimiento") captaría mejor aquí el matiz paulino.[3]

En resumen, Pablo está pidiendo un reconocimiento y un aprecio adecuado de "los que trabajan arduamente entre ustedes, y los guían y amonestan en el Señor". La gramática deja claro que está describiendo a un solo grupo con tres características. Pablo suele utilizar el verbo "trabajar" (*kopiao*, que, a veces, indica un trabajo manual) para caracterizar sus propias actividades a favor del evangelio (1Co 15:10; Gá 4:11; Fil 2:16; Col 1:29) o las de aquellos miembros que ministran dentro de una congregación (1Co 16:16; *cf.* Ro 16:6, 12). Este es su significado aquí (el sustantivo correspondiente, *kopos*, aparece en 1:3 en la expresión "el trabajo motivado por su amor").

El segundo verbo (*proïstemi*; NVI "los guían"; RVR1960 "los presiden") puede significar "guiar, proteger, cuidar de". Su significado en Romanos 12:8, donde figura dentro de una serie de dones espirituales, está sujeto a la misma incertidumbre que encontramos aquí (aunque su posición aquí entre "contribuir" y "mostrar misericordia" sugiere "cuidar de" en vez de "guiar"). En 1 Timoteo 3:4, 5, 12 describe la relación de un padre con su familia y sus hijos (que implica los tres aspectos) y en 1 Timoteo 5:17, la de los ancianos con la iglesia. En Tito 3:8, 14,

---

2. Para el significado de *adelphoi* (NVI "hermanos") que incluye a toda la comunidad y no solo a los "hermanos", ver debate sobre 1:4 más arriba.
3. *Cf.* C. A. Wanamaker, *Thessalonians*, 191-93; E. J. Richard, *Thessalonians*, 267-69; E. Best, *Thessalonians*, 224 e I. H. Marshall, *1 and 2 Thessalonians*, 146-47 respaldan "respeto".

implica "preocuparse por" (es decir, "fomentar") las buenas obras. El sustantivo correspondiente se emplea en Romanos 16:2 en relación con Febe, la benefactora que se ocupó (en un sentido financiero) de Pablo y de otros. El matiz más coherente que recorre estos casos es el de "cuidar de", un significado que tiene sentido en relación con el tercer término, "amonestar" (*noutheteo; cf.* 5:14).[4]

Nuestras dificultades al determinar exactamente qué tipos de "obras" están realizando estas personas no deberían oscurecer la idea de que sea precisamente "por sus obras" (5:13) dentro de la congregación y para esta por lo que Pablo dirige a los demás hermanos y hermanas a reconocerlos y apreciarlos. De haber sido él mismo quien los hubiera nombrado (como hizo en algunas situaciones; *cf.* Hch 14:23), probablemente no habría sido necesaria una petición semejante, ya que las personas en cuestión contarían con un claro respaldo y apoyo apostólico. La implicación es que estas personas surgieron dentro de la congregación como "siervos" o "ministros" (es decir, *diakonoi; cf.* Ro 16:1; 1Co 16:15), y Pablo apela al resto de la comunidad a que reconozca ese hecho.

Es posible que 5:13b indique un poco de tensión entre los líderes y el resto de la congregación. Pero el llamado a "vivir en paz unos con otros" es común en Pablo y en otros lugares (ver Ro 12:18; 14:19; 2Co 13:11; Ef 4:3; Col 3:15; 2Ti 2:22; Heb 12:14; *cf.* Mr 9:50). En otras palabras, el propósito del apóstol aquí puede ser preventivo más que curativo. (Para el significado de "paz" ver comentarios sobre 1Ts 1:1.)

Responsabilidades congregacionales hacia los individuos (5:14-15)

Habiendo "hablado de la necesidad de que la comunidad respete a sus líderes", Pablo "sigue adelante advirtiéndole a la comunidad sobre cómo debería tratar a aquellos que tienen problemas y necesidades espirituales especiales".[5] (1) Les instruye que "amonesten a los holgazanes".

---

4. Ver, además, E. Best, *Thessalonians,* 224-25 ("cuidar de"); F. F. Bruce, *1 and 2 Thessalonians,* 118-19; I. H. Marshall, *1 and 2 Thessalonians,* 147-48 (que combina las ideas de "guiar" y "cuidar de". C. A. Wanamaker (*Thessalonians,* 191-94) argumenta a favor de la idea de "benefactor" o "patrón"; de manera similar pero con más cautela E. J. Richard, *Thessalonians,* 268. 275.
5. I. H. Marshall, *1 and 2 Thessalonians,* 150. Algunos han argumentado que 5:14-15 va dirigido a los líderes a los que se alude en 5:12-13, pero esto es inverosímil. En 5:12-13 y en 16-18 se dirige a toda la comunidad, y la frase introductoria en 5:14 es casi idéntica a la de 5:12 (nótese esp. la repetición de *adelphoi,* "hermanos y hermanas").

Aunque el verbo (que en 5:12 la NVI traduce "dar orientación") puede conllevar un sentido positivo (p. ej., Ro 15:14), aquí incluye claramente una nota de desaprobación (*cf.* 1Co 4:14). A pesar de que "holgazán" está autenticado como significado para la palabra que Pablo usa aquí (*ataktos*), en realidad solo representa una estrecha parte del abanico semántico general del término que toca la conducta ética y sociopolítica. A la luz de 1 Tesalonicenses 4:11-12 más arriba, que trata una conducta o comportamiento responsable, y la forma en que se utilizan el adverbio y el verbo relacionados en 2 Tesalonicenses 3:6-15 (ver esp. v. 11), se le debería dar aquí probablemente su sentido más fundamental de "indisciplinado, irresponsable, ingobernable".

(2) Deben "alentar [*paramytheomai*; ver 2:12] a los tímidos". La gama de significados de la palabra poco común traducida como "tímidos" (*oligopsychous;* RVR1960 los de "poco ánimo") incluye a los preocupados, desalentados, temerosos, inadecuados, los que carecen de confianza, abatidos, tristes y débiles. En el contexto inmediato, nada ofrece una pista de su matiz preciso ni sobre su causa.

(3) "Apoyar a los débiles" (*cf.* Ro 15:1) es similarmente impreciso.[6] El verbo puede traducirse "apoyo, provisión, ayuda" o incluso "defender", aunque la "debilidad" puede implicar tentación moral, fallo espiritual, debilidad física o necesidad económica.[7]

(4) El mandamiento a "ser pacientes con todos" en la congregación (del que se hacen eco Ef 4:2 y Col 3:12) debería compararse con Gálatas 5:22

De haber pretendido Pablo un cambio de tema en 5:14, con toda seguridad lo habría señalado de un modo más claro. *Cf.* E. Best, *Thessalonians*, 229.

6. Fee (*God's Empowering Presence*, 57; *cf.* J. E. Frame, *Thessalonians*, 196) sugiere que los tres primeros imperativos en 5:14 están relacionados con las secciones anteriores de la carta: la referencia a los "holgazanes" retoma 4:9-12, los de "poco ánimo" (RVR1960; NVI "tímidos") serían los preocupados por los creyentes que han muerto (4:13-18), y los "débiles" serían aquellos a los que van dirigidos 4:3-8. Pero, aunque David Black concuerda con Fee en cuanto a los dos primeros puntos, argumenta que los "débiles" son los interpelados en 5:1-11 ("The Weak in Thessalonica: A Study in Pauline Lexicography", *JETS* 25 [1982]: 307-21). Que los "débiles" puedan identificarse plausiblemente con pasajes tan distintos como 4:3-8 y 5:1-11 demuestra la vaguedad del término (de forma similar E. Best, *Thessalonians*, 231).
7. I. H. Marshall (*1 and 2 Thessalonians*, 151) piensa que Pablo se refiere a personas susceptibles de tentación o pecado (*cf.* Ro 4:19; 5:6; 8:3, 26) o de dejarse vencer por las circunstancias difíciles (1Co 2:3; 2 Co 11:30; 12:5); Best (*Thessalonians*, 231) sugiere que los que vacilan o carecen de un entendimiento profundo en los asuntos de fe y práctica, como la comida de los ídolos (*cf.* Ro 14:1–15:6; 1Co 8; 10). Richard (*Thessalonians*, 277) lo ve como el mandamiento más general de 5:14-15.

(la paciencia como fruto del Espíritu), 1 Corintios 13:4 (una característica del amor), así como Éxodo 34:6 (una cualidad de Dios). La relevancia de esta orden a una comunidad que está bajo presión o estrés (p. ej., la persecución o la preocupación por los creyentes fallecidos) es evidente.

(5) En 5:15, "Asegúrense de que nadie pague mal por mal; más bien, esfuércense siempre por hacer el bien, no sólo entre ustedes sino a todos", Pablo parece estar citando un dicho que formó parte de sus instrucciones básicas a los nuevos conversos. Romanos 12:17-21 es muy similar y se hace eco de la Regla de Oro tanto en su forma negativa ("No hagan a los demás lo que no quieren que les hagan a ustedes") como en su forma positiva ("traten ustedes a los demás tal y como quieren que ellos los traten a ustedes", Mt 7:12//Lc 6:31). Se basa, probablemente, en las enseñanzas de Jesús con respecto a la venganza (Mt 5:38-42; *cf.* Lc 6:29-30; también Pr 20:22; 25:21-22; Eclo. 28:1-7) y al amor por los enemigos (*cf.* Mt 5:43-48; Lc 6:27-28, 32-36).

El versículo 15a es una prohibición categórica contra pagar mal por mal; el versículo 15b es una orden igualmente absoluta de buscar activamente "*siempre*" (el orden de las palabras es enfático) o de luchar por "lo que es bueno" (trad. lit.).[8] Nótese que perseguir lo bueno no se limita a los demás miembros de la congregación ("unos a otros"). Incluso en un contexto en el que los creyentes han estado aislados y perseguidos por los de afuera, Pablo incluye dentro del alcance de su mandato a todas las personas ("*todos* [los demás]" en su posición culminante dentro de la frase), repitiendo y reforzando así una idea que ya expuso anteriormente en 3:12.

Responsabilidades congregacionales para con Dios (5:16-18)

En 5:16-18, Pablo deja las instrucciones que cubren actitudes y acciones hacia los demás creyentes y seres humanos y pasa a ocuparse de las actitudes hacia Dios. Mientras que 4:3 establecía la "santidad" como la voluntad de Dios con respecto a la conducta individual, aquí se utilizan tres imperativos vinculados (5:18b va con los tres mandamientos y no

---

8. El "esfuércense siempre por hacer el bien" de la NVI pierde, por un margen considerable, la fuerza de la frase de Pablo. Para el verbo, *cf.* Ro 12:13; 14:19; 1Co 14:1; 1Ti 6:11; 2Ti 2:22.

con el último de la serie) que describen la "voluntad de Dios en Cristo Jesús" para la comunidad tesalonicense.⁹

Con respecto al mandamiento "estén siempre alegres" (*cf.* Fil 4:4), "el énfasis sobre el gozo no alude tanto a experimentarlo, sino a expresarlo activamente".¹⁰ La traducción "gozosos" (RVR1960), que deja clara la implicación de una acción o actitud, es, pues, preferible a "estén alegres" (NVI), que desorienta y sugiere más bien un estado emocional. Aunque no se indica aquí la base para el gozo, la referencia anterior al gozo (1:6; 2:19-20; 3:9) evidencia que se trata de la actividad y de la obra de Dios entre su pueblo.

Al instar a los tesalonicenses a "orar" y "dar gracias" (5:17-18a), Pablo está dando un consejo de algo de lo que él mismo es modelo (*cf.* 1:2; también 2:13; 3:9-10, 11-13; 5:23; 2Ts 1:3, 11; 2:13, 16-17). Este mismo aliento a la oración aparece en varias cartas (*cf.* Ef 6:18; Fil 4:6; Col 4:2; 2Ts 3:1). En cuanto a "constantemente" (*cf.* 1Ts 1:3; 2:13), "perseveren en la oración" (Ro 12:12) da ese mismo sentido.¹¹

Dar gracias (5:18) es otro mandamiento o tema común (*cf.* Ro 14:6; 1Co 14:16; 2Co 1:11; 4:15; 9:11; Ef 5:4, 20; Fil 4:6; Col 2:7; 3:17). Como la orden de regocijarse, está profundamente arraigado en la *teología de Pablo*, es decir, en su entendimiento sobre Dios. Él estaba convencido de que en todas y cada una de las circunstancias Dios estaba obrando a favor de su pueblo (Ro 8:28) y, por ello, podía instar a los tesalonicenses a "darle gracias en toda situación" (1Ts 5:18). Esto era así incluso cuando las circunstancias implicaban la muerte de un creyente, porque, aunque esta fuera una terrible realidad, no era la última palabra o acto (*cf.* Ro 8:31-39). La última palabra o acción pertenece a Dios, y son su resurrección y su vida. Para Pablo, tanto el regocijarse como el dar gracias se convierten, pues, en formas de adoración y alabanza a Dios.

---

9. Los vv. 5:12-15 van claramente dirigidos a la comunidad en su totalidad, y 5:16-18 siguen sin interrupción el patrón de los imperativos plurales que encontramos en los versículos anteriores. Además, el contexto obvio para la lectura de la carta (*cf.* 5:27) habría sido toda la comunidad congregada. *Cf.* J. R. W. Stott, *The Gospel and the End of Time*, 124.
10. G. D. Fee, *God's Empowering Presence*, 54.
11. F. F. Bruce, *1 and 2 Thessalonians*, 124.

Responsabilidades congregacionales para con el Espíritu (5:19-22)

En 5:19-22, Pablo pasa de las actividades relacionadas con el Espíritu, como regocijarse (*cf.* 1:6; Gá 5:22), orar (*cf.* Ro 8:26-27; Ef 6:18), y dar gracias, a asuntos concernientes al Espíritu y la profecía. Los cinco imperativos de estos versículos se dividen en dos conjuntos (vv. 19-20; vv. 21-22), estructurados como sigue (con la redacción de la NVI, pero con distinta puntuación):

> [19] No apaguen el Espíritu;
> [20] no desprecien las profecías;
> [en vez de ello,]
> [21] sométanlo todo a prueba:
> aférrense a lo bueno;
> [22] eviten toda clase de mal.

Aislado, 5:19 puede tomarse de forma bastante general. Sin embargo, en el contexto de 5:20 y 5:21a es evidente que Pablo se está centrando en manifestaciones carismáticas del Espíritu, y de forma específica en la profecía.[12] Por tanto, podemos parafrasear 5:19-20 como: "No apaguen el Espíritu,[13] es decir [o quizá, "por ejemplo"], no traten las profecías con menosprecio".

Lo más cerca que Pablo llega a una definición de "profecía" se encuentra en 1 Corintios 14: Al parecer, "consistía en mensajes espontáneos, inspirados por el Espíritu, inteligibles, transmitidos de forma verbal en la asamblea congregada, y pretendían ser para edificación o aliento del pueblo", y eran pronunciadas por hombres o mujeres (1Co 11:4-5) que permanecían "en control" de la actividad.[14] Aunque, al parecer, había algunos que hablaban de esta forma con más frecuencia que otros, y fueron por tanto llamados "profetas", se diría que se trataba de una actividad potencialmente abierta a todos (*cf.* Jl 2:28-30; Hch 2:17-18). No existe evidencia alguna de que tales pronunciamientos recibieran la misma autoridad que los textos inspirados (es decir, las Escrituras) o

---

12. G. D. Fee, *God's Empowering Presence*, 58-59; I. H. Marshall, *1 and 2 Thessalonians*, 157.
13. Es decir, "incomodar el fuego". La imagen gráfica y pintoresca del fuego recoge la frecuente asociación del Espíritu Santo y el fuego (p. ej., Hch 2:3-4). La NVI ("no apaguen el fuego del Espíritu") intenta captar esta simbología, pero oscurece el hecho de que "el Espíritu" sea el objeto directo del verbo.
14. G. D. Fee, *God's Empowering Presence*, 170.

que implicaran lo que a veces se define como "profecía personal". Más bien se centraban en la vida corporativa de la comunidad; a la vista de este pasaje, Romanos 12:6 y 1 Corintios 12–14, parece haber sido un aspecto familiar de la actividad del Espíritu en las congregaciones cristianas primitivas.

No queda claro (por la falta de información) que estos mandamientos pretendieran ser curativos o preventivos. La gramática de los imperativos sugiere (aunque ciertamente no lo requiere) que se traduzcan "dejen de apagar ... dejen de menospreciar". Los conversos procedentes de un trasfondo pagano habrían estado familiarizados con diversos tipos de actividades "extáticas" asociadas con diferentes santuarios y cultos paganos, y tal vez podrían haber recelado o sospechado de las que parecían ser actividades similares dentro de la iglesia. De ser así, Pablo escribe tanto para afirmar como para regular aquello que consideraba legítimo y normal.

De manera alternativa, uno puede vincular este problema con la cuestión del liderazgo en 5:12-13. Dado que la profecía genuina está sujeta al control del Espíritu, queda fuera del control del liderazgo humano dentro de la congregación y faculta, por tanto, a los que no forman parte de ninguna estructura de liderazgo formal para ejercer uno informal. Tal vez "los que trabajan arduamente", para los que Pablo pidió el reconocimiento de la congregación (5:12), pudieran haberse sentido amenazados por cualquier conducta que parecía socavar o competir con su papel en la congregación.[15]

Al mismo tiempo, es importante reconocer que era posible "falsear" o imitar la actividad genuina producida por el Espíritu. Al ser difícil desafiar algo dicho o hecho en su nombre sin parecer poco espiritual, los dones como la profecía están sujetos a un mal uso potencial y a la manipulación. En resumen, la actividad profética carismática era potencialmente amenazadora y divisiva, y resulta fácil de ver cómo algunos, dentro de la congregación, podrían haber deseado o procurado minimizarla.

En cualquier caso, la especulación sobre la razón por la cual el mandamiento no debería oscurecer las instrucciones de Pablo con respecto a lo que, desde su perspectiva, era un aspecto bien valorado (*cf.* 1Co 14:1, "ambicionen los dones espirituales, sobre todo el de profecía") de la

---

15. *Cf.* C. A. Wanamaker, *Thessalonians*, 202-3.

experiencia corporativa cristiana. Les dice que no apaguen el Espíritu tratando con desdén las aseveraciones proféticas. La solución adecuada al problema del potencial abuso no consiste en tirar la fruta fresca con la podrida, sino en "someterlo todo a prueba" (5:21a). Pablo logra aquí un cuidadoso equilibrio: " Dado que este tipo de afirmaciones proceden del Espíritu Santo, no deben ser 'menospreciadas'; pero también, puesto que llegan a través de seres humanos", no se deben aceptar a ciegas, solo porque alguien afirme tener el Espíritu.[16] Lo adecuado es "someterlas a prueba", en el sentido de examinar o investigar algo con respecto a su fiabilidad o genuinidad (*cf*. Lc 14:19; también 1Ts 2:4 más arriba). En 1 Corintios, Pablo parece referirse a esta actividad como discernir (1Co 12:10) o sopesar (14:29) el contenido de la profecía.

Una vez que la profecía ha sido "sometida a prueba", el paso siguiente es claro: aferrarse firmemente a lo bueno y no tener nada que ver con lo que no lo es (5:21b-22). Las profecías que superan la prueba son del Espíritu Santo y, por tanto, no deberían ser rechazadas ni tratadas con desdén. Por otra parte, cualquier profecía que no pasa el proceso de prueba no es del Espíritu y, por consiguiente, debería rechazarse y evitarse (aquí, el verbo *apecho* es el mismo que en 4:3: "apartarse de la inmoralidad sexual").

Es obvio que la estructura del pasaje vincula estrechamente 5:21b-22 con 5:21a. Pero la redacción de estos dos últimos mandamientos van más allá de las necesidades del contexto inmediato: versículo 21b ("aférrense a lo bueno") se hace eco de 5:15b ("seguir siempre lo bueno", RVR1960), y el versículo 22 se lee probablemente mejor como "todo tipo de mal" (en lugar de "todo tipo de [profecía que es] mal"). Esta podría ser una clave para entender que Pablo pretendía que los versículos 21b-22 no solo fueran una explicación del versículo 21a, sino también una declaración de aplicación más amplia.

Al traer a nuestros días esta sección del texto, es importante mantener en mente que los versículos 15-22, como también 12-14, van dirigidos en primer lugar a la comunidad y no a los individuos (idea que pasa por alto, por ejemplo, el comentarista que asignó a los versículos 16-18 el título "Responsabilidades con uno

---

16. G. D. Fee, *God's Empowering Presence*, 60.

mismo", pensando que tratan "la vida interna del creyente"). El análisis que Stott hace de esta sección —bajo el título de "Comunidad cristiana, o Cómo ser una iglesia del evangelio", presenta el liderazgo (vv. 12-13), la comunión (vv. 14-15) y la adoración (vv. 16-22)— nos orienta en la dirección correcta. Con esto no pretendemos sugerir que estos versículos no tengan nada que decir a los individuos, sino más bien que debemos tener en mente que van dirigidos primero a la congregación y, de forma indirecta, a los individuos. Esto nos ayudará, por ejemplo, a evitar aplicar erróneamente un versículo como 5:16 o 5:21.

Cuestiones de liderazgo. En los clubs cívicos o sociales y las asociaciones que eran comunes en la cultura grecorromana del siglo I, había una relación notoria entre la riqueza, el estatus y el liderazgo. Con frecuencia, a los miembros ricos se les daban posiciones de liderazgo, porque eran los patrones del grupo (o con la esperanza de que llegaran a serlo). De hecho, en muchos casos, los miembros ricos de una asociación o grupo que funcionaban como patrones o benefactores daban por sentado que ejercerían el liderazgo. Dentro de la congregación cristiana, sin embargo, la cualificación clave para el liderazgo (en teoría al menos, si no siempre en la práctica) no era la riqueza o el estatus, sino el don para el ministerio. Como observó F. F. Bruce, por lo general, "los líderes no hacían el trabajo adecuado porque hubieran recibido dicho nombramiento; se los reconocía como líderes porque era evidente que realizaban esa labor".[17]

A este respecto, las instrucciones de Pablo en 5:12 son contraculturales. Quería que la congregación reconociera y respetara como líderes a aquellas personas que en verdad estaban haciendo la obra del ministerio en vez de aceptar (quizás por defecto) a quienes, desde la perspectiva de la cultura secular, poseían las cualificaciones sociales o financieras "adecuadas". En tales circunstancias, las posibilidades de malentendidos, de sentimientos heridos o incluso de divisiones dentro de la congregación (p. ej. ¡considérese Corinto!) son obvios, y esto pudo haber impulsado a Pablo para incluir, llegado a este punto, el mandamiento de "vivir en paz los unos con los otros" (5:13).

Ministerio pastoral congregacional. Independientemente de lo fuerte que sea, cada iglesia tiene lo que J. R. W. Stott denomina "el 'problema de los niños' de la familia de la iglesia", es decir, aquellos que

---

17. F. F. Bruce, *1 and 2 Thessalonians*, 120.

luchan con "problemas de comprensión, de fe y de conducta".[18] Además, cualquiera que sea su grado de fuerza o de madurez espiritual, lo más probable es que la mayoría de los individuos encuentren, en el transcurso de la vida, momentos de dolor, de duda y hasta de desesperación (como Pablo mismo reconoce, ver 2Co 1:8). En esta sección, Pablo bosqueja alguna de las responsabilidades de una congregación con los individuos que se encuentran en su seno y puedan estar necesitados de algún tipo de aliento, ayuda y hasta de advertencia.

Con respecto a 5:14, es importante observar que Pablo apela a la comunidad misma; apela a cada miembro, y no solo los líderes, para que asuma su responsabilidad por el cuidado y aliento mutuos (*cf.* 5:11 más arriba). Como Ernest Best observa:

> Pablo coloca la responsabilidad de toda la comunidad en ella misma; cada miembro, y no solo los líderes, debe ser consciente de su responsabilidad para con los demás y procurar ayudarlos. En ninguna etapa puede el miembro ordinario echarse para atrás y decir: "Esto es tarea del ministro solamente". Pablo no sabe nada de una masa inerte, la congregación, sobre la cual opera el ministerio.[19]

En resumen, Pablo está tratando de desarrollar un sentido de responsabilidad pastoral en la congregación entera.

Con respecto a 5:15, no deberíamos bajar el tono o retocar la fuerza de las declaraciones absolutas de Pablo sobre no pagar "mal por mal" y en vez de ello procurar hacer el bien. Las afirmaciones del apóstol "solo pueden significar que, aun cuando alguien le hace daño a un cristiano, este debe responder haciéndole el bien".[20] Es decir, Pablo no se limita a prohibir la venganza, sino que ordena, en el espíritu de la Regla de Oro, que procuremos hacer el bien. Además, no solo debemos hacerle el bien a la congregación, sino a todos, incluidos los que puedan estar atacando a la iglesia. Como algunos de los discípulos dijeron en otro contexto, "Esta enseñanza es muy difícil" (Jn 6:60).

Gozo en todas las circunstancias. Al pensar en las aplicaciones de los versículos 16-18, es importante mantener en mente lo que Pablo quería decir exactamente con ellas. En 5:18, por ejemplo, Pablo no dice

---

18. J. R. W. Stott, *The Gospel and the End of Time*, 122.
19. E. Best, *Thessalonians*, 233.
20. I. H., Marshall, *1 and 2 Thessalonians*, 152-53.

que se dé gracias *por* todas las circunstancias, sino *en* todas ellas. De forma similar, 5:16 *no* es un mandamiento a los creyentes individuales para que "estén siempre gozosos"; como observa Stott, el gozo no es algo que pueda abrirse y cerrarse como un grifo.[21] Además, una orden como esta contradice lo que Pablo insta en Romanos 12:15 ("Lloren con los que lloran"). Más bien "regocijarse siempre es ver la mano de Dios en todo lo que está sucediendo y tener la seguridad de la salvación futura de Dios".[22] Pablo tiene en mente "un gozo estable y profundamente arraigado que lo capacita a él —pero mucho más a la congregación— para lidiar con las decepciones y verlos en su verdadera perspectiva".[23] Y esta perspectiva verdadera está arraigada en la convicción de que en todas y cada una de las circunstancias Dios está obrando a favor de su pueblo, razón suficiente para darle las gracias y regocijarse, cumpliendo así la voluntad de Dios para nosotros (v. 18).

Sobre la profecía. Es evidente que en 5:19-22 Pablo se está centrando en una manifestación particular del Espíritu, a saber, las "profecías" (5:20). En ocasiones se afirma que la profecía cesó al final de la era apostólica,[24] una conclusión que haría que estos versículos fueran ampliamente irrelevantes hoy. Sin embargo, en mi opinión no hay base bíblica para tal criterio de cesación de la profecía (o, de hecho, de cualquier don espiritual), a pesar de los esfuerzos por encontrar una en 1 Corintios 13:8-12 o Efesios 2:20.[25] Pablo dio por sentado que la profecía formaba parte de la experiencia común y normal de la actividad del Espíritu en las congregaciones que él establecía, y no hay base bíblica para pensar que la situación sea o debiera ser distinta hoy.

---

21. J. R. W. Stott, *The Gospel and the End of Time*, 124.
22. C. A. Wanamaker, *Thessalonians*, 200.
23. I. H. Marshall, *1 and 2 Thessalonians*, 155.
24. Ver, por ejemplo, John F. MacArthur, Jr., *Charismatic Chaos* (Grand Rapids: Zondervan, 1992); Richard B. Gaffin, Jr. *Perspectives on Pentecost: Studies in New Testament Teaching on the Gifts of the Holy Spirit* (Phillipsburg, N.J.: Presbyterian and Reformed, 1979). Ver también el ensayo de Gaffin en Wayne A. Grudem, *¿Son vigentes los dones milagrosos? Cuatro puntos de vista* (Barcelona: Clie, 2004), pp. 25-64 de la edición en inglés.
25. Ver Gordon D. Fee, *Gospel and Spirit: Issues in New Testament Hermeneutics* (Peabody, Mass.: Hendrickson, 1991), 76-77; Craig S. Keener, *Three Crucial Questions about the Holy Spirit* (Grand Rapids: Baker, 1996), 95-107. Sobre 1Co 13:8-12, ver Craig Blomberg, *1 Corintios* (CBA NVI; Miami: Vida, 2012), 313, 316-17; sobre Ef 2:20, ver Klyne Snodgrass, *Efesios* (CBA NVI, Miami: Vida, 2012), 161.

A este respecto, Pablo nunca se molestaría en "regular" (como hace aquí) algo que, en primer lugar, no debería estar ocurriendo; ¡se limitaría sencillamente a prohibirlo! Como observa Gordon Fee con razón "a pesar de que se pudiera hacer un mal uso de los ministerios del Espíritu en la comunidad cristiana, la profunda apreciación de Pablo por el papel central del Espíritu en la vida individual y corporativa no permitirá corregir el abuso mandando no usarlos. En vez de esto, el antídoto para el mal uso es la utilización adecuada",[26] que define en 5:21 como cuestión de "probar" las profecías.

Afirmar la validez actual de la profecía no equivale a decir que "no apagar el Espíritu" (5:19) sea una mera cuestión de estar abierto a la posibilidad de la profecía u otras manifestaciones específicas del Espíritu. A nivel individual o congregacional, la obediencia a 5:19 no puede reducirse a un asunto de experiencia pentecostal frente a una no pentecostal, como si ser pentecostal o carismático significara automáticamente que uno está abierto al Espíritu y que alguien que no lo sea es culpable de apagar el Espíritu. Como observa Keener, "contrariamente a sus propias afirmaciones [...] algunas iglesias carismáticas siguen llanamente una tradición carismática de memoria; por el contrario, en algunas iglesias no carismáticas [...] solo la persona más espiritualmente insensible no sentiría la presencia abrumadora del Espíritu de Dios".[27]

Planteándolo de un modo un tanto diferente, es justo observar que algunas tradiciones, denominaciones o movimientos parecen estar más abiertos que otros a ciertas expresiones de la obra del Espíritu. Pero, basándose en esta generalización, es imposible hacer predicciones o juicios sobre la actitud receptiva de cualquier congregación o individuo en particular a la dirección del Espíritu Santo. Todas las congregaciones y todos los individuos necesitan tomarse en serio el mandato de Pablo contra "apagar el Espíritu".

Una dificultad a la hora de aplicar 5:21a ("sométanlo todo a prueba") es que Pablo no proporciona en ningún lugar una lista de criterios por los cuales poner a prueba la profecía. No obstante, Gordon Fee sugiere que de sus cartas se pueden deducir dos principios.[28] (1) En 2 Tesalonicenses 2:15, en un contexto en el que algunos tesalonicenses se habían visto sacudidos de mala manera por la tergiversación de la enseñanza

---

26. G. D. Fee, *God's Empowering Presence*, 59.
27. C. S. Keener, *Three Crucial Questions about the Holy Spirit*, 171-72.
28. G. D. Fee, *God's Empowering Presence*, 61.

paulina (distorsiones que podrían haber tenido sus orígenes en una profecía, *cf.* 2Ts 2:2), Pablo insta a los creyentes a "seguir firmes" y "mantenerse fieles a las enseñanzas que [...] les hemos transmitido". Esto sugiere que una prueba de cualquier profecía es que esté de acuerdo con la predicación apostólica y la enseñanza sobre Jesús; cualquier profecía que no sea según la proclamación apostólica es inmediatamente sospechosa (*cf.* 1Jn 4:1-3). Dado que hoy la predicación y la enseñanza apostólicas se conservan en las Escrituras, en términos prácticos esto significa que ellas son el principio o la norma por los cuales se debe probar la profecía, y no a la inversa. Es la prueba del contenido.

(2) En 1 Corintios 14:3, Pablo afirma que la genuina actividad profética sirve para fortalecer, alentar y consolar, es decir, que obra "para el bien de los demás" (12:7). Esta es la prueba del propósito y el efecto.

Con respecto a 5:21-22, en su contexto, estos mandamientos tienen claramente en vista el asunto de la profecía. Sin embargo, la forma en la que Pablo las establece indica una aplicación más amplia. Pablo mismo parece hacer una aplicación más dilatada de 5:21b ("aférrense a lo bueno") en Filipenses 4:8 ("consideren bien todo lo verdadero, todo lo respetable [...] todo lo que sea excelente"). No obstante, al aplicar 5:22 de una forma más amplia, es importante tener presente con toda claridad lo que Pablo quería decir con ello. Sigue siendo habitual escuchar a personas, influenciadas por la traducción que, por ejemplo, la versión Reina Valera hace de 5:22 ("absteneos de toda especie de mal"), que parafrasean el versículo como "Eviten incluso lo que tenga aspecto de mal". Esto, a su vez, se toma como si dijera que deberíamos "evitar cualquier cosa —aunque sea buena— que pudiera de algún modo, bajo algunas circunstancias, parecer mala". Pero Pablo no dice que evitemos algo que de alguna manera pudiera, por error, parecer malo; nos ordena evitar el mal cuando y como aparezca (como la NVI deja claro).

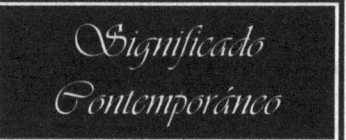

Como observa Jacob W. Elias, este pasaje "prescribe tanto la espontaneidad como la libertad, la estructura y la responsabilidad de adorar, y la vida de la iglesia en general".[29] Mantener esta tensión entre la amplitud de miras y el control,

---

29. J. W. Elias, *1 and 2 Thessalonians*, 235.

mientras se procura aplicar con fidelidad los muchos imperativos representa un importante desafío para una aplicación responsable.

Las responsabilidades congregacionales para con los líderes (5:12-13a). Las instrucciones de Pablo en 5:12-13a apelan a las congregaciones de hoy a hacer dos cosas. (1) Deberían admitir y reconocer a aquellos que están haciendo de verdad la obra del ministerio. Quienes ostentan títulos, posiciones, visibilidad o reconocimiento no siempre son los que desempeñan el duro trabajo que mantiene en funcionamiento a una congregación. Factores aparte del talento espiritual (p. ej., la ambición, los contactos, la personalidad, la educación, un talento natural o buenas apariencias) suelen influir en qué personas se coloquen en posiciones de liderazgo o visibilidad en una congregación. Sin embargo, en sí mismas, estas consideraciones no lo cualifican a uno para el ministerio ni tampoco lo descalifican. La consideración clave es el talento recibido del Espíritu, algo que por lo general se hace evidente en el ejercicio del don. Pablo nos llama, pues, a reconocer como nuestros líderes congregacionales a aquellos que de verdad están liderando la congregación.

(2) La congregación debería respetar o "considerar [...] en el más alto respeto" a sus líderes. Este podría ser el mayor fracaso de las congregaciones de hoy. Solemos saber quiénes son nuestros líderes, pero con demasiada frecuencia no los respetamos ni los seguimos. Sin lugar a duda, el respeto es, hasta cierto punto, algo que se debe ganar, como nos gusta recordarnos a nosotros mismos, pero bien a menudo no se da ni siquiera cuando se ha ganado. Un líder no hace algo a la perfección y pensamos para nuestros adentros: *Yo lo habría hecho mejor*. Se predica un mensaje sólido, pero carece del empuje y del teatro que le imprime esa célebre personalidad que vimos antes en televisión, y pensamos: *¿Por qué no puede predicar como fulano o mengano?*. Se puede cantar bien una canción desde el corazón, pero carece de los valores de producción del último video de nuestro artista discográfico favorito, y nos sentimos decepcionados. De estas y otras formas sutiles (y, en ocasiones, no tan sutiles) escatimamos a quienes nos ministran el respeto que merecen.

Ben Franklin, impresor y también amigo de George Whitefield, el famoso evangelista de la era colonial, afirmó que cuando escuchaba a este predicar, podía notar la diferencia entre un sermón nuevo y uno que ya había predicado con anterioridad. Los últimos son sumamente pulidos tanto en contenido como en la predicación, y tenían un impacto tremendo en la audiencia, incluido el mismo Franklin, que era un tanto escéptico. (Cuenta que antes de un sermón en particular para solicitar fondos, había decidido firmemente no dar nada; sin embargo, se sintió tan conmovido por la elocuencia de Whitefield que, cuando llegó hasta él la bandeja de la ofrenda, ¡se vació los bolsillos!)[30]

En vista del impacto y de la reputación de Whitefield, no es de sorprender que, tal como indica Franklin, no pocos predicadores locales se sentían poco felices de que predicara en su zona. No resulta difícil comprender lo amenazados que se sentirían por su presencia y las inevitables comparaciones que se establecerían entre su predicación y la de ellos. Pero ninguna de estas comparaciones era justa; ellos tenían la responsabilidad de predicar dos o tres sermones nuevos por semana, mientras que Whitefield tenía la oportunidad de pulir y refinar los suyos a través de una predicación repetida. Pero la injusticia de tales equiparaciones no impedía que se llevaran a cabo.

El problema de las injustas comparaciones negativas nos sigue rondando; en el mejor de los casos, la llegada de los medios de comunicación ha exacerbado el problema. Ya no conocemos a los renombrados predicadores, maestros u oradores a nivel nacional, solo por su reputación; por lo general los hemos visto y oído, ya sea en la televisión o en videos. Lo que tendemos a olvidar, no obstante, cuando los vemos es que mucho de lo que presenciamos en estos programas televisivos o videos se produce con el beneficio de un sustancial respaldo de producción y una edición postproducción. Los vemos, pues, en pantalla en toda su perfección corregida, hablando poderosamente y conmoviendo profundamente a grandes y entusiasmadas audiencias de estudio. Comparado con estas personalidades bien presentadas, no es de sorprender que nuestro propio pastor, maestro de escuela dominical o líder de seminario parezca un tanto "carente" en algunos aspectos.

Aunque tales comparaciones son inherentemente injustas, las hacemos de todos modos, a veces sin tan siquiera darnos cuenta. Cuando actuamos así, no estamos dando a nuestros líderes locales el respeto que merecen por hacer la obra para la cual Dios los ha llamado. El mandamiento de Pablo nos recuerda aquí la necesidad de conceder nuestro respeto a quienes se lo han ganado por su labor y cuidado de la congregación.

---

30. L. Jesse Lemisch, ed., *Benjamin Franklin: The Autobiography and Other Writings* (Nueva York: New American Library, 1961), 116-20.

Vivir en paz (5:13b). La orden paulina de vivir en paz los unos con los otros es difícil para muchas personas y congregaciones. La paz que el apóstol tiene en mente no es la mera ausencia de conflicto (¡algo bastante complicado de lograr para muchos de nosotros!), sino la presencia de relaciones positivas y saludables. Con demasiada frecuencia, sin embargo, atribuimos un valor más alto a la armonía superficial que a la paz genuina. Somos "amables" unos con otros y coexistimos sin una guerra abierta (al menos la mayor parte del tiempo). Al valorar de una forma tan alta la "amabilidad" y el no molestar o alterar a alguien, evitamos la dura tarea que requiere el mantenimiento de una relación.

Cuando ocurre un problema, no seguimos las directrices de Mateo 18:15 de acudir a la otra persona para aclarar el asunto (después de todo, no está "bien" ser polémicos). En vez de ello fingimos que no sucede nada malo (mientras chismorreamos sobre el asunto con otros). Pero esto deja heridas sin curar y dolor sin sanar, permite que los malentendidos permanezcan y, finalmente den lugar a la sospecha y a la falta de confianza. Tenemos armonía superficial, pero no paz, porque hemos evitado el duro trabajo de la reconciliación necesario para el florecimiento de la paz genuina. Solo cuando "nos importe lo suficiente afrontarlo", parafraseando el título del pequeño clásico de Milton Mayerhoff, seremos capaces de cumplir el mandamiento de Pablo de vivir en paz los unos con los otros.

Las responsabilidades congregacionales para con los individuos (5:14-15). Al revisar el emotivo libro de Luci Shaw *God in the Dark: Through Grief and Beyond* [Dios en las tinieblas: a través del dolor y más allá], Margaret D. Smith escribe:

> A través del libro, apela a Dios, preguntando como el salmista: "¿Dónde estás? Llamo, pero no respondes. Me has abandonado aquí, sola...". Si ella no ha dejado a Dios en esta crisis y si él ha prometido estar siempre con ella, entonces, ¿dónde está? ¿Por qué no se da a conocer? Esta es su dolorosa oración y, que ella sepa, nunca recibe una respuesta satisfactoria.
>
> A través del libro, los amigos revolotean saliendo y entrando como luciérnagas, emitiendo breves chispas en la oscuridad, diciéndole a Luci de mil formas amables que la aman. Sin embargo, aunque aprecia a estos amigos, ella no parece

conectar los dos cables: "¿Dónde está Dios?" y "He aquí el pueblo de Dios".[31]

La percepción de Smith —que Dios manifiesta a menudo su presencia por medio de su pueblo— recalca la importancia del mandamiento de Pablo a la congregación tesalonicense en 5:14. Nutriendo a los débiles y preocupándose de los afligidos, alentando a los temerosos y, de ser necesario, disciplinando a quienes lo requieran, podemos convertirnos en ministros de la gracia del evangelio, siervos de Dios por medio de los cuales él alcanza a aquellos que le buscan o que necesitan de su presencia.

Las actividades congregacionales del regocijo, la oración y la acción de gracias mencionadas en 5:16-18 también están estrechamente ligadas aquí. Hay momentos en los que un grupo de creyentes puede hacer aquello que un creyente individual se vería incapaz de realizar y, de esta forma, estarían ministrando a ese individuo. Recuerdo vivamente un culto de adoración en la facultad en que, abrumado de dolor, me sentí completamente incapaz de regocijarme o dar gracias, y apenas capaz de orar. Pero a medida que fui escuchando las oraciones de mis colegas, sus acciones de gracias y su regocijo en la gracia y la bondad de Dios, sus palabras irrumpieron a través de mi tristeza. Incapaz de dar gracias o de regocijarme en aquel momento, me sentí no obstante llevado por sus alabanzas, sus agradecimientos y sus oraciones. Al hacer ellos aquello que yo era incapaz de llevar a cabo solo, mis colegas se convirtieron para mí en la tangible evidencia de la presencia de Dios.

Ministrar a los que forman parte del cuerpo y tienen profundas necesidades o sufrimientos, como nos insta Pablo a hacer, resulta a menudo difícil; en ocasiones es así sencillamente porque las personas no siempre responden, sanan o crecen con la rapidez que a nosotros nos parece que deberían. Esta puede ser la razón por la cual el apóstol, llegado a este punto, añade unas palabras sobre la paciencia. Nuestra sociedad no solo nos alienta a querer que las cosas sean a nuestra manera, sino a quererlas a nuestra manera en el momento en que las queremos. Pero si hemos de ser genuinamente pacientes con los demás:

> ... *hemos de renunciar a la tiranía de nuestros propios planes.* [...]. La idea de que nada ni nadie ha de hacernos esperar

---

31. Margaret D. Smith, "Waiting for an Answer", *The Reformed Journal* 39 (octubre 1989): 29

es simplemente otra forma de egoísmo [...]. La paciencia es aquella grandeza de corazón que valora suficientemente a los demás como para permitirles equivocarse, aprender y desarrollarse [...] es especialmente necesaria cuando se trata de permitir que cada persona madure a su propio ritmo y no esperar que lo haga todo bien, y ahora.[32]

Si la impaciencia es una forma de egoísmo, las represalias (5:15) también lo son. Tal vez por ello, el juicio y la venganza son tareas cuya realización Dios *no* le ha encomendado a su pueblo. Como seres humanos, somos demasiado proclives a identificar a nuestros enemigos como enemigos de Dios; confundimos con demasiada facilidad nuestros deseos de venganza con la justicia divina. Tal vez sea precisamente, como lo expresa Calvino, "por nuestra fuerte tendencia natural a buscar venganza", por lo que *cualquier* forma de represalia o "venganza nos están prohibidas sin excepción".[33] Esta puede ser la única forma de romper lo que, de otro modo, sería una espiral de violencia sin fin generada por las represalias.

En vez de tomarnos la revancha, se nos ordena: "traten siempre de hacer el bien" (NTV), no solo a aquellos de la congregación, sino también a todos los demás. Este tipo de conducta no vengativa tiene una motivación bien distinta: "Semejante trato a los oponentes tiene por objetivo la reconciliación y la paz, no la derrota y el sufrimiento de otro. Es la forma en que Dios trató con nosotros cuando éramos sus enemigos. Así se ocupa Dios, por medio de nosotros, de quienes se siguen oponiendo a él".[34]

Es importante que notemos una consecuencia relevante del mandato de Pablo de hacer el bien a todos (amigos y enemigos por igual): impide el desarrollo de una perspectiva dualista, de la tendencia a considerar como malo a todo el que esté fuera del grupo o que se alinee contra nosotros (o, al menos, considerar que están del lado del mal). En vez de esto, nos recuerda el amor, el cuidado y la preocupación de Dios por todos. Nos fuerza a expandir nuestra perspectiva hacia la de Dios y no a reducir la suya a nuestras limitaciones.

---

32. Klyne Snodgrass, *Efesios* (CBA NVI, Miami: Vida, 2012), 261.
33. J. Calvino, *The Epistles of Paul the Apostle to the Romans and to the Thessalonians*, 374.
34. Paul Achtemeier, *Romans* (Interpretation; Atlanta: John Knox, 1985), 202.

Las responsabilidades congregacionales para con Dios (5:16-18). He etiquetado esta sección "responsabilidades hacia Dios" principalmente con el fin de mantener el paralelismo con los demás títulos de esta sección. Además, hacerlo así reconoce que en estos versículos, como a lo largo de todo el pasaje, Pablo habla en tono imperativo, es decir, en un lenguaje de mandato. Sin embargo, en muchos aspectos, si tituláramos esta sección "oportunidades de reconocer y afirmar nuestra fe en Dios" seríamos igualmente precisos. Y es que así como recitar un credo formal escrito (como el de Nicea o el de los Apóstoles) es una declaración intelectual de fe, del mismo modo los actos de regocijo, acción de gracias y oración son declaraciones experienciales de fe. Son formas de expresar con nuestra conducta aquello que creemos con la mente.

El famoso himno de Charles Wesley "Rejoice, the Lord is King" capta muy bien esta coordinación entre la creencia y la expresión:

1. ¡Regocíjate, el Señor es Rey! ¡Adora a tu Señor y Rey!
   ¡Regocíjate, da gracias y canta, y triunfa eternamente!

   Estribillo: ¡Levanta tu corazón, alza tu voz!
   ¡Regocíjate, otra vez te dijo, regocíjate!

4. ¡Regocíjate en la gloriosa esperanza! Nuestro Señor, el Juez, vendrá
   y llevará a sus siervos a su mansión eterna. (Estribillo)

   Rejoice, the Lord is King [traducción literal]

En estos versículos, regocijarse y dar gracias se basan en, y dan una expresión concreta a, nuestras convicciones de que nuestro Señor es ciertamente Rey, y que vendrá a llevarnos para que estemos con él por la eternidad. Considerado bajo esta luz, regocijarse, orar y dar gracias no son ya cosas que "debamos hacer", sino más bien expresiones de lo que en verdad creemos. En este sentido, pues, los mandamientos de Pablo en los versículos 16-18 se convierten más en oportunidades que en responsabilidades, oportunidades que, además, constituyen ni más ni menos que la voluntad de Dios para nosotros.

Sin embargo, el verdadero desafío de los versículos 16-18 no aflora cuando el momento o las circunstancias son buenos y resulta fácil regocijarse y dar gracias, sino cuando (como en Tesalónica) puede parecer que nuestra situación material no es tan buena. ¿Creemos de verdad que la salvación de Dios tiene más valor que el coste de la persecución que llega como resultado de aceptar el evangelio? Demostremos, pues, esa convicción regocijándonos en medio de ella. ¿De veras estamos persuadidos de que Dios liberará a su pueblo y le hará justicia? Entonces, oremos con persistencia y paciencia, esperando y vigilando con la expectativa de que Dios actuará (*cf.* la parábola de la viuda persistente).[35] ¿Estamos genuinamente convencidos de que "Dios dispone todas las cosas para el bien de quienes lo aman" (Ro 8:28)? Demostremos, pues, esa convicción dando gracias en toda circunstancia.

Responsabilidades congregacionales para con el Espíritu (5:19-22). En estos versículos existe una doble responsabilidad: no apagar nada que proceda genuinamente del Espíritu y no atribuirle nada falso. Como expresa sucintamente J. W. Elias: "Durante la adoración, el Espíritu precisa tener libertad para hacer que los profetas hablen; sin embargo, también es necesario que todo lo que se diga sea probado".[36]

En la actualidad, los cultos de adoración de numerosas iglesias de los Estados Unidos están tan estrechamente estructurados, coreografiados y controlados que apenas queda oportunidad para "mensajes espontáneos, inspirados por el Espíritu e inteligibles, transmitidos verbalmente en la congregación reunida, para la edificación o el aliento de las personas" (según la definición de la profecía que se da más arriba). Aquí, la palabra clave es, en mi opinión, "control": algunos grupos religiosos están tan sometidos al control humano que no queda lugar para que el Espíritu se mueva.

Al considerar esta última declaración es importante enfatizar que en modo alguno se trata de un asunto de tradiciones "litúrgicas" frente a las "no litúrgicas". Aunque trabaje a partir de una liturgia bien definida o un libro de culto en el que todo está establecido con antelación, al líder de adoración hábil no le resulta difícil proporcionar espacio y oportunidades para que el Espíritu se mueva en y por medio de la congregación durante la adoración. Por otra parte, se puede observar cómo las congregaciones no litúrgicas, incluidas algunas que se desmayarían ante la vista de un orden de culto impreso, siguen semana tras semana un "orden de culto" tan rígido y predecible —en otras palabras, tan "controlado"— como cualquier liturgia impresa.

---

35. Sobre este pasaje, ver Darrell L. Book, *Luke* (NIVAC; Grand Rapids. Zondervan, 1996), 453-59.
36. J. W. Elias, *1 and 2 Thessalonians*, 235.

Dicho de otro modo, no es tanto un asunto de estilo litúrgico como una cuestión de actitud y planteamiento. Algunos de nosotros nos sentimos sencillamente más cómodos cuando las cosas están "bajo control"; nos desagrada lo inesperado y preferimos la comodidad de lo predecible. Pero el coste oculto de la previsibilidad es la pérdida de la espontaneidad y la consecuencia de demasiado control es apagar al Espíritu. En tales casos, parte de la solución puede ser añadir "espacio" o lugar, en las actividades de adoración de la congregación, para el Espíritu, tal vez durante una de las reuniones menos formales (como el culto vespertino del sábado o del domingo).[37]

También es posible apagar el Espíritu valorando las expectativas culturales o las normas por encima de él. Esto puede ser cuestión de etiquetar solo ciertos estilos de música o formas de adoración como correctas, adecuadas o "cristianas", mediante atribuir un alto valor a que el culto acabe a una cierta hora para que no interfiera con otras actividades programadas o insistir en las distinciones de género o de roles sociales que son más culturales que bíblicos. En estos y otros sentidos, algunas congregaciones corren el riesgo de apagar el Espíritu en medio de ellas.

Si el problema para algunas iglesias es el control en exceso, para otras es la carencia de discernimiento. Ciertas iglesias o movimientos están tan impresionados por los profetas y las profecías que descuidan probar todo lo que ocurre en el nombre del Espíritu Santo. Es una contradicción patente del mandamiento paulino de "ponerlo *todo* a prueba", y después aferrarse a lo bueno y apartarse de todo lo demás. Los resultados de este fracaso se han documentado con amplitud; no solo incluyen una conducta cuestionable, sino, peor aún, la propagación de una enseñanza falsa y de la herejía.[38] No tomar en serio el mandato de Pablo de poner a prueba todas las profecías es un importante defecto del movimiento carismático contemporáneo.

Como se indicó en la sección Construyendo Puentes, existen dos medios para comprobar la profecía. (1) Uno es el del propósito y el efecto: la genuina actividad profética sirve para fortalecer, alentar y consolar.

---

37. Ver, además, Wayne A. Grudem, *The Gift of Prophecy in the New Testament and today* (Westchester, Ill.: Crossway, 1988), 253-62, que ofrece varias sugerencias útiles a "las Iglesias que no usan el don de profecía, pero les gustaría hacerlo".
38. Para ejemplos, ver C. S. Keener, *Three Crucial Questions about the Holy Spirit*, 171-75, y (como contrapunto a esta cuestión) John F. MacArthur Jr., *Charismatic Chaos* (Grand Rapids: Zondervan, 1992).

En resumen, funciona para la edificación y el reforzamiento del pueblo de Dios. Si los efectos de una presunta profecía son otros, existen buenas razones para sospechar de ella. Lo mismo ocurre con las profecías que exaltan o sirven los intereses de un individuo.

(2) Las Escrituras son, sin embargo, el principal medio para probar las profecías. Resulta axiomático que nada de lo que procede en verdad del Espíritu Santo contradirá algo de lo que Dios ha declarado en su Palabra. Cualquier presunta profecía o revelación debe ser probada ante la única fuente de revelación confiable, proporcionada por el Espíritu, que ya se ha recibido: a saber, la Biblia. Además, tal como señalamos en la sección Significado Original, no existen pruebas de que a las expresiones proféticas de la iglesia primitiva se les atribuyera la misma autoridad que a las Escrituras. Aunque en general disiento del criterio cesacionista con respecto a la profecía, comparto su preocupación por la centralidad de la Palabra de Dios en la vida de la iglesia. No debemos permitir que nada suplante a la Palabra escrita de Dios como guía final para la fe y la vida.

Wayne Grudem ofrece tres importantes directrices para las iglesias que usan el don de profecía, que incorporan los puntos clave debatidos hasta el momento.[39] (1) "Recuerda que lo que hoy se hable en cualquier profecía no es palabra de Dios, sino que se trata sencillamente de un ser humano que transmite, en meras palabras humanas, algo que Dios le ha puesto en la mente". (2) "Asegúrate de probar las profecías para *evaluarlas* según las Escrituras y lo demás que tú sabes que es verdad". (3) "Asegúrate de enfatizar las *Escrituras* como el lugar al que las personas pueden acudir siempre para escuchar la voz del Dios vivo". Si se siguen estas directrices, se eliminará gran parte de la actividad no bíblica, subbíblica y hasta herética que se atribuye falsamente hoy al Espíritu.

---

39. Grudem, *The Gift of Prophecy*, 262-263.

1 Tesalonicenses 5:23-28

Que Dios mismo, el Dios de paz, los santifique por completo, y conserve todo su ser —espíritu, alma y cuerpo— irreprochable para la venida de nuestro Señor Jesucristo. ²⁴ El que los llama es fiel, y así lo hará.

²⁵ Hermanos, oren también por nosotros. ²⁶ Saluden a todos los hermanos con un beso santo. ²⁷ Les encargo delante del Señor que lean esta carta a todos los hermanos.

²⁸ Que la gracia de nuestro Señor Jesucristo sea con ustedes.

Esta parte de la carta es una combinación de formas retóricas y epistolares. Así como una oración intercesora (3:11-13) lleva la primera parte de la carta (1:2–3:10) a su fin, lo mismo ocurre con la segunda sección (4:1–5:22) que se cierra con una plegaria similar (5:23-24). Ambas comparten una forma parecida, reflejan ecos litúrgicos y se terminan con una nota escatológica. Además, dado que la primera oración resumía los principales temas de la primera sección de la carta, esta trata los más importantes de la segunda: nótese el énfasis en la santidad ("santifique", 5:23) y en la venida de Jesús. La oración cumple, pues, la función de una *peroratio*, la parte concluyente de un comunicado oral o documento que resume los temas principales de un discurso y procura asegurar la buena voluntad de los destinatarios.[1]

Los versículos 23-24 también forman parte de la estructura epistolar de la carta, de manera específica del final de la misma (vv. 23-28). Las cartas seculares acababan, por lo general, con saludos y una declaración de despedida (p. ej., "Muchos saludos a tu esposa y a Sereno, y a todos los que os aman, cada uno por su nombre. Adiós".[2]). Las cartas de Pablo acaban de forma típica con una oración, una exhortación, saludos y/o un mandamiento de saludarse unos a otros (con frecuencia acompañada por una petición de oración), y una bendición final. Aunque

---

1. Ver, además, P. T. O'Brien, "Letters, Letter forms", *DPL*, 553; G. W. Hansen, "Rhetorical Criticism", *DPL*, 822-26.
2. Citado por Calvin J. Roetzel, *The Letters of Paul: Conversations in Context*, 3d ed. (Louisville, Ky.: Westminster/John Knox, 1991), 60.

1 Tesalonicenses carece de toda salutación, los demás elementos están claramente presentes.³

Una oración de cierre (5:23-24)

La oración de 5:23 se hace básicamente eco del pensamiento (y hasta de algunas de las palabras) de la oración de 3:13. La frase "Dios de paz" (*cf.* Ro 15:33; 16:20; Fil 4:9; *cf.* también 2Ts 3:16) identifica a Dios como la fuente de paz que, para Pablo, no es la mera ausencia de conflicto, sino, de forma más positiva, un estado de completitud y bienestar caracterizado por las relaciones reconciliadas (*cf.* Ro 5:1-11); como tal, es prácticamente un sinónimo de "salvación". El verbo "santificar" (*hagiazo*) es la forma verbal del sustantivo traducido "santidad" (*hagiasmos*) en 4:3. La expresión "santifique por completo" vuelve a declarar con diferentes palabras la idea de "la santidad de ustedes sea intachable" de 3:13 (ver exposición allí). Como el nombre "santidad", el verbo "santificar" indica un proceso más que un estado, cuyo objetivo va asociado (como en 3:13) con "la venida de nuestro Señor Jesucristo".

La segunda parte de 5:23 está (en el orden de las palabras en griego), en una relación de paralelismo quiástico con la primera parte:

(Que Dios mismo, el Dios de paz)
los
  santifique
    por completo (*holoteleis*),
    y conserve todo (*holokleron*) su ser
  —espíritu, alma y cuerpo—
(irreprochable para la venida de nuestro Señor Jesucristo).

La estructura del versículo deja claro que la frase "espíritu, alma y cuerpo" es, básicamente, un sinónimo de "ustedes" del mismo modo que "corazón" (*kardia*) lo era en 3:13. Dado que viene detrás del enfático "todo su ser", la frase es la forma en que Pablo recalca la naturaleza global de la salvación, que abarca a la persona en su totalidad, incluyendo en particular el cuerpo, que relevantes elementos de la cultura griega tendían a menospreciar. En el pensamiento griego, el cuerpo era una

---

3. Ver, además, Jeffrey A. D. Weima, *Neglected Endings: The Significance of the Pauline letter Closings* (Sheffield: Sheffield Univ. Press, 1994), 174-86.

tumba o prisión de la que el alma procuraba escapar, mientras que para Pablo no hay existencia al margen del cuerpo.

El versículo 24 toma la forma de una solemne afirmación en la que el apóstol basa su oración y con la que probablemente esperaba tranquilizar a quienes siguieran preocupados por su destino en la parusía de Jesús. Dos puntos irrumpen con fuerza. (1) En la frase "el que los llama" (que toma un asunto que recorre toda la carta; *cf.* 1:4; 2:12; 4:7), "el tema actual [...] recalca que Dios no llama simplemente a los cristianos una vez y después los deja a su suerte. En vez de ello, Dios sigue llamando a los seguidores de Cristo a la salvación".[4]

(2) "El que los llama" también es "fiel", es decir, no los rechazará ni se retractará de la palabra que les dio. Es una idea que Pablo compartirá con los corintios (*cf.* 1Co 1:8-9) y desarrollará de un modo más pleno en Romanos (*cf.* Ro 8:30, 38-39; esp. 11:29). Así, con respecto a la salvación de ellos, Pablo afirma con confianza que Dios "así lo hará", es decir (como afirma en Fil 1:6), el que comenzó tan buena obra en ustedes la *irá perfeccionando* hasta el día de Cristo Jesús" (cursivas añadidas).

Requisitos finales y bendición (5:25-28)

En la carta, Pablo ora por los tesalonicenses en más de una ocasión (*cf.* 1:2-3; 3:10; 5:23), y a su vez pide, en 5:25, las plegarias de ellos por él y por sus compañeros (*cf.* 2Ts 3:1-2; también Ro 15:30-32; 2Co 1:11; Col 4:3-4). A pesar de la diferencia en la madurez espiritual entre Pablo, Silas y Timoteo, por una parte, y los tesalonicenses por la otra, el apóstol reconoce de forma implícita, mediante sus peticiones de oración, su igualdad fundamental delante de Dios.

La instrucción de saludarse unos a otros "con un beso santo" aparece en cuatro de las cartas paulinas (aquí; Ro 16:16; 1Co 16:20; 2Co 13:12; *cf.* 1P 5:14). El beso, un saludo habitual en el mundo antiguo, tanto en la cultura grecorromana como en la judía, era una señal de afecto entre la familia y los amigos, y de honra hacia los superiores. Existen algunas pruebas (*cf.* 1Co 16:20; Justino Mártir, *Primera apología,* 65.2) de que el "beso de paz" pudo haber formado parte del ritual que precedía a la celebración de la Santa Cena.[5] Es probable que su uso retomara las metáforas de la "familia" tan comunes en el cristianismo primitivo

---

4. C. A. Wanamaker, *Thessalonians,* 207.
5. I. H. Marshall, *Last Supper and Lord's Supper* (Grand Rapids: Eerdmans, 1980), 145.

(incluido el uso repetido de *adelphoi*, "hermanos y hermanas", a lo largo de la carta) y servía como señal de unidad y de afecto mutuo.

La probable explicación del abrupto cambio en el versículo 27 del pronombre plural al singular ("yo") es que Pablo tomó la pluma del amanuense (¿Silas?) y escribió él mismo las dos últimas frases (*cf.* 2Ts 3:17; también Gá 6:11; 1Co 16:21).[6] En una cultura en la que solo un pequeño porcentaje de la población era culto, el apóstol dio por sentado que la carta se leería en voz alta (*cf.* Ap 1:3) durante una reunión de la comunidad (*cf.* Col 4:16). La fuerza y la solemnidad de su orden es sorprendente e inusual, como la triple aparición de *adelphoi*, "hermanos y hermanas" (ver comentarios sobre 1Ts 1:4), y el repetido "todo" en 5:25-27. La razón está posiblemente relacionada con su propósito al escribir:

> [En la carta hay] algo para cada uno, algo que los miembros afligidos, vacilantes, trabajadores y atentos necesitaban escuchar y repetirse los unos a los otros a modo de exhortación (4:18) [...]. La lectura pública de la carta en presencia de todos los hermanos y hermanas asegura que cada miembro de la comunidad es amonestado, alentado o ayudado con paciencia, amor y concordia (5:12-14).[7]

Así como en la apertura (1:1) Pablo sustituía la breve palabra de salutación habitual con una frase, aquí también, en 5:28, en la acostumbrada "despedida" (ver Hch 15:29) el apóstol remplaza "la gracia de nuestro Señor Jesucristo sea con todos ustedes" (*cf.* 2Ts 3:18; también 1Co 16:23; Gá 6:18; Fil 4:23; Col 4:18). El contenido del saludo de apertura paulino ("gracia y paz") halla su eco en 5:23 ("Dios de paz") y aquí ("gracia"), formando una *inclusio* que unifica la carta. Para la relevancia de este último término y el de la frase "Señor Jesucristo" ver los comentarios sobre 1:1 más arriba.

---

6. Para apreciar la fotografía de una carta en papiro en la que el cambio de la clara y precisa escritura del escriba a los garabatos irregulares (y casi ilegibles) del autor es llamativamente obvia, ver Everett Ferguson, *Backgrounds of Early Christianity*, 2d ed. (Grand Rapids: Eerdmans, 1993), 121.
7. E. J. Richard, *Thessalonians*, 292; para una visión general de hipótesis alternativas, *cf.* F. F. Bruce, *1 and 2 Thessalonians*, 135.

En esta sección, con respecto a la forma y el contenido, los versículos 23-24 duplican o resumen porciones anteriores de la carta (para detalles, ver exposición en la sección Significado Original). De manera adecuada para el cierre de una carta, Pablo no introduce nuevo material, sino que alude una vez más a los temas y asuntos ya debatidos. Además, en 5:23, Pablo hace por los tesalonicenses lo que les pide a ellos que hagan por él y por sus compañeros en 5:25.

La oración de Pablo. La oración de Pablo en 5:23 para que podamos ser "guardados" irreprensibles, que está en paralelo con la frase "que Dios [...] los santifique" nos recuerda que la santificación es un don a la vez que una meta. Es un don que se recibe en gracia por cuanto, en la conversión, los creyentes ya han pasado de muerte a vida (Col 2:13), de manera que somos nuevas criaturas en Cristo (2Co 5:17), en quien compareceremos irreprensibles delante de Dios. Sí, también es una meta (*cf.* 1Ts 3:13), en que se nos llama a vivirla en nuestra vida. Esto significa que "el discipulado es la vida entre los tiempos, porque Dios no ha acabado aún lo que comenzó". Sin embargo, es importante observar que "la vida de fe no es una lucha por más; es vivir de una forma más plena en lo que ya se nos ha dado, sabiendo que incluso los esfuerzos por vivir de manera más adecuada, como 'santos' (4:1-3) dependen de Dios que santifica".[8]

El beso santo. Al parecer, el "beso santo" (5:26) era en un principio una costumbre social. Pero en etapas tempranas se convirtió (y lo sigue siendo en algunas tradiciones) en parte de la celebración que la iglesia hace de la Santa Cena. Significaba reconciliación mutua entre los creyentes antes de tomar juntos la comunión como cristianos. En su contexto paulino, el aspecto clave no es la forma de los saludos, sino su función como señal de unidad y de afecto mutuo dentro de la congregación. Cualquier forma culturalmente aceptable de saludo, ya fuera un beso en cada mejilla, un abrazo o un sentido apretón de manos, o cualquier otro gesto que transmitiese calidez y simbolizase unidad sería posiblemente aceptable para Pablo.

Instrucciones a seguir. A primera vista, el mandato de 5:27 en cuanto a leerle la carta a todos parece tan vinculado a su entorno del siglo I

---

8. Donald H. Juel, *1 Thessalonians* (Minneapolis: Augsburg, 1985), 250.

que puede parecer no tener hoy relevancia en una cultura en la que la alfabetización está más extendida. Pero el *resultado* de la orden de Pablo —que toda la iglesia *sea instruida* en lo que él tenía que decir— no es menos relevante en la actualidad. El discipulado cristiano no es una cuestión de desarrollar nuestras propias intuiciones espirituales individuales, sino de seguir a Jesús, de acuerdo con lo que él ejemplarizó y enseñó, tanto en persona como a través de los escritos del Nuevo Testamento. La *instrucción* —aprender (y recordar) las buenas nuevas sobre lo que Dios ha hecho por medio de Jesús a favor nuestro, y sobre sus implicaciones para nuestra forma de vivir— es un elemento fundamental de discipulado para todos.

La definición de la instrucción dada en la frase anterior está moldeada a la luz de lo que Pablo ha hecho en esta carta. En los tres primeros capítulos, Pablo cuenta básicamente la historia de (es decir, "recuerda") no solo cómo Dios llevó el evangelio a los tesalonicenses, sino también de todo lo que él ha hecho en medio de ellos desde entonces. Además, no presenta esto como "nuevo" material, sino que básicamente les pide que recuerden y piensen en lo que ya saben (*cf.* "saben", 1:5; 2:1, 2, 5, 11; 3:3, 4; 4:2; 5:2; "recordarán", 2:9; "me son testigos", 2:10; ver también 4:9). Luego, en los dos últimos capítulos, cuando por fin trata con sus cuestiones y preguntas específicas con respecto al presente y al futuro, lo hace de forma sistemática a la luz de lo que Dios ya ha hecho en el pasado (ver 4:1, 7, 9, 14; 5:9, 10, 24; también 4:2; 5:2).

Por tanto, al insistir en que la carta se lea a todos en la congregación, Pablo no solo se asegura de que escuchen las respuestas que da a sus preguntas y problemas, sino también de que escuchen y recuerden el relato de lo que Dios ha hecho entre ellos, que es lo que proporciona la base para esas respuestas. Cualesquiera que sean sus dificultades en esos momentos, no quiere que olviden aquello que Dios ya ha llevado a cabo en medio de ellos.

Una advertencia. Algunos intérpretes hallan en 5:23 (con su referencia a "espíritu, alma y cuerpo") una base para desarrollar una noción "tripartita" de la naturaleza humana (el punto de vista de que constamos de cuerpo, alma y espíritu). No obstante, que esta frase solo aparezca en este lugar de todo el Nuevo Testamento debería hacer que tuviéramos precaución y no nos formáramos ninguna conclusión importante sobre la personalidad humana en este versículo. Además, como indicamos más arriba, el énfasis de Pablo está en el conjunto de los seres humanos y no en los elementos constituyentes. Por otro lado, Pablo tiende a usar términos como estos de una forma bastante amplia y, en cierto modo, intercambiable; por consiguiente, resulta difícil descubrir distinciones coherentes entre ellos en sus cartas.⁹

No podemos entender que sus palabras signifiquen aquí que nuestra naturaleza es triple, como tampoco podemos tomar sus palabras en otro lugar como indicativo de que sea doble (cuerpo y espíritu, 1Co 7:34), o las de Jesús en Marcos 12:30 para demostrar que es cuádruple (corazón, alma, mente y fuerza).¹⁰ En resumen, no parece que Pablo esté ofreciendo aquí ningún tipo de definición antropológica.

Significado Contemporáneo

Los versículos finales de la carta ofrecen una oportunidad para reflexionar sobre un tema que ha estado rondando bajo la superficie a lo largo de la carta y para retomar una cuestión que ha sido explícita desde el versículo de apertura. Se trata de la importancia de *recordar lo que Dios ha hecho*, y lo que hay que retomar es *la centralidad de Dios para la vida de la iglesia*.

La importancia de recordar lo que Dios ha hecho. Este asunto se tocó brevemente en la exposición sobre la oración de acción de gracias de 3:9-13, donde sugerí de pasada que recordar y contar la historia de la fidelidad de Dios es importante por al menos dos razones. (1) Cuando las cosas van bien, nos recuerdan por qué están yendo bien (se debe a la gracia y a la bondad de Dios y no a nuestros propios esfuerzos; *cf.* Dt 6:10-13; 8:10-18; 9:4-6). (2) Cuando las cosas no van bien, nos da esperanza para recordar que el Dios que ha sido fiel en el pasado también lo será en el futuro. Este segundo punto es en el que nos centraremos en este momento, por la forma en que Pablo es el modelo sistemático para los tesalonicenses, a lo largo de su carta.

---

9. Como observa Gordon Fee, "es muy probable que, dada la forma en que Pablo se expresa aquí, pudiera pensar en el espíritu y el alma como entidades de algún modo distintas. Sin embargo, la forma en que podría tomarlas como diferentes no queda clara en el resto de sus cartas [...] Además el énfasis sobre la totalidad sugiere que podría fácilmente haber incluido 'mente' sin desviarse ni por un momento de su preocupación. Es decir, cualquier distinción que pueda haber entendido es bastante secundaria a la mayor preocupación por la completitud" (*God's Empowering Presence*, 66).
10. L. Morris, *The First and Second Epistles to the Thessalonians*, 182.

Como observamos en la sección Construyendo Puentes, el apóstol trata una y otra vez el presente y el futuro a la luz del pasado. ¿Por qué, por ejemplo, a Pablo no le preocupa el destino de los que han muerto antes del regreso de Jesús? Porque Dios levantó a Jesús de los muertos y, por tanto, resucitará a los que están en él (4:13, 16). ¿Por qué no le preocupa el juicio venidero? Porque Jesús, que "murió por nosotros para que [...] vivamos junto con él" (5:10), nos liberará de la ira que está por llegar (1:10). ¿Cómo puede Pablo (y nosotros) confiar tan absolutamente en que "el que [nos] llama es fiel, y así lo hará" (5:24)? *Confiamos en que, en el futuro, Dios hará por nosotros lo que ha prometido, por la fidelidad a sus promesas que ya demostró en el pasado.*

Basándose en estos hechos fundamentales sobre Dios somos capaces, independientemente de lo difíciles que sean nuestras circunstancias, de alentarnos y consolarnos los unos a los otros en el presente, mientras esperamos el futuro con confiada esperanza. Recordar lo que Dios ha hecho en el pasado —no como historia muerta, sino como narración viva y constante de un Dios poderoso y fiel en su relación con su pueblo— proporciona la base para la vida en el presente y para la esperanza en el futuro.

En Salmos 13 se ejemplifica gráficamente este tipo de planteamiento de vida. Los primeros cuatro versículos son el lamento de David, una enojada acusación de que Dios lo ha olvidado y lo ha abandonado a sus enemigos. Pero cuando en los versículos 5-6 dice: "... pero yo confío en tu gran amor; mi corazón se alegra en tu salvación. Canto salmos al Señor. ¡El Señor ha sido bueno conmigo!", en medio de su desesperación y tristeza, recuerda lo que Dios *ha* hecho y que *es* fiel, y esto le proporciona esperanza en cuanto al futuro. De hecho, la única razón por la que se molesta en clamar a un Dios que, al parecer, lo ha abandonado (una irónica pérdida de tiempo, si fuera verdad) es porque se acuerda de la fidelidad de Dios en el pasado. En Salmos 77 encontramos un tema similar. La respuesta a las preguntas difíciles (v. 8, "¿Se habrá agotado su gran amor eterno, y sus promesas por todas las generaciones?") implica traer a la memoria lo que Dios ha hecho (vv. 11-12):

> Prefiero recordar las hazañas del Señor,
>   traer a la memoria sus milagros de antaño.
> Meditaré en todas tus proezas;
>   evocaré tus obras poderosas.

Para nosotros hoy, recordar lo que Dios ha hecho no solo incluye acordarse del relato bíblico de la fidelidad, el amor y el poder de Dios, sino también lo que ha llevado a cabo durante todo el tiempo desde el final del libro de Hechos, así como de lo que sigue realizando en la actualidad. Esto ha sido siempre una de las fuerzas del "tiempo de testimonio" en la iglesia, cuando los creyentes comparten su testimonio sobre lo que Dios ha hecho en su vida. No solo trae a nuestra memoria con contundencia que Dios sigue activo y poderoso, sino que escuchar el testimonio de otros suele impulsarnos a pensar en nuestros propios recuerdos de lo que Dios ha hecho en nuestra vida. Acordarnos de la fidelidad divina en el pasado y compartirlo puede convertirse en un potente medio para alentarnos y fortalecernos los unos a los otros en el presente.[11]

En mi opinión, también es importante observar que recordar quién es Dios y lo que ha hecho no solo proporciona la base para confiar en el futuro, sino también para discernir cómo deberíamos vivir en el presente. El Dios que nos ha llamado ha demostrado, por ejemplo, su amor por nosotros en Cristo Jesús y nos ha dado el Espíritu Santo; a la luz de esto, no deberíamos sorprendernos de que la voluntad de Dios para nosotros (4:3) incluya vivir una vida santa (4:7) y amar a los demás (4:9).

A este respecto, la actual popularidad de las pulseras WWJD (siglas de *what would Jesus do?*) es un desarrollo alentador. Las letras WWJD representan la pregunta "¿Qué haría Jesús?" (en inglés). Cuando nos enfrentamos a una situación problemática, se supone que la pulsera le recuerda a quien la lleve puesta que formule la pregunta: "¿Qué haría Jesús?" en estas circunstancias. El brazalete se convierte, pues, en un medio de aliento para que los creyentes vivan su vida a la luz de la enseñanza y los hechos de Jesús.

Sin embargo, es precisamente aquí donde encontramos una relevante debilidad en el cristianismo contemporáneo: su falta de conocimiento de la Biblia. Con el fin de responder a la pregunta WWJD, conocer los relatos del Evangelio sobre Jesús es, obviamente, necesario. No obstante, como han revelado diversas encuestas de Gallup y Barna, el nivel de cultura bíblica en los Estados Unidos es abismal. Se ha informado con amplitud de los descubrimientos de los sondeos: solo la mitad de los cristianos encuestados identificó correctamente a Jesús como la persona que pronunció el Sermón del Monte; apenas tres de cada cinco

---

11. Para más detalles sobre el recuerdo, ver Daniel Taylor, *The Myth of Certainty: The Reflective Christian and the Risk of commitment* (Waco, Tex.: Word, 1986), 100-107.

recordaba el nombre de los cuatro primeros libros del Nuevo Testamento. Cuando se les pidió que citaran un versículo bíblico, la respuesta más frecuente fue: "Dios ayuda a aquellos que se ayudan", una frase de Benjamín Franklin.

Parece bastante inútil llevar una pulsera WWJD si uno no ha leído jamás el Evangelio, y tampoco sirve de mucho preguntar "¿Qué haría Jesús?" si no tenemos la más mínima idea de lo que hizo. Tampoco podemos discernir cómo vivir en el presente ni esperar con esperanza si no aprendemos y recordamos lo que Dios ha hecho en el pasado.

La crucial importancia de Dios para la vida de la iglesia. Al hacerse eco en estos versículos finales de las ideas claves de su versículo de apertura, Pablo acaba la carta como comenzó: con el foco, el enfoque y el énfasis directamente en Dios y en Jesucristo. En el transcurso de su carta, el apóstol ha hablado bastante de sí mismo y de los tesalonicenses, pero, al final, la última palabra no es sobre ellos mismos, sino sobre Dios. Lo que quiere dejar en nuestra mente al acabar es Dios, aquel que nos ha llamado y salvado por medio de Jesucristo, que nos da el Espíritu Santo en poder y santidad, y que nos llevará a su reino y su gloria cuando Jesús regrese. A este respecto, las dos afirmaciones *teo*lógicas de 5:24 —prácticamente el resumen en una sola frase de la última mitad de Romanos 8— merece énfasis: "El que los llama es *fiel*, y así lo *hará*". Es decir, Dios no solo es capaz de hacer todo lo que ha prometido, sino que al ser fidedigno y confiable, lo hará de verdad.

Por decirlo de otro modo, nuestro futuro descansa por completo en el poder y la fidelidad de Dios. Pablo dio a entender todo esto en su forma de vincular, en 1:1, palabras como "gracia", "paz", "en Dios Padre" y "el Señor Jesucristo". Aquí lo dice de manera explícita: nuestro futuro como creyentes descansa por completo en el poder y la fidelidad de Dios tal como lo reveló por medio de Jesús el Mesías. Si este es un buen lugar por donde comenzar, es aún mejor para acabar, ya que esperamos con ilusión "la venida de nuestro Señor Jesucristo" (5:23).

2 Tesalonicenses 1:1-12

Pablo, Silvano y Timoteo, a la iglesia de los tesalonicenses, unida a Dios nuestro Padre y al Señor Jesucristo: ² Que Dios el Padre y el Señor Jesucristo les concedan gracia y paz.

³ Hermanos, siempre debemos dar gracias a Dios por ustedes, como es justo, porque su fe se acrecienta cada vez más, y en cada uno de ustedes sigue abundando el amor hacia los otros. ⁴ Así que nos sentimos orgullosos de ustedes ante las iglesias de Dios por la perseverancia y la fe que muestran al soportar toda clase de persecuciones y sufrimientos.⁵ Todo esto prueba que el juicio de Dios es justo, y por tanto él los considera dignos de su reino, por el cual están sufriendo.

⁶ Dios, que es justo, pagará con sufrimiento a quienes los hacen sufrir a ustedes. ⁷ Y a ustedes que sufren, les dará descanso, lo mismo que a nosotros. Esto sucederá cuando el Señor Jesús se manifieste desde el cielo entre llamas de fuego, con sus poderosos ángeles, ⁸ para castigar a los que no conocen a Dios ni obedecen el evangelio de nuestro Señor Jesús. ⁹ Ellos sufrirán el castigo de la destrucción eterna, lejos de la presencia del Señor y de la majestad de su poder, ¹⁰ el día en que venga para ser glorificado por medio de sus santos y admirado por todos los que hayan creído, entre los cuales están ustedes porque creyeron el testimonio que les dimos.

¹¹ Por eso oramos constantemente por ustedes, para que nuestro Dios los considere dignos del llamamiento que les ha hecho, y por su poder perfeccione toda disposición al bien y toda obra que realicen por la fe. ¹² Oramos así, de modo que el nombre de nuestro Señor Jesús sea glorificado por medio de ustedes, y ustedes por él, conforme a la gracia de nuestro Dios y del Señor Jesucristo.

Los versículos 1-2 contienen el precepto de la carta. Sigue estrechamente al de 1 Tesalonicenses. Las únicas diferencias se hallan, todas ellas, en la dirección de los modelos encontrados en las demás cartas (posteriores) de Pablo.

Desde una perspectiva epistolar, 1:2-12 encierra la sección de "acción de gracias" de la misiva. Ya observamos en 1 Tesalonicenses 1:2-10 el complejo carácter de los agradecimientos paulinos (presentes en cada carta, excepto en Gálatas). Esto mismo es cierto aquí, ya que el apóstol no solo ora, sino que elogia e instruye en esta porción.

Desde la perspectiva retórica, 1:3-12 funciona como *exordio* o introducción con dos propósitos principales: (1) ganar la buena voluntad de la audiencia a la vez que establece un ambiente o tono para la carta y (2) anunciar sus temas principales. La primera meta se cumple en 1:3-4, en el elogio y la afirmación, mientras que 1:5-10 suscita el asunto central de la misiva: el "día del Señor".

En cuanto a gramática, toda la sección contiene tan solo tres frases en el griego: versículos 1-2 (el precepto), 3-10, y 11-12. En términos de contenido, la NVI (*cf.* LBLA) hace bien en dividir la extensa segunda frase en dos párrafos. La primera sección (vv. 3-4) está formada por la acción de gracias propiamente dicha, mientras que el carácter de la segunda (vv. 5-10) es más bien de enseñanza y de aliento. El último párrafo (vv. 11-12) es lo que se denomina "informe de oración", es decir, más que una oración en sí, se da a conocer el contenido de la plegaria.

El precepto (1:1-2)

Excepto por dos diferencias menores, 1:1-2 es idéntico a lo que Pablo escribió en 1 Tesalonicenses 1:1. (1) La primera diferencia es el añadido de "nuestro" a "Padre", un ejemplo de lo que el apóstol suele hacer en el resto de sus epístolas. La designación de Dios como "nuestro" Padre "refleja el concepto paulino de los cristianos como familia de Dios en un sentido metafórico y se debe considerar junto con aquellos textos en los que se define a los creyentes como hijos de Dios (*cf.* Ro 8:14-23; Gá 3:26; 4:4-7)".[1] (2) La otra diferencia está en el versículo 2, donde la fuente de la "gracia y la paz" (que Pablo supone en 1Ts 1:1) se identifica de forma explícita como "Dios el Padre y el Señor Jesucristo". La misma frase (o similar) se halla en todas las cartas de Pablo, excepto en 1 Tesalonicenses y Colosenses (donde solo aparece "Dios nuestro Padre"). Para el significado de estos versículos, ver la exposición de 1 Tesalonicenses 1:1.

---

1. C. A. Wanamaker, *Thessalonians*, 213.

La acción de gracias (1:3-4)

La declaración en 1:3a sobre dar gracias (repetida en 2:13, más abajo) es muy similar a lo que Pablo escribió en 1 Tesalonicenses 1:2. Por otra parte, la frase "debemos" no tiene paralelo en los escritos paulinos, como tampoco lo tiene "como es justo". Algunos argumentan que la acción de gracias se considera aquí como un deber más que como un gozo, y lo toman como indicativo de que Pablo no es el autor de la epístola. Pero esta consideración pasa por alto las razones para dar gracias, dos de las cuales se proporcionan en 1:3b: "su fe se acrecienta cada vez más" y el amor que tienen unos por otros "sigue abundando"; esto es exactamente por lo que Pablo dijo que oraba en 1 Tesalonicenses 3:10, 12.[2] Cualquier sentido de "obligación" en 2 Tesalonicenses 1:3a no está impulsado por el deber, sino por gratitud a Dios por el crecimiento divinamente inspirado de los tesalonicenses, una gratitud tan abrumadora que uno no puede más que dar gracias a Dios por ello.

El crecimiento en fe y amor de los tesalonicenses (*cf.* 1Ts 13) estaba teniendo lugar bajo las condiciones más adversas: la continuada experiencia de "persecuciones" (*diogmois; Cf.* Hch 8:1; Ro 8:35; 2Co 12:10) y "aflicciones" (*thlipsesin*, NVI "pruebas"; *cf.* 2Ts 1:6; también 1Ts 1:6; 3:3, 7). Las circunstancias de la iglesia no parecen haber cambiado mucho desde el tiempo en que Pablo escribió la primera carta (*cf.* 1Ts 3:1-5). Sin embargo, las circunstancias externas adversas no han obstaculizado el crecimiento de la comunión en los ámbitos críticos de la fe y el amor; en todo caso, pueden haberlos fomentado.

Por consiguiente (NVI "por eso"), Pablo proporciona dos razones más por las que da gracias y "se jacta" (*cf.* 1Ts 2:19) ante otras congregaciones sobre los tesalonicenses. Son la "perseverancia" (*cf.* 3.5; también 1Ts 1:3, "constancia sostenida por su esperanza") y la "fe" (principalmente en el sentido de "verdad", pero tal vez también un poco como "fidelidad") que han demostrado. En resumen, para Pablo, los hermanos y las hermanas[3] tesalonicenses se han convertido en un modelo ejemplar de compromiso cristiano imperecedero bajo condiciones difíciles.

---

2. Lightfoot observa que los dos verbos "están cuidadosamente escogidos; el primero implica un crecimiento interno, orgánico, como el del árbol; el otro, un carácter difusivo, expansivo, como el de la inundación que irriga la tierra" (*Notes on Epistles*, 98).
3. El término griego *adelphoi*, "hermanos" (1:3) incluye a toda la comunidad, no solo a los miembros varones; para la relevancia del término, ver comentarios sobre 1Ts 1:4.

Enseñanza y aliento (1:5-10)

En 1:5, Pablo sigue diciendo que "todo esto" —es decir, las cuatro razones que acaba de mencionar y por las cuales da gracias— sirve al mismo tiempo de "prueba" (en el sentido de una clara indicación) del "justo juicio de Dios" (de "que el juicio de Dios es justo"; NVI).[4] La relevancia de la aflicción y la persecución es potencialmente ambigua; tales experiencias se pueden interpretar como ataques sobre el pueblo de Dios por fuerzas hostiles a él, o como castigos que sufre el pueblo de Dios por sus pecados. Pablo lo interpreta como que los tesalonicenses no solo están perseverando y confiando en medio de la persecución, sino que en realidad están creciendo y aumentando, como señal de la bendición divina y no de su juicio. El apóstol insinúa que, habiendo depositado los tesalonicenses su fe en Dios, están siendo atacados por fuerzas hostiles a él.[5] A su vez, Dios ha juzgado correctamente la situación, como indican sus bendiciones sobre ellos en medio de su sufrimiento.

En otras palabras, el crecimiento, la abundancia, la perseverancia y la fe demostrados por los tesalonicenses son la prueba de que en verdad forman parte del pueblo de Dios. "Como resultado, él los considera dignos" (para este verbo, ver comentario sobre 1:11) del reino de Dios. En 1 Tesalonicenses 2:12 Pablo los ha instado a "llevar una vida digna de Dios, que los llama a su reino y a su gloria". Aquí les ofrece la seguridad de que, por el poder de Dios, están viviendo ese tipo de vida y les ayuda a entender que la continuada persecución y las aflicciones que están experimentando no son pruebas de lo contrario, sino que en realidad son una evidencia confirmadora.

En cuanto al orden de las palabras en el griego, existe alguna ambigüedad con respecto a la frase "y por tanto él los considera dignos de su reino" (1:5b). (1) Se puede tomar con "el juicio de Dios" o con

---

4. El antecedente de "todo esto" (NVI; "esto es", RVR1960; la frase no figura en el griego, pero se da a entender en la construcción) es ambiguo. En mi opinión se refiere a todas las razones mencionadas detrás del "porque" (*hoti*) en 1:3 (de manera similar, J. R. W. Stott, *The Gospel and the End of Time*, 146). Para la opinión de que se trata de la perseverancia y la fe de los tesalonicenses, ver I. H. Marshall, *1 and 2 Thessalonians*, 172-73; F. F. Bruce, *1 and 2 Thessalonians*, 149; E. Best, *Thessalonians*, 254-56; E. J. Richard, *Thessalonians*, 304, 316-18; para el criterio de que el antecedente es la persecución y la aflicción (NVI "pruebas"), ver C. A. Wanamaker, *Thessalonians*, 220-23.
5. Para la idea de la aflicción como consecuencia de seguir a Jesús, ver comentarios sobre 1 Tesalonicenses 3:4.

"persecuciones y sufrimientos". (2) La frase puede indicar propósito ("con el fin de") o resultado ("con el resultado de"). En vista de la última cláusula en 1:5 ("por el cual están sufriendo") y 1 Tesalonicenses 2:12 (donde Pablo vincula las acciones de los tesalonicenses con la idea de ser "dignos de Dios"), parece más probable que la frase estuviera ligada a "persecuciones y sufrimientos". A su vez, esta decisión sugiere firmemente que la frase indica resultado más que propósito, exactamente como lo traduce la NVI.

> No era necesario que los lectores sufrieran para ser considerados merecedores del reino de Dios, pero el autor deseaba seguramente consolarlos con el hecho de que, como resultado de su experiencia de aflicción, Dios los consideraba merecedores de él.[6]

En 1:6, Pablo retoma (de 1:5a) y desarrolla la idea del justo juicio de Dios. Afirma que este juicio tiene dos caras, una negativa (v. 6, retribución "a quienes hacen sufrir" al pueblo de Dios) y otra positiva (v. 7a, "[a los] que sufren les dará descanso). El lado negativo se expone de forma más extensa en 1:8-9. Los que afligen al pueblo de Dios forman parte de un grupo mayor identificado como "los que no conocen a Dios", es decir, los que "no obedecen el evangelio de nuestro Señor Jesús"[7] (v. 8). La segunda cláusula deja claro que la primera no está hablando de una simple ignorancia, sino de un rechazo voluntario (*cf.* 2:10 más abajo; también Ro 1:18-23, 25, 28; contrástese Jn 17:3).

El castigo (*exdikesis,* 1:8; sustantivo, el mismo que se suele traducir "venganza" en Ro 12:19, *cf.* RVR1960) que este grupo experimentará se identifica en el versículo 9. Las palabras "lejos de" no aparecen en el griego, que dice: "destrucción eterna de la presencia del Señor y de la gloria de su poder". Esto sugiere que Pablo no está hablando de dos

---

6. C. A. Wanamaker, *Thessalonians,* 223, *cf.* F. F. Bruce, *1 and 2 Thessalonians,* 149. Para la idea del dominio de Dios o "reino", ver comentarios sobre 1Ts 2:12.
7. A la luz del uso veterotestamentario, algunos argumentan que "los que no conocen a Dios" (*cf.* Sal 79:6; Jer 10:25) alude a los gentiles, y "los que no obedecen el evangelio" (*cf.* Is 66:4 LXX; Ro 10:16) se refiere a los judíos (ver, p. ej. I. H. Marshall, *1 and 2 Thessalonians,* 177-78; *cf.* RVR1960). Pero esta distinción no se puede mantener sistemáticamente ni en el Antiguo Testamento (*cf.* Jer 4:22; 9:3, 6; Os 5:4) ni en el uso paulino (*cf.* Ro:11.30-32). Además, el pasaje está redactado en el estilo poético de la profecía del Antiguo Testamento, y las dos cláusulas son un ejemplo de paralelismo sinónimo. Juntas identifican a un único grupo que incluye tanto a los judíos como a los gentiles (*cf.* F. F Bruce, *1 and 2 Thessalonians,* 151-52; C. A. Wanamaker, *Thessalonians,* 227).

cosas (destrucción y separación) sino de una sola. La segunda parte de la frase define lo que él quiere decir en la primera: "destrucción eterna", es decir, la separación de la presencia del Señor (para esta frase, *cf.* Is 2:10, 19, 21, un pasaje de juicio) y la gloria.[8] En otras palabras, la definición que Pablo hace aquí de "destrucción" (*cf.* 1Ts 5:3) es precisamente lo contrario de lo que dice en otros lugares sobre la salvación: estar siempre con el Señor (1Ts 4:17) y compartir la gloria de Dios (Ro 8:17-18, 30; 2Co 4:17; Fil 3:21).[9]

El lado positivo del juicio de Dios, que se menciona primero en el versículo 7a ("descanso") se explica (aunque brevemente) en el versículo 10. En nítido contraste con los que "ni obedecen el evangelio" (1:8), "los que hayan creído" experimentarán tanto la presencia como la gloria del Señor (precisamente las cosas que no experimentará el otro grupo). Esto se debe a que el Señor "será glorificado en presencia de su santo pueblo".[10] También se "maravillarán", en el sentido de "admirar" o (en vista del paralelismo con la frase precedente) quizá "adorar".

En la última parte del versículo 10, Pablo aplica su idea directamente a los tesalonicenses: les asegura que el grupo que experimentará la presencia del Señor "los incluye". En el contexto de su experiencia presente de aflicción, la declaración es tranquilizadora y consoladora (y, por tanto, refuerza la idea de 1:3-4). Al mismo tiempo, es una exhortación velada a seguir perseverando, no sea que se hallen en la otra categoría.

---

8. De manera similar, F. F. Bruce, *1 and 2 Thessalonians*, 152; I. H. Marshall, *1 and 2 Thessalonians*, 179; C. A. Wanamaker, *Thessalonians*, 229; L. Morris, *The First and Second Epistles to the Thessalonians*, 204-5: El término *destrucción*, aquí en 1:9, se toma a veces en el sentido de aniquilación. Esto es lingüísticamente posible, pero "al no haber evidencia en Pablo (ni, de hecho, en el resto del NT) para el concepto de aniquilación final de los impíos, la expresión 'destrucción eterna' debería tomarse, probablemente, de una forma metafórica, para indicar la gravedad del castigo que espera a los enemigos de Dios" (C. A. Wanamaker, *Thessalonians*, 229).

9. *Cf.* también Mt 25:46, donde la frase similar "castigo eterno" (con uso de un término diferente en griego para "castigo") se define en contraste con "vida eterna"; todo lo que es la vida eterna no lo es el castigo eterno.

10. La preposición *en* ("en") puede indicar (1) lugar (p. ej., NVI "en su santo pueblo"; *cf.* L. Morris, *The First and Second Epistles to the Thessalonians*, 206); (2) causa (p. ej., "por su santo pueblo"; así J. E. Frame, *Thessalonians*, 237); (3) medio (p. ej., RVR1960 "por medio de su santo pueblo"); o (4) presencia ("en presencia de su santo pueblo"; así C. A. Wanamaker, *Thessalonians*, 231). La opción 3 incluye la idea de la opción 4 (al menos de forma implícita) y también tiene sentido en la frase siguiente; es, por tanto, la elección preferible (*cf.* I. H. Marshall, *1 and 2 Thessalonians*, 180). Para el antecedente veterotestamentario de la frase, *cf.* Sal 88:8, y para la frase siguiente, *cf.* 67:36, o posiblemente 88:6.

Todo aquello de lo que Pablo ha estado hablando "cuando el Señor Jesús se manifieste desde el cielo" (1:7b), es decir, "cuando venga en aquel día" (1:10, RVR1960).[11] Es el mismo acontecimiento al que Pablo se refirió en su primera carta como "la venida" de Jesús (*parousia*, 1Ts 4:15) o "el día del Señor" (5:2). La frase "se manifieste" traduce en realidad un nombre, *apokalypsis* ("revelación"; *cf.* Ro 2:5; 1Co 1:7; para el verbo correspondiente, ver Ro 8:18; 2Ts 2:3, 6, 8). Es probable que el apóstol use esta palabra (en lugar de *parousia*) por su matiz, algo oculto o velado en el presente: aunque Jesús es ciertamente Señor en la actualidad, no toda la creación reconoce aún este hecho; en realidad, algunos persiguen de forma activa al pueblo del Señor. Pero, sin lugar a dudas, llegará el día en que su señorío será manifiesto para que todos lo vean con claridad y con las consecuencias que Pablo resume en los versículos 6-10 (es decir, juicio o salvación).

Un informe de oración (1:11-12)

En estos versículos, Pablo retoma algunos de los temas clave de los versos 5-10, en un informe de oración (en vez de una oración en sí, como en 1Ts 3:11-13). En él da a conocer a los tesalonicenses el contenido (2Ts 1:11) y el propósito (1:12) de sus "constantes" (*cf.* 1Ts 1:2) oraciones por ellos. (1) Su primera petición (que resume la idea del v. 5) es que "nuestro Dios los considere dignos del llamamiento que les ha hecho". Aquí, el verbo (*axioo*) es una forma simple del verbo del versículo 5 (*kataxioo*). Existe un considerable debate en torno a si estos dos verbos significan "hacer dignos" o "considerar dignos". La primera opción encaja mejor en el contexto, pero la segunda concuerda más con el uso en otros lugares.[12] El "llamamiento" de Dios (*klesis*; para el verbo relacionado, *cf.* 1Ts 2:12; 4:7; 5:24) es básicamente equivalente a la "elección" o "escogimiento" de Dios (*ekloge*, 1Ts 1:4; ver también 2Ts 2:13-14).

---

11. Con respecto al fenómeno que acompaña al regreso del Señor, ver comentarios sobre 1Ts 4:13-18. El símbolo del fuego enfatiza los aspectos de juicio del acontecimiento; *cf.*, por ejemplo, las palabras de Juan el Bautista (Mt 3:10, 12) y para el antecedente del Antiguo Testamento, Is 66:15-16. De hecho, con sus temas de vindicación y venganza (p. ej. 66:14, "la mano del Señor para con sus siervos será conocida, y se enojará contra sus enemigos) Is 66 resulta esclarecedor para el presente pasaje.
12. Para "hacer digno" ver I. H. Marshall, *1 and 2 Thessalonians*, 182; E. J. Richard, *Thessalonians*, 310, E. Best, *Thessalonians*, 268-69; para "considerar digno" ver C. A. Wanamaker, *Thessalonians*, 233; L. Morris, *The First and Second Epistles to the Thessalonians*, 197-98, 209.

(2) La otra petición es que Dios pueda "cumplir" o "perfeccionar" —el verbo transmite la idea de acabar algo que ya se ha empezado— "todo propósito de bondad [*cf.* Ro 10:1; Fil 1:15; 2:13] y toda obra de fe con su poder" (la misma frase que en 1Ts 1:3). Estas dos frases son, probablemente, un ejemplo de hendíadis, en la que la segunda frase explica la primera. El énfasis en el poder de Dios refuerza el pensamiento de que, por medio del Espíritu Santo (*cf.* 1Ts 1:5), Dios está obrando en medio de los tesalonicenses (*cf.* 2Ts 1:3-5), y, de este modo, no están solos en sus aflicciones.[13]

Mientras que el versículo 11 se hacía eco del 5, la declaración de propósito del versículo 12 repite el 10 (*cf.* también Is 66:5; de hecho, las imágenes de Is 66 aparecen a lo largo del pasaje). Aquí, sin embargo, hay un elemento de reciprocidad que no se ha mencionado antes ("ustedes por él"). Asimismo, el periodo de tiempo que se considera es diferente: en el versículo 10 es futuro (escatológico), mientras que en el versículo 12 el énfasis está en el presente. Es decir, cuando el pueblo de Dios viva de verdad de una forma digna de su llamado (*cf.* 1Ts 2:12; también Fil 1:27; Col 1:10), la consecuencia será que el "nombre de nuestro Señor Jesús" se glorifique en el presente, prediciendo la glorificación futura que tendrá lugar en la parusía (2Ts 2:10).[14]

La glorificación del Señor y su nombre resulta, a su vez, en la glorificación de sus seguidores ("y ustedes por él"), un proceso que comienza con la obra del Espíritu en la vida de los creyentes ahora (2Co 3:18) y culmina con la revelación de la "gloriosa libertad de los hijos de Dios" en la parusía (Ro 8:18-21; *cf.* Fil 3:20-21).

Todo esto se debe únicamente a "la gracia de nuestro Dios y del Señor Jesucristo" (v. 12).[15] Que la gracia se asocie con mayor frecuencia con la experiencia inicial de la salvación en el pasado no debería hacer que pasáramos por alto que el presente (*cf.* Ro 5:2, "esta gracia en la cual nos mantenemos firmes") y el futuro de salvación no son en menor medida una cuestión de gracia. Con respecto a la frase "nuestro Dios y el Señor Jesucristo" (lit. "el Dios nuestro y el Señor Jesucristo"), es posible que "Dios" y "Señor" se refieran ambos a Jesús (el artículo en

---

13. De manera similar, G. D. Fee, *God's Empowering Presence*, 70.
14. *Cf.* Ro 15:7: cuando los creyentes se aceptan unos a otros tal como Cristo los aceptó, es posible captar ahora un vislumbre de la gloria perdida como resultado del pecado (3:23), que será restaurada por completo en la parusía (5:2; 8:18-24).
15. Para "gracia" ver comentarios sobre 1Ts 1:1; ver también 5:28; 2Ts 1:2; 2:16; 3:18.

singular rige todo el sintagma). Pero, a la vista del contexto inmediato (en el v. 11 "nuestro Dios" es claramente el Padre, distinto de "el Señor Jesús" en el v. 12a) y el uso en otros lugares de las cartas a los tesalonicenses (1Ts 1:3; 4:11; 4:13; 2Ts 1:1-2; *cf.* 2:16), esto parece poco probable, y la NVI capta el sentido con precisión.[16]

Varios temas y elementos de esta compleja sección ya han aparecido en 1 Tesalonicenses o tienen estrechos paralelismos allí. Para indagar sobre la forma en que uno podría plantear el precepto (con respecto a Construyendo Puentes y a Significado Contemporáneo), se puede ver la exposición sobre el precepto de la primera carta (1Ts 1:1), de la que 2 Tesalonicenses 1:1-2 apenas difiere. En cuanto al amor, la fe y la perseverancia, lo hemos tratado en los comentarios sobre 1 Tesalonicenses 1:2-3. La cuestión de la relación entre la iniciativa divina y la responsabilidad humana surge en 2 Tesalonicenses 1:11 (*cf.* también 2:13-15; 3:3-4); al respecto se pueden ver los comentarios sobre 1 Tesalonicenses 3:9-13 (Significado Contemporáneo).

En lo que se refiere a la acción de gracias (1:3-4) al principio del pasaje y el informe de oración con peticiones (1:11-12) al final, se puede ver la exposición sobre 1 Tesalonicenses 3:9-13 (Construyendo Puentes y Significado Contemporáneo).[17] Al dar gracias por lo que los tesalonicenses han hecho y al orar por lo que Dios podría llevar a cabo por medio de ellos en el futuro, Pablo también los alienta de forma implícita.

El asunto de la persecución es claramente una preocupación importante en este pasaje. Como en 1 Tesalonicenses, Pablo tiene en vista "persecuciones y sufrimientos" (v. 4) que son específicamente el resultado de vivir para Cristo y el evangelio en un mundo abiertamente hostil que rechaza a Dios y su amor.[18] Por tanto, lo que dije sobre este tema en 1 Tesalonicenses 3:1-5 (*cf.* 1:6; 2:13-16) también es relevante para este pasaje y debería consultarse (incluida la sección Construyendo

---

16. *Cf.* Murray J. Harris, *Jesus as God: The New Testament Use of Theos in Reference to Jesus* (Grand Rapids: Baker, 1992), 265-66.
17. Ver, además, D. A. Carson, *A Call to Spiritual Reformation: priorities from Paul and His Prayers* (Grand Rapids: Baker, 1992), 39-62. Carson dedica dos capítulos a 2 Ts 1:1-12, donde se expone lo que el pasaje revela sobre "la infraestructura de la oración" y sobre "peticiones dignas".
18. En Romanos 8:17-30 Pablo trata el sufrimiento en general.

Puentes). La exposición que se hace allí de cómo y en qué sentidos las situaciones o circunstancias contemporáneas son o no paralelas a las de los tesalonicenses es particularmente importante aquí.

Además de lo que Pablo afirmó con anterioridad sobre la persecución, 2 Tesalonicenses 1 tiene una perspectiva particular sobre este tema que no ha surgido antes y que es fundamental en esta exposición. Es la cuestión de la persecución, *ya que se relaciona con el asunto de la justicia de Dios*.

La persecución y la justicia de Dios. Aunque no sabemos con seguridad por qué o cómo surgió la pregunta sobre la justicia de Dios, parece probable que esté estrechamente vinculada a la confusión con respecto a si el día del Señor ya había tenido lugar (tema del cap. 2). En 1 Tesalonicenses, Pablo había informado a los creyentes de Tesalónica (1) que las pruebas o sufrimientos que estaban experimentando no se debían al juicio de Dios sobre ellos, sino que, en realidad, eran el resultado o la consecuencia de su lealtad a la palabra de Dios, el evangelio (1Ts 1:6; 2:14; 3:4), y (2) que cuando ocurriera el día del Señor, con el juicio que lo acompañaría, ellos no experimentarían ira sino salvación (5:9). En resumen, la llegada del día del Señor pondría fin a sus aflicciones, el "descanso" que Pablo menciona en 2 Tesalonicenses 1:7.

No obstante, desde la primera carta ha habido un nuevo desarrollo. A la luz de 2 Tesalonicenses 2:2, parece que al menos algunos de la congregación estaban convencidos de que el día del Señor ya había sucedido. Pero de ser verdad, ¿por qué seguían siendo perseguidos? Se suponía que los justos habrían sido vindicados y que solo los malvados experimentarían sufrimiento y juicio tras el regreso de Jesús. Con todo, como aclara el capítulo 1, los seguían persiguiendo y tal vez con mayor saña que antes. ¿Qué significaba esto? No nos resulta difícil imaginar cómo, bajo tales circunstancias, las preguntas sobre la justicia y el juicio de Dios surgirían con facilidad.

Pablo responde de dos formas a este problema. En el capítulo 2, corrige el malentendido con respecto a la llegada del día del Señor que generó la pregunta sobre la justicia de Dios. Antes de eso, sin embargo, trata la pregunta en sí. Su respuesta es relativamente directa. (1) Casi del mismo modo en que un axioma no necesita prueba, insiste en que "Dios es justo" (1:6) y "[su] juicio es justo" (1:5). (2) Afirma que la justicia del juicio de Dios se revelará "cuando el Señor Jesús se manifieste desde el cielo" (1:7).

Al situar la vindicación pública de la justicia y del juicio divino en el futuro, Pablo reconoce de manera implícita que en el presente y a la luz de las circunstancias de ellos, podría en verdad parecer que Dios no es justo. A este respecto, su respuesta tiene mucho en común con la perspectiva del autor de Eclesiastés. Este reconoce que si uno considera las cosas desde una perspectiva puramente humana —es decir, "bajo el sol"— no parece que Dios sea justo, ya que los justos mueren jóvenes y pobres, mientras que los perversos mueren viejos y ricos (Ec 7:15). Además, 4:1 dice:

> Vi llorar a los oprimidos,
> y no había quien los consolara;
> el poder estaba del lado de sus opresores,
> y no había quien los consolara.

Sin embargo, el autor sigue afirmando que hay más realidad y vida de lo que se puede aprender u observar desde una perspectiva meramente humana. En verdad, esta vida observable no es todo lo que hay; llega un tiempo en el que "Dios juzgará toda obra, buena o mala, aun la realizada en secreto" (12:14). Esta es básicamente la idea que Pablo expone en 2 Tesalonicenses 1:7-10, donde describe el juicio venidero de Dios, que establecerá correctamente las escalas de la justicia.

Pablo difiere, no obstante, de Eclesiastés en un aspecto importante que no sitúa la vindicación de la justicia de Dios por completo en el futuro. La fe y la resistencia de los tesalonicenses frente a la continua persecución *ya* ofrece una clara indicación (1:4-5) de la justicia de Dios. Esta idea es similar a lo que el apóstol dice en Filipenses 1:28: La oposición al evangelio "es una señal de destrucción para ellos, pero, para ustedes, es señal de salvación, y esto proviene de Dios" (NVI, modificada).[19] En resumen, la fidelidad del pueblo de Dios es, desde la perspectiva paulina, una evidencia ahora de la justicia divina que será vindicada por completo en el futuro.

Una pregunta que podría muy bien surgir en este punto, pero que Pablo no trata aquí, es la siguiente: ¿por qué retrasa Dios su juicio? ¿Por qué no vindica a su pueblo ahora? ¿Acaso es incapaz de hacerlo o no le importa? Algunos han aprovechado el "retraso" de la aparición del

---

19. Sobre este pasaje, ver Gordon D. Fee, *Paul's Letter to the Philippians* (NICNT; Grand Rapids: Eerdmans, 1995), 169-72; Frank Thielman, *Filipenses* (CBA NVI; Miami: Vida, 2013), 105-106, 113-14.

juicio divino como excusa para ignorar o rechazar la idea de la justicia de Dios. En Romanos, el apóstol sugiere una respuesta. Es una cuestión de la clemente paciencia divina para con los pecadores. Como afirma en Romanos 2:4: "¿No ves que desprecias las riquezas de la bondad de Dios, de su tolerancia y de su paciencia, al no reconocer que su bondad quiere llevarte al arrepentimiento?" (ver también 3:25).

De pasada podemos observar que en 2 Tesalonicenses 1:6-8 hay una explicación implícita de por qué están sufriendo los tesalonicenses. El juicio de Dios, que está por llegar, sobre "quienes los hacen sufrir a ustedes" (1:6), dice Pablo, caerá sobre aquellos que "no conocen a Dios ni obedecen el evangelio de nuestro Señor Jesús" (1:8). En otras palabras, los que persiguen a los tesalonicenses no lo hacen porque los odien, sino porque son hostiles al Dios en quien ellos creen y confían.

Finalmente, es importante observar que cuando Pablo afirma que Dios vindicará a su pueblo, está repitiendo un asunto tan antiguo como el éxodo. En el "Cántico de Moisés" de Deuteronomio 32:40-41, por ejemplo, el Señor mismo declara:

> Levanto la mano al cielo y declaro:
> Tan seguro como que vivo para siempre,
> cuando afile mi espada reluciente
> y en el día del juicio la tome en mis manos,
> me vengaré de mis adversarios;
> ¡les daré su merecido a los que me odian!

Y en 32:36, 43, esta declaración por parte de Señor se convierte, en los labios de Moisés, prácticamente en una confesión de fe:

> El SEÑOR defenderá a su pueblo
> cuando lo vea sin fuerzas;
> tendrá compasión de sus siervos
> cuando ya no haya ni esclavos ni libres [...]
> Alégrense, naciones, con el pueblo de Dios;
> él vengará la sangre de sus siervos.
> ¡Sí! Dios se vengará de sus enemigos,
> y hará expiación por su tierra y por su pueblo.

Isaías retoma el mismo tema y encuentra en él una palabra de aliento (Is 35:4):

> Digan a los de corazón temeroso:
> «Sean fuertes, no tengan miedo.
> Su Dios vendrá,
> vendrá con venganza;
> con retribución divina
> vendrá a salvarlos».

En Jeremías 11:20 (*cf.* 20:12), se convierte en una oración de la boca del profeta.

> Pero tú, SEÑOR Todopoderoso,
> que juzgas con justicia,
> que pruebas los sentimientos y la mente,
> ¡Déjame ver cómo te vengas de ellos,
> porque en tus manos he puesto mi causa!

Esta confiada esperanza por parte de Moisés, Isaías y Jeremías respecto a que Dios vindicaría realmente a su pueblo y se vengaría de sus enemigos es el antecedente para la confiada afirmación de Pablo en cuanto a que "Dios es justo", y nos ofrece una pista de la relevancia de su declaración: declarar que Dios es justo y que vindicará a su pueblo equivale, prácticamente, a una confesión de fe en Dios. A este respecto, el apóstol considera la perseverancia de los tesalonicenses frente a la persecución nada más y nada menos que como la declaración de su confianza y esperanza en Dios. Esta observación ofrece un punto de partida para pensar en cómo podríamos aplicar hoy este pasaje.

Una fe creciente. Antes de abandonar esta sección, tal vez sean necesarias una o dos palabras de explicación para una breve frase, la observación de Pablo en 1:3 en cuanto a que la "fe de los tesalonicenses está creciendo". Para las personas acostumbradas a pensar en términos de "fe" un tanto estáticos, como si se tratara de algo que uno tiene o no tiene (p. ej., "fulanito ha perdido su fe"), esta frase puede resultar un tanto extraña. Pero, tal como observa John R. W. Stott, "la fe es una relación de confianza en Dios, y, como todas las relaciones, es algo vivo y dinámico que crece".[20]

Tal vez hay una analogía adecuada en las diversas formas en que hablamos del "amor". Es cierto que decimos que alguien está "enamorado" o "no está enamorado". Pero también hablamos de una pareja "enamorada" como de personas que crecen en su amor la una por la

---

20. J. R. W. Stott, *The Gospel and the End of Time*, 144.

otra. De manera similar, no es inadecuado hablar de la "fe" como algo que uno posee o no posee, siempre que seamos conscientes de que la fe es, como indica Stott, una relación viva y creciente con Dios (al menos, eso esperamos).

Significado Contemporáneo

Si uno llega a este capítulo después de trabajar sobre 1 Tesalonicenses, muchos de los temas y asuntos de este pasaje suenan familiares, y tal vez no sea necesario volverlos a tratar todos de nuevo. Por otra parte, si uno comienza por 2 Tesalonicenses en vez de por 1 Tesalonicenses, muchas más cosas en este capítulo piden ser tratadas o explicadas. En este caso, las referencias proporcionadas bajo "Construyendo Puentes" (más arriba) a la exposición de los diferentes asuntos en el comentario sobre 1 Tesalonicenses ofrecen dirección al ocuparnos de ellas aquí y deberían ser consultadas.

En cualquier caso, sin embargo, son cuestiones o perspectivas distintivas de este capítulo y, por tanto, llaman aquí a la reflexión. Incluyen la importancia y la consecuencia de nuestra respuesta al evangelio y el asunto de la justicia de Dios.

Una elección que marca toda la diferencia. Una característica difícil de pasar por alto en la cultura consumista moderna es la elección. Entrar en un supermercado o en unos grandes almacenes significa verse inmediatamente rodeado de un surtido de elecciones que ciega la mente (¿o debería decir que la entumece?). Dos docenas de variedades y tamaños de jabones, quince marcas distintas de patatas fritas, una docena de clases de papel higiénico, nueve zapaterías en el mismo centro comercial, etc. Las gamas y variedades de productos —y, por tanto, de elecciones— parecen infinitas.

Sin embargo, aunque el abanico de elecciones se ha multiplicado, la relevancia de estas ha decrecido. Gran parte de la diferencia entre productos similares es más superficial que real, e implica distinciones sin una auténtica divergencia. Todas las marcas de jabones limpian de forma eficaz; mi automóvil funciona igual independientemente de la marca de gasolina que le ponga. Nuestras elecciones significan cada vez menos, a pesar del esfuerzo de los anunciantes para convencernos de lo contrario. A la larga, la mayoría de las decisiones que uno toma en el transcurso del día son inconsecuentes. Es poco probable que dentro de un año mi vida se haya visto afectada por la marca de papel higiénico o por la variedad de sopa que compré ayer. Curiosamente, parece que una segunda característica de una cultura consumista moderna es su tendencia a trivializar las elecciones a la vez que las multiplica.

Otro aspecto de la cultura contemporánea, y este es más trágico que irónico, es la propensión a intentar eludir la responsabilidad por nuestras elecciones. La tendencia de "cargarle el muerto a otro" o esquivar la responsabilidad se puede observar por todas partes. En lugar de asumir el compromiso por las consecuencias de nuestros actos, intentamos echarle la culpa a otra persona o cosa: la forma en que fuimos educados, el entorno en el que crecimos, el padre o madre ausente que no estaba allí, o el progenitor que sí estaba pero que era deficiente. Las conductas antisociales o autodestructivas han sido medicadas y ahora se tratan como enfermedades en lugar de considerarse como faltas de carácter o defectos. Sugiero que nuestra gran dependencia del divorcio de mutuo acuerdo, el aborto tan asequible, las demandas como medio de solucionar problemas sociales menores o los gastos deficitarios como medio de evitar pagar por el consumo presente ofrecen mayor evidencia de una cultura fundamentalmente poco dispuesta a asumir la responsabilidad de las consecuencias de nuestros actos.

Pero no todas las elecciones son triviales ni todas las consecuencias de nuestras selecciones se pueden eludir. A pesar de los anuncios comerciales que intentan persuadirnos de que "podemos tenerlo todo", hay veces en las que nos vemos confrontados por unas elecciones mutuamente excluyentes, cuyas consecuencias son más o menos irrevocables. Entre estos ejemplos se encuentran los escogimientos sobre educación, con qué persona casarse, qué carrera estudiar, usar drogas, poner fin a un embarazo o ser fiel a un compromiso. En otras palabras, son elecciones que "marcan toda la diferencia" en la tela y la forma de nuestra vida, por tomar una frase prestada a uno de los poemas más célebres de Robert Frost, "El camino no elegido". Parte de él dice así:

> Dos caminos se bifurcaban en un bosque amarillo,
> y apenado por no poder tomar los dos
> siendo un viajero solo, largo tiempo estuve de pie...
>
> Entonces tomé el otro
> [...]

> ¡Oh, había guardado aquel primero para otro día!
> Aun sabiendo el modo en que las cosas siguen adelante,
> dudé si debía haber regresado sobre mis pasos.
>
> [...]
>
> Dos caminos se bifurcaban en un bosque y yo,
> yo tomé el menos transitado,
> y eso hizo toda la diferencia.[21]

Aquí, la elección es inevitable ("apenado por no poder tomar los dos"), y las consecuencias son irrevocables ("aun sabiendo el modo en que las cosas siguen adelante, dudé si debía haber regresado sobre mis pasos") y, a la vez, relevantes ("Tomé el otro... y eso hizo toda la diferencia").

La descripción que Pablo hace en 1:5-10 del futuro juicio de Dios —en particular, la base del mismo— centra el enfoque en una elección particularmente consecuente e inevitable: la decisión de aceptar o rechazar "el evangelio de nuestro Señor Jesús" (1:8). Cuando llegue el momento del juicio, que llegará inevitablemente, quienes en respuesta al evangelio creyeron el mensaje y depositaron su confianza ("fe") en Dios "estarán siempre con el Señor" (1Ts 4:17) en su presencia. Sin embargo, los que rechazaron el evangelio se verán "lejos de" la presencia del Señor y de su majestad.

Aquí tenemos lo que J. R. W. Stott describe como "la solemne alternativa": la oportunidad de descubrir y cumplir nuestra verdadera identidad como seres humanos ("glorificar a Dios y disfrutar de él para siempre", en palabras del Catecismo Menor de Westminster), creyendo en el evangelio o rechazándolo y situándonos entre aquellos que "serán separados de su propia identidad verdadera como seres humanos. En lugar de ser perfeccionada o 'glorificada', su humanidad se encogerá y se secará [...] En lugar de brillar con la gloria de Cristo, su luz se extinguirá en la completa oscuridad exterior".[22]

Al compartir con los tesalonicenses esta visión de las consecuencias futuras de una elección que ya han hecho, Pablo procura alentarlos a permanecer fieles al Dios que los ha llamado (1:11), a pesar de cualquier

---

21. Robert Frost, "The Road Not Taken", *Collected Poems of Robert Frost* (Garden City, N.Y.: Garden City Publishing, 1942), 131. Traducción de Agustí Bartra en *Antología de la poesía norteamericana* (México: Unam, 1954).
22. J. R. W. Stott, *The Gospel and the End of Time,* 154; ver John Piper, *Sed de Dios: meditaciones de un hedonista cristiano* (Barcelona: Andamio, 2001).

persecución que puedan experimentar mientras tanto. A aquellos de nosotros que hemos hecho la misma elección que los tesalonicenses, nos ofrece el mismo aliento. Pero para aquellos que puedan no haber tomado todavía esa decisión, los enfrenta con una seria visión de las irrevocables consecuencias de una determinación que se debería haber asumido, una elección inevitable que marca toda la diferencia.

Declarar la justicia de Dios. Para aquellos creyentes de hoy que se encuentran en circunstancias similares (por no decir idénticas) a las de los tesalonicenses —es decir, perseguidos o sufriendo por causa del evangelio—, la aplicación de este pasaje es clara: *perseverar frente a este injusto trato* como declaración de que Dios es justo y vindicará a su pueblo.[23] Una resistencia tan fiel constituye, según Pablo explica, la clara "evidencia" (1:5) no solo de la existencia de Dios, sino también de que "[su] juicio es justo" (1:5) y que él mismo "es justo" (1:6; *cf.* Ro 3:25-26). Como tal, constituye una valiente declaración de que los perseguidores están equivocados y de que son hostiles a Dios. Dicho de otro modo, la perseverancia se convierte en una forma de proclamar la verdad acerca de Dios.

¿Qué deberíamos hacer aquellos de nosotros que no estamos experimentando persecución por causa del evangelio? Para empezar, tenemos la obligación de orar por quienes son perseguidos y alentarlos. Además, deberíamos *protestar contra el trato injusto* prestado a nuestros hermanos creyentes. Esto logrará al menos dos cosas. (1) Ofrece potencialmente (de forma adicional a la oración) un medio concreto de alentar a nuestros hermanos creyentes perseguidos. (2) Protestar contra el trato injusto prestado a otros hermanos creyentes es otra manera (al margen de la perseverancia) de declarar la justicia de Dios. Los gobiernos, las naciones, los grupos o los movimientos que persiguen a los cristianos están reclamando de forma implícita (si no explícita) el derecho a decidir lo que significa la justicia. Pero este no es el caso; Dios es quien define lo que es la justicia. Al protestar contra los actos injustos dirigidos hacia los cristianos, podemos recordarle a quien sea responsable de no establecer el estándar de la justicia que Dios le pedirá cuenta por sus injusticias. En resumen, si aquellos que son perseguidos declaran la

---

23. Para una exposición del significado de persecución y sufrimiento, y de cómo y en qué forma las diversas circunstancias de hoy son o no comparables con las de los tesalonicenses, ver la sección Construyendo Puentes de 1Ts 3:1-5.

justicia de Dios por su perseverancia, los que no lo son pueden proclamar la justicia divina por sus protestas contra la injusticia.

¿Cómo o de qué manera podemos protestar? (1) Si la persecución es de creyentes en otros países, una forma sería adoptar el modelo utilizado por Amnistía Internacional y los grupos que apoyaron a los judíos soviéticos antes de la caída de la Unión Soviética. Esto implica identificar a creyentes específicos que estén siendo perseguidos y escribir cartas a su favor, con regularidad, dirigidas a los líderes, representantes y embajadas del gobierno nacional responsable.

(2) Podemos presionar a las organizaciones internacionales que distribuyen ayuda o recursos financieros a los países que persiguen a los cristianos para que emitan informes con regularidad sobre las condiciones de derechos humanos (con especial referencia a los derechos religiosos) en las naciones a las que sirven.

(3) Podemos presionar a nuestro gobierno para que preste más atención a la difícil situación de los creyentes perseguidos en otros países.

(4) Podemos suscitar la pregunta de si están cambiando los derechos religiosos y la libertad de nuestros hermanos y hermanas perseguidos en otros países por consideraciones económicas o de seguridad nacional. En la actualidad, por ejemplo, en Estados Unidos existe un considerable debate en cuanto a vincular o no los asuntos de los derechos humanos al comercio y a las cuestiones económicas de nuestras relaciones con China. Una parte del debate argumenta que Estados Unidos no debería arriesgar su bienestar económico permitiendo que los asuntos de los derechos humanos interfieran con el libre mercado y el comercio. Pero, como creyentes, deberíamos al menos suscitar la pregunta de si semejante planteamiento implica trocar los derechos religiosos de nuestros hermanos creyentes por nuestro propio provecho económico.

Si la persecución es nacional o local, en lugar de internacional, se pueden utilizar estrategias similares (modificadas adecuadamente). En lugar de escribir o protestar a los gobiernos extranjeros, uno podría necesitar, por ejemplo, escribir a la junta escolar local para protestar por las políticas discriminatorias contra los estudiantes cristianos que desean juntarse o reunirse para orar o para tener un estudio bíblico antes o después de clase. Las circunstancias y la situación pueden variar, pero el principio sigue siendo el mismo.

2 Tesalonicenses 2:1-12

Ahora bien, hermanos, en cuanto a la venida de nuestro Señor Jesucristo y a nuestra reunión con él, les pedimos que ² no pierdan la cabeza ni se alarmen por ciertas profecías, ni por mensajes orales o escritos supuestamente nuestros, que digan: «¡Ya llegó el día del Señor!». ³ No se dejen engañar de ninguna manera, porque primero tiene que llegar la rebelión contra Dios y manifestarse el hombre de maldad, el destructor por naturaleza. ⁴ Éste se opone y se levanta contra todo lo que lleva el nombre de Dios o es objeto de adoración, hasta el punto de adueñarse del templo de Dios y pretender ser Dios.

⁵ ¿No recuerdan que ya les hablaba de esto cuando estaba con ustedes? ⁶ Bien saben que hay algo que detiene a este hombre, a fin de que él se manifieste a su debido tiempo. ⁷ Es cierto que el misterio de la maldad ya está ejerciendo su poder; pero falta que sea quitado de en medio el que ahora lo detiene. ⁸ Entonces se manifestará aquel malvado, a quien el Señor Jesús derrocará con el soplo de su boca y destruirá con el esplendor de su venida. ⁹ El malvado vendrá, por obra de Satanás, con toda clase de milagros, señales y prodigios falsos. ¹⁰ Con toda perversidad engañará a los que se pierden por haberse negado a amar la verdad y así ser salvos. ¹¹ Por eso Dios permite que, por el poder del engaño, crean en la mentira. ¹² Así serán condenados todos los que no creyeron en la verdad sino que se deleitaron en el mal.

Sentido Original

Desde las perspectivas del análisis epistolar (que considera esta sección como la parte principal del cuerpo de la carta) y del análisis retórico (que toma 2:1-2 como la *partitio*, que introduce el asunto a exponer en la siguiente *probatio* o sección probatoria), 2:1-12 abarca el segmento más relevante de 2 Tesalonicenses. El resto de la carta es una preparación para esta sección o sigue a partir de ella.[1] Con respecto a su estructura, los versículos 1-2 de esta sección introducen tanto el tema general (la *parousia* o venida del Señor) como la preocupación específica de Pablo (que los tesalonicenses no se dejen perturbar por los rumores que dicen que ya ha ocurrido). La base sobre la cual se apoya 2:1-2 se proporciona en 2:4-5; lo que el apóstol declara aquí se detalla más en 2:5-12.

---

1. De manera similar, G. D. Fee, *God's Empowering Presence*, 71.

En vista de las numerosas dificultades asociadas a este pasaje —comúnmente considerado uno de los más oscuros del corpus paulino— puede resultar útil hacer un resumen de los aspectos base del pasaje. Es evidente que algún tiempo después de recibir la primera carta, algunos miembros de la congregación de Tesalónica se convencieron de que el "día del Señor" —que Pablo indicó en 1 Tesalonicenses 5:2-6, llegaría cuando menos se esperara y que sorprendería los que no estuvieran preparados— ya había llegado. Al parecer, esto les causó gran consternación, y tal vez fue la causa principal de sus preguntas sobre el significado y la relevancia de los sufrimientos que estaban experimentando y sobre la justicia de Dios; (cf. 1:3-5).

De algún modo, Pablo y sus compañeros se enteraron de lo que estaba ocurriendo, aunque parece ser que no estaban muy seguros de su causa u origen (cf. 2:2a). En respuesta, Pablo les comunica que es imposible que el día del Señor haya llegado ya, porque primero debían ocurrir ciertos acontecimientos y desarrollos que no habían tenido lugar aún (2:3-12). Finalmente, los insta a permanecer firmes y a aferrarse a las enseñanzas que habían recibido anteriormente de él mismo y de sus compañeros (2:13–3:5).

¿Ha llegado ya "el día del Señor"? (2:1-2)

El tema principal al que Pablo pasa ahora se establece en 2:1: "la venida [*parousia*] de nuestro Señor Jesucristo y nuestra reunión con él". El primer elemento es el mismo que se expuso en 1 Tesalonicenses 5:1-11; de hecho, "parece prácticamente imposible no ver" que la explicación que tenemos aquí "está relacionada con algún tipo de malentendido" en cuanto a aquel pasaje.[2] Se diría que el segundo elemento es el mismo acontecimiento descrito en 1 Tesalonicenses 4:17 (el término específico usado aquí se hace eco del tema veterotestamentario central de los exiliados dispersados que vuelven a reunirse de nuevo, como en Is 43:4-7; 56:8; Jer 31:7-8; 2 Mac. 2:7; cf. Mt 23:37; Mr 13:27).

Pablo sigue revelando el punto específico que le preocupa (v. 2): como poco, algunos de los tesalonicenses están "inquietos" (es decir, han perdido la cabeza, su compostura mental) o "alarmados" (tal vez "agitados"; cf. Mr 13:7) por una afirmación —en cierto modo atribuida al apóstol mismo— "en el sentido de [RVR1960; NVI "que diga"] que ya

---

2. *Ibíd.*, 71.

llegó el día del Señor".³ La prueba disponible en cuanto al significado del verbo utilizado aquí en tiempo perfecto indica que no puede significar más que "ha venido" o "está presente" (*cf.* Ro 8:38; 1Co 3:22; Gá 1:4; Heb 9:9). Esta observación se alza firmemente contra los intentos de no hallar aquí más que un sentido de inminencia o proximidad y no de presencia. En otras palabras, al menos algunos de la congregación habían llegado a la conclusión de que aquel acontecimiento del que Pablo hablaba en 1 Tesalonicenses 5:1-11 como algo todavía futuro ya había comenzado de alguna manera.⁴

Parece ser que esta conclusión se basaba en una mala información o (más probablemente, a la vista de 2:15) en haber entendido de forma errónea la anterior enseñanza de Pablo sobre el asunto. Por lo que el apóstol sabe (y está claro que no es gran cosa), este malentendido podría haber surgido o llegado a los tesalonicenses de una de tres maneras. Tal vez (2:2) mediante una "profecía" (lit. "un espíritu"; es decir, presumiblemente un comunicado profético, pronunciado quizá por alguien de la congregación o un visitante; *cf.* 1Ts 5:19-20), o un "informe" (lit. "palabra"; es decir, un mensaje o enseñanza hablado no extático), o una "carta" (es decir, 1 Tesalonicenses, aunque la afirmación está tan lejos de lo que él enseñó en realidad que la posibilidad de una carta falsa se le pasa por la mente). Pero la principal preocupación del apóstol no es cómo les llegó esta declaración, sino su contenido (es decir, la aseveración de que "el día del Señor ya ha llegado"), que, al parecer, se le atribuía a él.⁵

---

3. De manera similar, C. A. Wanamaker, *Thessalonians*, 240.
4. En ausencia de cualquier evidencia directa, precisamente lo que los tesalonicenses creían sobre esto está oculto en la oscuridad. Para reconstrucciones hipotéticas, ver C. A. Wanamaker, *Thessalonians,*240; E. J. Richard, *Thessalonians,*343-44; F. F. Bruce, *1 and 2 Thessalonians*, 165.
5. La frase *hos di' hemon* (NVI "supuestamente nuestros") es complicada. Se toma, por lo general, como una indicación sobre la fuente (*cf.* RVR1960 y otras versiones). Sin embargo, para señalar el origen de algo, Pablo suele usar la preposición *para* (*cf.* 1Ts 2:13; 4:1; 2Ts 3:6) o *apo*, que significan "desde", mientras que *dia*, la preposición aquí utilizada, indica medio o agente, como en Gálatas 1:1 (Pablo dice que su apostolado "no por [*apo*] investidura ni mediación [*dia*] humanas"). Además, *dia solo figura delante de "espíritu", "informe" y "carta"*; traducir el cuarto caso en una línea diferente de las tres anteriores resulta torpe. Esto sugiere que la frase significa algo parecido a "como si lo hubiéramos dicho nosotros" y debería asociarse con lo que sigue y no con lo que precede (así, p. ej., J. E. Frame, *Thessalonians*, 246-47; R. Jewett, *Thessalonian Correspondence*, 181-86). "Pablo no está diciendo que la carta no procediera de él —en efecto era suya—, sino que *lo que ellos creían*

La respuesta de Pablo: el día no ha llegado aún (2:3-4)

Con respecto a este malentendido, Pablo rehúsa enfáticamente tanto que se le atribuya a él (*cf.* 2:15, donde los insta a permanecer firmes en lo que él les enseño anteriormente, y no en cualquier malentendido posterior sobre ello) como su contenido: "No se dejen engañar de ninguna manera" (2:3a; *cf.* Mr 13:5). Cualquier afirmación de que el día del Señor haya llegado es falsa, insiste, porque ciertas cosas que deben ocurrir primero (antes de que llegue ese día) no se han producido aún (y, por tanto, el día no puede haber venido todavía).[6]

Estas cosas que deben suceder primero (que, probablemente, deberían tomarse como componentes de un único acontecimiento compuesto, pero que también podrían ser dos elementos secuenciales) incluyen (1) que se produzca la "rebelión" (v. 3), y (2) la manifestación (*cf.* vv. 6, 8) del "hombre de maldad" (v. 3b). Pablo da por sentado (*cf.* v. 5) que sus lectores saben lo que quiere decir con "*la* rebelión [*apostasía*]" y no añade nada más sobre ella. El término podría denotar una rebelión política o religiosa; aquí, ambas ideas se combinan del mismo modo con el énfasis en la última.[7] El apóstol, como otros escritores neotestamentarios (*cf.* Mt 24:10-12; Mr 13:5; Lc 8:13; Jud 18), tiene probablemente en mente un tiempo de creciente maldad y de oposición general a Dios (*cf.* 2Ti 3:1-9).

El líder de esta rebelión se describe en 2:3b-4 por medio de una serie de frases paralelas. En primer lugar, es un "hombre de maldad"

---

ahora sobre el día del Señor no venía" del apóstol y sus colegas (G. D. Fee, *God's Empowering Presence*, 74).

6. La gramática de la frase que comienza en el versículo 3 es incompleta; la prótasis o frase que empieza por "si" de su oración condicional (aquí traducida "sin que" [RVR1960] o "primero" [NVI]) debería ir seguida por la apódosis o cláusula que empieza por "entonces". Pero la esperada oración de resultado no llega nunca, tal vez porque en el transcurso de la extensa descripción del "hombre de maldad" (v. 4) Pablo perdiera el hilo de la estructura de la frase. Solo cabe proporcionar la cláusula de resultado insinuada ("porque no vendrá" RVR1960; "porque primero" NVI) en el centro del versículo 3, como hacen la mayoría de las versiones en inglés, o poner un guión al final del versículo 4 (donde debía figurar la oración que falta en el griego), y considerar el discurso directo del versículo 5 ("¿No recuerdan...?") como una interrupción seguida por una nueva frase en el versículo 6 (*cf.* E. J. Richard, *Thessalonians*, 325).

7. En ocasiones se alega que *apostasía* debería traducirse "partida" y tomarlo como indicativo del mismo acontecimiento que "arrebatamiento" en 1Ts 4:17, pero no hay base lingüística alguna para tal criterio (*cf.* R. H. Gudry, *The Church and the Tribulation* [Grand Rapids: Zondervan, 1973], 114-18; D. E. Hiebert, *Thessalonian Epistles*, 306).

(*cf.* Sal 89:22 [LXX 88:23], lit., "hijo de maldad"). Es decir, esta persona está caracterizada por *anomia* (*cf.* 2:8), un término que describe la oposición voluntaria a Dios, así como una condición pecaminosa (*cf.* 1Jn 3:4).⁸ (A causa de su oposición es, sea consciente o no de ello, un "hijo de destrucción", a saber, "condenado a la destrucción" [NVI],⁹ en el sentido de 1:9; la idea se desarrolla con mayor amplitud en v. 8 más abajo.) Pablo presenta a este individuo, además, como alguien que no solo se "opone" a Dios, sino que también "se levanta contra todo lo que lleva el nombre de Dios o es objeto de adoración"; *cf.* Hch 17:23), una descripción que se hace eco de Daniel 11:36-37.

El resultado ("hasta el punto") y apogeo de esta autoexaltación arrogante y audaz es el intento de esta persona de usurpar el poder y la posición mismos del único Dios verdadero. Esto ocurre cuando "se adueña del templo de Dios" (lit., *naos*, el santuario mismo, la parte más santa del recinto del templo), un acto simbólico que implica ni más ni menos que "pretender ser Dios" (*cf.* Ez 28:2). Además, como el Señor Jesús mismo, este hombre de maldad tendrá su propia "manifestación" (2:3, 6, 8) o "*parousia*" 82:9), una imitación diabólica del acontecimiento real. Esto sugiere que es nada menos que un mesías rival o anticristo (*cf.* 1Jn 2:18).¹⁰

La identidad del "templo" en el que el malvado se establece es un tema de cierto debate. En vista de la forma en que el lenguaje de Pablo se hace eco de intentos anteriores (algunos con éxito) de profanar el santuario de Jerusalén,¹¹ tal vez se estaba refiriendo al templo de Jerusalén (destruido por los romanos en el 70 d.C.). Otras sugerencias incluyen un templo reedificado en Jerusalén, la iglesia (según la analogía de 1Co 3:16-17; 6:19; 2Co 6:16), o un templo celestial (*cf.* Sal 11:4; Is 14:13-14; 66:1

---

8. La traducción "hombre de pecado" (RVR1960) representa una variante textual secundaria, aunque bien contrastada.
9. Así la mayoría de los comentaristas; C. A. Wanamaker, sin embargo, lo toma como una designación a "su papel como agente de destrucción de parte de Satanás" (*Thessalonians*, 245).
10. *Cf.* F. F. Bruce, *1 and 2 Thessalonians*, 167.
11. Entre estos están el rey de Tiro (Ez 28:2); el rey de Babilonia (Is 14:3-23, esp. vv. 12-14); Antioco Epífanes (Dn 9:27; 11:31; 12:11); Pompeyo, el general romano que, en el 63 a.C. entró en el Lugar Santísimo (*Salmos de Salomón* 2; 17:11-14; Josefo, *Antigüedades* 14.69-76 [14.4.4]); y el emperador Cayo Calígula, quien, en el 40 d.C. intentó erigir una estatua suya en el templo de Jerusalén, una afirmación de divinidad que los judíos se negaron a reconocer (Filón, *Leg.* 203-346; Josefo, *Antigüedades* 18.261-309 [18.8.2-9]).

[citados en Hch 7:49]; Mi 1:2; Hab 2:20; 1 Enoc 14:15-20; Heb 8:1-2; 9:24).[12] I. H. Marshall observa que Pablo retoma un tema central bien conocido que se derivaba de Ezequiel y Daniel y al que se le dio una ilustración concreta en las anteriores profanaciones del templo de Jerusalén (tanto reales como los intentos), y que usa este lenguaje de forma metafórica y tipológica:

> Para retratar el carácter de la culminante manifestación del mal como poder antiteísta que usurpa el lugar de Dios en el mundo. No se tiene en mente ningún templo específico, sino que la idea central de sentarse en uno y afirmar ser Dios se utiliza para expresar la oposición del mal a Dios.[13]

Información adicional sobre el "hombre de maldad" (2:5-12)

Una de las razones de parte de la incertidumbre con respecto a 2:4 es que Pablo da por sentado que los tesalonicenses saben de qué está hablando. Como indica 2:5, les había enseñado sobre este asunto con anterioridad. Es evidente, pues, que no sintiera la necesidad de repetir los detalles de aquello que les está recordando. Sin embargo, como consecuencia de ello, los lectores posteriores desconocen algunos de los aspectos de lo que escribe. Esto es aún más evidente en lo que sigue. Habiendo expuesto brevemente en 2:3b-4 que el "hombre de maldad" debe ser "manifestado" antes de que llegue el día del Señor, Pablo alude en 2:6-8 a lo que está "deteniendo" o "refrenando" su aparición hasta "su debido tiempo" (lit., "su tiempo"). Pero solo hace referencia a ello, ya que los tesalonicenses saben bien de qué está hablando. Como resultado, 2:6-8a se encuentra entre lo más difícil del corpus paulino.

---

12. Ver, además, en general, I. H. Marshall, *1 and 2 Thessalonians*, 190-92; para el templo de Jerusalén, C. A. Wanamaker, *Thessalonians*, 247; para un templo reedificado, R. L. Thomas, "2Thessalonians", 322.
13. I. H. Marshall, *1 and 2 Thessalonians*, 191-92; *cf.* F. F. Bruce: "Tal vez sea mejor concluir que Pablo y sus compañeros se refieran aquí al santuario de Jerusalén, pero en un sentido metafórico. De haber dicho "de manera que se sienta en el trono de Dios", pocos habrían creído necesario pensar en un trono literal; se habría considerado sencillamente como una forma gráfica de decir que planea usurpar la autoridad de Dios. Esto es lo que se pretende decir, en realidad, con el lenguaje que se usa aquí, aunque las asociaciones sacras de ναός [templo] implican que no solo exige obediencia, sino también la adoración "que solo se le debe a Dios" (*1 and 2 Thessalonians*, 169).

La estructura básica de lo que Pablo afirma en estos versículos es bastante clara: (1) "El poder secreto de la maldad [lit., el misterio de la maldad] ya está ejerciendo su poder" (2:7a), pero (2) está operando de una forma un tanto restringida o refrenada (2:6, 7b). (3) En un momento futuro, sin embargo, "aquel malvado ["el hombre de maldad" de 2:3] se manifestará" (2:8a; *cf.* 2:3, 6) o tendrá su propia "venida" (es decir, *parousia*, 2:9); en ese instante (4) será derrotado y destruido por el poder aún mayor y el esplendor de la propia *parousia* del Señor (2:8b). En 2:7, Pablo confirma que el mal ya está en marcha en el mundo presente (tal como evidencian, p. ej., las persecuciones que los tesalonicenses están experimentando) y es de origen satánico (2:9),[14] pero está siendo limitado u obstaculizado de algún modo. Aquí llegamos a una pregunta difícil, la de la identidad o carácter de la restricción que está manteniendo bajo control, en la actualidad, al "poder secreto de la maldad".

En primer lugar, Pablo se refiere en 2:6 a esta influencia restrictiva como *to katechon* (un participio neutro que significa "lo que restringe") y, después, en 2:7, como *ho katechōn* (un participio masculino que quiere decir "el que restringe"). ¿Qué o a quién tenía Pablo en mente para poder referirse a ello tanto en término impersonal como personal? Las sugerencias forman un amplio abanico, como se puede ver en la lista siguiente:[15]

(1) el Imperio romano personificado en su emperador;

(2) el principio de la ley y el orden (personificado en el v. 7);

(3) el estado judío;

(4a) Satanás;

(4b) una fuerza y una persona hostil a Dios (tomando el verbo en el sentido de "poseer, ocupar" o "dominar");

(5a) Dios y su poder;

---

14. Para ambas conclusiones, ver E. J. Richard, *Thessalonians*, 330-31, para una exposición convincente de la frase el "misterio de la maldad" y un análisis del verbo "ejercer" como voz media (en lugar de un pasivo que implicaría que Dios es la fuente suprema de este poder que está ahora en marcha).

15. Esta lista se apoya firmemente en I. H. Marshall, *1 and 2 Thessalonians*, 196-99, que también proporciona evaluaciones concisas de las diversas propuestas, ver también C. A. Wanamaker, *Thessalonians*, 250-52; L. Morris, "Man of Lawlessness and Restraining Power", *DPL*, 592-94; R. L. Thomas, "2 Thessalonians", en *The Expositor's Bible Commentary*, ed. F. E. Gaebelein (Grand Rapids: Zondervan, 1978), 11.324-25.

(5b) el Espíritu Santo;

(6) la proclamación del evangelio (el participio neutro) por parte de los misioneros cristianos y, en especial, de Pablo mismo (el participio masculino);

(7) una figura angelical que detiene el mal hasta que el evangelio haya sido predicado a todas las naciones (*cf.* Mr 13:10).[16]

A pesar de unas cuantas propuestas en sentido contrario, existe un consenso general en cuanto a que la influencia restrictiva debe ser una fuerza para bien y no mala, una conclusión que elimina sugerencias como (4a) o (4b). Ninguna de las demás propuestas, sin embargo, ha convencido a más de una minoría de eruditos y ninguna de ellas está libre de dificultades. En resumen, como observó San Agustín:

> [Pablo] porque dijo que lo sabían ellos, no quiso manifestarlo expresamente. Nosotros, que ignoramos lo que aquéllos sabían, deseamos alcanzar con trabajo lo que quiso decir el Apóstol, y no podemos, especialmente porque lo que añade después hace más oscuro y misterioso el sentido.[17]

---

16. Ver, por ejemplo, con respecto a (1) F. F. Bruce, *1 and 2 Thessalonians,* 171-72; 187-88; C. A. Wanamaker, *Thessalonians,* 256-57; G. E. Laind, *A Theology of the New Testament,* rev. ed. (Grand Rapids: Eerdmans, 1993), 606; a (2) Lightfoot, *Notes on Epistles,* 114-15; L. Morris, *The First and Second Epistles to the Thessalonians,* 227; a (3) B. B. Warfield (citado por I. H. Marshall, *1 and 2 Thessalonians,* 197); a (4a) una propuesta anterior expuesta de forma positiva por J. E. Frame, *Thessalonians* 261-62 (quien, en última instancia, sin embargo, sigue siendo agnóstico en cuanto a la idea); a (4b) C. H. Giblin, *The Threat to Faith: An Exegetical and Theological Re-examination of 2 Thessalonians 2* (Analecta Biblica 31; Roma: Pontifical Biblical Institute, 1967), ligeramente revisado y reafirmado en C. H. Giblin, "2 Thesasalonians 2 Re-read as Pseudepigraphical: A Revised Reaffirmation of *The Threat to Faith*", en *The Thessalonian Correspondence,* ed. R. F. Collins (Leuven: Leuven Univ. Press, 1990), 459-69; E. Best, *Thessalonians,* 301 (con indecision); a (5a) G. E. Ladd, *The blessed hope* (Grand Rapids: Eerdmans, 1956), 95; R. D. Aus, "God's Plan and God's Power: Isaiah 66 and the Restraining Factors of 2Ts 2:6-7", *JBL* 96 (1977): 537-53; otros en I. H. Marshall, *1 and 2 Thessalonians,* 198; a (5b) R. L. Thomas, "2 Thessalonians", 324; a (6) Oscar Cullmann, J. Munck (citado por I. H. Marshall, *1 and 2 Thessalonians,* 198); y a (7) I. H. Marshall, *1 and 2 Thessalonians,* 199-200.
17. San Agustín, *La ciudad de Dios* (México: Porrúa, 1984) 20:19. *Cf.* L. Morris, *The First and Second Epistles to the Thessalonians,* 228: "El hecho claro es que Pablo y sus lectores sabían de lo que él hablaba, y nosotros no. No tenemos a nuestro alcance los medios para recuperar esta parte de lo que pretendía decir. Es mejor que reconozcamos sinceramente nuestra ignorancia".

En tales circunstancias resulta difícil evitar la conclusión de San Agustín: "Yo confieso que de ningún modo entiendo lo que quiso decir".

Una vez "quitada de en medio" (2:7) la influencia restrictiva (cualquiera que sea) "entonces [gr. *tote*, que tiene aquí una clara fuerza temporal] se manifestará aquel malvado" (2:8; *cf.* 2:3, 6). Es decir, tendrá su *parousia* (2:9). No obrando ya en secreto (*cf.* 2:7), aquel cuya actividad concuerda con "la obra de Satanás" se manifestará abiertamente "con toda clase de milagros, señales y prodigios falsos" (2:9-10a). El paralelismo con la venida de Jesús es obvio; esto no es ni más ni menos que la "anti-Parousia" del anticristo, una parodia malvada de la verdadera venida del genuino Cristo, el Señor Jesús.

La combinación de milagros, señales y prodigios como obra de Dios es común en ambos Testamentos (p. ej., Ex 7:3; Is 8:18; Jer 32:20-21; Jn 4:48; Hch 2:43; 6:8; 15:12; 2Co 12:12; Heb 2:4); para su asociación con los falsos mesías y profetas ver Mt 24:24//Mr 13:22 (*cf.* también Ap 13:13-14; 16:14; 19:20). Lo que es de verdad, Pablo se lo atribuye al poder del Espíritu Santo (Ro 15:19), mientras que estas se las imputa claramente a Satanás. Si "falsificación" describe el carácter de los actos del malvado, entonces la frase siguiente (2:10a, "con toda perversidad engañará") indica el efecto (*cf.* Mr 13:22; Ap 13:13-14).

Aunque la *parousia* del malvado puede ser grandiosa (la terminología recuerda el boato, pompa y ceremonial que rodeaba la llegada del emperador) y sutilmente engañosa, será efímera, porque es "el destructor por naturaleza" (2:3b), "a quien el Señor Jesús derrocará con el soplo de su boca y destruirá con el esplendor de su venida" (2:8b).[18] Esta simbología recuerda Isaías 11:4 (*cf.* 1Co 15:24, 26; también Ap 19:11-21). La frase "esplendor de su venida" se compone de dos nombres, *epiphaneia* ("aparición"; *cf.* 1Ti 6:14; 2Ti 4:1, 8; Tit 2:13) y *parousia* ("venida"), que tienen el mismo significado básico. Juntos sugieren (esp. teniendo en cuenta *epiphaneia*) lo repentino o inesperado de la venida de Jesús (*cf.* 1Ts 5:2-3) y su grandeza abrumadora y su gloria (*cf.* Hch 2:20), en comparación con su falsa imitación. Además, en algunos contextos *epiphaneia* significa "alba" o "amanecer", un matiz particularmente adecuado a la vista de su asociación aquí con el "día del Señor".

---

18. Algunas de las diferencias entre las traducciones del versículo 8 (*cf.* NVI frente a RVR1960) se deben a variaciones textuales menores que no afectan a las ideas principales del versículo. Ver, además, C. A. Wanamaker, *Thessalonians,* 257-58.

Las falsas señales y prodigios del malvado (2:9) ejercen su efecto engañoso sobre "los que se pierden" (2:10; *cf.* 1Co 1:18; 2Co 2:15; 4:3), un grupo (en contraste con los que se están salvando) que obviamente no forma parte de la comunidad de la fe. Están pereciendo, de forma específica, "por haberse negado a amar la verdad y así ser salvos" (2:10); es decir, su destino es la consecuencia de su propia elección. Como observa I. H. Marshall: "Por mucho que se pueda decir sobre la predestinación divina, los perdidos son responsables de su propia perdición".[19] Cuando se les presenta una oportunidad de "recibir el amor de la verdad" (RVR1960; la forma inusual de la frase "amor de la verdad" refleja probablemente un contraste intencionado con el "engaño de iniquidad" en 2:10a) y, por ese medio experimentar la salvación, estas personas la rechazaron (*cf.* 1:8). Tal como Pablo lo dice enfáticamente en 1:12b, cuando podían haber "creído la verdad", ellos "se deleitaron en el mal" (*cf.* Jn 3:19, Ro 2:8).

Los versículos 11-12a exponen la consecuencia (*no* la causa) de esta elección: "Por eso Dios permite que, por el poder del engaño, crean en la mentira [es decir, la falsa *parousia* del malvado, *cf.* 2:9]. Así serán condenados todos". (Para saber qué implica la condenación, ver la exposición sobre 1:9). Aquí, la idea básica es similar a la que se expresó en Romanos 1:18-32 (en especial vv. 23-28): las acciones de Dios son una respuesta a sus acciones y no la causa de las mismas.

Una implicación de 2:10 es que los salvos no serán engañados por los falsos prodigios.[20] Esta implicación funciona a modo de exhortación a permanecer fiel: los que "aman la verdad" no deberían ser engañados por los falsos milagros y prodigios.

Recapitulando: los versículos 1-2 presentan el tema general (la venida del Señor) y la preocupación particular de Pablo (que los tesalonicenses hubieran sido inquietados por los rumores de que el acontecimiento ya se había producido). Los versículos 3-4 presentan la enfática respuesta de Pablo: el día del Señor no puede haber ocurrido, porque el "hombre de maldad", cuya aparición precede a la parusía del Señor, no se ha revelado aún. El equilibrio del pasaje (vv. 5-12) proporciona información adicional sobre esta figura satánica, incluida su inevitable destrucción, junto con aquellos a los que ha engañado, a manos del Señor Jesús.

---

19. I. H. Marshall, *1 and 2 Thessalonians*, 203.
20. *Ibíd.*; también C. A. Wanamaker, *Thessalonians*, 260.

 En la primera carta, Pablo no sintió necesidad de escribir sobre un tema —el momento en que se produciría el día del Señor (1 Ts 5:1)—, pero sí lo trata en la segunda epístola. Lo hace, porque al menos algunos de los miembros de la congregación tesalonicense se habían convencido de que el día ya había llegado. En respuesta, Pablo afirma básicamente que es imposible, porque ciertos acontecimientos que deben ocurrir primero no habían tenido lugar aún y, por tanto, ese día no había sucedido todavía.

De momento, todo bien. Sin embargo, llegados a este punto, empezamos a encontrar dificultades, no tanto por lo que Pablo declaró, sino por lo que *no* dijo. Es decir, al comunicarse con los tesalonicenses, Pablo da por sentada una información que tanto él como ellos ya conocen y, por consiguiente, no la detalla en su carta. Sin lugar a dudas, para sus lectores la referencia era clara. Sin embargo, al no proporcionar ciertos detalles críticos, sus lectores posteriores no lo tienen nada claro. El pasaje presenta, pues, un obstáculo importante: ¿cómo se puede establecer un puente entre el sentido original y el significado contemporáneo cuando el concepto no se puede determinar en algunos puntos?

Lo que sí sabemos. Encuadrar la pregunta de esta forma (es decir, en términos de lo que no sabemos) puede no ser la forma más eficaz de plantear la tarea de construir puentes. En lugar de preocuparnos inicialmente por la información de la que carecemos, puede ser más productivo que nos centremos primero en aquella de la que sí disponemos y en lo que sabemos sobre el significado del pasaje, que es considerable.

(1) Para comenzar, aunque desconocemos la causa o la fuente del malentendido de los tesalonicenses en cuanto al día del Señor (y, al parecer, tampoco Pablo la conocía; *cf.* 2:2), sí tenemos una buena idea de cuál era el problema: al parecer, algunos de los tesalonicenses pensaban que el "día del Señor" ya había tenido lugar. Aunque inusual, esta opinión tiene hoy paralelos (p. ej., los Testigos de Jehová creen que la venida de Cristo se produjo el 1 de octubre de 1914, pero que fue invisible, no pública, e implicó un cambio de ubicación en el cielo), aunque en círculos cristianos resulta improbable encontrar esta perspectiva. En lugar de los argumentos que se dan hoy entre los cristianos sobre *si* el día del Señor ya ha llegado, es mucho más probable hallar argumentos sobre *cuándo* vendrá.

(2) La respuesta de Pablo es relativamente directa. El "día del Señor" y "nuestra reunión con él" no llegarán hasta después de que ocurran cosas. Estos sucesos (que podrían ser dos elementos secuenciales, pero que lo más probable es que sean componentes de un único acontecimiento compuesto) son la "rebelión" y la manifestación del "hombre de maldad" (2:3).[21] Lo interesante de esta respuesta es que, al hablar de la incertidumbre tesalonicense con respecto a *si* el día había llegado, Pablo toca directamente la cuestión de *cuándo* llegará. Así, aunque el asunto de Tesalónica difiere de la pregunta que hoy predomina, la respuesta del apóstol es para ambas.

(3) A pesar de que Pablo no diga nada más sobre el primer elemento (la rebelión), sí dice algunas cosas sobre el carácter y la actividad (aunque no la identidad) del "hombre de maldad". A partir de la descripción que proporciona —un individuo malvado que hace la obra engañosa de Satanás, que no solo se opone a Dios, sino que en realidad busca apartarlo y exaltarse a sí mismo en su lugar— es evidente que el apóstol tiene en mente a la misma figura a la que se alude en 1 Juan 2:19 como el "anticristo" y en Apocalipsis 13 como la "bestia".

Por tanto, para resumir los elementos clave de (2) y (3), Pablo expone una clara secuencia de acontecimientos. Primero viene la "rebelión" y la aparición del "hombre de maldad" y, a continuación, el regreso (*parousia*) del Cristo genuino y la reunión de todos los creyentes para estar con él.

Para algunos lectores, en este punto pueden surgir varias preguntas. Por ejemplo, ¿no contradicen estas afirmaciones paulinas lo dicho en 1 Tesalonicenses 5:2, donde escribió que "el día del Señor llegará como ladrón en la noche"? En modo alguno; el apóstol escribió que el día del Señor "vendrá como ladrón" solo para los *in*conversos (*cf*. 5:3). Los creyentes, prosigue, "no están en la oscuridad para que ese día los sorprenda como ladrón" (5:4).

Sin embargo, si el anticristo viene antes del día del Señor (es decir, del regreso de Cristo), ¿no se podría añadir simplemente siete años (o tres y medio), dependiendo de la perspectiva que se tenga, a la fecha de su aparición y calcular el momento en que Cristo volverá? ¿No contradeciría esto la declaración de Jesús (en Mt 24:36//Mr 13:32) de que "nadie sabe el día ni la hora"? En absoluto, porque Jesús también afirmó que

---

21. *Cf*. F. F. Bruce, *1 and 2 Thessalonians*, 167, I. H. Marshall, *1 and 2 Thessalonians*, 189; Bob Gundry, *First the Antichrist* (Grand Rapids: Baker, 1997), 20.

"por amor a los elegidos", los días de la gran aflicción y tribulación tras la aparición del anticristo serían acortados" (Mt 24:21-22). En cuánto se reducirá ese periodo, nadie lo sabe; por tanto, nadie sabrá el "día ni la hora" en que Jesús regresará.[22]

¿Pero qué hay del arrebatamiento? ¿No nos enseñan las Escrituras que los creyentes serán "arrebatados" antes de que irrumpa la tribulación? No, en realidad no. Cierto es que la opinión de que Jesús podría venir en cualquier momento para llevarse a los creyentes al cielo antes de la tribulación, y de que volverá de nuevo en juicio al final de esta, se anuncia ampliamente y es sumamente popular. Pero, al margen de la incomodidad que se crea al tener *dos* "segundas venidas" (o, si se quiere, una segunda y una tercera venida), en 1 y 2 Tesalonicenses Pablo vincula el "arrebatamiento" (1Ts 4:17) y la "reunión" (2Ts 2:1) —términos que para el apóstol son sinónimos— de la forma más estrecha posible a la venida del Señor en ese día (1Ts 4:16; 5:2; 2Ts 2:1-3). Y dado que Pablo afirma explícitamente que el día del Señor no tendrá lugar hasta *después* de la manifestación del anticristo, resulta que el "arrebatamiento" o "rapto" no se producirá hasta después de la revelación de este. En resumen, primero aparecerá el anticristo y, solo entonces, vendrá el Cristo genuino y el "arrebatamiento" de los creyentes para estar con él.[23]

(4) De lo que afirma Pablo aquí sobre la secuencia de los acontecimientos se puede sacar una importante implicación: los creyentes deberían estar preparados para experimentar persecución y aflicción por causa del evangelio durante el tiempo de la rebelión y la aparición del anticristo. De hecho, los creyentes deberían estar listos para sufrir estas cosas incluso antes de que se manifieste el anticristo, porque, tal como Pablo indica en 2:7, "el poder secreto de maldad *ya* se está ejerciendo". Esto explica (al menos en parte) por qué el apóstol dio por sentado que los creyentes "serían perseguidos" (1Ts 3:4), una verdad que los tesalonicenses estaban preparados para confirmar y podían hacerlo a la luz de su propia experiencia. Por decirlo de un modo un tanto diferente, la "bendita esperanza" (Tit 2:13) que esperamos no es, como algunos sostienen, el "rapto" ni escapar a la persecución. Más bien, como Tito 2:13 aclara, es "la gloriosa venida de nuestro gran Dios y Salvador

---

22. Ver además Gundry, *First the Antichrist*, 26-28.
23. Ver, además, todo el libro de Gundry mencionado en la nota anterior.

Jesucristo", una aparición que traerá vindicación y alivio al pueblo de Dios en medio de la persecución (2Ts 1:5-10; 2:8).[24]

(5) La mención de la vindicación nos lleva a un punto importante que Pablo expone en este pasaje, uno que es más claro aún que lo que afirma sobre la secuencia y el momento de los acontecimientos: *al final, Jesús gana* (2:8). En medio de todos los detalles sobre el hombre de maldad y sus actividades, no debemos pasar por alto lo que el apóstol dice sobre el destino final del malvado. Primero, Pablo da una pista de esto en 2:3, donde lo describe como un "hombre condenado a la destrucción" y lo declara en 2:8: Jesús lo "derrocará" y lo "destruirá". A pesar de sus extenuantes esfuerzos para proclamarse a Dios por encima de todo, el hombre de maldad acabará fracasando. El resultado de la lucha entre Cristo y el anticristo es seguro más allá de cualquier sombra de duda: ¡al final, Jesús vence!

(6) Repitiendo una idea que ya ha presentado en el capítulo 1, Pablo vuelve a dejar claro que las personas son responsables de su propio destino. Para algunos lectores, el lenguaje que Pablo usa en 2:11 ("Dios les envía un poderoso engaño para que crean la mentira") es alarmante y parece suscitar preguntas sobre la justicia de Dios (p. ej., si Dios envía el engaño, ¿por qué hace responsables a las personas por haber sido engañadas?). Pero, así como en el capítulo 1 el juicio de Dios era una *respuesta* a la negativa de las personas a obedecer el evangelio (1:8), aquí también. Cualquier acción que Dios emprenda es una respuesta al rechazo de las personas a amar la verdad (2:10); su juicio cae sobre aquellos "que no han creído la verdad, sino que se han deleitado en el mal" (2:12).

Pablo expone la misma idea en Romanos 1. Aquellos a los que Dios "entrega" a sus propios deseos pecaminosos (Ro 1:24, 26, 28) son los que ya han "cambiado la verdad de Dios por la mentira, adorando y sirviendo a los seres creados antes que al Creador" (1:25; *cf.* 1:21, 23). En resumen, "sea lo que sea que uno pueda decir sobre la predestinación divina, los perdidos son responsables de su propia perdición".[25]

---

24. Ver, además, George E. Ladd, *the Blessed Hope: A Biblical Study of the Second Advent and the Rapture* (Grand Rapids: Eerdmans, 1956), esp. 137-61.
25. I. H. Marshall, *1 and 2 Thessalonians*, 203. *Cf.* comentarios de Calvino. El pasaje habla del "castigo de la justicia de Dios sobre aquellos que, aunque llamados a la salvación, han rechazado el evangelio y han preferido entregar su mente a la impiedad y el error [...] Ninguno ha perecido, sino aquel que lo mereció o que murió por su

Un obstáculo a evitar. En vista de lo que está claro o de lo que conocemos sobre este pasaje, aquello que desconocemos (esp. la identidad de la influencia restrictiva y del hombre de maldad) no constituye tanto un obstáculo como una tentación: especular con lo que no sabemos. En un aspecto, esta tentación de la conjetura, impulsada por nuestro intenso deseo de conocer la identidad del hombre de maldad, es comprensible; después de todo, la curiosidad es una poderosa y conocida característica humana. En otros, sin embargo, parece haber al menos tres problemas asociados a esta tentación de discurrir sobre lo desconocido.

(1) Tales especulaciones distraen nuestra atención de lo que sabemos y oscurece nuestra información. Resulta demasiado fácil dejarse atrapar de tal modo en la especulación sobre la identidad del anticristo que se pierden de vista los puntos principales del pasaje. Uno de los puntos más claros del pasaje es el que se expone bajo (5) más arriba: al final, Jesús vence. A la luz de esto, es profundamente curioso que algunas personas se involucren tanto en conjeturas que acaban prestando más atención a un anticristo condenado que al Cristo victorioso.

(2) La especulación sobre la identidad del anticristo es, en mi opinión, una pérdida de tiempo, esfuerzo y recursos. El registro de intentos por determinar quién será es largo, y se remonta a más de un milenio y medio. Del mismo modo, la lista de quienes han sido identificados con toda seguridad como el anticristo es también extensa. Incluye a varios emperadores romanos, el líder de los invasores vándalos que saquearon Roma, Mahoma, varios papas, el papado mismo, el emperador Federico II y el papa Gregorio IX (cada uno de los cuales vieron en los otros al anticristo), Martín Lutero, el rey Jorge II de Inglaterra, Napoleón Bonaparte, Napoleón III, cada uno de los dos bandos de la Guerra Civil Estadounidense, el káiser Guillermo de Alemania, la Liga de las Naciones, Hitler, Mussolini, Stalin, el rey Faisal de Arabia Saudita, las Naciones Unidas, Khrushev, la Unión Soviética, Mikahil Gorbachev (se alegó que la marca de nacimiento de su frente era la marca de la bestia), el rey Juan Carlos de España, el papa Juan Pablo II, Anwar el Sadat, el ayatolá Jomeini, Yasser Arafat, Sadam Hussein, el movimiento Nueva Era, el teólogo Matthew Fox, Henry Kissinger, y los expresidentes Jimmy

---

propia elección" (J. Calvino, *The Epistles of Paul the Apostle to the Romans and to the Thessalonians*, 407).

Carter y Ronald Wilson Reagan (seis letras en cada nombre = 666 [*cf.* Ap 113:18], y Reagan se recuperó de una grave herida [13:3]).[26]

Esta triste historia de los infructuosos intentos por identificar al anticristo sugiere que cualquier tentativa que podamos hacer tampoco tendrá éxito. Sin duda nos engañamos a nosotros mismos si pensamos que podremos identificar a este maestro del engaño. A pesar de ello, los esfuerzos persisten, y en ciertos ámbitos hasta se alientan y se acogen con agrado. La mayoría de las librerías cristianas que he visitado cuentan con muchas más estanterías dedicadas a los últimos libros y novelas sobre el anticristo y temas relacionados que, por ejemplo, al discipulado, la cristología o las herramientas de ayuda para el estudio de la Biblia, un reflejo, al parecer, del interés y de la demanda del lector.

En vista del deprimente historial de intentos fallidos de identificación, estas ansias persistentes por leer la última especulación sobre el anticristo nos recuerda mucho a la predicción de Pablo a Timoteo en 2 Timoteo 4:3-4:

> Porque llegará el tiempo en que no van a tolerar la sana doctrina, sino que, llevados de sus propios deseos, se rodearán de maestros que les digan las novelerías que quieren oír. Dejarán de escuchar la verdad y se volverán a los mitos.

Con toda seguridad, existen formas de invertir nuestro tiempo, nuestra energía y nuestro dinero (porque no cabe la menor duda de la cantidad de dinero que se consigue especulando sobre el anticristo) mejores que en un intento infructuoso de predecir o leer sobre su identidad. "La historia de la iglesia está plagada de intentos incautos, autoconfiados,

---

26. Una cosa que destaca al estudiar la lista de quienes han sido identificados como el Anticristo suele ser, que, con frecuencia, el partidismo político, teológico o social, o la perspectiva de la persona que propone la identidad han moldeado (si no determinado) a aquel que alguien ha identificado como el engañador satánico. A este respecto, los intentos por identificar al anticristo revelan, a menudo, más sobre quien hace la identificación que sobre cualquier otra cosa. Ver Robert C. Fuller, *Naming The Antichrist: The History of an American Obsession* (Nueva York y Oxford: Oxford Univ. Press, 1995). Este libro es un fascinante estudio de esfuerzos por discernir la identidad del anticristo, desde los días coloniales hasta el presente, que resalta la persistente influencia de las perspectivas políticas, sociales y teológicas en la forma en que las personas discernieron la presencia del anticristo en los acontecimientos del momento. Ver también los estudios más amplios de Paul Boyer, *When Time Shall Be No More: Prophecy Belief in Modern American Culture* (Cambridge, Mass., y Londres: Belknap, 1992), y Bernard McGinn, *Antichrist: Two Thousand Years of the Human Fascination with Evil* (San Francisco: Harper-SanFrancisco, 1994).

pero erróneos por encontrar en el texto paulino una referencia a alguna persona o evento contemporáneo. Que esto nos sirva de advertencia".[27]

(3) Jacob W. Elias sugiere un tercer problema con la especulación sobre lo que no sabemos, y este implica las conjeturas sobre cuándo regresará Cristo. A pesar de la explícita declaración de Jesús en cuanto a que nadie conoce el día ni la hora, algunos han persistido en sus esfuerzos por determinar el momento del regreso (David Koresh, de la rama de los davidianos, solo ha sido el más reciente de una larga lista de fechadores). Elias sugiere que los que, pese a todo, persisten en este esfuerzo, corren el riesgo de entrometerse en la autoridad de Dios. "Establecer fechas equivale, básicamente, a usurpar el papel divino. Dios conoce el futuro, nosotros no [...]. Irónicamente, Pablo y sus colaboradores representan el antagonismo como la usurpación de la autoridad de Dios".[28]

Una perspectiva más amplia. I. H. Marshall hace una importante observación con respecto a 2:12.

> El efecto del v. 12 consiste en generalizar, hasta cierto punto, lo que Pablo ha estado diciendo. No tenemos que esperar hasta el punto en que podamos, por así decirlo, identificar la llegada del apogeo final del mal con el fin de ver el resultado del proceso divino de juicio. Es cierto en todos los tiempos que el pecado es deleitarse en lo que está mal [...]. Resulta que la relevancia principal del pasaje no es que deberíamos intentar calcular si el fin está cerca o no, sino que deberíamos preocuparnos por las cuestiones morales y espirituales involucradas.[29]

En otras palabras, el comentario final que Pablo hace de forma general vuelve a traer el enfoque desde el futuro al presente: nuestro destino quedará, *pues*, determinado por nuestra forma de responder a la verdad del evangelio *ahora*. Pablo refuerza, por tanto, una idea ya expuesta en 1 Tesalonicenses 4:13-18 y 5:1-11: el conocimiento del futuro debería moldear e influenciar cómo vivimos en el presente.

---

27. J. R. W. Stott, *The Gospel and the End of Time*, 161.
28. J. W. Elias, *1 & 2 Thessalonians*, 295. Sobre dar fechas, ver, además, el primer punto bajo Significado Contemporáneo de 1Ts 5:1-11.
29. I. H. Marshall, *1 and 2 Thessalonians*, 205.

 Como en el caso del capítulo 1, lo que uno cubre al aplicar esta sección del texto depende hasta cierto punto de si se está estudiando 2 Tesalonicenses de forma independiente de 1 Tesalonicenses o en secuencia. Por ejemplo, si lo estamos haciendo por separado, probablemente será necesario cubrir en cierto detalle lo que Pablo da por sentado en 2:1-3 con respecto al regreso (*parousia*) de Jesús y la reunión de los creyentes con él (para detalles, ver las exposiciones de 1Ts 4:13-18; 5:1-11).

Sin embargo, si se está tratando 2 Tesalonicenses después de 1 Tesalonicenses, entonces uno podría pasar directamente a los aspectos más distintivos de este pasaje, dos de los cuales me gustaría resaltar. Ofrece una oportunidad (1) de enfatizar la importancia de centrarse en Jesús, y (2) de reflexionar en el carácter engañoso del mal. Además, (3) el pasaje proporciona una oportunidad de volver a repasar la cuestión de la preparación frente a la especulación y (4) proporciona una importante palabra de aliento en medio de la agitación: al final, Jesús gana. (Para la importancia de mantenerse firme al testimonio y la enseñanza apostólica, una idea que surge de 2:5, ver comentarios sobre 2:15).

¡Mantén el enfoque en Jesús! En 1933, cuando los negros nubarrones de la guerra se juntaron y, por consiguiente, surgió la especulación sobre el anticristo, Arno Gaeblein, el notable líder evangélico y editor de la revista *Our Hope,* escribió:

> El editor no sirve para quienes establecen día y año ni tampoco para averiguar la duración de los tiempos de los gentiles, ni siente simpatía por hombres que profetizan que Mussolini, Hitler, Feisal o cualquier otra persona es el anticristo. Es una condición morbosa que parece encajar en ciertas mentes. Nos preguntamos a quién mencionarán la próxima vez. En cualquier caso, ¿por qué debería tener el cristiano algún interés en la venida del hombre de pecado? No tenemos nada que ver con ese malvado. Nuestro interés debe estar en Cristo y no en el anticristo.[30]

---

30. Arno C. Gaebelein, "King Feisal Is Dead", *Our Hope* 40 (noviembre 1933): 305, tal como lo cita David A. Rausch, *Fundamentalist Evangelicals and Anti-Semitism* (Valley Forge, pa.: Trinity Press International, 1993), 134.

Hoy, varias décadas después, en una época en la que el interés en la especulación sobre el anticristo es, en todo caso, incluso más intenso —un tiempo en el que líderes cristianos famosos están escribiendo novelas cuyo personaje principal es el anticristo—, las palabras de Gaebelein no son menos oportunas, sobre todo su frase final: *"Nuestro interés debe estar en Cristo y no en el anticristo"*

Segunda de Tesalonicenses 2 es el único pasaje en todas las cartas paulinas donde el apóstol presenta al "hombre de maldad", y lo hace solo aquí, porque las circunstancias extraordinarias de Tesalónica así se lo requirieron. Además, aunque habla de esta figura, no deja lugar a duda sobre su destino final: será derrotado por el Señor Jesús mismo (2:8). Además, su exposición está limitada por ambas partes a la oración o a los informes de acción de gracias (1:11-12, 2:13-14) que se centran en Jesús. El modelo del que Pablo es aquí ejemplo —modelo que mantiene su enfoque principal en Jesús y no dice sobre el anticristo más de lo que debe— es un patrón que haríamos bien en seguir. Cuando se venden más libros sobre el anticristo que sobre Jesús, me parece que algo está fuera de equilibrio. Es Cristo, nuestro Salvador, quien merece nuestra atención y no el anticristo.

La forma en que Pablo enfatiza, en 2:10-12, la importancia de la verdad refuerza la importancia de centrarse en Jesús. Pablo describe a los que perecen como aquellos que rechazan amar o creer "la verdad". En este contexto, "la verdad" es prácticamente sinónimo de evangelio. ¿Y quién es su enfoque? Jesús, por supuesto. Más aún, Jesús mismo es la verdad (Jn 14:6; *cf.* Ef 4:21). En otras palabras, amar o creer en la verdad es amar o creer en Jesús. Dado que nuestra respuesta a la verdad —es decir, a Jesús— determina, como Pablo aclara aquí, nuestro destino final, tenemos muchas más razones para centrarnos en Jesús, el verdadero Cristo, y no en su antagonista, el *anti*cristo.

El familiar corito de Helen H. Lemmel "Fija tus ojos en Cristo" expresa claramente lo que tenemos que hacer:

Fija tus ojos en Cristo,
tan lleno de gracia y amor,
y lo terrenal sin valor será
a la luz del glorioso Señor.

Si ponemos nuestros ojos en Jesús, "las cosas terrenales" —incluida la especulación sobre la identidad del anticristo— "sin valor serán" en comparación con la luz de la gloria y la gracia de Jesús, precisamente las cosas que Pablo enfatiza en 1:12 y 2:14. Como recalcó Gaebelein, nuestro foco tiene que estar en Jesús.

El engaño del mal. A partir de la descripción que Pablo hace del carácter y de las actividades del "hombre de maldad", queda claro que no está retratando ni más ni menos que a un cristo falso. Este falso cristo —"anticristo", por usar una terminología más común— procura, mediante su propia *parousia* ("venida"), falsos milagros, señales y prodigios (2:9), y las declaraciones de su divinidad (2:4), engañar a las personas haciéndolas creer que él es el verdadero Cristo. (No lo es, claro está; sus actividades son "por obra de Satanás" [2:9], no de Dios.)

La efectividad de una falsificación depende, por supuesto, de cuánto se aproxime a aquello a lo que está imitando. Un billete falso de cien dólares producido en una fotocopiadora en blanco y negro no engañará probablemente a nadie. Pero es posible (al menos lo era, hasta que introdujeron nuevos dispositivos de seguridad a finales de 1990), con las herramientas y el equipo correcto, hacer unos billetes falsos de cien dólares lo bastante buenos como para engañar hasta a los expertos, en ocasiones. Una buena falsificación imita tan estrechamente el artículo real que es capaz de engañarnos y hacernos pensar que se trata de la cosa genuina. Así es como el "hombre de maldad" obrará su destrucción: falsificará tan cuidadosamente la venida, el poder y el carácter del Señor Jesucristo que las personas serán engañadas y pensarán que se trata de él. Como observa Stott, "la venida del anticristo será una parodia tan inteligente de la venida de Cristo que muchos caerán en el engaño satánico".[31]

La descripción que Pablo hace de este antagonista satánico como "cristo falsificado" (más que como un anticristo) nos invita a reflexionar sobre una característica importante del mal: es inherente y fundamentalmente engañoso. La eficacia del mal tiene mucho que ver con su forma de presentarse: no tanto como el polo opuesto de lo bueno, sino como una inteligente falsificación de ello. Sospecho que a la mayoría de nosotros nos gustaría pensar que, de ser abiertamente confrontados por Satanás y si este nos invitara a convertirnos en sus socios en el mal, sin lugar a dudas rechazaríamos la oferta y le haríamos saber con términos bien claros adónde debería irse. Sin embargo, a la vista del mal

---

31. J. R. W. Stott, *The Gospel and The End of Time*, 172.

perpetrado por los cristianos en el mundo actual, es evidente que no estamos rechazando las invitaciones del diablo a convertirnos en sus socios en la maldad. ¿Por qué no? Quizás porque la mayoría de las veces no se presentan como obvias invitaciones a hacer el mal, sino que llegan camufladas de invitaciones para hacer algo que parece bueno, pero que en realidad no lo es.[32] Si el mismo Satanás se disfraza de "ángel de luz" (2Co 11:14), no debería sorprendernos que las invitaciones a hacer el mal vengan disfrazadas del mismo modo.

¿Cómo se disfraza el mal? Una forma de hacerlo es falsificando lo bueno, lo real, lo genuino. Como observa Cornelius Plantinga Jr. con perspicacia, cuando en el cine (o incluso, de forma alarmante, en la vida real en ocasiones):

> … aplaudimos a ladrones de banco que huyen, no nos centramos en ninguno de los males, trastornos u ofensas. Advertimos sólo aquellos rasgos que el pecado ha pirateado del bien, a saber, la energía, la imaginación, la persistencia y la creatividad. Todo lo que el pecado toca comienza a morir, pero no nos fijamos en esto. Vemos sólo la vitalidad del parásito, rebosante de vida robada.[33]

En lugar de ir a por lo que es real, nos engaña la falsificación, el parásito que la imita.

Los "siete pecados capitales" clásicos ofrecen otro ejemplo de cómo se disfraza el mal. Un conocido análisis considera cada uno de ellos como un ejemplo de "amor mal dirigido". Por ejemplo, los pecados de la lujuria, la glotonería y la avaricia (codicia) se ven como ejemplos de amor excesivo; la pereza (relacionada con la desesperación) se asocia con un amor defectuoso; y la ira, la envidia y el orgullo son el resultado del amor pervertido (amor por uno mismo en lugar de amor por los demás). El carácter engañoso del mal es claro: puede esconderse hasta detrás de una de las virtudes cristianas clásicas, el amor.

Otros ejemplos de mal que se oculta engañosamente detrás de algo que en sí mismo es bueno o al menos moralmente neutral pueden ser:

---

32. Ver C. S. Lewis, *Cartas del diablo a su sobrino y el diablo propone un brindis* (Nueva York: Time, Inc., 1961).
33. Cornelius Plantinga Jr., *El pecado: sinopsis teológica y psicosocial* (Grand Rapids: Libros Desafío, 2001), 127.

- usar las preocupaciones legítimas o los argumentos sobre la "calidad de vida" para ocultar las realidades de la eutanasia;
- usar el lenguaje de la privacidad y la elección personal para oscurecer que el aborto implica la destrucción de la vida;
- la forma en que las figuras políticas y los estados o las naciones se arrogan símbolos cristianos para legitimar sus prácticas injustas y opresoras como el *apartheid*, el militarismo y el imperialismo, a lo que uno podría muy bien añadir, a la vista de los acontecimientos recientes, el racismo y el genocidio.[34]
- La forma en que las organizaciones de negocios usan el lenguaje abstracto de las ratios de coste/beneficio y el análisis para oscurecer que lo que se está debatiendo es, en realidad, un intercambio entre vidas humanas y seguridad por una parte y mayores beneficios por la otra. Confrontados con seres humanos específicos, casi con toda seguridad no escogeríamos deliberadamente perjudicarlos. Con todo, las personas han tomado decisiones, una y otra vez, a sabiendas y de forma consciente, por el bien de la ganancia económica que ha resultado en lesión o muerte para otros; decisiones, por ejemplo, de vender autos sabiendo que presentan peligrosos defectos de seguridad, vender en el extranjero unos pesticidas prohibidos en nuestro país por su toxicidad para los humanos, o esconder las pruebas de los efectos secundarios perjudiciales o fatales de una nueva medicina con el fin de conseguir la aprobación del producto y sacarlo al mercado. Al convertir a las personas en cosas abstractas, generalizaciones y ratios, el mal nos engaña de forma rutinaria haciéndonos escoger un curso de acción que resulta en perjuicio y hasta en muerte para otros seres humanos.

Una consecuencia final del carácter engañoso del mal debería tenerse en cuenta: el riesgo que corremos si pasamos por alto lo que Hannah Arendt definió como la "banalidad del mal". Con esto se refería a la forma en que tanto mal es el resultado de una conducta humana ordinaria, pero irreflexiva. Un ejemplo fundamental es el Holocausto. El mundo quedó en *shock*, y con razón, con el exterminio nazi de seis millones de judíos, pero es casi igual de impresionante ver cómo muchos ciudadanos corrientes de Alemania, Francia y otros países contribuyeron de

---

34. C. A. Wanamaker, *Thessalonians*, 248-49.

forma irreflexiva, de uno u otro modo, a los programas que condujeron a aquellas muertes. ¿La excusa más común? "Solo cumplía órdenes". Desde luego, realizar lo que se nos ordena suele ser algo bueno, pero no cuando está pervertido por el mal y se usa para llevar a cabo la muerte de otros seres humanos.[35]

Al centrarnos en uno de los grandes maestros de la falsificación y el engaño, el malvado "hombre de maldad" que procurará engañar a las personas presentándose, nada más y nada menos, como una imitación de Cristo, Pablo nos recuerda del carácter fundamentalmente falso y engañoso de todo pecado y mal. Aunque intenta presentarse como la verdad, no lo es; es un parásito astutamente engañoso, cuyo aparente deleite (2:12) no conduce a la vida, sino a la muerte. La verdad y la vida solo se hallan en el Cristo genuino, el Señor Jesús. Al reflexionar en lo engañoso del mal, mantengamos, pues, nuestro enfoque en Jesús.

Preparación frente a especulación. Este tema se expuso anteriormente en relación con 1 Tesalonicenses 5:1-11; surge aquí en vista del punto (4) más arriba, en la sección Construyendo Puentes. Allí sugerí que la "bendita esperanza" (Tit 2:13) que esperamos no es escapar a la persecución, sino más bien la vindicación y el alivio en medio de la misma. Esto, a su vez, sugiere que al esperar el regreso de Jesús no deberíamos especular sobre la identidad del malvado, sino que deberíamos prepararnos para la posibilidad de que podamos ser llamados a soportar aflicción y sufrimiento por causa del evangelio.

Para aplicar este punto se requerirá una considerable sensibilidad pastoral, porque toca una cuestión muy debatida y altamente polémica sobre el futuro, y, de forma específica, la relación de los creyentes con la rebelión y la agitación desencadenada por el "hombre de maldad". Según una extendida creencia, los creyentes serán "tomados" o "arrebatados" para estar con Jesús antes de que irrumpa la rebelión dirigida por el hombre de maldad, y así evitarán la persecución y el sufrimiento asociados a ese acontecimiento. Sobre esta opinión de "rapto pretribulación", aunque los que permanezcan en la tierra experimenten los

---

35. C. S. Lewis observó que "el mayor mal no se hace ahora en los sórdidos 'antros del crimen' que a Dickens le gustaba pintar. Ni siquiera se lleva a cabo en los campos de concentración o de trabajos forzados. En estos vemos el resultado final. Se concibe y se ordena (se lleva cabo, se secunda, se realiza y se planifica) en oficinas limpias, enmoquetadas, cálidas y bien iluminadas, por parte de hombres de cuello blanco, uñas bien cuidadas y mejillas bien rasuradas que no necesitan alzar la voz" (C. S. Lewis, *Cartas del diablo a su sobrino y El diablo propone un brindis*, xxv).

horrores asociados con este tiempo de tribulación, los creyentes estarán a salvo en el cielo con su Señor, a salvo por encima de la terrible agitación y del sufrimiento.

Una razón para la popularidad de esta opinión es la visión del futuro que ofrece: escapar del sufrimiento y de la aflicción. De hecho, no resulta inusual encontrarse con personas que reconocen sostener este criterio precisamente porque ofrece una visión de seguridad y consuelo. Pero no deberíamos aferrarnos a nuestras creencias porque nos gusten (ellas o sus implicaciones), sino porque estemos convencidos de que son bíblicas. Si la interpretación de la enseñanza de Pablo ofrecida más arriba es correcta, los creyentes no serán "reunidos" con Jesús (2:1) hasta *después* de la aparición del hombre de maldad y de la rebelión que él dirige. Esto significa que los creyentes, más que esperar escapar de la tribulación, deberían estar preparándose para soportarla con perseverancia y fe (ver 1:4).

Al tocar este punto una cuestión polémica sobre el futuro, su aplicación requiere una actitud de humildad en vez de dogmatismo. Al mismo tiempo, la circunstancia de que sea un punto de vista controvertido no es excusa para acobardarse y no tratar sus implicaciones. Si Pablo está advirtiendo a los creyentes que estén preparados para la persecución, como yo creo que está haciendo, entonces nosotros, como intérpretes, tenemos la obligación de señalarlo, independientemente de la popularidad (o la falta de la misma) de tal criterio.

Una razón para la esperanza frente a la opresión. En la exposición de 1 Tesalonicenses 2:17–3:8, expliqué cómo y dónde los cristianos de todo el mundo están afrontando persecución y aflicción —y, en algunos casos, el martirio— por causa de Jesús y del evangelio. Como declara C. A. Wanamaker, la "experiencia tesalonicense de impotencia y aislamiento frente al mal que penetra dentro de las estructuras socioeconómicas y políticas" de su tiempo, "no es algo desconocido para muchos cristianos de hoy".[36] A todos los creyentes que se encuentran en situaciones análogas, que están tan oprimidos por el mal sistémico que no parece haber salida, Pablo les ofrece en 2 Tesalonicenses 2:8 una importante palabra de esperanza y aliento: *al final, Jesús gana* la batalla contra las fuerzas del mal. Independientemente de lo oscura que sea la situación, a la larga, Jesús triunfará.

---

36. C. A. Wanamaker, *Thessalonians*, 264.

Esto no garantiza que viviremos para verlo. Es posible que seamos como aquellos héroes del Antiguo Testamento descritos en Hebreos 11, que "seguían viviendo por fe cuando murieron. No recibieron las cosas prometidas; solo las vieron y las reconocieron desde lejos" (Heb 11:13; cf. 11:39). Sin embargo, independientemente de que vivamos para ver la victoria o que solo "la reconozcamos desde la distancia", Pablo nos asegura que llegará y que los que permanezcan fieles compartirán el triunfo de su Señor. El apóstol nos alienta, pues, a permanecer firmes y fieles frente a la opresión, porque, al final, Jesús gana.

2 Tesalonicenses 2:13–3:5

Nosotros, en cambio, siempre debemos dar gracias a Dios por ustedes, hermanos amados por el Señor, porque desde el principio Dios los escogió para ser salvos, mediante la obra santificadora del Espíritu y la fe que tienen en la verdad. ¹⁴ Para esto Dios los llamó por nuestro evangelio, a fin de que tengan parte en la gloria de nuestro Señor Jesucristo. ¹⁵ Así que, hermanos, sigan firmes y manténganse fieles a las enseñanzas que, oralmente o por carta, les hemos transmitido. ¹⁶ Que nuestro Señor Jesucristo mismo y Dios nuestro Padre, que nos amó y por su gracia nos dio consuelo eterno y una buena esperanza, ¹⁷ los anime y les fortalezca el corazón, para que tanto en palabra como en obra hagan todo lo que sea bueno.

³:¹ Por último, hermanos, oren por nosotros para que el mensaje del Señor se difunda rápidamente y se le reciba con honor, tal como sucedió entre ustedes. ² Oren además para que seamos librados de personas perversas y malvadas, porque no todos tienen fe. ³ Pero el Señor es fiel, y él los fortalecerá y los protegerá del maligno. ⁴ Confiamos en el Señor de que ustedes cumplen y seguirán cumpliendo lo que les hemos enseñado. ⁵ Que el Señor los lleve a amar como Dios ama, y a perseverar como Cristo perseveró.

Sentido Original

Se trata de un resumen y segmento transicional de la carta importante en tres aspectos. (1) En lo referente al contexto inmediato contrasta nítidamente (nótese que empieza con "en cambio") el destino de los seguidores del único Dios verdadero (2:13-14) con el de los que siguen al "hombre de maldad" (2:10-12). (2) En lo tocante al contexto más amplio, lleva a su término (ver 2:15-17; cf. 3:2-3, 5) la exposición de "la venida de nuestro Señor Jesucristo y nuestra reunión con él" iniciada en 2:1. (3) Establece (ver 2:15; 3:4) la explicación de Pablo en 3:6-15 acerca del problema de los creyentes indisciplinados.

El segmento deriva su coherencia de su contenido y no de su forma o estructura.¹ Limitado a ambos lados por dos secciones muy definidas

---

1. El segmento ha resistido tanto el análisis epistolar como el retórico. R. Jewett enumera tres análisis epistolares y tres retóricos de 2 Tesalonicenses; todos ellos difieren de forma notable, en especial en su forma de tratar esta sección de la carta. Tanto Krodel (desde una perspectiva epistolar) como Jewett (desde una perspectiva retórica)

(2:1-12 y 3:6-15), exhibe una amplia (algunos dirían que inconexa) variedad de formas: acción de gracias (2:13-14), exhortación y aliento (2:15), oración (2:16-17; 3:5), petición de oración (3:1-2), y expresión de confianza (3:3-4). Sin embargo, dos temas que recorren las diversas subunidades, la (re)confirmación (2:13-14, 16; 3:1b, 3-4, 5) y la perseverancia (2:15, 16-17; 3:5) ligan todo el segmento y revelan las metas de Pablo en esta parte de la carta. Estos objetivos consisten en estabilizar y alentar a la comunidad frente a la continuada aflicción desde el exterior (cf. 1:4-6) y los problemas internos (ver 2:2-3; 3:6-15).

Acción de gracias a Dios (2:13-14)

El "en cambio"[2] con el que abre 2:13 contrasta el destino de los "que se pierden" (ya que "se deleitaron en el mal", 2:10b-12) con el de los creyentes tesalonicenses, descritos como hermanos y hermanas,[3] "amados del Señor" (es decir, Jesús; *cf.* 1Ts 1:4) y escogidos por Dios para salvación. El principal objetivo de Pablo es tranquilizar a los tesalonicenses con respecto a su destino (salvación) en contraste con el de aquellos que se oponen y los persiguen. Independientemente de los esfuerzos del "malvado" que está por venir para engañarlos, su salvación está en las manos de Dios, que los escogió "como primicias" (RVR1960) de los que habían de ser salvos en Tesalónica.[4] La palabra traducida "escoger" se hace eco de Deuteronomio 26:18 (Dios escoge a Israel; para la idea, ver comentarios sobre 1Ts 1:4).

Las dos últimas frases de 2:14 indican el medio por el cual se ha hecho efectiva la salvación. Son la "obra santificadora del Espíritu" (el Espíritu Santo, no el espíritu humano; *cf.* 1Ts 1:5; 2Ts 1:8), al que Dios los ha "llamado" (1Ts 4:7; *cf.* 2:12, 5:24; 2Ts. 1:11) y que los tesalonicenses han recibido como propia la palabra de Dios (1Ts 2:13). Nótese

---

coinciden, sin embargo, en tratar 2:13–3:5 como una sección aparte (*Thessalonian Correspondence*, 224-25).
2. Para la frase de apertura de 2:13 (sobre todo el "debemos"), ver comentarios sobre 1:3a; para la forma en que 2:13 resume la acción de gracias de apertura de 1:3, *cf.* 1Ts 2:13 (que resume la acción de gracias introductoria de 1Ts 1:2).
3. Para la relevancia de *adelphoi*, "hermanos", en 2:13 (también 2:15; 3:1) que incluye a toda la comunidad y no solo a los miembros varones, ver comentarios sobre 1Ts 1:4.
4. En lugar de "como los primeros" (*aparchen*; DHH, NTV), algunos manuscritos importantes dicen "desde el principio" (*ap' arches*; NVI). La primera alternativa es preferible; encaja bien en el contexto, mientras que la segunda no refleja el uso paulino (de manera similar, G. D. Fee, *God's Empowering Presence*, 77).

de nuevo el nítido contraste con los que perecen, que se han "negado a amar la verdad" (2Ts 2:10b, 12).

Para "gloria" (*doxa*, 2:14) como meta futura del pueblo de Dios, ver la exposición de esta palabra en 1 Tesalonicenses 2:12 (*cf.* también Ro 8:18, donde la gloria futura se contrastaba explícitamente con el sufrimiento presente, un contraste implícito aquí en 2Ts 2). Para profundizar en la combinación de "elección", "llamado" y "gloria" ver Romanos 8:29-30. Casi la misma frase que se usa aquí (lit., "[Dios] ... les llamó ... para obtener [*eis peripoiesin*] gloria de nuestro Señor Jesucristo") aparece en 1 Tesalonicenses 5:9 ("Dios ... nos destinó ... a recibir [*eis peripoiesin*] salvación por medio de nuestro Señor Jesucristo"), pero con "salvación" en lugar de "gloria". Esta estrecha asociación entre "gloria" y "salvación" no es de sorprender, dado que "gloria" tiene que ver con el brillo o esplendor de la presencia de Dios y puesto que en 1 Tesalonicenses 4:17 (e implícitamente en 2Ts 1:9) Pablo define "salvación" como estar siempre con el Señor.

Exhortación a "permanecer firme" (2:15)

Como es habitual, las declaraciones de acción de gracias de Pablo son multifuncionales. La lista de razones por las que se le debería dar gracias a Dios (2:13-14) se convierte rápidamente en la base de una exhortación adicional (2:15). "Así que" (como en 1 Ts 5:6; *cf.* Ro 12:1) dice: "sigan firmes" (*cf.* 1Ts 3:8), un mandamiento que se erige como contrapartida positiva de 2 Tesalonicenses 2:2 ("no pierdan la cabeza ni se alarmen"). Además, quiere que los tesalonicenses "retengan la doctrina que han aprendido" (RVR1960; la NVI ha invertido la frase: "fieles a las enseñanzas que ... les hemos transmitido"). Así como el primer mandamiento se correlaciona con la segunda parte del mismo versículo ("que oralmente o por carta, les hemos transmitido"). Pablo les pide que presten atención a lo que él y sus compañeros les han enseñado realmente, y no a aquello que, según las afirmaciones o alegaciones de alguno, se suponía que había sido su enseñanza.

Aun cuando en 2:2 Pablo admite no saber si el problema surgió por una palabra profética, un informe o enseñanza oral, o una carta, al mencionar aquí solamente las dos últimas ("oralmente o por carta", 2:15) sugiere con firmeza que, en su opinión, la fuente del problema era una palabra profética (¿malentendida? ¿tergiversada?) que tal vez afirmara ofrecer un añadido a algo dicho o escrito por Pablo y sus compañeros, o que pretendiera ser una revisión o pudiera ser incluso una tergiversación de ello. Con independencia de ello, la idea principal del apóstol, hacia la que ha estado señalando desde 2:2, queda bien clara: cíñanse a las tradiciones que han aprendido de nosotros y nada más. Lo que está en juego, insinúa, es ni más ni menos que su salvación misma.[5]

La idea de una tradición fidedigna (*paradosis*) es absolutamente paulina (además de 2:15 y 3:6, ver 1Co 11:2 para este término). J. D. G. Dunn ha aislado tres tipos principales de tradición en las cartas paulinas: (1) la tradición del evangelio, que concierne al mensaje central del evangelio (p. ej., 1Co 15:1-3); (2) la tradición de la iglesia, la información que moldea la práctica de las congregaciones (p. ej. 1Co 11:23-25); y (3) la tradición ética, que trata con la conducta cristiana adecuada (p. ej., 1Co 7:10; 1Ts 4:1-2).[6] Aquí, en el contexto del capítulo 2, las tradiciones que Pablo tiene en mente son un ejemplo del primer tipo, de las tradiciones que pertenecen al mensaje básico del evangelio. En 2:6-7 mencionará tradiciones de la tercera clase.

Una oración intercesora (2:16-17)

Los versículos 16-17 consisten en una oración intercesora muy parecida a la de 1 Tesalonicenses 3:11-13 en cuanto a su forma y su función. La oración ilumina el objetivo de Pablo en los versículos precedentes: alentar y fortalecer a los tesalonicenses. Con respecto al contenido, el versículo 16 conecta con el versículo 13, mientras que el versículo 17 se hace eco del versículo 15a.

La mención en 2:16 de Jesús antes que Dios es inusual (*cf.* 2Co 13:14; Gá 1:1); a nivel de estilo, crea un quiasmo con los versículos 13 (Dios) y 14 (Jesús) y puede reflejar la orientación cristológica de la discusión anterior. El título cristológico completo que hallamos aquí figura con frecuencia en 1 y 2 Tesalonicenses (*cf.* 1Ts 1:1, 3; 5:9, 23, 28; 2Ts 1:1, 2, 12; 2:1, 14; 3:6, 12, 18). El uso paulino de una serie de verbos en singular tras la mención de Jesús y Dios juntos indica que probablemente los consideraba a ambos como la fuente de gracia y amor (*cf.* la estrecha relación similar de ambos en 1Ts 3:11 y 2Ts 1:12).[7] Para "gracia", ver

---

5. C. A. Wanamaker, *Thessalonians*, 268.
6. J. D. G. Dunn, *Unity and Diversity in the New Testament* (Philadelphia: Westminster, 1977), 66-69; *cf.* C. A. Wanamaker, *Thessalonians*, 268.
7. *Cf.* Murray J. Harris, *Jesus as God: The New Testament Use of Theos in Reference to Jesus* (Grand Rapids: Baker, 1992), 168, 316; de manera similar, I. H. Marshall, *1 and 2 Thessalonians*, 211; F. F. Bruce, *1 and 2 Thessalonians*, 196. C. A. Wanamaker, sin

comentarios sobre 1 Tesalonicenses 1:1 y 2 Tesalonicenses 1:12. Para la idea de ser amado, ver 1 Tesalonicenses 1:4 y 2 Tesalonicenses 2:13; 3:5 (también Ro 5:8). El segundo verbo ("dio") expresa una consecuencia del primero (dar es un resultado del amor).[8] La frase completa ("que nos amó y ... nos dio") "vuelve a enfatizar que los dones de Dios dependen de su bondad y no del mérito del receptor y, por tanto, es una razón adicional para estar tranquilos".[9]

Pablo está pensando en dos dones en 2:16. El primero es el "consuelo eterno", es decir, un aliento que sobrevive a esta era y al juicio venidero, que nos sostiene hasta que experimentemos por completo la vida eterna (*cf.* Ro 15:15; 2Co 1:3). El segundo es una "buena esperanza", un modismo secular contemporáneo (que hace hincapié en "la relación de una buena conducta responsable con su efecto positivo en la percepción propia del futuro")[10] que Pablo ha cristianizado al no basar la esperanza en el propio comportamiento individual, sino en el clemente amor de Dios, proporcionando así una base sólida para un optimismo genuino con respecto al futuro.

Para "animar" y "fortalecer" (2:17) ver comentarios sobre estos dos verbos (en sentido inverso) en 1 Tesalonicenses 3:2. "En palabra como en obra" (para este orden, *cf.* Lc 24:19; en Ro 15:18 y Col 3:17 el orden se invierte) es una frase exhaustiva que abarca toda la conducta humana, como en Colosenses 3:17 ("*todo* lo que hagan, de palabra o de obra"). "El deseo de Pablo es que el aliento interno frente a la oposición externa vaya acompañado por un comportamiento piadoso en todo lo que los cristianos dicen y hacen".[11]

Finalmente, merece la pena notar que aquí (como en 1Ts 4:13-18; 5:1-11) el tema del futuro acaba sirviendo al presente. La exposición que Pablo hace de la futura venida del "hombre de maldad" acaba con una oración pidiendo aliento en el presente, sobre base de lo que Dios ha hecho ("amó ... dio") en el pasado.

---

embargo, toma los verbos en singular como referencia tan solo a Dios (*Thessalonians,* 270-71).
8. La frase "por su gracia" (lit., "en gracia" viene al final del versículo 16, (*cf.* RVR1960); por consiguiente, existe cierta incertidumbre en cuanto a si modifica tanto "amó" como "dio" (así E. Best, *Thessalonians,* 320; C. A. Wanamaker, *Thessalonians,* 271) o solo "dio" (así NVI).
9. I. H. Marshall, *1 and 2 Thessalonians,* 211-12.
10. E. J. Richard, *Thessalonians,* 360.
11. C. A. Wanamaker, *Thessalonians,* 272.

Una petición de oración (3:1-2)

Una vez incluida su oración por los tesalonicenses, Pablo procede en 3:1-2 a pedir las plegarias de ellos a su favor (*cf.* 1Ts 5:25). La primera de las dos peticiones estrechamente vinculadas tiene que ver con "el mensaje del Señor". Como en 1 Tesalonicenses 1:8, donde aparecen frases idénticas, es básicamente sinónima de "el evangelio de Cristo" (1Ts 3:2; 2Ts 1:8). La palabra traducida como "se difunda rápidamente" (*trecho*; lit., "correr") se hace eco de una imagen bíblica (Sal 147:15, "el mensaje del Señor se difunda rápidamente") que también habría tenido mucho sentido para una audiencia helenística (*cf.* el símbolo atlético de correr una carrera, usado por Pablo en 1Co 9:24). La idea básica es de avance o progreso. El evangelio se "honra" (o mejor, se "glorifica" como en RVR1960; *cf.* Hch 13:48) cuando uno no se limita a proclamarlo, sino que se acepta o reconoce "como lo que realmente es, palabra de Dios" (1Ts 2:13), como los tesalonicenses habían hecho (1:6).

Considerando que la primera petición de Pablo es a favor del mensaje (3:1), la segunda es por los mensajeros que lo proclaman (3:2): que Pablo y sus compañeros sean "librados de personas perversas y malvadas" (NVI). El verbo "liberar" es el mismo que en Mateo 6:13, en el Padrenuestro (*cf.* Ro 15:31; 1Ts 1:10). Los dos adjetivos (*atopos*, "perversas"; *cf.* Hch 25:5; 28:6; *poneros*, "malvadas"; *cf.* 1Ts 5:22) son más o menos sinónimas y transmiten la idea de personas moralmente perversas que, con malignidad, obstruyen el evangelio, como los que en Tesalónica habían instigado una revuelta con el fin de estorbar la predicación del evangelio (Hch 17:5). Pablo está hablando en términos generales; parece poco probable que tenga a algún grupo específico en mente.[12]

La última frase de 3:2 —"porque no todos tienen fe" (es decir, "no todos creen")— explica la hostilidad con la que se encuentran los misioneros, la cual, a su vez, obstruye el progreso del mensaje del evangelio.[13] Asimismo, establece 3:3 ofreciendo un punto de contraste (la malicia de los oponentes frente a la protección y el cuidado del Señor).

---

12. Así F. F. Bruce, *1 and 2 Thessalonians*, 198, C. A. Wanamaker, *Thessalonians*, 275; E. J. Richard, *Thessalonians*, 374-75; de forma diferente, I. H. Marshall, *1 and 2 Thessalonians*, 214 (que ve aquí una referencia a los oponentes judíos de Pablo en Corinto).

13. El "pero" con el que empieza la última frase de 3:2 podría conectar la frase con la petición de liberación inmediatamente anterior (claramente la impresión que deja la NVI). Sin embargo, en vista de la estructura general de 3:1-2 (una única frase en la que Pablo hace dos peticiones estrechamente relacionadas: "oren por nosotros para ... y

Expresiones de confianza (3:3-4)

En 3:3 Pablo regresa rápidamente a su principal preocupación en esta sección: el aliento de la comunidad. Un doble juego de palabras con 3:2 facilita la transición del apóstol: personas que son *poneros* ("malvadas") carecen de *pistis* ("fe"), pero (3:3) el Señor es *pistos* ("fiel"; *cf.* 1Ts 5:24) y "fortalecerá" (ver 2Ts 2:17; también 1Ts 3:13) y "protegerá" (*cf.* Sal 121:7; Jn 17:12; Jud 24) a sus seguidores de *tou ponerou* (una expresión que puede traducirse "del mal" o "del maligno"). Como en Mateo 6:13 (el Padrenuestro), donde se encuentra el mismo problema, esta frase debería probablemente traducirse "el maligno" (NVI; RVR1960).[14] Esto no solo les recuerda, pues, a los tesalonicenses lo que Pablo ya dijo en 2 Tesalonicenses 2:8 sobre el triunfo supremo de Jesús, sino que también refuerza el vínculo entre sus oponentes y la oposición a Dios (*cf.* 1:4-10).

El texto de 3:3-4 está en estrecho paralelismo con el patrón de 2:13-15: reconfirmar el amor de Dios y la preocupación por la comunidad (2:13-14; 3:3) seguido de una exhortación a la obediencia y la perseverancia (2:15; 3:4). "Dicho de un modo un tanto diferente, el v. 2 asegura a los lectores que el Señor está obrando en su presencia, mientras que v. 4 requiere obediencia, de forma indirecta, en respuesta a lo que el Señor está haciendo".[15] Además, al elogiar a los tesalonicenses por lo que han estado haciendo (*cf.* 1Ts 4:1, 10; 5:11; 2Ts 1:3) y expresar su "confianza en el Señor" (*cf.* Gá 5:10) con respecto a que "*seguirán* cumpliendo lo que les hemos enseñado", Pablo está preparando el camino para las instrucciones que está a punto de dar en 3:6-15 (nótese esp. la triple repetición del "ordenamos" en 3:6, 10, 12).[16]

... para ... porque"), parece más probable que el "porque" vincule la última frase a la petición de oración como un conjunto (*cf.* RVR1960).

14. Así E. Best, *Thessalonians*, 327-28; F. F. Bruce, *1 and 2 Thessalonians*, 200; E. J. Richard, *Thessalonians*, 370-71; la vision alternativa es la preferida por C. A. Wanamaker, *Thessalonians*, 277.
15. C. A. Wanamaker, *Thessalonians*, 277.
16. De manera similar, E. J. Richard, *Thessalonians*, 371; C. A. Wanamaker, *Thessalonians*, 277-78. I. H. Marshall, sin embargo, toma 3:4 como otra referencia a 3:1 y entiende el versículo 4 como una expresión de confianza en cuanto a que no serán estorbados para orar a favor de Pablo (*1 and 2 Thessalonians*, 217). Pero etiquetar de "mandamiento" (3:4) lo que no era más que una petición en 3:1 resulta torpe; además, resulta difícil ver cómo los tesalonicenses podrían estar haciendo ya lo que él acaba de pedirles.

Oración adicional (3:5)

Finalmente, habiendo pasado desde la oración (2:16-17; cf. 3:1-2) para volver a caer en la exhortación (3:3-4), el apóstol regresa a la plegaria en 3:5 para cerrar esta sección de la carta. Ora para que el Señor pueda "llevar" (el mismo verbo que se traduce "nos preparen el camino" en 1Ts 3:11, aunque aquí tiene el sentido de Lc 1:79; cf. 1Cr 29:18; Pr 21:2) la atención de los tesalonicenses a dos puntos importantes. El primero, "el amor de Dios", se hace eco una vez más de un tema clave que recorre 2:13–3:5, a saber, la tranquilidad basada en Dios. El segundo, "la perseverancia de Cristo" pone delante de ellos a Cristo como ejemplo de aquello que Pablo los ha estado alentando a hacer, es decir, perseverar (cf. 2:15, 16-17; cf. 1:4 más arriba; también 1Ts 1:10; 3:13).

En sentido estricto, la frase "amor de Dios" puede indicar "el amor de ellos por Dios" (si se toma "de Dios" como un genitivo objetivo) o "el amor de Dios por ellos" (si "de Dios" es un genitivo subjetivo). Tanto el contexto inmediato (2:13, 16) como el uso paulino (p. ej. Ro 5:8, 5) hacen que sea prácticamente cierto que es la última opción, como indica correctamente la NVI. De manera similar, la segunda frase podría traducirse como la BLPH: "esperen a Cristo sin desfallecer" (genitivo objetivo; cf. 1Ts 1:3; 2Ts 1:4), pero en vista del estrecho paralelismo entre la segunda y la primera frase, "la paciencia de Cristo" (genitivo subjetivo; RVR1960) parece más probable.[17]

Uno de los primeros retos a la hora de interpretar 2 Tesalonicenses 2–3 consiste en decidir cómo dividir los capítulos. Aunque he escogido hacer tres segmentos (2:1-12; 2:13–3:5; 3:6-18), algunos intérpretes (p. ej. Stott) siguen la división del capítulo y trabajan con dos segmentos (2:1-17; 3:1-18). La ventaja de hacerlo así es que facilita el que se pueda enfatizar la forma en que la descripción paulina de los salvos en 2:13-15 contrasta con el destino de los que perecen en 2:10-12,[18] y cómo 3:1-5 sienta las bases para 3:6-13. Por otra

---

17. De manera similar, F. F. Bruce, *1 and 2 Thessalonians*, 202; C. A. Wanamaker, *Thessalonians*, 278-89; E. J. Richards, *Thessalonians*, 372, 376.
18. Por una parte, las personas engañadas por el "hombre de maldad" de acuerdo con el obrar de Satanás (y, por tanto, los que serán juzgados con él) son aquellos que han rechazado la verdad (2:10) y creído la mentira (2:11), hasta el punto de que ahora se deleitan en la maldad (2:12). Por otra parte, Dios ama a los tesalonicenses y los ha

parte, separar 2:13-18 de 3:1-5 oscurece los temas comunes (reconfirmación y perseverancia) que vinculan estas dos partes de la carta. Lo que es más relevante, separar las dos unidades oscurece la forma en que Pablo enfatiza estos dos temas comunes e insiste en aferrarse a las enseñanzas apostólicas como la solución tanto de la amenaza externa que trata en 2:1-12 como del problema interno que toca en 3:6-15.

Como se ha observado más arriba, esta sección exhibe una amplia variedad de formas: acción de gracias (2:13-14), exhortación y aliento (2:15), oración (2:16-17; 3:5), petición de oración (3:1-2) y expresiones de confianza (3:3-4). La acción de gracias implica alabanza y reconocimiento de Dios, responsable supremo de nuestra salvación; las oraciones teocéntricas nos recuerdan la prioridad de Dios sobre todo lo demás y proporcionan un medio de alinear nuestra visión y nuestros deseos con la voluntad de Dios. Además, las oraciones y la acción de gracias reflejan aquí un elemento clave observado en las demás oraciones y acciones de gracias de las cartas: están, principalmente (y a veces de forma exclusiva) orientadas a los demás (ver comentarios sobre 1Ts 3:9-13). Como en 1 Tesalonicenses 5:25, la petición de oración que Pablo hace a los tesalonicenses es un reconocimiento implícito de su igualdad fundamental delante de Dios, independientemente del diferente nivel de madurez espiritual. La confiada afirmación de que "el Señor es fiel" (*cf.* 1Ts 5:24; 2Ts 1:6) posee una cualidad axiomática: expresa una verdad tan básica y fundamental que no requiere pruebas, y Pablo la da sencillamente por sentada.

Además de la amplia variedad de formas, el pasaje también toca una extensa gama de asuntos. No hay muchas novedades aquí, ya que Pablo se está limitando a reafirmar o a volver a hacer hincapié en ideas que ya ha expuesto en persona en la primera carta (para los pasajes paralelos en otros lugares de 1 y 2 Tesalonicenses, ver comentarios en Sentido Original, más arriba). (1) Por tomar un ejemplo, en muchos aspectos 2:13-14 (que toca el amor de Dios, la elección y el llamado, la salvación y la santificación, la obra del Espíritu y la gloria del Señor Jesús)[19] es una condensación de 1 Tesalonicenses 1:4-8 y 2:12-13. Aquí, como

---

escogido para salvación (2:13); estos experimentan la obra santificadora del Espíritu en su vida y creen en la verdad (2:13) y están destinados a la gloria (2:14).

19. James Denney ve en estos dos versículos "un sistema de teología en miniatura. La acción de gracias del apóstol cubre toda la obra de creación, desde la elección eterna de Dios hasta la obtención de la gloria de nuestro Señor Jesucristo en el mundo venidero" (tal como lo cita F. F. Bruce, *1 and 2 Thessalonians*, 192).

allí, Pablo basa su consejo sobre los problemas de ese momento en su experiencia pasada. Asimismo, insinúa que una forma de tratar el recelo sobre el futuro (p. ej., la revelación del "hombre de maldad") es recordar lo que Dios ha hecho en el pasado.

(2) Por tomar otro ejemplo, existe la tensión entre la actividad divina y la responsabilidad humana (ver 2:13, 15; 3:3-4; *cf.* 1:11; ver también 1Ts 3:12; 4:10; ver la sección Construyendo Puentes de 1Ts 3:9-13). Si bien el orden paulino es siempre la acción divina (la gracia) seguida por la respuesta humana (la fe), no es menos cierto que llama sistemáticamente a aquellos a los que escribe a que asuman su responsabilidad por la forma en que viven. Para Pablo, estos no son conceptos que compiten entre sí, sino complementarios.

Una implicación trinitaria. Con respecto a 2:13, Gordon Fee señala dos implicaciones teológicas relevantes. Observa que 2:13 es una declaración casi "de credo" sobre la salvación, que la ve "como la actividad combinada del Dios trino". El Padre escoge, el Hijo (es decir, "el Señor") ama y el Espíritu santifica. "Admitimos que no es trinitario en un sentido posterior, sino que la consecuencia subsiguiente es el resultado directo de textos" como este que atribuyen un papel diferente a cada miembro de la Trinidad en la obra de la salvación.[20] Aquí tenemos el material bíblico a partir del cual se construyó más tarde la doctrina completa.

La salvación como santificación. Fee también resalta la relevancia de que en 2:13 Pablo describe la conversión de los tesalonicenses en términos de "santificación" (es decir, "santidad"). Esto significa lo siguiente:

> … como aclaran 1Co 1:30 y 6:11, en Pablo, la "santificación" no es una segunda obra de gracia ni tampoco se refiere principalmente a algo que se produce en el creyente después de la conversión, aunque esto es algo que también se espera. Más bien, su conversión misma se puede describir en términos de "santificación", tanto en su sentido de que ahora han sido apartados para los propósitos de Dios como en su sentido más ético de que están caminando en los caminos de Dios, con el fin de reflejar su carácter. Como en 1Ts 4:8, para Pablo esto es obra del Espíritu Santo en la vida

---

20. G.D. Fee, *God's Empowering Presence*, 78. Pasajes similares son Ro 5:1-5; 8:3-4; 9:15-17; 1Co 6:11; 2Co 1:21-22; 13:14; Gá 4:4-7; Ef 1:13-14; 4:4-6; Tit 3:5-7.

del creyente [...] para él no hay una conversión genuina que no incluya la obra santificadora del Espíritu.[21]

Las expresiones "apartados para los propósitos de Dios" y "caminando en los caminos de Dios" no son una mala descripción de la salvación o de lo que significa ser el pueblo de Dios en el mundo actual.

La importancia de la "tradición". En 2:15, Pablo toca un punto importante que recorre toda la segunda carta: la importancia de aferrarse a las "tradiciones" (*paradoseis*; NVI "enseñanzas"; *cf.* 1Co 11:2) enseñadas por los apóstoles (*cf.* 1Co 4:17; Col 2:7). Pablo usa la misma palabra en 2 Tesalonicenses 3:6 con respecto a los indisciplinados que no estaban viviendo según la "enseñanza" que habían "recibido" (la misma palabra que en 1Ts 4:1; *cf.* 1Co 15:1) de los apóstoles. En 2 Tesalonicenses 3:14 Pablo enfatiza la obediencia a las "instrucciones que les damos" (*logos*), y en 2:5 se refiere a "las cosas" que les había dicho. En 1 Tesalonicenses 4:2, mencionó las "instrucciones" (*parangelias*, lit., "mandamientos"; el verbo relacionado, *parangello*, aparece en 2Ts 3:4, 6, 10, 12; también en 1Ts 4:11) que los apóstoles "dieron" a los tesalonicenses.

Independientemente de la terminología utilizada, es evidente que todos estos pasajes tienen en mente lo mismo: la tradición apostólica autoritativa. En la sección Sentido Original, más arriba, indiqué tres tipos principales de tradición en las cartas paulinas: la tradición del evangelio, centrada en el mensaje central del evangelio; la tradición de la iglesia, que guía a la conducta congregacional; y la tradición ética, centrada en una adecuada forma de vivir cristiana. Cualquiera que fuera la forma adoptada, estas tradiciones eran, en la perspectiva de Pablo, autoritativas y normativas para la congregación tesalonicense. Esto se debe a que la fuente suprema de las mismas no era humana, sino divina (*cf.* p. ej., 1Ts 4:2, 15; también 1Co 11:23). Esto significa, por usar términos de 1 Tesalonicenses 2:13, que estas tradiciones no son palabras humanas, sino de Dios. Por esta razón, cualquiera que rechaza la tradición apostólica no está rehusando una enseñanza o autoridad humanas, sino a Dios mismo (4:8).

Pablo y sus compañeros comunicaron estas tradiciones autoritativas a los tesalonicenses "oralmente o por carta" (2Ts 2:15). Hoy, nuestro único acceso a esta tradición apostólica es a través de lo que escribieron

---

21. *Ibíd.*, 79.

los apóstoles, de forma específica, las cartas de Pablo y otros que se han convertido en parte del canon de las Escrituras. Por tanto, cuando Pablo habla de aferrarse firmemente a la *tradición* apostólica, obedecerla, recibirla o ser enseñado en ella, necesitamos pensar en términos de las *Escrituras* apostólicas. Para nosotros hoy, las Escrituras son autoritativas y normativas del mismo modo en que la tradición apostólica lo era para los tesalonicenses.

Significado Contemporáneo

Como resulta evidente en la sección Construyendo Puentes, existe un número de temas o cuestiones en este pasaje en los que uno podría centrarse con respecto a la aplicación contemporánea. En la mayoría de los casos, las circunstancias (tales como si 2 Tesalonicenses se está tratando después o independientemente de 1 Tesalonicenses) determinarán la selección de temas para su aplicación. Me gustaría concentrarme en tres temas o asuntos, cada uno de los cuales ocupa un lugar relevante en esta sección de la carta: la seguridad, la perseverancia y la importancia de las Escrituras como salvaguarda contra el engaño y la información falsa o que induce a error.[22]

Seguridad. A la luz de 2:2, parece ser que algunos de los tesalonicenses estaban intranquilos con la posibilidad de que el "día del Señor" pudiera haber ocurrido ya. En vista de la espeluznante descripción de los acontecimientos que precederían o acompañarían la venida de ese día —incluidos el engaño satánico, la rebelión y la destrucción— parece probable que, al menos unos cuantos de esos creyentes, se hubieran sentido intranquilos ante la perspectiva de lo que estaba aún por llegar. No es de sorprender que toda esta conversación y especulación sobre juicio y engaño llenara a algunos de ellos de preocupación y angustia.

Frente a estas circunstancias, Pablo se asegura de tranquilizar a los tesalonicenses (ya lo ha hecho en términos similares en 1Ts 5:1-11; ver la sección Significado Contemporáneo allí). Precisamente porque son amados por el Señor, porque Dios los ha escogido y llamado, y porque han sido salvados por medio de la obra del Espíritu, pueden confiar en

---

22. Sobre asuntos no expuestos aquí, pueden verse las referencias en las secciones de Sentido Original y Construyendo Puentes a otras partes del comentario para leer instrucciones de cómo aplicarlas.

que compartirán la gloria del Señor mismo (2Ts 2:13-14). Además, tal como Pablo nos recuerda, "el Señor es fiel" y, por tanto, los "fortalecerá" y los "protegerá" del maligno y de sus asociados (3:3). En otras palabras, Pablo es genuinamente optimista sobre el futuro de los creyentes tesalonicenses, porque descansa seguro bajo el cuidado del Dios trino.[23]

La perseverancia. A continuación, Pablo hace su propia aplicación de esta idea: La tranquilidad debería resultar en *perseverancia*. Calvino vio la conexión con toda claridad: al escribir sobre 2:15-17 (*cf.* 3:3-4), observa que Pablo:

> ... saca correctamente esta palabra de aliento de su declaración anterior [2:13-14], porque nuestra determinación y poder para perseverar descansan sobre nuestra seguridad de la gracia divina solamente. Pero cuando Dios nos llama a la salvación y nos extiende su mano, cuando Cristo se ofrece a nosotros para nuestro disfrute por medio de la enseñanza del evangelio, y cuando se nos da el Espíritu como un sello y promesa de vida eterna, no debemos abatirnos ni aunque se desplomara el cielo [...]. El llamado de Dios debería defendernos contra todas las ocasiones de tropiezo, de tal manera que ni la destrucción total del mundo pueda sacudir, y mucho menos destruir, nuestra constancia.[24]

En resumen, la seguridad de la fidelidad de Dios debería impulsar una respuesta de fidelidad por nuestra parte.

Es importante observar la forma de entender el cristianismo que subyace a lo que Pablo dice aquí sobre la perseverancia. Para él, el cristianismo no es un tratamiento de arreglo fácil o solución a corto plazo para lo que nos aflige; es, como alguien ha dicho, "una larga caminata en la misma dirección". El escritor de Hebreos expresó mucho de esta misma idea cuando alentó a sus lectores a "correr con perseverancia la carrera que tenemos por delante" (Heb 12:1), porque "hemos llegado a tener parte con Cristo, con tal que retengamos firme hasta el fin la confianza que tuvimos al principio" (Heb 3:14). Tanto Pablo como Hebreos re-

---

23. Merece la pena observar, como un aparte, que la actitud que Pablo exhibe aquí es de confianza, no de triunfalismo. El triunfalismo (la creencia de que Dios está de *nuestra* parte) no es propio de Pablo. Pero la confianza, la convicción de que Dios nos ha llamado a *su* lado, recorre sus cartas.
24. J. Calvino, *The Epistles of Paul the Apostle to the Romans and to the Thessalonians*, 411.

flejan, a su vez, la enseñanza de Jesús quien, en más de una ocasión, recordó a sus discípulos que "el que se mantenga firme hasta el fin será salvo" (Mt 10:22; 24:13; Mr 13:13, RVR1960).

Con esto no queremos decir que la perseverancia sea un asunto fácil. Como ha observado mi colega Dan Taylor:

> ... la fe puede ser, de forma simultánea, increíblemente fuerte y dolorosamente frágil. A pesar de las doctrinas de la seguridad eterna, siempre está presente la elección de interrumpir el experimento de buscar a Dios, como lo está la elección de empezar o volver a empezar. Estas elecciones se hacen, en ocasiones, de manera consciente, y a menudo por defecto. Nos cansamos de la lucha de la fe como un atleta se fatiga en una competición o como se va agotando un soldado en la batalla.[25]

La oración de Pablo en 2:16-17 es un reconocimiento implícito de que nos vamos cansando en la lucha, nos fatigamos frente a los obstáculos. Pero precisamente en tales circunstancias, "la perseverancia significa seguir adelante frente a los obstáculos, continuar en lo que uno está haciendo a pesar de las circunstancias poco favorables" (como la persecución que los tesalonicenses estaban experimentando). "El corredor de maratón persevera a pesar de las protestas de su cuerpo; el escultor persevera, a pesar de la inflexible piedra; el marido y la esposa perseveran, a pesar de las presiones del matrimonio".[26] El pueblo de Dios persiste en su compromiso con su Señor, a pesar de los desafíos y las tentaciones a abandonar lo que en algunos momentos debe de parecer un absurdo.

¿Qué es lo que hace que sigamos adelante frente a las continuas luchas, pruebas, dificultades, dudas? ¿Por qué persistimos? Porque, como Pablo ha dejado claro anteriormente en la carta (2:8), al final, Jesús gana. Aquel que ha sido fiel en el pasado demostrará serlo también en el futuro, y esto nos da aliento y esperanza para permanecer fieles en el presente. Tranquilizados por lo que Dios ha hecho y fortalecidos por lo que el Espíritu Santo está haciendo ahora (2:13; cf. 1Ts 1:6, 4:8), perseveramos en la esperanza, esperando el momento en que la fe se

---

25. Daniel Taylor, *The Myth of Certainty: The Reflective Christian and the Risk of Commitment* (Waco, Tex.: Word, 1986), 112.
26. *Ibíd.*

convierta en contemplación, el instante en el que el Señor Jesús será revelado en todo su esplendor y su gloria.

Las Escrituras como salvaguarda. Una razón por la que los tesalonicenses habían llegado a estar tan "intranquilos" (2:2) con respecto al futuro era que habían permitido que los confundieran con una información poco fiable. En lugar de ceñirse a lo que Pablo y sus compañeros habían dicho o escrito de verdad, dieron crédito a la información de origen incierto y de dudosa confiabilidad. Poco sorprende, pues, que estuvieran "intranquilos" y "alarmados" por el futuro.

La respuesta de Pablo consistió en alentar a los tesalonicenses a aferrarse a las enseñanzas que habían recibido de los apóstoles mismos, y nada más. Tanto como en 1 Tesalonicenses 3:4; 4:1-2; 5:1-2, o en 2 Tesalonicenses 2:5, 15; 3:6 (*cf.* también 1Ts 4:18; 5:11; 2Ts 3:14) su idea era coherente: debían vivir a la luz de lo que se les había enseñado. La enseñanza apostólica proporcionaba las respuestas a sus preguntas y preocupaciones, con solo aferrarse con todas las fuerzas a ella y pensar en sus implicaciones. La mejor salvaguarda contra la información errónea —o, en todo caso, el engaño satánico que estaba por llegar— era la verdad que habían recibido de los apóstoles.

Sugiero que esta es una palabra importante para nosotros hoy: aferrarnos firmemente a las enseñanzas que hemos recibido de los apóstoles. Para nosotros, esto significa agarrarnos con todas nuestras fuerzas a las Escrituras. En nuestra época, nos vemos inundados de información y enseñanzas falsas y engañosas. Se diría que nada es demasiado ultrajante como para que no encuentre una salida, por escrito, en las ondas o en Internet (p. ej., un libro reciente que consiste en la larga entrevista a un hombre que afirma haber sido el apóstol Pablo en una vida anterior, fomentado mediante vallas publicitarias y seminarios públicos a veinticinco dólares la unidad). En tales circunstancias, resulta más crítico que nunca que nos aferremos a las Escrituras, y solo a ellas, como nuestra salvaguarda contra ser confundidos o engañados.

Sin lugar a duda, en la teoría lo hacemos muy bien. Casi todas las iglesias "liberales", así como las "conservadoras", afirman la centralidad, la importancia y la autoridad de las Escrituras. Es decir, tenemos credos oficiales, documentos que afirman nuestra postura teológica o declaraciones de fe que dicen lo correcto sobre las Escrituras. Pero si esta es la situación en la teoría, en la práctica es otra cosa. Demasiadas iglesias y creyentes individuales, "conservadores" como "liberales" dicen todo lo que hay que decir, pero no hacen lo que deben hacer con respecto a las Escrituras. En lugar de aferrarnos a ellas, las leemos de forma selectiva, las tergiversamos, las ignoramos, las suplementamos o las suplantamos; encontramos formas sofisticadas de rechazar su relevancia mientras hacemos ver que las seguimos. En resumen, con demasiada frecuencia hacemos todo menos aferrarnos a ellas. No debería sorprendernos, en tales circunstancias, si nos vemos confundidos o engañados con respecto a la verdad.

¿De qué maneras no nos aferramos a las Escrituras? Cuando, por ejemplo:

- sacamos versículos de contexto y les damos significados que el autor nunca pretendió que tuvieran (p. ej. 1Co 3:16-18, una solemne advertencia a los corintios contra destruir la iglesia se aplica con frecuencia a los debates sobre santidad personal o a las preguntas sobre el suicidio, dos cuestiones que nada tienen que ver con la preocupación de Pablo en este punto de la carta).

- afirmamos creer en la Biblia, pero persistimos en mantener creencias no bíblicas incluso cuando contradicen claramente las Escrituras (p. ej., la persona que afirma ceñirse a las Escrituras como autoridad final, pero sigue creyendo en la reencarnación, incluso después de haber estudiado Hebreos 9:27: "está establecido que los seres humanos mueran una sola vez, y después venga el juicio").

- atribuimos más peso o atención a lo que enseñan los maestros populares o novelistas que a lo que enseñan las Escrituras (p. ej., un sorprendente numero de mis estudiantes sacan la mayoría de sus creencias sobre el mal y lo demoníaco de novelas cristianas populares más que de las Escrituras).

- aceptamos sin sentido crítico supuestas profecías, "palabras de conocimiento" u otras "revelaciones" carismáticas y no las ponemos a prueba cotejándolas con las Escrituras (ver la exposición en Significado Contemporáneo de 1Ts 5:20-21).

- enfatizamos una parte o enseñanza de las Escrituras y excluimos otras (p. ej., centrarnos en las enseñanzas de Jesús sobre el amor y descuidar lo que declara sobre el pecado, el arrepentimiento y una vida santa).

- creamos un nuevo concepto o término, supuestamente basándonos en las Escrituras, y lo usamos como base para dejar a un lado o anular otras porciones de las mismas (p. ej., un equipo de trabajo denominacional acuñó un concepto que llamaba "amor de justicia" y lo usaba para argumentar que los principios bíblicos de moralidad sexual deberían dejarse a un lado porque no eran coherentes con el "amor de justicia").

- creemos lo que queremos creer en lugar de lo que enseñan las Escrituras (p. ej., como me dijo una persona: "Yo creo en el arrebatamiento de los creyentes antes de la tribulación, porque no quiero pensar en tener que pasar por todo ese fastidio"). A este respecto, no es difícil desde luego encontrar en nuestros días numerosos ejemplos de aquello contra lo que Pablo advirtió a Timoteo: "Porque llegará el tiempo en que no van a tolerar la sana doctrina, sino que, llevados de sus propios deseos, se rodearán de maestros que les digan las novelerías que quieren oír. Dejarán de escuchar la verdad y se volverán a los mitos" (2Ti 4:3-4).

- sugerimos que las Escrituras no son relevantes para las cuestiones contemporáneas, porque las circunstancias eran mucho más simples en las culturas bíblicas (p. ej., afirmando que las Escrituras tienen tan poco que decir sobre una cuestión que no se puede contar con ellas para resolver los debates contemporáneos de la iglesia sobre tal asunto ni para tratar la complejidad moderna sobre dicho tema).

Esta lista de ejemplos está gravemente incompleta y no se ha desarrollado del todo, pero da, espero, alguna idea de las muchas formas en que no nos aferramos con todas nuestras fuerzas a las Escrituras. Una consecuencia de nuestro fracaso es que nosotros, como los tesalonicenses, "perdemos la cabeza" con demasiada frecuencia y "nos alarmamos" (2Ts 2:2); con gran facilidad somos zarandeados por las olas y "llevados de aquí para allá por todo viento de enseñanza y por la astucia y los artificios de quienes emplean artimañas engañosas" (Ef 4:14). Como lo afirma J. I. Packer: "El cristianismo occidental se ha vuelto superficial y hueco: ya no nos tomamos el tiempo de empaparnos de las Escrituras, y el triste resultado es un desarrollo espiritual atrofiado que incluye una infravaloración de la Biblia".[27]

---

27. J. I. Packer, "Our Lifeline", *CT* 40 (28 octubre 1996); 25.

Es necesario que nos aferremos firmemente a las Escrituras. Como observa Packer: "... en igualdad de condiciones, los cristianos que se alimentan de las Escrituras con regularidad son los que, con mayor probabilidad lograrán más para nuestro Señor Jesucristo en el futuro, así como también fueron los cristianos mejor alimentados con la Biblia los que consiguieron más para él en el pasado". Packer explica lo que quiere decir por "comer" con una plegaria del viejo Libro de Oración Anglicano:

> Bendito Señor que has hecho que todas las Escrituras se escribieran para que aprendiéramos; concédenos que podamos escucharlas, leerlas, marcarlas, aprender y digerirlas internamente de tal manera que, mediante la paciencia y el consuelo de tu santa Palabra, podamos aceptar y aferrarnos siempre a la bendita esperanza de vida eterna que tú nos has dado en nuestro Salvador Jesucristo.[28]

"Leer, marcar, aprender y digerir internamente" las Escrituras. ¡Nótese el compromiso activo con las Escrituras que transmiten estos términos! Leer las Escrituras cuidadosamente, aprenderlas y memorizarlas, meditar en oración y reflexionar sobre ellas, aplicarlas de manera personal y corporativa, todas estas son actividades asociadas con aferrarse firmemente a las Escrituras. Y al hacerlo seremos capaces de "permanecer firmes", como Pablo nos ordena, frente a los desafíos y las dificultades a que nos enfrentamos, aunque otros se alarmen, se intranquilicen o incluso sean engañados.

---

28. *Ibíd.*, 23, 25.

2 Tesalonicenses 3:6-18

Hermanos, en el nombre del Señor Jesucristo les ordenamos que se aparten de todo hermano que esté viviendo como un vago y no según las enseñanzas recibidas de nosotros. ⁷ Ustedes mismos saben cómo deben seguir nuestro ejemplo. Nosotros no vivimos como ociosos entre ustedes, ⁸ ni comimos el pan de nadie sin pagarlo. Al contrario, día y noche trabajamos arduamente y sin descanso para no ser una carga a ninguno de ustedes. ⁹ Y lo hicimos así, no porque no tuviéramos derecho a tal ayuda, sino para darles buen ejemplo. ¹⁰ Porque incluso cuando estábamos con ustedes, les ordenamos: «El que no quiera trabajar, que tampoco coma».

¹¹ Nos hemos enterado de que entre ustedes hay algunos que andan de vagos, sin trabajar en nada, y que sólo se ocupan de lo que no les importa. ¹² A tales personas les ordenamos y exhortamos en el Señor Jesucristo que tranquilamente se pongan a trabajar para ganarse la vida. ¹³ Ustedes, hermanos, no se cansen de hacer el bien.

¹⁴ Si alguno no obedece las instrucciones que les damos en esta carta, denúncienlo públicamente y no se relacionen con él, para que se avergüence. ¹⁵ Sin embargo, no lo tengan por enemigo, sino amonéstenlo como a hermano.

¹⁶ Que el Señor de paz les conceda su paz siempre y en todas las circunstancias. El Señor sea con todos ustedes.

¹⁷ Yo, Pablo, escribo este saludo de mi puño y letra. Ésta es la señal distintiva de todas mis cartas; así escribo yo.

¹⁸ Que la gracia de nuestro Señor Jesucristo sea con todos ustedes.

El tono de la exhortación de Pablo en 3:6-15 es el más autoritativo y sin ambages utilizado en cualquiera de las dos cartas. Tanto a la comunidad en su totalidad como a quienes son la fuente del problema se les ordena "en el nombre del Señor Jesús" (3:6; *cf.* v. 12) que obedezcan las instrucciones paulinas específicas (*cf.* 3:14) y se detallan los castigos por no hacerlo así. Queda claro que esta situación implica un asunto que el apóstol plantea con cierta solemnidad.

A diferencia de la sección anterior (2:13–3:5), este segmento está focalizado de un modo más estricto. Aunque la atención de Pablo pasa de la congregación (3:6) al ejemplo y la enseñanza apostólicos (3:7-10), y, de ahí a ciertos miembros dentro de la congregación (3:11-12) para regresar a la congregación (3:13-15), todo el pasaje se centra en una única cuestión: el problema de ciertas personas que están viviendo *ataktos* y la forma en que la comunidad debería tratar con ello. Resulta considerablemente más fácil, sin embargo, identificar el problema que definirlo.

Existe un desacuerdo sustancial con respecto a si 3:16 lleva la sección anterior (3:6-15) a su fin o si forma parte del final de la carta.[1] Por una parte tenemos el paralelo con la estructura del capítulo anterior (donde 2:16-17 pone fin, en cierto modo a 2:1-15), una consideración que sugiere vincular 3:16 con aquello que lo precede (3:6-15). Por otra parte, el contenido de 3:16 trasciende substancialmente el problema específico de 3:5-15. Por esta razón, yo enlazo 3:16 con los versículos 17-18 y los considero juntos como final epistolar de la carta.[2]

El versículo 16 adopta la forma de una bendición que podría haber servido de cierre de la carta. Pero, entonces, Pablo añade un par de ideas de su propia mano (v. 17, como si fuera una "postdata" tras la propia firma). Dado que no era una forma adecuada de concluir una carta, fue necesario añadir una segunda bendición (v. 18) como elemento final.

Definición del problema: ¿ociosidad o indisciplina?

Con frecuencia se interpreta 2 Tesalonicenses 3:6-15 a la luz de 2:1-3, como la respuesta de Pablo a una situación generada por un interés excesivo y entusiasmo por el inminente regreso de Jesús, que condujo a algunos miembros de la iglesia a abandonar su trabajo y vivir ociosos, dependiendo de la generosidad y de los recursos de los demás.[3] Pero este escenario, más que un hecho demostrable, es una hipótesis. Tres consideraciones se erigen en contra. (1) Pablo no relaciona en ningún

---

1. Para la primera postura, *cf.* E. J. Richard, *Thessalonians*, 385-87, 392; I. H. Marshall, *1 and 2 Thessalonians*, 230; para la segunda, C. A. Wanamaker, *Thessalonians*, 291; E. Best, *Thessalonians*, 345-46; L. Morris, *The First and Second Epistles to the Thessalonians*, 262; Jeffrey A. D. Weima, *Neglected Endings: The Significance of the Pauline Letter closings* (Sheffield: Sheffield Univ. Press, 1994), 187.
2. Los intentos de encontrar aquí una *peroratio* o resumen (p. ej. R. Jewett, *Thessalonian Correspondence*, 87, 225) no son convincentes, sobre todo porque esta sección no resume en absoluto los principales temas de la carta (*cf.* C. A. Wanamaker, *Thessalonians*, 291).
3. P. ej., E. Best, *Thessalonians*, 331.

lugar la negativa a trabajar con la expectativa del regreso de Jesús.[4] (2) Se apoya en una comprensión estrechamente restringida de *ataktos* como "ocioso" (ver exposición sobre esta palabra más abajo). (3) Cuando surgió anteriormente la misma cuestión en 1 Tesalonicenses 4:11-12, Pablo recalcó que estaba llamando su atención a cosas que ya les había enseñado (*cf.* 4:11: "así les he mandado"). Casi con toda seguridad, esto ocurrió en un tiempo en que la comunidad estaba ya establecida; en otras palabras, antes de que surgiera cualquier pregunta escatológica específica o malentendido.[5]

Al esbozar estas objeciones a la hipótesis comentada más arriba, ya he revelado el que, en mi opinión, es el contexto adecuado en el cual interpretar este pasaje, a saber, 1 Tesalonicenses 4:11-12 y 5:14. Cuando se estableció por primera vez la comunidad, parece ser que Pablo les dio instrucciones para que se dedicaran a sus propias preocupaciones y no a las de los demás, que trabajaran para su propio sustento y que no dependieran de otros. Estas directrices habrían afectado a unos miembros más que a otros; en particular, los clientes, acostumbrados a que un patrón los mantuviera y a ocuparse de los asuntos de este, habrían visto su estilo de vida habitual gravemente interrumpido.

Pablo reafirmó aquellas instrucciones en su primera carta, haciendo hincapié en la necesidad de trabajar y llevar una vida tranquila (es decir, no pública) y, de esta forma, evitar depender de otros (1Ts 4:11-12). Alentó asimismo a la congregación a "amonestar a los *ataktous*" (5:14). Sin embargo, tras el envío de aquella carta, el problema parece haber seguido (tal vez incluso intensificado) en lugar de reducirse.[6] De hecho, se ha sugerido que algunos de la comunidad estaban ignorando o incluso tal vez rebelándose contra las instrucciones de Pablo (*cf.* 2Ts 3:6b, 12, 14).[7] En cualquier caso, el apóstol vuelve a retomar

---

4. En todo caso, 2:13–3:5 (la sección transicional un tanto complicada entre 2:1-12 y 3:6-15) tiene el efecto de separar las dos cuestiones. Incluso el intento sustancial más reciente de conectar el problema de esta sección con las preocupaciones escatológicas reconoce que la relación es imposible de demostrar (M. J. J. Menken, "Paradise Regained or Still Lost? Eschatology and Disorderly Behaviour en 2 Tesalonicenses", *NTS* 38 [1992]: 288).
5. *Cf.* R. Russell, "The Idle in 2Ts 3:6-12: An Eschatological or a Social Problem?", *NTS* 34 (1988): 108.
6. *Cf.* J. E. Frame, *Thessalonians,* 297; E. Best, *Thessalonians,* 332; F. F. Bruce, *1 and 2 Thessalonians,* 205.
7. Ceslas Spicq, *Theological Lexicon of the New Testament* (3 vols.; Peabody, Mass.: Hendrickson, 1994), 1:223-26; R. Jewett, *Thessalonian Correspondence,* 104-5.

ahora el tema general, esta vez en mayor detalle, con más vigor y con un enfoque específico en la conducta de aquellos que viven *ataktos*.

La forma de definir *ataktos*, un adverbio que he dejado deliberadamente sin traducir hasta ahora, es fundamental para la interpretación de todo el pasaje. La traducción de la NVI "viviendo como un vago" (3:6) o sencillamente "de vagos" (3:11) oscurece la similitud de forma entre la frase paulina aquí y las declaraciones paralelas de 1 Tesalonicenses 2:12 y 4:12 (*cf.* también 4:1). En todos los versículos, Pablo emplea el verbo *peripateo* (lit., "andar", metafóricamente "vivir la vida propia, comportarse") seguido de un adverbio:

1Ts 2:12	*peripateo* + *axios* "llevar una vida digna" (de Dios)
1Ts 4:12	*peripateo* + *euschemonos,* "vivir responsablemente" (de cara a los de afuera)
2Ts 3:6, 11	*peripateo* + *ataktos,* "vivir ociosamente"
2Ts 3:6	[*peripateo*] + *kata ten paradosin,* "[vivir] según la tradición"

Esta similitud no ayuda a resolver la pregunta sobre el significado de *ataktos,* pero indica el *carácter* de la conducta en cuestión. Vivir *ataktos* es claramente una conducta negativa, en opinión de Pablo, un comportamiento en tensión y en contraste con vivir "de una forma digna de Dios" y con "un modo de vivir que se gane el respeto de los que no son creyentes". Es, por tanto, evidente que esto *no* es "según la enseñanza" que habían recibido de Pablo y de sus compañeros (2Ts 3:6).

Con respecto a *ataktos* en sí, 3:7-8 se consideran, con frecuencia, la clave para determinar su significado. Aquí, Pablo contrasta el verbo relacionado *atakteo* (3:7) con *ergazomai,* "trabajar" (3:8; *cf.* 3:10). En vista de este contraste, se suele concluir que el problema es la pereza o la ociosidad. Pero, en realidad, el contraste solo define el término de forma negativa, y nos dice lo que *ataktos* no es. La "ociosidad" es una cosa —pero desde luego no es lo único— que puede erigirse en contraste con "trabajar". De hecho, en 3:11 es donde se ofrece la clave para entender este término fundamental. Allí, el apóstol repite (desde 3:6) la acusación de que algunos están "viviendo *ataktos*", y después afirma, en un juego de palabras: no están *ergazomenous,* "trabajando" (el mismo contraste que estableció en 3:7), sino *periergazomenous,* "malgastando sus esfuerzos", "viviendo como entrometidos" u "ocupándose de lo que no les importa". Esto indica de inmediato que las personas en cuestión están, en realidad, *activas*, no "ociosas" ni perezosas.[8]

En otras palabras, el problema no era la *in*actividad, sino el tipo equivocado de actividad. La mención que el apóstol hace en 3:11 de "trabajar" (NVI "ocuparse") indica que aquellos a los que está criticando pueden haber reivindicado estar comprometidos en un "trabajo" legítimo. Sin embargo, cualquiera que fuera su ocupación, desde la perspectiva paulina no era trabajo en absoluto, sino pseudotrabajo, una ocupación que interrumpía a la comunidad en vez de beneficiarla.[9] Esta forma de entender el término encaja bien con el uso del verbo *atakteo* en otros lugares: el énfasis principal no está en la holgazanería o la pereza "sino en una actitud irresponsable ante la obligación de trabajar".[10] En lugar de trabajar de forma responsable para mantenerse, las personas en cuestión estaban comiendo el pan de otros (*cf.* 3:8, 12) y, por tanto, viviendo (*peripateo*) "de forma irresponsable" o "de manera indisciplinada", que resultaba una carga para el resto de la congregación. Su conducta era, en otras palabras, indisciplinada, perturbadora, o "desordenada" (*ataktos*), más que meramente "ociosa".[11]

El mandamiento y el ejemplo apostólico (3:6-10)

Desde la perspectiva de Pablo no debería haber sido necesario "ordenarles" (*parangello,* 3:6; para este verbo, *cf.* 1Ts 4:11; 2Ts 3:4, 10, 12) a los tesalonicenses[12] que "se aparten de" cualquier creyente que sea *ataktos,* "indisciplinado", porque "ellos mismos" (3:7) ya sabían lo que debían estar haciendo respecto a este problema. Pero, en el caso de que los tesalonicenses tuvieran la menor duda sobre lo que les está diciendo, Pablo declara de una forma explícita, para ellos, en 3:10, el contenido específico de "las enseñanzas recibidas[13] de nosotros" (3:6): "Si alguien

---

8. De manera similar, J. E. Frame, *Thessalonians*, 305.
9. No se puede determinar (por la falta de información) si la conducta problemática estaba teniendo lugar dentro o fuera de los límites de la congregación.
10. G. Delling, "ἄτακτος", *TDNT* 8:48.
11. De manera similar, E. J. Richard, *Thessalonians*, 379, 382, 388-90; C. A. Wanamaker, *Thessalonians*, 282, 286; B. R. Gaventa, *Thessalonians*, 81-82, 128-29.
12. Para el significado de *adelphoi*, que incluye a toda la comunidad y no solo a los miembros masculinos, ver comentario sobre 1Ts 1:4.
13. Los testimonios manuscritos están claramente divididos en este punto entre "recibieron" (DHH, NTV; C. A. Wanamaker, *Thessalonians*, 282; I. H. Marshall, *1 and 2 Thessalonians*, 220; F. F. Bruce, *1 and 2 Thessalonians*, 203) y "ustedes recibieron"

se niega a trabajar, no permitan que esa persona coma" (trad. propia; *cf.* RVR1960). Esta traducción intenta transmitir el énfasis de la frase de Pablo en la *negativa* o la poca disposición a trabajar (una idea que algunas versiones se saltan, como p. ej. la PDT: "El que no trabaje, que no coma").[14] También comunica algo de su estructura, un tanto enrevesada: una declaración condicional seguida por un imperativo dirigido a la comunidad.

Lo que Pablo y sus colegas habían enseñado durante la visita inicial (3:10, "cuando estuvimos con ustedes") también lo habían vivido; es decir, practicaban deliberadamente lo que predicaban. Aunque como apóstoles tenían derecho a que otros los mantuvieran (3:9),[15] voluntariamente declinaron ejercer este derecho con el fin de proporcionar un ejemplo (3:6) o modelo para que los tesalonicenses lo siguieran (3:9; *cf.* Fil 3:17). No "actuaron de forma irresponsable" ni "vivieron de forma indisciplinada" (2Ts 3:7b; Pablo usa aquí el verbo *atakteo*); "ni comimos el pan de nadie sin pagarlo" (3:8a; su énfasis en estos dos puntos establece las acusaciones que hace en 3:11-12). "Al contrario" asevera Pablo (repitiendo casi palabra por palabra lo que dijo en 1Ts 2:9), "día y noche trabajamos arduamente y sin descanso para no ser una carga a ninguno de ustedes" (2Ts 3:8b).

Órdenes para los indisciplinados (3:11-12)

El ejemplo apostólico se erige en nítido contraste con "algunos" entre los tesalonicenses que "se estaban comportando de una forma irresponsable" (3:11, repitiendo la acusación que hace primero en 3:6) y, de ese

---

(LBLA, RVR1960). La primera traducción —menos esperada en el contexto y, por tanto, menos probable de haber sido cambiada— es con toda posibilidad la original.

14. Como observa L. Morris, "Pablo no está hablando de los que no pueden encontrar trabajo ni tampoco de los que por culpa de una lesión o una enfermedad no pueden trabajar, sino de los que deliberadamente escogen no trabajar" (*The First and Second Epistles to the Thessalonians*, 256).

15. Sobre el derecho apostólico a la manutención, *cf.* 1Co 9:4-18. La decisión de Pablo de no ejercer ese derecho en Corinto, tanto por razones pastorales como prácticas, es un estrecho paralelo de la misma decisión que tomó en Tesalónica (*cf.* 1Ts 2:9). La mención aquí del derecho al sustento no surge probablemente en respuesta a alguien de Tesalónica que afirmara tener un derecho similar a ser mantenido (contra R. Jewett, *Thessalonian Correspondence*, 105), sino que más bien está vinculado con el tono autoritativo de toda esta sección. Pablo está afirmando su autoridad como apóstol con una fuerza considerable y no quiere que nadie piense que su negativa a aceptar ser mantenido de cualquier manera socava esa autoridad (como algunos oponentes de Corinto intentaron afirmar; *cf.* 2Co 12:5-12). Ver además J. M. Everts, "Financial Support", *DPL*, 295-300.

modo, se estaban convirtiendo en una carga para el resto de la congregación. La opinión de Pablo sobre semejante conducta es franca (3:11b): en lugar de "trabajar duro" (*ergazomenous*), "apenas están trabajando" (*periergazomenous*). No es que esas personas estuvieran inactivas, sino que su actividad era improductiva, irresponsable o perturbadora. Como se sugiere más arriba, aquellos a los que Pablo critica pueden haber alegado que estaban comprometidos en una "obra" legítima. Desde la perspectiva de Pablo, no era trabajo en absoluto, sino tan solo pseudotrabajo, una ocupación que interrumpía y cargaba al resto de la congregación más de lo que la beneficiaba.[16]

Pablo explica su solución al problema en 3:12-15. En 3:6 él y sus colegas le han "ordenado" a la congregación "en el nombre del Señor Jesucristo"; aquí en 3:12, a los individuos "indisciplinados" se les "ordena", y de manera similar "se les insta" [*parakaleo*, como en 1Ts 4:1, 10; 5:14] "en el Señor Jesucristo". La total autoridad del Señor se alza tras estas órdenes; rechazarla no es rehusar meramente a Pablo y a sus colegas, sino al Señor mismo. El verdadero mandamiento a los indisciplinados es (lit.) que "trabajando tranquilamente (*ergazomoenoi*), deberían comer su propio pan" (2Ts 3:12b).[17] Es decir, en lugar de perder el tiempo en pseudotrabajo o en ocupaciones improductivas e intromisiones (*periergaxomenoi*, 3:11), deberían implicarse en actividades productivas económicamente independientes, de acuerdo con el modelo apostólico.

La instrucción de que lo hagan "tranquilamente" (*meta hesychias*) se hace eco de 1 Tesalonicenses 4:11, "vivir en paz" (es decir, evitar la lucha y las presiones sociales del ámbito público y, en vez de ello, centrarse en las necesidades de la congregación). El objetivo de trabajar —y la idea principal del mandamiento de Pablo aquí— es que "coman su propio pan", es decir, "ganen su propio sustento" (RVR1960) y (por implicación) dejen de ser una carga innecesaria sobre el resto de la comunidad.

---

16. Una razón clave proporcionada en 1Ts 4:12 para trabajar, y así ganarse el respeto de los de afuera, no recibe mención alguna en la presente exposición; *cf.* Bruce W. Winter, *Seek the Welfare of the City: Christians as Benefactors and Citizens* (Grand Rapids: Eerdmans, and Carlisle: Paternoster, 1994), 58.

17. El "que tranquilamente se pongan a trabajar para ganarse la vida" capta el punto esencial del mandamiento de Pablo, aunque oscurece gravemente tanto la estructura de su frase y sus ecos verbales de otras declaraciones en 1 y 2 Tesalonicenses.

Instrucciones para la congregación (3:13-15)

Así como Pablo ordena con autoridad a los indisciplinados, alienta al resto de la congregación a "no cansarse nunca de hacer el bien" (3:13; *cf.* el pasaje similar en Gá 6:9).[18] Aquí captamos un vislumbre del impacto negativo que los indisciplinados tienen sobre la congregación. Los que vivían de una forma responsable, de acuerdo con la enseñanza apostólica, tal vez se estaban hundiendo por la carga de proveer no solo para sí mismos y cualquiera que mereciera ayuda legítimamente, sino también para los que se negaban a trabajar.[19] En tales circunstancias podemos ver al menos un doble punto en la exhortación de Pablo a que no se "cansen de hacer el bien". (1) Significa seguir cuidando a los que de verdad necesitaban ayuda;[20] es decir, los que requieren legítimamente ayuda no deberían sufrir la pérdida de ayuda, solo porque unos cuantos se hayan aprovechado de la caridad de los demás. (2) Significa estar dispuesto a llevar a cabo, si se demostrara necesario, una acción disciplinaria contra los indisciplinados (una idea a la que regresa en el versículo 14).

Las instrucciones en 3:14-15 tienen en mente todo lo expuesto desde 3:6. Pablo espera claramente que los indisciplinados acaten voluntariamente sus instrucciones. Sin embargo, si esta conformidad no está próxima, la congregación misma deberá dar pasos para llevarlo a efecto. Lo que Pablo dijo en 3:6 ("apartarse de") se repite básicamente aquí: "Que se cuiden" (*cf.* Ro 16:17) de cualquiera que desobedece, con el fin de evitar asociarse con esa persona. El verbo para "asociarse" que Pablo usa aquí es el mismo que más tarde emplea en 1 Corintios 5:9, 11. Básicamente apela a la congregación para que deje de tener contacto con semejante persona y, por tanto, equivale a un primer ejemplo de lo que posteriormente se llegó a denominar "excomunión".

La extensión precisa de hasta dónde se debe cortar el contacto no queda clara. A primera vista, en 3:14 parece bastante amplia: "No se

---

18. Para el significado de *adelphoi*, que incluye a toda la comunidad y no solo a los miembros varones, ver comentario sobre 1Ts 1:4.
19. *Cf.* B. W. Winter, *Seek the Welfare of the City*, 58 ("Tal vez había benefactores que estaban de algún modo desilusionados con otros cristianos, porque estos últimos habían seguido explotándolos para su propio provecho, a pesar del ejemplo específico y la enseñanza de Pablo").
20. *Cf.* I. H. Marshall, *1 and 2 Thessalonians*, 226; B. W. Winter, *Seek the Welfare of the city*, 59; J. Calvino, *The Epistles of Paul the Apostle to the Romans and to the Thessalonians*, 420.

relacionen con" la persona bajo disciplina. Pero 3:15 parece modificar 3:14 en cierto sentido, sobre todo la segunda parte; la instrucción de "amonéstenlo como a hermano" parece implicar cierto grado limitado de contacto (a menos que Pablo se esté refiriendo al momento en que se impuso la disciplina). G. D. Fee sugiere que 3:15 "implica que la comunión privada pudo no haberse incluido en la prohibición" y concluye que la persona bajo disciplina debía "ser amonestada en términos de estrecha comunión en la comunidad creyente".[21]

El objetivo de la no asociación se define con claridad: "con el fin de que se sienta avergonzado". En la cultura mediterránea de la época, la "vergüenza" era principalmente un asunto de preocupación por la reputación personal. Pablo espera que aquel que está "avergonzado" (en otras palabras, cuya reputación está en juego) responda con la conducta adecuada, en este caso, el arrepentimiento y la obediencia a las instrucciones del apóstol. Las palabras de Pablo en la siguiente frase implican que el objetivo no declarado es, en realidad, la restauración (3:15): al llevar a cabo las instrucciones paulinas, los tesalonicenses no deben tratar al ofensor como un "enemigo" (es decir, como "uno de afuera", un curso de acción que, "con toda probabilidad, acabaría aislándolo por completo de la comunidad").[22] En vez de esto, deben "amonestarlo [*noutheteo*, como en 1Ts 5:14] como a un hermano", es decir, tratarlo como a alguien de "dentro", todavía miembro de la congregación.

En resumen, la acción disciplinaria pretende claramente ser redentora para el individuo (*cf.* Gá 6:1, para una declaración del principio general paulino). Al mismo tiempo, sin embargo, nótese que es también protector para la comunidad. Esto significa que, si no hay arrepentimiento, la congregación habrá sido purgada de una influencia potencialmente contaminante.

El final de la carta (3:16-18)

Los versículos 16-18 forman el final de la carta. En la bendición de 3:16, la referencia al "Señor de paz" (en la que "Señor" alude ciertamente a Jesús) es única en el Nuevo Testamento (pero *cf.* Col 3:15: "la paz de Cristo"). Es más frecuente que se vincule a Jesús con la paz en la apertura de una carta (como en 1:2 más arriba, y en todas las

---

21. Gordon D. Fee, *The First Epistle to the Corinthians* (NICNT; Grand Rapids: Eerdmans, 1987), 226 (en p. 222 se refiere a 2Ts 3).
22. C. A. Wanamaker, *Thessalonians*, 290.

epístolas paulinas excepto Colosenses) que al final (donde la fórmula habitual suele ser "Dios de paz", como en 1Ts 5:23; *cf.* Ro 15:33; 16:20; 2Co 13:11; Fil 4:9). La verdadera oración es que el Señor Jesús, que se caracteriza por la "paz", pueda conceder a los tesalonicenses "su paz siempre y en todas las circunstancias".

La última parte de la frase indica la amplitud de la preocupación de Pablo. No solo tiene en mente una ausencia de conflicto dentro de la congregación (tal vez provocada por el problema de los *ataktoi* en 3:6-15) o (a la luz de la persecución y aflicción que habían experimentado) entre la congregación y la comunidad en general (cf. 1:4). Para Pablo, la paz también abarca un estado de bienestar y completitud caracterizado por las relaciones reconciliadas (*cf.* Ro 5:1-11), con Dios (*cf.* Ro 5:1; 1Ts 1:9), unos con otros en la congregación (*cf.* 1Ts 3:12; 4:9) y, finalmente, con los de fuera de la comunidad, en la medida de lo posible (*cf.* Ro 12:18; 1Ts 3:12).

Era bastante común que la persona que dictaba una carta tomara la pluma del amanuense (el "secretario" o "escriba" que era quien escribía realmente la misiva; *cf.* Ro 16:22) y añadiera una o dos frases de su propio puño y letra.[23] Pablo parece haberlo hecho por costumbre (alude a ello como "la señal distintiva de todas mis cartas"). La frase exacta que se usa aquí (lit., "yo, Pablo, escribo este saludo de mi puño y letra") aparece en 1 Corintios 16:21 y Colosenses 4:18, y en Gálatas 6:11 y Filemón 19 refiere que es él quien escribe.

Aunque Pablo no hace mención explícita de que él escribiera, existen detalles que indican que lo hizo. Por ejemplo, en 1 Tesalonicenses 5:27, la explicación probable del cambio abrupto del pronombre plural al singular es que era el apóstol mismo quien estaba escribiendo las dos últimas frases. Su confirmación de que "así es como escribo" (una referencia a su estilo de escritura más que al contenido) proporciona a los destinatarios una indicación de autenticidad (la escritura sería la misma que al final de la primera carta), sin que esto implique, sin embargo, que existieran realmente las falsificaciones (ver comentarios sobre 2:2). La

---

23. En Everett Ferguson, *Backgrounds of Early Christianity* (2a ed.; Grand Rapids: Eerdmans, 1993), 121 (1ª ed. p. 95) se puede ver la fotografía de una carta en papiro en la que es impresionantemente obvio el paso de la pulcra y precisa escritura de un escriba al garabato irregular del autor.

firma apostólica también presta una nota de autoridad que refuerza el tono de 3:6-15 (cf. también 1Ts 5:27).²⁴

La bendición final en 3:18 es prácticamente idéntica a la de 1 Tesalonicenses 5:28 (cf. 1Co 16:23). La única diferencia es que aquí Pablo dice "con todos ustedes" (como en 1Co 16:24) en lugar de "ustedes" simplemente. Los términos clave en 2 Tesalonicenses 3:16 ("Señor de paz") y 3:18 ("gracia") se hacen eco del contenido del saludo de apertura paulino ("gracia y paz", 1:2), formando así (exactamente como en 1 Tesalonicenses) una *inclusio* que unifica la carta. Para el significado de "gracia" y de la frase "Señor Jesucristo", ver la exposición de 1 Tesalonicenses 1:1.

Nos enfrentamos al menos a dos dificultades al intentar establecer un puente que salve la distancia entre la situación a la que Pablo se enfrentó en Tesalónica y nuestro mundo contemporáneo. (1) La primera (y, como se demuestra, una dificultad más aparente que real) es que no sabemos con exactitud cuál era el problema. En la exposición anterior he resumido la dimensión del debate en cuanto a la naturaleza precisa del problema tratado en 3:6-15. Simplificando en exceso las cosas, se reduce a la "ociosidad" (la negativa a trabajar, que surge quizá de las expectativas de que el día del Señor era inminente) o "una conducta indisciplinada" (actividad que suponía una carga o prejuicio para la congregación y que mantenía a algunos individuos tan preocupados que nunca se ponían a trabajar para ganarse el pan, y subsistían por la generosidad de otros miembros de la congregación). He proporcionado las razones por las que estoy más persuadido de la segunda alternativa que de la primera.

Normalmente, decidirse entre estas dos alternativas sería fundamental para determinar la aplicación contemporánea del pasaje, porque nuestro entendimiento de la situación suele moldear nuestras deducciones y conclusiones sobre las directrices o principios con los que Pablo estaba trabajando. Pero, en el caso presente, no tenemos la necesidad de deducir a partir de las circunstancias, porque el apóstol mismo declara de forma explícita su principio rector en 3:10: "Si alguien se niega a trabajar, no permitan que esa persona coma" (trad. pers.). La dificultad que

---

24. I. H. Marshall, *1 and 2 Thessalonians*, 232-33.

surge de nuestra incapacidad de determinar la naturaleza concreta del problema que Pablo confronta se debe, por tanto, a las circunstancias específicas de este pasaje, más aparentes que reales.

(2) La otra dificultad es, sin embargo, demasiado real y obvia. En el núcleo central se encuentra la inmensa diferencia entre las circunstancias de la congregación tesalonicense y las de la mayoría de congregaciones contemporáneas de los Estados Unidos. Al tratar el problema, Pablo da dos cosas por sentado en cuanto a la situación en Tesalónica. (a) La congregación (o algunos miembros de ella, actuando en nombre de la congregación) estaba proporcionando ayuda económica a aquellos miembros que la necesitaban. (b) La congregación tenía la capacidad de disciplinar a sus miembros. Que muchas ya no hagan hoy lo primero (ni siquiera lo intentan) y que sean incapaces de lo segundo no hace más que revelar cuán diferente es el entorno social de nuestras congregaciones con respecto al de las del siglo I.

"El que no quiera trabajar, que tampoco coma". Al considerar la relevancia contemporánea de este principio, es importante que tengamos en mente en quién está pensando Pablo exactamente: en los que siendo capaces de trabajar se niegan a hacerlo.[25] De hecho, en este pasaje, Pablo da por sentado que la congregación tiene obligación de ayudar a miembros que están en necesidad económica como resultado de circunstancias más allá de su control (3:13; *cf.* también Hch 20:35; Ef 4:28; Tit 3:14). Tal como lo expresa Klyne Snodgrass: "La comunidad ha de ser capaz de discernir las necesidades y tiene la responsabilidad de ayudar a satisfacerlas".[26]

Como en el caso de 1 Tesalonicenses 4:11-12, no se dice nada con respecto a *por qué* los "indisciplinados" se negaban a trabajar. "Tal vez pudo ser la convicción de que el día del Señor era inminente [...] quizá fuera la creencia de su propia superioridad espiritual que los eximía de tan rutinarias preocupaciones como ganarse el pan honestamente [...] es posible que fuera una combinación de estos y otros factores",[27] incluidas actitudes hacia el trabajo moldeadas por consideraciones de clase,

---

25. Ver la cita de L. Morris en nota al pie 14, más arriba; de manera similar, C. A. Wanamaker, *Thessalonians*, 285-86: "Pablo reconoció que la importante cuestión era si las personas estaban o no preparadas para trabajar y ganarse la vida. Su mandamiento no iba, por tanto, dirigido a quienes eran incapaces de trabajar o que no pudieran encontrar empleo, sino a los que se negaban a trabajar".
26. Klyne Snodgrass, *Efesios* (CBA NVI, Miami: Vida, 2012), 310.
27. F. F. Bruce, *1 and 2 Thessalonians*, 209.

orden y estatus social.[28] Cualquiera que fuera la razón, los "indisciplinados", que no estaban trabajando, pensaban evidentemente que aquellos motivos constituían una "necesidad" válida que debía ser suplida por la iglesia. Además, la impresión que deja aquí la exposición de Pablo es que las razones eran fundamentalmente egoístas en su perspectiva. Es decir, que los "indisciplinados" parecían haberse centrado principalmente en sus necesidades o deseos y no en las carencias y las preocupaciones de la congregación.

Sin embargo, el apóstol no estaba convencido de las razones de ellos. Además, al parecer, discrepaba claramente de quienes se negaban a trabajar en cuanto a su forma de definir "necesidad". En su opinión, la falta de disposición para trabajar por parte de quien era capaz de hacerlo no se calificaba como "necesidad". De ahí las fuertes palabras a modo de recordatorio que dirige a los tesalonicenses: "El que no quiera trabajar, que tampoco coma".

Al menos se pueden discernir cuatro motivos que apoyan el criterio de Pablo en cuanto a que los individuos que sean capaces de hacerlo tienen la obligación de trabajar. Una va implícita en 3:8: para que no sean una carga innecesaria para otros en la congregación (3:8, 12). Esta razón va unida a otras dos en 1 Tesalonicenses 4:9-12: ganarse el respeto de los de afuera (4:12) y *philadelphia*, el amor por los demás (4:9). La cuarta se especifica en Efesios 4:28: tener algo que compartir con los que estén en necesidad (*cf.* Tit 3:14; también Hch 20:35).

Merece la pena observar que las cuatro razones van orientadas a los demás. Esto encaja con un énfasis relevante a lo largo de las cartas a los tesalonicenses: la conducta cristiana está fundamentalmente dirigida a los otros, no ha de ser egoísta. Este tipo de planteamiento contrasta claramente con la perspectiva más egocéntrica de los "indisciplinados".

Resumiendo, en este pasaje, Pablo afirma dos puntos de forma implícita o explícita: las congregaciones tienen la obligación de preocuparse por sus miembros necesitados y los individuos que son capaces de trabajar están obligados a hacerlo para evitar convertirse en una carga para los demás. Este segundo punto no es un tema menor para el apóstol: negarse a trabajar es una falta de conducta lo bastante grave como para justificar la imposición de disciplina.

---

28. Para una excelente introducción a la clase, el orden y el estatus sociales en el mundo romano, ver David P. Nystrom, *Santiago* (CBA NVI; Miami: Vida, 2014) 148-49.

Disciplina de la iglesia. Pablo no explica por completo en lugar alguno sus opiniones sobre los principios y la práctica de la disciplina de la iglesia. Los principales pasajes donde surge el tema son este y 1 Corintios 5.[29] Basándonos en estos pasajes, podemos hacer las observaciones siguientes: (1) la disciplina es la responsabilidad de la congregación en su totalidad, no de uno o de unos pocos individuos dentro de la misma (2Ts 3:6, 14; *cf.* 1Co 5:4).

(2) La disciplina debería reservarse, en general, para asuntos que afecten a la salud o el bienestar de toda la comunidad. Aunque Pablo no hace en ningún momento una lista ni define cuáles son las cosas que merecen tal disciplina, queda claro que no es aplicable a ofensas con las que se pueda tratar de forma privada (como en Mt 19:15-17; Gá 6:1). Se reserva para aquellas cuestiones que, en palabras de Stott, surgen "de una desobediencia pública, deliberada y persistente"; de manera similar, Fee habla de "ofensas persistentes" que amenazan con contaminar a la comunidad.[30]

(3) La acción disciplinaria misma implica una medida de aislamiento social (3:6, 14; *cf.* 1Co 5:11). En palabras de Fee, la persona disciplinada debería ser "amonestada en términos de estrecha comunión en la comunidad creyente"[31] (no queda claro si se pretende algo más que esto; ver sección Sentido Original más arriba). Como poco, parece haber implicado una exclusión de las actividades formales de la comunidad reunida.

(4) El propósito de la acción disciplinaria es redentor y correctivo, no sentencioso ni punitivo, y el espíritu con el que se lleva a cabo debe reflejarlo (3:14-15; *cf.* 1Co 5:5). El mandamiento de Pablo en 2 Tesalonicenses 3:15 ("no lo tengan por enemigo, sino amonéstenlo como a hermano") es especialmente importante a este respecto. Como observa Juan Calvino:

> ... debemos esforzarnos, en la medida de lo posible, ya sea mediante la exhortación y recordatorio de la verdad, ya sea con compasión y ternura, por hacerlas regresar a la comunión de la Iglesia. Eso es lo que nos enseña el apóstol:

---

29. Otros pasajes que tocan el tema son Ro 16:17; 1Co 16:22; 2Co 13:1-2; Gá 6:1-5; 1Ti 1:18-20; 5:19-22; Tit 3:10-11. Ver T. E. Schmidt, "Discipline", *DPL*, 214-18.
30. J. R. W. Stott, *The Gospel and the End of Time*, 193; Gordon D. Fee, *The First Epistle to the Corinthians*, 228, 214.
31. Gordon D. Fee, *The First Epistle to the Corinthians*, 222.

> «Mas no lo tengáis por enemigo, sino amonestadle como a hermano» (2 Tesalonicenses 3:15). [...] Si no se observa atentamente esta moderación, existe un gran peligro de que pasemos de la disciplina a una especie de infierno, y de ser censores a ejercer de verdugos.[32]

Ni las observaciones anteriores ni los dos pasajes sobre los que se basan responden a todas nuestras preguntas sobre la disciplina congregacional. No obstante, sí establecen parámetros o directrices para su práctica.

El contexto en el que estas guías se implementan es una variable crítica con la que debemos contar cuando pensamos en traer este pasaje al mundo actual. En la época de Pablo, la iglesia era básicamente la única fuente de comunión cristiana, y las iglesias eran pocas y distantes unas de otras. Además, los costes sociales ligados a pertenecer a la comunidad cristiana (como la pérdida de relaciones, el aislamiento social y hasta la persecución; ver comentarios sobre 1Ts 1:6) eran por lo general altos. Esto significaba que las personas que se unían al movimiento cristiano hacían una alta inversión personal en el grupo y, por tanto, solían tener una fuerte motivación para mantener su asociación con él. En tales circunstancias, la amenaza de exclusión de la congregación del pueblo de Dios es una poderosa herramienta disciplinaria.

En algunas situaciones actuales, sobre todo en los casos en los que la iglesia y el cristianismo en general mantienen una postura minoritaria en una cultura o sociedad, las mismas circunstancias están presentes: los individuos se juegan mucho al mantener su asociación con un grupo para el que hay pocas o ninguna alternativa. En otras situaciones, sin embargo, las circunstancias son inmensamente distintas: las personas tienen un compromiso mínimo con un grupo para el que existe una multitud de alternativas; no se trata meramente de otras iglesias, sino también de grupos paraeclesiásticos y otras vías de comunión. Por consiguiente, tienen poca motivación por mantener su asociación con un grupo en particular, y menos aún por perder (en términos de inversión personal) si lo abandonan. En estas circunstancias, el desafío de la aplicación es considerablemente distinto del que afrontaban los tesalonicenses.

---

32. Juan Calvino, *Institución de la religión cristiana*, ed. A. Pimentel, trad. J. C. Martín (Grand Rapids: Libros Desafío, 2012), IV.XII.10 (p. 1065).

En vista de esta amplia gama de circunstancias en que uno podría enfrentarse al reto de aplicar las directrices paulinas con respecto a la disciplina, tener en mente el propósito y el objetivo de la disciplina adquiere una importancia fundamental. (1) El propósito de la acción disciplinaria, tal como observamos más arriba, es redentor y no punitivo. (2) El objetivo de disciplinar al hermano que yerra —a quien a lo largo del proceso se le debe considerar como hermano y no como enemigo (3:15)— es la restauración a la comunión completa y no su expulsión. Con el fin de cumplir estos objetivos, puede ser necesario adaptar o modificar (¡pero no abandonar!) el medio de disciplina a la luz de las diversas circunstancias en las que pueda necesitarse.[33]

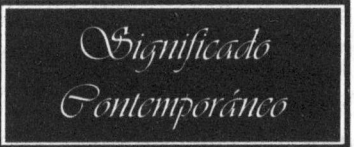

Hay dos temas principales en esta sección que demandan la mayor parte de la atención: el trabajo y la iglesia. Una breve exposición de otras dos cuestiones ("no se cansen de hacer el bien" y la centralidad de Jesucristo) nos lleva al final de la carta. (Para la importancia de aferrarse al testimonio y la enseñanza apostólicos, una idea que surge de 3:6 y 3:14, ver la exposición en las secciones Construyendo Puentes y Significado Contemporáneo de 2:15).

El trabajo. Aunque Pablo afirma explícitamente que los individuos que pueden trabajar tienen la responsabilidad de hacerlo, da por sentada la obligación de la congregación de suplir las necesidades económicas básicas de sus miembros. De este modo, el apóstol procura "asegurarse de que ninguna persona válida viva de manera injustificable del trabajo de otros, y que los que no puedan trabajar tengan sus necesidades básicas cubiertas".[34] Tanto la afirmación como la suposición proporcionan oportunidades de reflexionar sobre el significado, la relevancia y el valor del trabajo.

Trabajar y comer. Jesús nos recuerda que los seres humanos no viven solo de pan (Mt 4:4; *cf.* Dt 8:3), pero tampoco viven sin él. El trabajo es el medio por el cual adquieren "pan", es decir, las necesidades para

---

33. Para ejemplos de aplicación creativa de los principios paulinos, ver Michael E. Phillips, "Creative Church Discipline", *Leadership* 7, nº 4 (1986): 46:50.
34. Miroslav Volf, *Work in the Spirit: Toward a Theology of Work* (Nueva York y Oxford: Oxford Univ. Press, 1991), 149.

vivir (alimento, ropa, abrigo). En la tradición bíblica, las personas que son capaces de trabajar lo hacen para proveer para sí mismas y para su familia. También trabajan con el fin de proveer para aquellos, que, por las razones que sea, son incapaces de trabajar (Hch 20:35; Ef 4:28). En realidad, "en la Biblia y en los primeros siglos de la tradición cristiana, suplir las necesidades de uno mismo y las de la propia comunidad (en especial sus miembros menos privilegiados) era, claramente, el propósito más importante del trabajo".[35]

A esto le siguen dos observaciones. (1) Trabajar es una característica fundamental de la vida humana, porque el trabajo proporciona el medio para sustentar la vida. Sin trabajo no hay vida. (2) En la tradición bíblica, el trabajo tiene un aspecto altruista. Uno no trabaja para sí mismo (es decir, para el mantenimiento de uno mismo y de la familia), sino también para los demás (es decir, para mantener a los que no son capaces de trabajar).

Visto desde esta perspectiva, la negativa de los "indisciplinados" a trabajar no está a la altura en dos aspectos. (1) Estaban descuidando su responsabilidad de proveer para sí mismos y los que dependían de ellos. (2) Estaban añadiendo carga a los que trabajaban y contribuían a las necesidades de quienes no podían hacerlo. En otras palabras, en lugar de trabajar y contribuir así al bienestar de la congregación, se estaban negando a trabajar y aumentaban por tanto las cargas de esta. En resumen, su comportamiento era fundamentalmente egoísta.

A la luz de las consideraciones anteriores, ¿cómo se podría aplicar 3:10 hoy? Sugiero que establece un vínculo entre la disposición a recibir ayuda y la disposición a trabajar por parte de quienes pueden hacerlo. Para los que están capacitados para trabajar, la disposición de hacerlo es básicamente una cualificación para recibir ayuda financiera de la congregación (uso la frase "disposición para trabajar" y no "trabajar", porque no todos los que están dispuestos a trabajar, los que de verdad quieren hacerlo, son capaces de encontrar un empleo, a menudo por razones que están mucho más allá de su control). Manteniendo la conexión entre "comer" (es decir, tener las necesidades de la vida) y "trabajar" (o, de forma más precisa en este contexto, queriendo trabajar), Pablo recalca un importante elemento de la enseñanza bíblica sobre el trabajo.

---

35. *Ibíd.*, 149.

Esta relación entre el trabajo y el sustento está siendo atacada desde numerosas direcciones en la cultura contemporánea. Por una parte, las políticas sociales diseñadas para proporcionar una "red de seguridad" necesaria para los que están en necesidad —políticas que han tenido éxito hasta cierto punto y han provisto las ayudas materiales a los que han asistido— lo han hecho, con frecuencia, de una forma que ha debilitado gravemente (si no cortado en realidad) la conexión entre la ayuda y el trabajo; esto ha sido psicológicamente debilitador. Las consecuencias negativas a largo plazo de estas políticas, tanto a nivel individual como social, están sobradamente demostradas.

Por otra parte, el surgimiento de una cultura de "entretenimiento", nuevas formas de especulación financiera y la proliferación del juego también han contribuido a debilitar el vínculo entre "comer" y "trabajar". Escandalosas sumas de dinero se pagan de forma rutinaria a personas implicadas en actividades (p. ej. los deportes) que tienen poco que ver con cualquier comprensión tradicional de lo que es el trabajo. Además, las cualificaciones para muchas de estas actividades —p. ej., altura, rapidez, habilidad vocal o apariencia— son, en general, cuestión de buena suerte genética, algo con lo que uno nace.

Pero si uno no ha tenido fortuna en la lotería genética, hay otras formas, a menudo patrocinadas por el estado, en las que probar suerte. Me refiero, por supuesto, a la extensa presencia del juego en los Estados Unidos y por todas partes hoy en día. Una consecuencia de estos desarrollos ha sido la creación de un entorno cultural en el que la capacidad de "comer el propio pan" se convierte en una cuestión de suerte más que de trabajo. Recuerdo un anuncio televisivo para una lotería de la que el estado era patrocinador, hace algunos años, que presentaba a una pareja sentada a una mesa cubierta por montones de facturas impagadas y deudas. ¿La solución sugerida al problema? Comprar un billete de lotería.

En semejante entorno, la conexión que Pablo mantiene entre "comer" y "trabajar" merece ser enfatizada y reforzada.

Ayudar a los que no pueden trabajar. Miroslav Volf observa que "la insistencia en la búsqueda del interés propio en las sociedades modernas concuerda con uno de los aspectos más esenciales de una teología cristiana del trabajo, que insiste en que uno no debería abandonar el bienestar de otros individuos y de la comunidad a las consecuencias involuntarias de una actividad interesada en su propio beneficio, sino que se debería trabajar de forma consciente y directa para los demás".[36] Expresado en términos empleados por Pablo en las cartas a los tesalonicenses (*cf.* 1Ts 4:9-12), la idea de Volf es que el trabajo no es solo una cuestión de interés propio, sino también de altruismo, de *philadelphia* (amor por la hermana y el hermano).

Para Pablo, "trabajar directamente para los demás" no significa una forma de socialismo ni tampoco plantea tener todas las cosas en común (como lo hacían, al parecer, la comunidad cristiana primitiva de Jerusalén [ver Hch 2:44] y la comunidad de Qumrán), como tampoco entraña despojarse uno mismo de su propiedad. Pero si "Pablo no llama a la abolición de la propiedad privada ni a su transformación en una propiedad conjunta [...] tampoco habla de personas que poseyeran un derecho sobre ella. El evangelio no trata de la reclamación de un derecho, sino del ofrecimiento de un regalo".[37]

Lo que Pablo plantea es que aquellos creyentes que tienen más de lo que necesitan para su sustento compartan voluntariamente su "abundancia presente" (2Co 8:14, RVR1960) o una suma de dinero que puedan ganar de su trabajo (1Co 16:2) con los creyentes que estén en necesidad. El objetivo de este compartir voluntario con los necesitados es "más bien cuestión de igualdad". Como está escrito: "Ni al que recogió mucho le sobraba, ni al que recogió poco le faltaba" (1Co 8:13, 15). Esta es la base teológica que le hacía suponer que la congregación debía ayudar a aquellos miembros necesitados de ayuda económica.

Esta idea paulina de "igualdad" se erige en claro contraste con una cultura contemporánea caracterizada por un sentido narcisista del individualismo y un sentido atrofiado de la responsabilidad social.[38] En un sentido, es una cuestión de ética cuidar de los demás en contraste con la ética del consumo. Esta es una idea que ya se observó y expuso en la sección Significado Contemporáneo de 1 Tesalonicenses 4:9-12. Lo que se dijo allí se aplica bien al pasaje presente. Juntos, ambos pasajes presentan un poderoso desafío para evaluar la medida en la que nuestras actitudes con respecto al trabajo y la riqueza están moldeadas por los

---

36. *Ibíd.*, 189.
37. Robert Banks, *Paul's Idea of Community* (rev. ed.; Peabody, Mass.: Hendrickson, 1994), 86. Ver, además, Ronald J. Sider, *Rich Christian in an Age of Hunger: A Biblical Study*, 2ª ed. (Downers Grove, Ill.: InterVarsity, 1984).
38. Para descripciones clásicas de este estado de cosas, ver Robert N. Bellah et al., *Hábitos del corazón* (Madrid: Alianza Universidad, 1989); Christopher Lasch, *La cultura del narcisismo* (Barcelona: Editorial Andrés Bello, 1999).

valores culturales seculares y no por el valor paulino de preocupación por los demás (*philadelphia*).

Disciplina de la iglesia. Muchas (si no la mayoría) de las iglesias estadounidenses de hoy han abandonado la enseñanza neotestamentaria sobre la disciplina con respecto a los miembros de la congregación. Entre las razones por las que esta práctica se ignora de forma generalizada están el temor a las demandas,[39] la preocupación por parecer sentenciosas o vengativas, el deseo de evitar conflicto o agitación y el anhelo de eludir estereotipos históricos o tradicionales (como los que se retratan en el film *La letra escarlata*). Para muchas congregaciones, puede ser porque el esfuerzo implicado parece inútil o sin sentido (¿para qué molestarse si la persona que está siendo disciplinada se marcha simplemente y se une a otra congregación, escapando así a la fuerza de la acción?). Otras iglesias consideran que ningún pecado es suficiente para justificar la disciplina. En tales casos, uno se siente inclinado a coincidir con la observación de Gordon Fee en cuanto a que "tal vez lo más importante que podamos aprender de un texto así sea lo lejos que estamos algunos de una visión de la iglesia en la que la dinámica del Espíritu era tan real que la exclusión podría ser un acto genuinamente redentor".[40]

Para las iglesias que sí practican la disciplina, las directrices enumeradas en la sección Construyendo Puentes pueden documentar su práctica. El principal problema que se encuentra al aplicar los textos bíblicos hoy es definir qué hace que uno sea susceptible de que se le discipline. Como hemos observado más arriba, Pablo no hace una lista ni define lo que se hace merecedor de esta última etapa de disciplina. Podemos ver, sin embargo, que parece estar reservada a asuntos que afectan la salud espiritual o el bienestar de la congregación en su conjunto. En ausencia de directrices definitivas a partir de las Escrituras, la aplicación requiere cuidadosa oración y consideración por parte de una congregación y de su liderazgo.[41]

---

39. Una preocupación legítima, pero que no necesita ser paralizante. Ver las directrices ofrecidas por Karl F. Pansler, "Church Discipline and the Right of Privacy", en *Christian Ministries and the Law,* ed. H. Wayne House (Grand Rapids: Baker, 1992), 65-78.
40. Gordon D. Fee, *The First Epistle to the Corinthians,* 214
41. Ver, además, los siguientes libros útiles sobre este tema: Thomas C. Oden, *Corrective Love: The Power of communion discipline* (St. Louis: Concordia, 1995); John White y Ken Blue, *Church Discipline That Heals: Putting costly Love Into Action* (Downers grove, Ill.: InterVarsity, 1985); J. Carl Laney, *A Guide to Church Discipline* (Minneapolis: Bethany, 1985).

En cualquier caso, es importante recordar que lo que Pablo exponía en este pasaje representa un paso final, no el primero, en el proceso de pedirnos responsabilidad unos a otros por nuestra conducta como miembros de la congregación. La manera y, en especial, la actitud con las que la iglesia maneje estas primeras fases puede determinar perfectamente el éxito o el fracaso de esta fase final.

Por supuesto, siempre resulta posible, independientemente de con cuánta oración o cuidado se lleve adelante el proceso, que la persona disciplinada se salga de dicho proceso y lo deje bloqueado. Si esto ocurre, el esfuerzo no habría sido totalmente en vano. Aunque la restauración del miembro que yerra puede ser el objetivo principal de un proceso disciplinario, no es la única razón para ejercer la disciplina. Como indica Calvino, un propósito importante para ella "es que los buenos no resulten corrompidos por juntarse con los malos, como a menudo sucede. Dado que todos tenemos inclinación al mal, nada hay tan fácil como seguir un mal ejemplo".[42] Thomas C. Oden expone una idea parecida ("como un astringente en medio de una epidemia, el amor correctivo intenta *resistirse al proceso infeccioso por el cual la contaminación de uno infecta a otro* en la comunidad") y contribuye a una consideración adicional: "El amor correctivo procura *dar testimonio contra el egocentrismo engañoso y traer la verdad a la luz.* Se niega a conspirar con el engaño".[43]

El amor y la preocupación por la salud espiritual de un hermano o hermana que está errando, la preocupación por la salud de la congregación, la negativa a conspirar con el engaño (*cf.* la exposición del engaño del maligno en la sección 2:1-12 más arriba), son suficientes razones para considerar con seriedad lo que Pablo tiene que decir sobre el tema de la disciplina congregacional.

"No se cansen de hacer el bien" (3:13). La fatiga del donante. El agotamiento del voluntario. Todo el que se involucra en la recaudación de fondos o en organizaciones de voluntariado conoce bien estos términos o sus síntomas. Después de un momento, nadie parece notarlo; a nadie parece importarle. Independientemente de lo duro que uno trabaje, no parece hacer diferencia alguna o tener efecto sobre la situación. Encima de esto, tal vez aquellos a los que uno está intentando ayudar no aprecian los esfuerzos que se hacen. En circunstancias como estas

---

42. Juan Calvino, *Institución de la religión cristiana*, IV.XII.5 (p. 1060).
43. Thomas C. Oden, *Corrective Love,* 84, 85 (cursivas en el original).

no es de sorprender que algunas veces nos cansemos de "hacer el bien" (*cf.* Gá 6:9).

El comentario de Juan Calvino sobre este versículo indica que él también estaba familiarizado con este problema. También sugiere cómo debería ser nuestra respuesta:

> Suele ocurrir que los que, de otro modo, estarían particularmente preparados y ansiosos por hacer el bien se enfrían al ver que han derrochado sus favores sin resultado, al haberlos dirigido erróneamente. Por esta razón, Pablo nos advierte que, aunque muchos no merezcan nuestra generosidad, y otros abusen de ella, no debemos por ello dejar de ayudar a quienes necesitan de nosotros. Su declaración merece la pena ser observada: por mucho que nos perturben, desalienten y molesten [...] la ingratitud, el fastidio, el orgullo, la impertinencia y otras conductas indignas, debemos seguir luchando y no abandonar jamás nuestro deseo de hacer el bien.[44]

Aunque en este pasaje Pablo no declara por qué no deberíamos "cansarnos de hacer el bien", podemos deducirlo de lo que dice en otras partes de sus cartas: "Sirvan de buena gana, como quien sirve al Señor y no a los hombres, sabiendo que el Señor recompensará a cada uno por el bien que haya hecho" (Ef 6:7-8).[45]

Palabra final de Pablo. La centralidad del Señor Jesucristo. En los versículos finales de la carta (3:16-18), Pablo se hace eco de las ideas clave y los conceptos de sus versículos de apertura (1:1-2). Actuando así, acaba la carta como la empezó, poniendo el enfoque y el énfasis directamente sobre Jesucristo, el Señor. A lo largo de la carta ha hablado bastante sobre los tesalonicenses y sus problemas, y algo sobre el maligno "hombre de maldad". Pero, al final, la última palabra es sobre Jesús. Él es quien nos amó (3:13) y de quien recibimos gracia y paz (1:2; 1:12; 3:16, 18); él es aquel que es fiel y que nos fortalecerá y protegerá del maligno (3:3) a cuyo representante, el malvado, derrocará y destruirá (2:8) cuando venga a liberar a su pueblo (1:7), que compartirá entonces su gloria y su esplendor (1:10; 2:14), una vez declarado digno del reino de Dios (1:5).

---

44. J. Calvino, *The epistles of Paul the Apostle to the Romans and to the Thessalonians*, 420.
45. Ver, además, sobre este pasaje Klyne Snodgrass, *Efesios* (CBA NVI, Miami: Vida, 2012), 394-95, 401.

En resumen, nuestro futuro reposa por completo en el poder y la fidelidad de Dios tal como lo reveló por medio del Señor Jesús, su Mesías. Fue un buen lugar por donde empezar la carta; es aún mejor para acabarla, mientras perseveramos en fe (1:4) y aguardamos con aliento eterno y buena esperanza (2:16) la revelación del cielo del Señor Jesús mismo (1:7).

*Nos agradaría recibir noticias suyas.
Por favor, envíe sus comentarios sobre este libro
a la dirección que aparece a continuación.
Muchas gracias.*

*Vida@zondervan.com
www.editorialvida.com*

www.ingramcontent.com/pod-product-compliance
Lightning Source LLC
Chambersburg PA
CBHW011340090426
42744CB00014B/1983